LES CROISADES

Grand in-4° 1re série

LA CHEVALERIE

(D'après le Bronze de M. Frémiet.)

LES CROISADES

PAR

M. l'abbé G. Régis CRÉGUT

DU DIOCÈSE DE CLERMONT

———

Ouvrage orné de gravures.

———

PARIS

30, rue des Saints-Pères, 30

J. LEFORT, IMPRIMEUR, ÉDITEUR

A. TAFFIN-LEFORT, Successeur

24, rue Charles-de-Muyssart, 24

LILLE

PRÉFACE

Les solennités du VIIIe Centenaire de la Croisade, dont la ville de Clermont a été témoin, l'année dernière, ont ravivé le souvenir des héroïques expéditions d'Orient.

Sur le désir, pour nous très honorable, de Sa Grandeur Monseigneur Belmont, évêque de Clermont, nous avons, à la veille des fêtes, publié l'Histoire du Concile de Clermont en 1095 et de la première Croisade.

Nous continuons aujourd'hui notre œuvre, en suivant jusqu'au terme les phases diverses de la grande épopée qui a jeté une auréole d'or sur le Moyen Age.

« On use la plus grande partie de notre jeunesse, a dit un penseur, à nous faire admirer les héros plus ou moins fabuleux d'Homère et de Virgile, les héros plus ou moins barbares de la Grèce et de Rome païenne, et nous ne connaissons pas les héros chrétiens de notre patrie ! On nous laisse conclure que le christianisme éteint le courage, amollit les cœurs ; calomnie inexpiable contre Dieu et son Christ. Les héros des Croisades, dépeints dans leur simplicité par les chroniqueurs, sont bien plus admirables que les héros arrangés d'Homère et de Virgile, de Cornélius Nepos et de Plutarque. A une valeur égale et souvent supérieure, ils joignent la piété, la douceur, la modestie, même l'humilité. Lorsqu'on les connaît, non seulement on les admire, non seulement on les aime, mais on leur porte une véritable reconnaissance. Ils continuent, dans la vaste famille du Christ, cette glorieuse race des Machabées qui *sauva le peuple de Dieu, et dont ils surent imiter les vertus. Après Dieu, c'est à eux, c'est à leur vaillante épée que la France, que l'Espagne, que l'Allemagne, que l'Italie, que l'Europe entière doit d'être chrétienne, doit d'être à la tête de l'humanité. Honneur donc à eux ! Puissent leurs descendants, puissent tous ceux qui suivent la profession des armes se montrer dignes de pareils ancêtres ! Leurs noms sont une gloire de l'humanité chrétienne. »*

Pour redire en détail et avec critique l'Histoire des Croisades, de nombreux volumes seraient nécessaires.

Nous nous restreignons à un développement succinct que nous offrons spécialement aux jeunes gens.

Nous n'avons pas hésité à contredire maintes appréciations courantes, à relever nombre de jugements portés avec trop de hâte et acceptés avec trop de facilité, à émettre parfois des assertions qui, pour être nouvelles, n'en sont pas moins fondées sur une étude attentive des chroniques.

Nous avons traité avec une certaine étendue le récit de la première Croisade.

Ceux d'entre nos lecteurs, qui rechercheront des éclaircissements plus complets, soit sur cette guerre, prélude des entreprises d'outre-mer, soit sur le Concile de Clermont où elle fut décidée au cri de : Dieu le veut ! pourront se reporter à notre premier volume (1).

(1) Il se trouve au secrétariat de l'évêché de Clermont. Le bénéfice de la vente est exclusivement affecté à l'œuvre du centenaire. Au secrétariat de l'évêché se trouve également le récit des magnifiques fêtes que Clermont a vu se dérouler dans ses murs, le 16, 17, 18 et 19 mai 1895.

LES CROISADES

PREMIÈRE PARTIE

CHAPITRE PREMIER

Le Christianisme et l'Islamisme au XIe siècle.

Au sortir du xe siècle, l'Europe a perdu son unité politique par suite du démembrement de l'empire de Charlemagne ; à la place elle a trouvé l'unité religieuse. Tous ses peuples se sont convertis à l'Évangile.

Aussi le siècle qui suivit fut-il un siècle de foi et d'enthousiasme. Les monastères déjà existants refleurissaient, tandis qu'à côté de nouveaux se fondaient et jaillissaient du sol comme par enchantement.

« Les basiliques, dit le chroniqueur de Cluny, Raoul Glaber, furent renouvelées dans presque tout l'univers, et les peuples semblaient rivaliser entre eux de magnificence ; on aurait dit que le monde entier avait secoué les haillons du vieil âge pour se revêtir de la blanche robe des églises. »

Une sève abondante circulait partout ; un besoin intense de vie et d'expansion se manifestait dans les membres du corps social. Le monde chrétien se mettait en mouvement, et, en dépit des obstacles qui s'obstinaient à entraver sa marche, rien ne fut capable de neutraliser son élan.

Bien que déchiré par le schisme, l'empire grec d'Orient restait chrétien, et c'était toujours vers les fidèles d'Occident qu'il tournait ses regards, de préférence, contre l'islamisme menaçant. Depuis la dynastie des Héraclides qui avait succédé à celle de Justinien, au vii° siècle, trois autres dynasties, l'Isaurienne, la Phygienne et la Macédonienne, avaient passé sur le trône de Byzance, et, sous chacune d'elles, se répétèrent les mêmes alternatives de disputes théologiques, d'intrigues de palais, de meurtres de familles et de guerres tour à tour heureuses ou malheureuses soit contre les barbares du Nord, Russes et Bulgares, soit contre ceux du Midi, Arabes ou Sarrasins.

La scission religieuse, commencée avec les iconoclastes, s'était continuée par l'intrusion du patriarche schismatique Photius, sur le siège de Constantinople, et avait été couronnée par celle de Michel Cérulaire, après que les légats du pape Léon IX eurent déposé sur l'autel de Sainte-Sophie l'anathème qui flétrissait les sept hérésies grecques.

Toutefois la dynastie des empereurs macédoniens avait produit trois hommes remarquables et rendu ainsi quelque lustre à l'empire défaillant. Ces trois hommes furent Nicéphore Phocas, qui ramena les armées impériales dans des provinces depuis longtemps perdues; Jean Zimicès, qui alla jeter la terreur jusque dans Bagdad; Basile II, dont les victoires eurent pour résultat l'anéantissement du royaume bulgare. La ville de Constantinople avait d'ailleurs pour elle ses hautes murailles et son feu grégois (1). Malgré leurs divisions et leurs faiblesses, les Grecs montrèrent encore de la vitalité. Il est dans la destinée des peuples qui habitent les rives du Bosphore d'être toujours mourants et de ne jamais mourir. Il arriva pourtant un moment où, se sentant sérieusement menacé par ses adversaires, l'empereur Alexis Comnène implora le secours des chrétiens d'Europe.

En Allemagne et en Italie, les princes et les seigneurs ecclésiastiques ou laïques prenaient parti soit pour le Pape contre l'empereur, soit pour l'empereur contre le Pape, dans la querelle des investitures; mais les peuples, attachés à la chaire de Pierre, savaient discerner le vrai successeur du chef des apôtres des antipapes que lui opposaient les Césars allemands, et les évêques fidèles des prélats simoniaques.

(1) Le feu grégeois, *ignis græcus,* fut inventé au vi° siècle par des moines byzantins. L'eau augmentait son intensité au lieu de l'éteindre. Les empereurs de Constantinople en firent usage pour brûler les flottes qui venaient assiéger la ville. Les Sarrasins s'en procurèrent le secret et l'employèrent à leur tour contre les Croisés. On a prétendu que ce feu était produit par un mélange où entraient, comme ingrédients prépondérants, le salpêtre et le bitume. Des recherches faites, en 1845, par MM. Lalanne et Favé, il résulte qu'on ignore encore sa composition, malgré que les inventeurs aient cru, à diverses époques, l'avoir découverte. On le jetait sur l'ennemi au moyen de tubes métalliques ou d'arbalète.

En France, les Capétiens, malgré les déportements de leurs mœurs, sentaient le besoin de s'appuyer sur l'Église. L'un d'eux, Robert-le-Pieux, fut, à certaines heures, un moine plutôt qu'un roi. Excommunié par le Pape pour avoir épousé Berthe, sa parente, il se soumit, contracta mariage avec Constance, fille du comte de Toulouse, et répara, par une vieillesse digne, les fautes de sa jeunesse. Son petit-fils, Philippe Ier, renouvellera le crime et l'expiation de son aïeul. Sans doute, les vices du prince n'étaient point de nature à rehausser le pouvoir royal, mais si le monarque s'endormait indolent sur son trône, la nation se conservait ardente, généreuse; elle débordait du pays par toutes les frontières à la fois. L'esprit d'aventure, si cher aux Gaulois, paraissait se réveiller avec une fièvre que la foi religieuse rendait plus vive. Un membre de la maison capétienne allait fonder au delà des Pyrénées, et au dépens des infidèles, le royaume de Portugal; des chevaliers normands descendaient en Italie pour se tailler un autre royaume, celui des Deux-Siciles; enfin Guillaume-le-Conquérant passait la Manche et s'emparait de l'Angleterre.

Dans cette Angleterre récemment conquise, des évêques, tels que Lanfranc et saint Anselme de Cantorbéry, tenaient en échec le fils de Guillaume-le-Roux, et déjouaient par leur résistance, ferme autant que douce, les caprices de sa tyrannie.

En Espagne, chaque victoire remportée par les princes chrétiens sur les Maures était un acheminement au triomphe définitif de la civilisation dans ces contrées.

Commencée au ixe siècle par saint Anschaire, Français de nation, la conversion du Danemark s'était achevée au xe siècle sous les règnes de Canut le Grand et de Canut IV; celle de la Norwège s'était accomplie au xe siècle, et celle de la Suède au ixe, sous Olaf Ier.

Les États slaves, la Pologne, la Bohême, avaient pris rang dans le giron catholique au ixe et au xe siècle; la Hongrie, amenée à la foi, dès le xe siècle, par son roi saint Étienne Ier, possédait encore pour roi, au xie siècle, un saint, Ladislas.

Dans cette Europe, chrétienne sur toute sa surface, deux institutions récemment établies et universellement acceptées étaient venues, à leur heure, prédisposer merveilleusement les esprits aux entreprises extérieures et en favoriser l'exécution. Nous voulons parler de la *Trève de Dieu* et de la *Chevalerie*.

Sous la poussée d'un sang bouillant, les sociétés, en leur jeunesse, sont d'humeur batailleuse. Né à la suite des conquêtes de l'ère romaine et des violences des invasions barbares, le Moyen-âge héritait de trop d'ardeur pour ne pas aimer la guerre. Les lois de l'atavisme faisaient de nos pères des soldats. Le morcellement féodal constituait une source de luttes acharnées entre les seigneurs désireux d'agrandir leurs possessions ; l'absence de lois capables de protéger les individus et de punir le crime, la faiblesse des rois en présence des grands feudataires, souverains dans leurs domaines, engendraient des querelles et des démêlés qui ensanglantaient l'Europe. Charlemagne rendit un décret contre les guerres privées ; ce fut sans résultat. Une fois écoutée, l'Église essaya de calmer les combattants, d'adoucir leurs mœurs, et, dans l'impossibilité de détruire le fléau, de circonscrire et de restreindre son champ d'action, elle créa la Trève de Dieu et la Paix de Dieu. Le premier règlement faisait défense à qui que ce soit, sous peine d'excommunication, d'attaquer son ennemi, depuis none du samedi jusqu'au lundi à l'heure de prime. Étaient considérés comme personnes sacrées, couvertes par l'immunité, les clercs, les femmes et les fidèles se rendant à une église ou en revenant. Les femmes conféraient leur privilège à tout homme marchant à côté d'elles. La protection s'étendait non seulement sur les édifices du culte, mais encore sur les maisons qui s'abritaient à l'ombre de leurs murs, jusqu'à une distance de trente pas. Plus tard, un nouveau règlement interdit toute agression, depuis le mercredi jusqu'au lundi matin. Pendant cet intervalle, on ne pouvait rien prendre par la force ni tirer vengeance d'aucune injure. Enfin la prohibition comprit près des deux tiers de l'année. Encore un peu, les guerroyeurs n'auraient eu que quelques jours pour satisfaire leurs instincts. Dirigée d'abord contre les attaques de particulier à particulier, la Trève de Dieu était forcément appelée à interposer ses censures entre les guerres de province à province. Quel bienfait pour l'humanité si elle était parvenue, au moment de sa plus haute influence, à se faire respecter par les chefs mêmes des nations !

Mais il faut bien reconnaître que si une censure suffit pour empêcher l'acte extérieur d'une passion, elle est presque sans force sur la passion elle-même. Inquiets, remuants, débordants de sève, les peuples du XIe siècle subissaient, du fait des défenses, une compression qui pouvait devenir dangereuse. A cette activité qui voulait se répandre, il fallait une issue. C'est alors qu'intervint la Chevalerie.

Il peut paraître surprenant que l'Église, qui abhorre la guerre, ait institué la chevalerie. L'anomalie n'est que dans les apparences ; elle cesse quand on considère le but recherché. Impuissant à supprimer l'homme des champs de bataille, qui a sa raison d'être, dans les desseins de la Providence, le christianisme s'est attaché à l'ennoblir (1).

Un écrivain autorisé, M. Léon Gautier, professeur à l'École des Chartes, a donné de la chevalerie une définition exacte.

« La chevalerie, a-t-il dit, c'est la forme chrétienne de la condition militaire. Le chevalier, c'est le soldat chrétien (2). »

Forcée de tolérer les combats ; bien plus, obligée parfois à les encourager lorsqu'il s'agit de repousser la barbarie envahissante ou le mal triomphant, l'Église, ajoute le même auteur, « a organisé contre eux des obstacles superbes et souvent victorieux. La chevalerie est le plus beau. » On confond souvent ces deux mots : chevalerie et féodalité. La féodalité est une forme de gouvernement et de société ; la chevalerie est une institution qui se serait développée sans la féodalité. Le soldat ayant reçu le *huitième sacrement,* suivant l'expression de l'époque, s'engageait « à protéger l'Église, à respecter toutes les faiblesses et à s'en constituer le défenseur, à aimer son pays, à ne reculer jamais devant l'ennemi, à être fidèle à la parole donnée, à remplir tous ses devoirs, à se faire toujours le champion du Droit et du Bien, contre l'Injustice et le Mal. »

« Ne me sors pas du fourreau sans motif, et ne m'y fais pas rentrer sans honneur. »

Cette inscription gravée sur une vieille épée castillane résume le code de la jeune confrérie. Ce code, deux hommes en ont été les brillants interprètes :

« L'épanouissement de la chevalerie, dans la légende, écrit M. Léon Gautier, c'est Roland ; dans l'histoire, c'est Godefroy de Bouillon. Il n'est pas de nom plus haut que ces deux noms (3). »

(1) La publication de *Soirées de Saint-Pétersbourg* et les théories de Joseph de Maistre sur la guerre, ont soulevé, comme on le sait, de bruyantes mais vaines protestations. Un écrivain de nos jours, M. Melchior de Voguë, n'a pas hésité à écrire les lignes suivantes : « La certitude de la paix — je ne dis pas la paix — engendrerait avant un demi-siècle une corruption et une décadence plus destructive de l'homme que la pire des guerres. »

(2) *La Chevalerie.*

(3) Il est nécessaire de distinguer deux époques dans l'histoire de la chevalerie. Pendant deux siècles, l'institution conserve dans sa pureté l'idée qui a présidé à sa formation. Puis, une déviation se produit. Laissons parler M. Léon Gautier : « L'or pur de la chevalerie n'a pas tardé à subir plus d'un alliage compromettant. Dès le xiiᵉ siècle, — on oublie trop cette date — les romans de la Table-Ronde ont répandu parmi nous le goût d'une chevalerie moins virile. Les élégances d'un amour facile y occupent

En face du monde chrétien qui occupait l'Europe, s'étendait, en Asie et en Afrique, le monde musulman. Sous cette dénomination générale sont compris tous les peuples faisant profession de suivre la religion de Mahomet. Cette religion porte aussi le nom d'Islam. Les populations qui l'ont embrassée se sont appelées tour à tour et s'appellent encore : Musulmans, Arabes, Sarrasins, Maures, Turcs seldjoukides, Turcs ottomans ou osmanlis. Ils ont pour symbole le Croissant, et pour livre sacré le Coran.

Nous n'avons point ici à retracer la vie de Mahomet (570-632), ni à exposer ses doctrines, mais à signaler les conquêtes rapides des premiers kalifes, successeurs du *Prophète* (1).

la place qui était réservée jadis aux brutalités de la guerre, et l'esprit d'aventure a éteint l'esprit des croisades. On ne saura jamais combien ce cycle de la Table-Ronde nous a fait de mal. Il nous a policés, soit, mais amollis. Il nous a enlevé notre antique objectif, qui était le tombeau du Christ, conquis à coups de lance et à flots de sang. Aux austérités du surnaturel, il a substitué le clinquant du merveilleux. C'est à cette littérature charmante et dangereuse que nous devrons un jour cette chevalerie de théâtre, vantarde et téméraire, qui nous a été si fatale durant la guerre de cent ans. C'est contre elle enfin et non contre notre antique épopée, que Cervantès, dans *Don Quichotte,* aiguisera ses crayons. Grâce à cet envahissement regrettable, nous nous faisons aujourd'hui une idée fausse de la véritable chevalerie, que nous confondons trop aisément avec je ne sais quelle galanterie délicate et parfois excessive. Le temps est venu de protester contre une telle erreur. »

(1) Le Coran est un mélange incohérent de légendes arabes, de souvenirs bibliques et de traditions chrétiennes. Le succès de ce livre est de nature à déconcerter la raison humaine. L'enseignement dogmatique et moral qu'il contient repose sur le déisme, le fatalisme et le sensualisme. Mahomet prétendit en avoir reçu les différentes parties de l'ange Gabriel, en réalité il le composa avec l'aide de quelques-uns de ses amis, parmi lesquels on compte le juif Abdallah et le moine nestorien Sergius. De cette collaboration, il sortit un amas confus où la vérité coudoie l'absurde et où les fables grossières le disputent aux théories ingénieuses et subtiles. Aux chapitres 8, 9 et *passim,* nous lisons ces conseils : « Mettez à mort les infidèles. .. Lorsque vous les aurez affaiblis par le carnage, réduisez le reste en esclavage, etc. » C'est ce qui a fait dire à Montesquieu cette parole : « La religion mahométane, qui ne parle que de glaive, agit encore sur les hommes avec l'esprit destructeur qui l'a fondée. (*Esp. des Lois,* liv. XXIV, ch. IV.) »

« Le Coran, écrit M. de Tocqueville, ne me paraît être qu'un compromis assez habile entre le matérialisme et le spiritualisme. Mahomet a fait la part du feu aux plus grossières passions humaines, pour pouvoir faire pénétrer avec elles un certain nombre de notions fort épurées, afin que les premières maintenant les secondes, l'humanité marchât passablement, suspendue ainsi entre le ciel et la terre. Voilà la vue philosophique et désintéressée du Coran. Quant à la vue égoïste, elle est bien plus risible encore. La doctrine que la foi sauve, que le premier de tous les devoirs religieux est d'obéir aveuglément au prophète, que la guerre sainte est la principale des œuvres, etc., toutes ces doctrines qui se trouvent à chaque pas, presque à chaque mot du Coran, devaient avoir pour résultat d'armer le Musulman contre tous ceux qui ne partagent pas sa foi religieuse. »

Renan, de son côté, a dit ce qui suit : « Toute personne un peu instruite des choses de notre temps, voit clairement l'infériorité actuelle des pays musulmans, la décadence des pays gouvernés par l'Islam, la nullité intellectuelle des races qui tiennent uniquement de cette religion leur culture et leur éducation. Tous ceux qui ont été en Orient ou en Afrique sont frappés de ce qu'a de fatalement borné l'esprit d'un vrai croyant, de cette espèce de cercle qui entoure sa tête, la rend absolument fermée à la science, incapable de rien apprendre ni de s'ouvrir à aucune idée nouvelle. »

On objecte que les Arabes se sont distingués dans les sciences. Renan répond : « De tous leurs maîtres et docteurs qui se sont fait un nom, un seul était arabe d'origine; les autres leur sont venus du judaïsme ou bien c'étaient des transfuges du christianisme. »

La Syrie fut conquise par Abou-Bekr.

La Palestine et l'Égypte par Omar.

La Perse par Othman.

Les succès continuèrent sous les kalifes ommiades résidant à Damas. D'un côté, l'Afrique et l'Espagne; de l'autre côté, l'Asie jusqu'aux rives de l'Indus tombèrent au pouvoir des envahisseurs (660-740).

Mais quand la masse d'armes de Charles Martel eut fait reculer le Croissant, dans les plaines de Poitiers, en 732, l'ère des conquêtes fut close. Or, il y avait un siècle que Mahomet n'était plus. Cent ans avaient suffi aux Arabes pour s'avancer de l'Indus à l'Atlantique, de l'Éthiopie au Caucase et aux Pyrénées. Nul empire de l'antiquité n'avait atteint une telle étendue. Aussi cette vaste superficie se brisa-t-elle en plusieurs tronçons qui formèrent trois royaumes. Bagdad devint la capitale des kalifes abbassides; le Caire celle des kalifes fatimites; enfin les kalifes ommiades résidèrent à Cordoue.

Aboul-Abbas fut le fondateur des abbassides. Trois noms donnèrent du relief au kalifat de Bagdad: Al-Manzor, Haroun-al-Raschid et Al-Mamour.

COMBAT AU MOYEN-AGE

(D'après un document de la Bibliothèque nationale.)

Sous ces princes, les travaux pacifiques, l'industrie, la culture des sciences furent en honneur. Après eux, Mottassem prépara la décadence de sa dynastie par la formation d'une garde composée de 50,000 esclaves turcs achetés en Tartarie. Ces esclaves s'imposèrent bientôt comme maîtres. Ils disposèrent à leur gré des kalifes, renversant ceux qui leur déplaisaient et élevant ceux qui avaient le don de les flatter. A la faveur de ces désordres, le kalifat se démembra jusqu'au jour où l'esclave Seldjouke et son petit-fils Togrol-Beck fondèrent, sur les débris de la dynastie des abbassides, celle des seldjoukides, destinée elle-même à être absorbée plus tard par les Mongols de Houlagou, petit-fils de Gengis-Kan, et enfin par les Turcs ottomans ou osmanlis.

Au début, les seldjoukides donnèrent du lustre à leurs armes. Alph-Arslan et Mélik-Shab, les deux successeurs de Togrol-Beck, fondèrent un vaste empire ; le premier conquit l'Arménie et fit prisonnier l'empereur grec Diogène (1071) ; le second envahit la Syrie, la Palestine, prit Jérusalem et poussa jusqu'en Égypte (1076), tandis qu'un autre membre de la famille, Soliman, enlevait l'Asie Mineure aux Grecs et créait du Taurus au Bosphore la principauté d'Iconium, qui prit sous son fils le nom de Sultanie de Roum. Mais, à la mort de Maleck Shab (1093), une nuée de princes, dit un poète persan, s'éleva « de la poussière de ses pieds, » ce qui signifie que son empire fut partagé entre plusieurs potentats qui, sous la dénomination d'émirs ou de sultans, gouvernèrent alors les divers États de l'Orient musulman.

A la fin du xɪᵉ siècle, on comptait, en Asie, sept de ces principautés ou sultanies distinctes. C'étaient les sultanies de Roum, d'Alep, d'Antioche, de Damas, de Mossoul, de l'Iran et de Kerman.

En 968, Moez Lidinillah enleva l'Égypte aux kalifes de Bagdad et jeta les fondations du Caire. En 1171, Saladin renversa la dynastie des kalifes fatimites, et fut renversé à son tour par les mamelouks, en 1254. Plus tard, les mamelouks seront assujettis par le sultan ottoman Sélim Iᵉʳ, et resteront sous la dépendance de la Porte (1517).

Lors de la chute des kalifes ommiades de Damas, Aboul-Abbas, leur vainqueur, feignit une réconciliation avec ses victimes et attira près de lui quatre-vingts émirs appartenant à la famille déchue. Il les fit massacrer dans un festin. Un jeune émir, Abdéram, parvint à s'échapper ; poursuivi par son persécuteur, il se réfugia en Espagne où il fut assez heureux pour fonder le kalifat de Cordoue (756). Les kalifes, successeurs d'Abdéram, se trouvent presque aussitôt en lutte d'abord avec Pépin le Bref et Charlemagne, puis avec les rois des divers États chrétiens du nord de la Péninsule : Asturie, Léon, Navarre, Castille et Aragon, qui leur infligent des défaites si cruelles qu'à la fin du xᵉ siècle le kalife Almangon semble entraîner dans sa tombe toute la puissance des siens. Aux défaites, à l'extérieur, vinrent se joindre, à l'intérieur, des divisions profondes qui amenèrent un démembrement et la formation de dix-neuf principautés indépendantes. Le dernier des ommiades, Hescham III, fut déposé en 1060. Quelques siècles encore et les États chrétiens absorberont entièrement le royaume musulman.

Bien que rongés par les luttes intestines, les sectateurs de Mahomet ne laissaient pas que d'offrir, en présence d'un péril commun, une force de cohésion difficile à rompre lorsqu'il était nécessaire d'opérer une invasion sur les terres d'Europe. Leurs flots inépuisables venaient sans relâche battre les murailles de l'édifice évangélique. Le pape Jean X avait été obligé de se mettre à la tête d'une armée pour défendre Rome et ses environs; en 1016, le pape Benoît VIII fut contraint également de lever une armée pour protéger la Toscane et la Sicile; en 1003, les Maures d'Espagne exécutent une descente sur les côtes d'Antibes et entraînent la population en esclavage; en 1019, les Sarrasins tentent de s'emparer de Narbonne; enfin, en 1047, ces barbares envahissent l'île de Lérins. Comme on le voit, offensives en apparence, les Croisades furent en réalité des guerres défensives.

Telle était, au déclin du xıᵉ siècle, à la veille du Concile de Clermont, la situation réciproque de l'islamisme et du Christianisme. Sans s'être concertées, les deux croyances s'étaient comme tacitement partagées le monde alors connu. Le moment était venu où les antagonistes allaient se heurter dans un choc effroyable. De cette mêlée, l'Europe sortira et plus forte et plus brillante. L'islamisme frappé au cœur ne périra pas encore, mais il commencera son agonie séculaire.

CHAPITRE II

Les pèlerinages en Orient.

« Parmi les grands événements de l'histoire, dit M. Guizot, aucun n'a
été préparé de plus longue main et plus naturellement amené que les
Croisades. Dès ses premiers jours, le Christianisme vit dans Jérusalem son
divin berceau ; c'était, dans le passé, la patrie de ses ancêtres et le centre de
leur histoire ; dans le présent, le théâtre de la vie, de la mort, de la résurrection de son fondateur. Jérusalem devint de plus en plus la ville sainte.
Aller à Jérusalem, visiter le mont des Oliviers, le Calvaire, le tombeau de
Jésus-Christ, telle fut, dans leurs plus mauvais jours, au sein de leur obscurité et de leurs martyres, la pieuse passion des premiers chrétiens (1). »

De tout temps, dans toutes les religions, les pèlerinages ont été en honneur. Ces pérégrinations sont en effet trop en harmonie avec les sentiments
du cœur de l'homme pour qu'elles n'aient point pénétré dans les mœurs et
les usages de la plupart des peuples. Si la vue d'une terre qu'ont habitée
des héros et des sages, lors même que leur mémoire ne se lie à aucune
croyance, suffit pour éveiller en nous un essaim de souvenirs, si l'âme du
philosophe se sent remuée à l'aspect des ruines d'Athènes, de Palmyre et de
Memphis, quelles émotions doivent exciter chez le croyant la vue et l'aspect
des lieux illustrés par la présence des personnages grands entre tous, qui
furent les fondateurs, les apôtres ou les martyrs de la religion et de la foi dont
il se reconnaît l'adepte.

Il n'est donc point extraordinaire que les lieux saints de Palestine aient été

(1) *Histoire de France racontée à mes petits enfants; chap. xvi).*

et soient toujours, parmi les chrétiens, l'objet d'une vénération universelle et
le but de fréquents pèlerinages.

Le paganisme expirant essaya d'interrompre ces pieux voyages. Jérusalem
perdit son nom sous le règne d'Hadrien ; Jupiter eut son temple au Golgo-
tha ; Adonis et Vénus furent adorés à Bethléem. Mais ce renouveau d'une
mythologie démodée fut de courte durée. Constantin parut, et, avec lui, le
Christianisme monta sur le trône des Césars. La mère de Constantin, sainte
Hélène, ne craignit pas, en dépit de son grand âge, d'entreprendre le voyage
de la Palestine. Par ses ordres et sous ses yeux, le sommet et les alentours du
Calvaire sont fouillés, dans le but d'y retrouver le
tombeau du Christ et le bois de la croix. Les
efforts de la princesse sont couronnés de succès.
Une basilique se dresse bientôt sur les lieux témoins
de la mort de la divine victime. A l'inauguration
du monument, des foules immenses de fidèles se
rendent à la cité sainte, et le savant évêque de
Césarée, Eusèbe, y prononce un discours. Bientôt
après, Bethléem, le Thabor, le Carmel, les rives
du Jourdain, les bords du lac de Génézareth, en un
mot la plupart des localités marquées par les pas
du Sauveur voient s'élever des églises fondées par
le zèle d'Hélène aidée des largesses et des encoura-
gements de son fils.

Remis ainsi en honneur par le premier empereur
croyant, le berceau du Christianisme ne pouvait
qu'attirer encore davantage de nombreux croyants.

Sous Julien l'Apostat, l'idolâtrie tenta un suprême assaut ; le plan fut déjoué.
Rien n'arrêta l'élan donné. Parmi les pèlerins, nous voyons les Eusèbe, de
Césarée, les Porphyre, les Jérôme, les rejetons de la famille des Scipions et
des Gracques : Paul et sa fille Eustochie. Saint Jérôme nous apprend que
les pèlerinages étaient si fréquents en Judée, qu'autour du tombeau on
entendait célébrer dans les langues les plus étranges et les plus diverses les
louanges de l'Homme-Dieu. Bien plus, un docteur de l'Église, saint Augustin,
craignant que quelques esprits trop ardents ne se fissent illusion et ne s'imagi-
nassent qu'une excursion lointaine pouvait tenir lieu de la foi et de la charité,
disait aux siens :

— Ne méditez pas de longs voyages ; ce n'est pas en naviguant, c'est en aimant qu'on va à celui qui est partout.

Le conseil était sage ; il prévenait les abus, mais il ne frappait d'aucun blâme l'idée mère du pèlerinage.

A mesure que les peuples de l'Occident se convertissaient, leurs regards se tournaient vers l'Orient. Du fond de la Gaule, des forêts de la Germanie, de nouveaux chrétiens accouraient impatients de voir par eux-mêmes le sol où avait pris naissance cette foi qu'ils venaient d'embrasser. Un itinéraire servait de guide aux pèlerins, depuis les bords du Rhin et de la Garonne jusqu'aux rives du Jourdain, et les conduisait, à leur retour de Jérusalem, jusqu'aux principales villes de l'Italie (1).

Les grandes invasions barbares ne suspendirent point le mouvement. Dans les premières années du ve siècle, nous rencontrons, au sein des groupes pacifiques qui marchaient souvent à travers des champs de carnage, une femme de distinction, l'impératrice Eudoxie, épouse de Théodose le Jeune. Elle jette les fondations d'une basilique sur le lieu où le sang du premier martyr, saint Étienne, avait coulé.

Elle fit deux fois le voyage de Palestine, et y termina même ses jours. Dix ans après, sa petite-fille, visitée par le malheur, vint s'agenouiller près de la tombe de son aïeule. Succombant au mal qui la rongeait, elle voulut être ensevelie à ses côtés.

Au vi^e siècle, sous le règne de l'empereur Justinien, le pèlerinage prit une extension encore plus considérable. Justinien fit bâtir sur le mont Moriah, en l'honneur de la Vierge Marie, une basilique avec deux hospices adjacents, l'un pour les malades et les pauvres du pays, l'autre pour les voyageurs étrangers.

Mais ce fut là le dernier reflet d'une belle journée. A partir des premières années du viie siècle, sous le règne d'Héraclius (610-628), les Perses ayant à leur tête Chosroès II, ravagèrent la Palestine. Ils s'emparèrent de la ville sainte qu'ils mirent à feu et à sang. L'église du Saint-Sépulcre fut incendiée, le bois de la vraie croix enlevé et le patriarche Zacharie traîné en captivité. Héraclius marcha contre les ennemis, leur livra une série de batailles et finit par les vaincre. Les Perses demandèrent la paix qui fut signée à Tauris

(1) Outre ces itinéraires, il existait encore des récits de pèlerinages qui aidaient aux pèlerins. Nous devons, à ce titre, une mention au *Peregrinatio Sylviæ*, relation détaillée d'un voyage en Terre-Sainte, écrite vers la fin du ive siècle, par Sylvia, sœur de Rufin d'Aquitaine.

en 628. L'une des clauses du traité fixait que la vraie croix serait restituée.
Elle fut rendue en effet. L'année suivante, l'empereur Héraclius voulut la
porter sur ses épaules, nu-pieds, et vêtu d'une simple tunique, dans l'église
du Saint-Sépulcre, nouvellement construite.

A cette nouvelle, la joie fut grande dans la chrétienté ; les pèlerinages
prirent un nouvel essort, mais pour peu de durée. « Précisément à cette
époque, dit M. Guizot, apparaissait un ennemi bien plus redoutable pour les
chrétiens que les sectaires de Zoroastre : en 622, Mahomet fondait l'islamisme ; quelques années après sa mort, en 638, le second des kalifes, ses
successeurs, Omar, envoyait deux de ses généraux à la conquête de Jérusalem.
Pour les Musulmans aussi, Jérusalem était une ville sainte. Mahomet,
disait-on, y était venu ; c'était même de là qu'il était parti pour monter au ciel
dans son voyage nocturne ; en s'approchant des murailles, les Arabes
répétaient ces paroles du Coran : « Entrons dans la terre sainte que Dieu nous
a promise. » Le siège dura quatre mois. Les chrétiens se rendirent, mais à
Omar lui-même qui vint de Médine recevoir leur soumission ; une capitulation
conclue avec leur patriarche Sophronius leur garantit leur vie, leurs biens et
leurs églises. Toutefois ils furent obligés de cacher leurs croix et leurs livres
sacrés ; la cloche n'appelait plus les fidèles à la prière ; la pompe des cérémonies
leur était interdite. Sur les ruines du temple de Salomon, Omar, le plus
modéré des fanatiques musulmans, fit construire la mosquée qui porte son
nom. »

La vue de ce temple consacré au culte du faux prophète de la Mecque et
l'abomination de la désolation régnant ainsi désormais dans la cité sainte,
affligèrent tellement le patriarche Sophronius qu'il en mourut, dit-on, de
douleur. L'empereur Héraclius ne put, lui aussi, résister longtemps à la
perte de la Palestine et mourut à son tour en 640.

Cependant la domination musulmane, tolérante d'abord conformément aux
promesses et aux exemples d'Omar, ne tarde pas à se faire sentir lourdement.
Les impôts pèsent écrasants, les croix sont abattues, les églises et les monastères sont profanés, et parfois même deviennent le théâtre de massacres
sanglants.

Sous la dynastie des Ommiades et plus tard sous celle des Abbassides,
malgré l'oppression qui étreignait les chrétientés d'Orient, malgré les obstacles
et les périls que rencontraient les pèlerins sur leur route, les visiteurs
d'Europe n'en continuaient pas moins d'affluer en grand nombre à Jérusalem.

Parmi eux, on distingue, au commencement du vIII^e siècle un évêque des
Gaules, saint Arculphe, qui passe les mers et reste neuf mois en Palestine.
Le récit de son séjour, rédigé par un moine bourguignon, contient de nombreux
et curieux détails sur les Lieux-Saints! Vingt ou trente ans après, c'est un
autre évêque du pays saxon, nommé Guillebaud, qui entreprend la même
excursion.

Nous arrivons ainsi au temps de Charlemagne et d'Haroun-al-Raschid, le
plus grand des kalifes de la dynastie d'Abbas. Le règne de ce sultan fut une
ère de calme et de sécurité pour les chrétiens d'Orient. Par égard pour le grand
empereur dont la gloire éclipsait toutes les renommées contemporaines,
Haroun chercha à vivre en harmonie avec un si puissant monarque et il
échangea avec lui les plus riches présents. Au nombre de ces dons, figuraient
en première ligne les clefs de Jérusalem et du Saint-Sépulcre. Charlemagne
profita de ces dispositions bienveillantes pour faire construire, non loin du
Saint-Sépulcre, un hospice pour les pèlerins occidentaux. En même temps, il
établissait, à perpétuité, l'envoi régulier et périodique d'aumônes abondantes
destinées aux pauvres de ces contrées.

« Ce n'était pas seulement dans son pays et dans son royaume, dit
Eginhard, que Charles répandait ces libéralités que les Grecs appellent
aumônes, mais encore au delà des mers, en Syrie, en Égypte, en Afrique, à
Jérusalem, à Alexandrie, à Carthage ; partout où il savait que des chrétiens
vivaient dans la pauvreté, il compatissait à leur misère, et il aimait à leur
envoyer de l'argent. »

Un des capitulaires de l'an 810, porte ce passage : « Aumônes à envoyer à
Jérusalem, pour rétablir les églises de Dieu. »

Encouragés par ces circonstances favorables, les voyages par delà les mers
ne firent qu'augmenter à la fin du vIII^e et au début du IXe siècle.

Aux pèlerins de marque, venus du pays franc, de Rome, de la Scandinavie,
se joignirent les marchands de Gênes, de Pise et de Venise.

Les kalifes qui succédèrent à Haroun al-Raschid, mort en 809, ne suivirent
pas longtemps sa politique conciliante et firent revivre les lois d'oppression.
Malgré la décadence de leur race et la sujétion où ils étaient tombés à l'égard
des Turcs, les Abbassides continuèrent dans cette voie de violence jusqu'à ce
qu'ils furent dépossédés de la Palestine par les kalifes fatimités d'Egypte, en
l'an 972, sous le règne de Moezz-Edin.

Les nouveaux maîtres traitèrent d'abord leurs sujets comme des alliés et

des auxiliaires. Ils favorisèrent même le commerce des Européens. Mais tout
à coup la persécution se réveilla, terrible. Hakem, le troisième des kalifes
fatimites d'Égypte, signala son règne par tous les excès du fanatisme et de la
démence. Le sang coula à flots; les églises furent détruites ou converties en
étableries; celle du Saint-Sépulcre fut renversée de fond en comble. Les
historiens arabes blâment eux-mêmes une telle férocité. « Toutes les actions
d'Hakem étaient sans motif, et les rêves que lui suggérait sa folie n'étaient
susceptibles d'aucune interprétation raisonnable. » Ainsi s'exprime Makrizi.

Spectacle étrange, l'attraction qui soulevait les populations occidentales et
les amenait en Orient, ne perdit rien de sa vigueur. Dès qu'une éclaircie se
glissait entre deux nuées orageuses, qu'un kalife imbécile disparaissait de la
scène, le courant reparaissait.

On était d'ailleurs en l'an 1000; l'heure terminant le cycle humain allait
sonner, les regards se portaient irrésistiblement vers la cité, image matérielle de cette autre cité qui était sur le point de s'ouvrir par delà le temps.
L'heure s'écoula sans les perturbations redoutées. La Palestine profita

4

largement du contentement universel. Les routes se remplirent de pèlerins.

« L'affluence fut prodigieuse, écrit Raoul Glaber. D'abord la basse classe du peuple, puis la classe moyenne, puis les rois les plus puissants, les comtes, les marquis, les pontifes, enfin, ce qui ne s'était jamais vu, beaucoup de femmes, nobles ou pauvres, entreprirent la course. »

En 1026, Guillaume Taillefer, comte d'Angoulême ; en 1028, Foulques le Noir, comte d'Anjou ; en 1035, Robert le Magnifique, duc de Normandie, père de Guillaume le Conquérant ; en 1086, Robert le Frison, comte de Flandre, et beaucoup d'autres seigneurs, abandonnèrent leurs terres pour visiter cette autre terre où avait vécu leur Dieu. En 1054, Leidbert, évêque de Cambrai, partit, suivi de 3,000 pèlerins, tous originaires de la Flandre ou de la Picardie ; en 1064, l'archevêque de Mayence, les évêques d'Utrecht, de Spire, de Cologne et de Bamberg se mirent en marche suivis de 10,000 hommes. Attaquée par les Arabes, la troupe perdit 3,000 des siens, et arriva à Jérusalem brisée par la fatigue. Le récit que firent les survivants des dangers qu'ils avaient courus et de la mort de leurs compagnons contribua puissamment à exciter dans les cœurs un désir de vengeance. D'un autre côté, les Musulmans redoublaient de rigueur ; leurs cruautés ne connaissaient plus de bornes.

Une rencontre devait infailliblement se produire. Les pèlerinages pacifiques allaient se transformer en pèlerinages armés. L'Occident commençait à avoir conscience de sa force. Les Croisades étaient à l'état de germe dans le sillon européen ; survienne un coup de vent chaud ou une pluie féconde et le germe éclatera.

« Mêmes générales et vives, a dit M. Guizot, les émotions populaires demeurent souvent stériles. Il ne suffit pas que des aspirations se manifestent pour amener de grands événements et de sérieux résultats ; il faut encore que quelque grande âme humaine, quelque puissante volonté individuelle se fasse l'organe et l'agent du sentiment public et le rende fécond en le personnifiant.

» La passion chrétienne du xie siècle, pour la délivrance de Jérusalem et le triomphe de la Croix, eut cette fortune. »

CHAPITRE III

Les Papes préparateurs de la Croisade.

Comme tous les pouvoirs forts et durables, la Papauté n'agit jamais par soubresauts. Dans les déterminations qui doivent, pendant plusieurs siècles, sinon changer, du moins modifier la physionomie sociale, elle va avec lenteur. Le pontife qui a conçu l'idée est rarement celui qui l'exécute ; il la lègue à ses successeurs dont la série ininterrompue sera toujours présente pour la recueillir et veiller sur son éclosion.

Avant d'avoir des promoteurs, les Croisades ont eu des précurseurs.

En 881, le patriarche de Jérusalem, Hélias, troisième du nom, envoie une lettre pressante à Charles le Chauve, et en sa personne « à tous les princes très magnifiques, très pieux et très glorieux de l'illustre race du grand empereur Charles, aux rois de tous les pays des Gaules, aux comtes, aux très saints archevêques, métropolitains, évêques, abbés, prêtres, diacres, sous-diacres et ministres de la sainte Église, aux saintes sœurs, à tous les adorateurs de Jésus-Christ, aux femmes illustres, aux frères, aux laïcs, à tous les catholiques et orthodoxes de l'univers chrétien. » Après avoir rappelé en termes pathétiques les nombreuses tribulations que les chrétiens de Jérusalem ont eu à souffrir, le patriarche s'autorise de cette parole de l'Apôtre : *que lorsqu'un membre souffre les autres membres souffrent aussi,* pour solliciter en faveur des affligés, dont il a la charge, la charitable intervention de leurs frères d'Europe. Il implore leur pitié et les prie, avec larmes, de venir à son aide. On ignore si plusieurs destinataires firent réponse à l'éloquente supplique. Il est à croire que Charles le Chauve ne laissa pas partir les deux moines porteurs de la lettre, sans leur donner certaines assurances.

Il y a comme un pressentiment du soulèvement futur dans cette voix de l'Orient, qui, deux cent quatorze ans avant le concile de Clermont, monte suppliante vers l'Occident.

La première idée des expéditions militaires eut pour auteur un enfant de notre vieille Auvergne, Gerbert, qui devint Pape — le premier Pape français — sous le nom de Sylvestre II.

Gerbert naquit dans la Haute-Auvergne. Il était le fils d'un *pastour* des montagnes. Son intelligence précoce attira l'attention. Placé à l'école du monastère d'Aurillac, il se fit remarquer par la promptitude avec laquelle il saisissait et s'assimilait l'enseignement de ses maîtres. Il ne tarda pas à conquérir une réputation qui franchit les limites de la nation et qui lui assura le titre du plus savant homme de son temps. A l'étude de la théologie, de la philosophie et de l'histoire, il ajouta celle des mathématiques, de l'astronomie, de la mécanique, de la musique, de la linguistique et de l'alchimie. Il passe, à tort, pour avoir inventé les horloges à roues et à balancier (1). Ses familiers étaient fortement intrigués en le voyant, le soir, examiner la marche des planètes et le mouvement des étoiles à l'aide « d'un long tube de cuivre. » Les recherches alchimiques auxquelles il se livrait firent croire, aux esprits faibles, qu'il avait des relations criminelles avec les êtres infernaux. D'aucuns assurèrent qu'après sa mort, ses ossements agités par une main invisible s'entrechoquaient dans la tombe, à chaque nouvelle élection pontificale, et que la dalle qui fermait l'entrée de son caveau devenait humide par suite de pleurs mystérieux. Ces ridicules légendes, très répandues en certains milieux crédules de l'Italie et de la France, montre la célébrité qu'avait su acquérir Gerbert, dont l'activité menait de front et les sciences et le gouvernement de l'Église. A l'exemple de tous les hommes de valeur, Gerbert eut des amis fidèles et des adversaires ardents. Il est presque impossible de parler de lui sans tomber dans l'excès de l'éloge ou dans l'excès du blâme. Il est certain que la malveillance jalouse se plut à lui créer d'incessants embarras. D'autre part, la mesure, dans la défense, ne fut pas toujours le lot de la victime. Quelques actes de sa vie, antérieurs au Pontificat, ne peuvent être

(1) Le silence des écrivains contemporains autorise à placer cette intervention au rang des légendes. Saint Louis se servait d'une bougie allumée pour mesurer le temps et régler la durée de ses exercices religieux pendant la nuit, ce qu'il n'aurait pas fait si les horloges eussent été connues.

loués sans restriction formelle. Quoi qu'il en soit, il domina de très haut son siècle par l'étendue et la variété prodigieuse de ses connaissances. Parvenu à la chaire de saint Pierre, il porta spécialement son regard vaste et profond sur l'Orient. En l'an 1000, il adressa à la chrétienté le premier appel général en faveur de la Terre Sainte, et il insinua l'idée d'une levée en masse. Voici par quel concours de circonstances il fut amené à concevoir ce hardi projet. Le sanguinaire Hali-Hakem, troisième kalife fatimite d'Égypte, signalait sa domination en Palestine par la plus farouche persécution. L'empire grec se voyait menacé. L'Italie était périodiquement dévastée par les incursions des infidèles, qui, partis des côtes barbaresques, ravageaient tour à tour la Sicile et le sud de la Péninsule. Dans une de ces expéditions, les Sarrasins venaient de s'emparer de Capoue. L'empereur Othon II, qui se trouvait alors en Italie, marcha à leur rencontre, leur infligea une défaite sanglante et reprit sur eux la capitale de la Campanie. Cet événement fit naître dans l'âme du Pape le désir de garantir l'avenir en portant la guerre en Asie, au centre même de la puissance musulmane. Il songea, dès lors, à former, dans ce but, une immense coalition de tous les peuples latins, sans distinction de races ni de nationalités. Il écrit à son jeune et royal élève, Othon III, ainsi qu'à tous les princes chrétiens une lettre où, s'effaçant lui-même, il fait parler l'Église de Jérusalem. Nous y lisons le passage suivant :

« A l'œuvre donc, soldat du Christ! sois notre porte-drapeau et notre champion! et si tu ne peux le faire par les armes, viens à notre secours par tes conseils, par tes richesses. Qu'est-ce donc que tu donnes? et à qui le donnes-tu? De ton abondance tu donnes peu de chose, et tu donnes à celui qui t'a donné gratuitement tout ce que tu possèdes; il ne recevra pas gratuitement ce que tu lui donneras; il multipliera ton offrande, il la récompensera dans l'avenir. »

L'incitation était pressante. Les Pisans obéirent et s'apprêtèrent à partir. Une diversion inattendue vint entraver l'élan populaire. Des troubles éclatent en Italie; l'Empereur et le Pape sont dans l'obligation de quitter Rome et de chercher au loin un refuge. La mort d'Othon, suivie, à peu d'intervalle, de celle de Sylvestre, acheva d'anéantir des espérances qui recevaient déjà un commencement de réalisation.

Il appartenait à un autre Pape, le plus grand du Moyen-âge, au jugement de M. Guizot, Grégoire VII, de rallumer les espérances éteintes.

Au moment de son exaltation au souverain pontificat, les Turcs, échappés des steppes de l'Asie et convertis récemment à l'islamisme, s'étaient jetés sur l'Asie Mineure et y avaient dressé leurs tentes. Leur chef, Soliman, prenant pour résidence la ville de Nicée, inquiétait Constantinople, dont les riches monuments se dressaient magnifiquement au delà du Bosphore, comme une invite continuelle à l'insatiabilité des envahisseurs. L'empereur Michel Ducas implore le secours du Pape et de tous les princes d'Occident. Grégoire VII cultivait d'étroites relations avec Byzance ; il espérait par là gagner la faveur des Grecs, provoquer une explication théologique et parvenir à la réunion des deux églises dont Cérulaire venait de consommer la séparation. La hauteur des vues du Pontife, l'étendue de son génie, l'énergie de son caractère le rendaient capable des plus vastes entreprises. Aussi, n'hésite-t-il point à reprendre en sous-œuvre le programme de son devancier Gerbert. Dès la deuxième année de son règne, il fait parvenir des lettres à Guillaume, comte de Bourgogne, au comte de Saint-Gilles et à d'autres seigneurs, pour leur rappeler la fidélité qu'ils ont vouée aux successeurs de saint Pierre ; il leur recommande d'exciter le zèle des barons placés sous leurs ordres, « afin que, ajoute-t-il, après avoir fait la paix avec les Normands d'Italie, nous passions ensemble à Constantinople et portions à nos frères le secours qu'ils demandent avec instance. » Plusieurs mois après, il insiste dans de nouvelles lettres, il fait la peinture des dévastations commises par les troupes mahométanes, leurs déprédations, les sévices dont elles accablent les populations du littoral européen. Enfin, l'année suivante, il revient à ses supplications.

« Je partirai moi-même, s'écrie-t-il ; mon âme est triste jusqu'à la mort ; j'aime mieux exposer ma vie pour les membres souffrants de Jésus-Christ, que de commander à des hommes qui négligent de les secourir. »

50,000 hommes répondent à la voix du Pontife, et s'organisent pour se rendre à Constantinople et de là à Jérusalem. Un obstacle surgit encore. La querelle des investitures paralysa tous les efforts et fit avorter cette deuxième tentative de Croisade.

Un troisième effort fut plus heureux. Il eut lieu sous Didier, ancien abbé du Mont-Cassin, qui avait, en succédant à Grégoire VII, pris le nom de Victor III.

Bien que, pendant son court pontificat de dix-huit mois, il fut sans cesse aux prises avec l'empereur d'Allemagne Henri IV et l'antipape Guibert de Ravenne, Victor essaya de mettre un terme aux pirateries des Sarrasins qui désolaient continuellement les côtes d'Italie et entravaient la liberté de la navigation et du commerce dans la Méditerranée. En dépit de ses souffrances physiques et des atteintes de la maladie qui devait l'emporter, il réunit une armée imposante, composée de presque tous les peuples italiens, mais principalement de Pisans et de Gênois, et lui confie l'étendard de saint Pierre. Le corps d'expédition débarque sur le rivage de la Mauritanie, s'empare des villes situées à proximité de la mer, et taille en pièces, dit-on, une armée

GRÉGOIRE VII

de 100,000 hommes. Effrayé, le sultan de Tunis se hâte de rendre les prisonniers chrétiens et de se reconnaître vassal du Saint Siège. Heureuse de ses succès, l'armée revint en Italie, chargée d'un butin immense qui fut employé à la construction et à l'ornementation des églises. C'est avec une portion des dépouilles que furent bâtis la belle cathédrale et le merveilleux Campo Santo de Pise.

Victor III mourut peu après. Les avantages remportés contre les Maures d'Afrique semèrent la consternation parmi les hordes mahométanes et enflammèrent d'ardeur les pays d'Europe.

La mine, longtemps creusée et patiemment préparée, est sur le point d'éclater.

Mais le beau rôle va, de droit, échoir à la France, la fille aînée de l'Église.

La France, première à la défense sous Charles Martel, sera première à l'attaque.

Un Pape français, Urbain II, donnera le signal avec le secours d'un moine français, Pierre l'Ermite.

Un héros français, Godefroy de Bouillon, ouvrira l'âge des combats épiques; un Français le fermera héroïquement, saint Louis.

Jusqu'à nos jours, les historiens ont été unanimes à admettre que les papes Sylvestre, Grégoire et Victor, ont été les précurseurs de la Croisade. Maintenant, s'il fallait en croire quelques historiens allemands, il y aurait lieu de modifier la thèse. D'après eux, Urbain II, promoteur de la Croisade, aurait été l'initiateur et l'exécuteur. A notre avis, cette opinion, en faveur au delà du Rhin et acceptée par plusieurs de nos écrivains français, est insoutenable.

Il n'est pas possible au point de vue philosophique et psychologique qu'un mouvement tel que celui dont nous sommes témoins à la fin du xi° siècle n'ait pas été préparée de longue date. Une Révolution n'éclate jamais à l'improviste : elle est le fruit d'une lente élaboration. C'est s'abuser, par exemple, que de se figurer que la révolution de 1789 a eu pour cause l'état déplorable de nos finances à cette époque. Le mot de M. de Bonald est frappant de justesse :

« Les révolutions, dit ce penseur, ont des causes prochaines et matérielles qui frappent les yeux les moins attentifs; mais ces causes ne sont proprement que des occasions. Les véritables causes, les causes profondes et efficaces sont les causes morales que les esprits étroits méconnaissent. »

Quand Auguste prit la couronne, l'Empire romain était déjà fait; quand Luther parut, l'hérésie couvait dans les esprits.

Un ébranlement social ne se déclare jamais subrepticement. Un sol n'éclate que parce qu'il est déjà creusé, et que dans ses dépressions s'accumulent les matières inflammables.

Le cri de : *Dieu le veut !* ne pouvait être que la conséquence d'un état d'âme ; c'était l'écho d'une voix qui grondait mystérieusement à tous les points du monde chrétien.

La critique allemande disserte sur l'authenticité de la lettre du pape Sylvestre II. Il paraît vraisemblable que le texte pontifical a été altéré. Quant au fond même de la missive, à sa réalité intrinsèque, la grande majorité des historiens non seulement français, mais allemands, l'accepte sans difficulté.

En ce qui regarde les instances de Grégoire VII et celles de Victor III, il faudrait fermer volontairement les yeux à l'évidence pour nier l'importance de ce monument historique.

Les chroniques du commencement du xi⁰ siècle sont remplies du projet d'une Croisade ; l'idée flotte dans l'air ; les chansons de gestes l'entretiennent dans les esprits. Lorsque Urbain II paraîtra, le monde sera prêt. Assurément, nous ne prétendons pas que Sylvestre et Grégoire aient conçu la Croisade telle que Urbain l'a réalisée, c'est-à-dire un soulèvement de l'Occident se précipitant par toutes les portes sur l'Orient. L'idée d'exécution appartient exclusivement au Promoteur ; nous affirmons seulement que l'idée errait çà et là au moment où retentit l'appel « aux vaillants. »

Le succès prodigieux de cet appel prouve et l'existence et l'intensité de l'attente.

Loin donc de trouver surprenant que Urbain II ait eu des précurseurs, nous serions porté à juger extraordinaire qu'il en ait eu si peu. Nous sommes persuadé que si tous les actes des Papes nous avaient été conservés, nous rencontrerions d'autres noms.

On a de Sergius IV une adresse à la Chrétienté. Des doutes ont été émis relativement à son authenticité. L'examen de certains caractères extérieurs du document semble favoriser ces doutes. Le temps et les copistes ont pu apporter au texte des modifications difficiles à éviter ; dans l'ensemble il doit être vrai. Néanmoins, nous attendons, sur cette question spéciale de la mission de Sergius, les décisions d'une saine critique (1).

(1) Parmi les causes qui excitèrent l'Occident chrétien à marcher contre l'Orient musulman, il en est une qu'on passe d'ordinaire sous silence dans l'historique de la genèse des Croisades : nous voulons parler de la littérature épique, des chants héroïques, des strophes ardentes répétées chaque jour dans les châteaux et dans les chaumières. Les guerres de Charlemagne avaient laissé une trace profonde dans l'imagination populaire. Elles avaient donné naissance à des écrits dont le souffle chevaleresque ne pouvait passer sur les masses sans les agiter. La *Chanson de Roland,* seul poème épique de la France, arrivait, vers le milieu du xi⁰ siècle, à sa formation complète. Elle devint, ainsi qu'on l'a dit fort judicieusement, le manuel du parfait croisé. La première Croisade ne fut que la traduction en actes de la *Chanson de Roland.*

CHAPITRE IV

L'auteur de la Croisade : Urbain II.
Rôle de Pierre l'Hermite.

Un jour de l'année 1078, deux moines de Cluny, Odon et Pierre, traversaient Rome et se rendaient à la demeure du Pape. Grégoire VII les reçut avec affabilité et les investit de leurs nouvelles fonctions de secrétaires et de confidents intimes. Tels furent les services qu'ils rendirent au Chef de l'Église que bientôt, à titre de récompense, Pierre est placé à la tête du monastère bénédictin de Salerne et Odon est revêtu des insignes cardinalices.

L'élévation rapide de ce dernier eut le don d'exciter les murmures et le mécontentement.

Quel était donc ce personnage comblé des attentions du Pape ?

Il avait vu le jour en 1042, à Logéry, près de Châtillon-sur-Marne, d'après les uns ; à Bainson, près de Reims, d'après les autres (1). Son père se nommait Eucher et sa mère Isabelle. Tout jeune encore, il est envoyé à l'école épiscopale de Reims, alors très florissante. Il y eut pour maître l'illustre saint Bruno, qui devint plus tard le fondateur de l'Ordre des Chartreux. Sous la direction de ce professeur révéré, Odon eut bientôt acquis ce fonds de savoir qui le fit passer dans la suite pour un des orateurs les plus éloquents de son époque, et lui mérita le qualificatif de docteur extraordinaire, *Doctor egregius*.

Entré dans la cléricature, il obtint d'abord une prébende de chanoine dans

---

(1) La notice rédigée par la Chancellerie romaine, immédiatement après la mort d'Odon, le fait naître à Chatillon-sur-Marne.

l'église métropolitaine de Reims. Les chanoines menaient encore, à ce moment, la vie commune.

Le nouveau venu se signala par sa piété, sa science et sa vie régulière, et ne tarda pas à être promu à la dignité d'archidiacre. Poussé par le désir d'une vie plus silencieuse et plus parfaite, il vint frapper à la porte du monastère de Cluny et embrassa la profession monastique. C'était alors le temps de l'universelle réputation de cette abbaye célèbre. Saint Hugues, qui en était abbé, accepta avec empressement une si importante recrue et lui conféra de ses mains l'habit de l'Ordre. Bientôt, l'exactitude du jeune profès à s'acquitter de tous les devoirs religieux le fit établir prieur du monastère.

Après avoir présidé en cette qualité à la fondation d'un prieuré clunisien à Bainson, Odon fut envoyé par Hugues, en compagnie d'un autre de ses frères, en religion Pierre, auprès du Souverain Pontife, qui avait demandé à l'abbé deux de ses religieux, pour le soutenir de leurs conseils dans les difficultés que suscitaient à l'Église l'empereur Henri IV et l'antipape Guibert.

On comprend maintenant l'attachement de Grégoire VII pour le moine qui, entre tant d'hommes doués d'une haute intelligence, avait été, de la part de son supérieur, l'objet d'un choix flatteur et largement mérité. Sur son lit de mort, le Pape « qui eut au cœur l'amour de la justice et la haine de l'iniquité, et qui, pour cela, mourut en exil (1), » désigna le cardinal Odon, évêque d'Ostie, comme devant être son successeur.

La faveur du conclave se porta sur Victor III. A ses derniers moments, Victor, dont le règne fut de courte durée, demanda aux cardinaux, à l'exemple de son prédécesseur, de porter leurs voix sur Odon. Ceux-ci déférèrent à un désir deux fois exprimé en des circonstances si solennelles. Le conseiller de Grégoire VII fut élu, et, en s'asseyant sur le trône de Pierre, il prit le nom d'Urbain II.

Les cinq années qui suivirent son exaltation furent employées à soutenir la lutte engagée entre Henri IV et Guibert. Il la poursuivit à travers des alternatives de succès et de revers, mais avec une constance et une énergie toujours égales, nourrissant, dans son âme, l'espoir de pacifier l'Europe et de délivrer la Palestine du joug odieux des sectateurs de Mahomet (2).

(1) Paroles de Grégoire VII.

(2) Au sujet de la question des investitures, Urbain II et Grégoire VII ont été violemment attaqués par l'école encyclopédique et par l'école révolutionnaire.

Ils ont été vengés par les écrivains protestants.

« Le pouvoir papal disposant des couronnes, a écrit M. Coquerel, empêchait le despotisme de devenir

Le Pape songeait au moyen de faire sortir le projet des Croisades de la phase d'essais et de tâtonnements où il s'était maintenu jusque-là et de l'amener à la réalité, lorsqu'il reçut les ouvertures de l'Empereur de Constantinople, implorant le secours des Occidentaux ; il vit également venir à lui, au dire du chroniqueur, Guillaume de Tyr, un moine dont le nom aura désormais du retentissement ; c'était Pierre l'Ermite.

Né à Amiens, ou près d'Amiens, en Picardie, Pierre eut une jeunesse assez obscure. Il se maria, et de son union avec Béatrix de Roussy, naquirent deux enfants. Après la mort de sa femme, il donna libre cours aux idées d'existence solitaire qui l'obsédaient, et se retira dans le diocèse de Liège où, au sein de la campagne, loin de tout contact social, il se construisit un ermitage. De là cette dénomination d'Ermite que l'Histoire a retenue.

Mû par la dévotion la plus vive, l'ermite de Liège ne tarda pas, suivant les aspirations de son temps, à être saisi du désir d'entreprendre à son tour le pèlerinage des Saints Lieux.

Laissons ici la parole à Guillaume de Tyr. Des pages du vieil écrivain se dégage une saveur exquise :

« Au temps où la ville aimée de Dieu était en proie à tant de douleurs, parmi ceux qui visitèrent les Lieux Saints se trouva un ermite, appelé Pierre, né dans le royaume de France et dans le diocèse d'Amiens. C'était un homme de très petite stature, et dont l'extérieur n'avait rien que de misérable ; mais une grande âme habitait ce corps chétif ; son esprit était prompt, son œil perçant, son regard pénétrant et doux, et il parlait avec éloquence.... »

atroce ; aussi, dans ces temps de ténèbres, ne voyons-nous aucun exemple de tyrannie semblable à celle de Domitien, à Rome. Un Tibère était impossible ; Rome l'eût écrasé. Les grands despotismes arrivent quand les rois se persuadent qu'il n'y a rien au-dessus d'eux. » (*Essai sur l'hist. du christianisme.*)

« La monarchie pontificale, dit le presbytérien Robertson, apprit aux nations et aux rois à se regarder comme compatriotes, comme étant tous également sujets du sceptre divin de la religion ; et ce centre d'unité religieuse a été, durant des siècles nombreux, un vrai bienfait pour le genre humain. » (Cité par le ministre De Goux : *Lettres sur l'Italie.*)

« Si les papes, dit à son tour Leibnitz, reprenaient l'autorité qu'ils avaient au Moyen-âge, ce serait le moyen d'assurer la paix perpétuelle et de nous ramener au siècle d'or. » (*Pensées de Leibnitz.*)

« Sans doute, ajoute le protestant Voigt, une indignation s'empare de l'Allemand quand il voit son empereur humilié à Canosse, ou du Français quand il entend des leçons sévères données à son roi. Mais l'historien qui embrasse la vie des peuples sous un point de vue général, s'élève au-dessus de l'horizon étroit de l'Allemand ou du Français, et trouve fort juste ce qui a été fait, quoique les autres le blâment. » (Tom. II. *Passim.*)

Chateaubriant ratifie ce jugement. « S'il existait au milieu de l'Europe un tribunal qui jugeât au nom de Dieu les nations et les monarques, et qui prévînt les guerres et les révolutions, ce tribunal serait sans doute le chef-d'œuvre de la politique et le dernier degré de la perfection sociale. Les papes ont été au moment d'atteindre ce but. »

Nous pourrions multiplier ces extraits.

Le voyage offrait de réels dangers ; les plus déterminés finissaient par être effrayés de l'étrange hospitalité qui les attendait au terme de la route.

« Après avoir échappé à mille chances de mort, les pèlerins, qui arrivaient enfin aux portes de la ville, n'y pouvaient pénétrer sans payer aux préposés des infidèles une pièce d'or par tête à titre de tribut ; mais ayant tout perdu en chemin, et n'étant parvenus qu'à grand'peine à sauver leurs corps , la plupart n'avaient plus de quoi acquitter l'impôt. Il leur fallait donc bivouaquer en dehors de la ville, sollicitant en vain la permission d'y entrer ; ces malheureux, réduits à une nudité absolue, succombaient bientôt de faim et de

LA FRANCE CROISÉE PARTANT POUR LA TERRE SAINTE.

La France chrétienne, obéissant à l'appel du pape Urbain II dans le concile de Clermont, se lève au cri de « Dieu le veut ! »

(Dessin de Boucher dans l'*Histoire de France*, de Ph. Daniel, Paris, 1729.)

misère. Si quelques-uns trouvaient moyen d'acquitter le péage, ils étaient, pour les habitants chrétiens, leurs frères, un sujet de perpétuelles sollicitudes. Les « fidèles » du pays craignaient que les étrangers, en se promenant sans précautions, ne fussent frappés, souffletés, conspués ou même massacrés par les païens. Enfin, pour comble de maux, les églises. réparées et conservées avec d'extrêmes difficultés, étaient chaque jour en butte à de violents outrages. Pendant le service divin, les infidèles, entrant avec des cris furieux, venaient s'asseoir jusque sur les autels, ils renversaient les calices, foulaient aux pieds les vases consacrés, brisaient les marbres, accablaient le clergé d'insultes et de coups. Le seigneur patriarche de Jérusalem était lui-même traité par eux comme une personne vile et abjecte ; ils le saisissaient par la barbe ou par les cheveux, le précipitaient du haut de son siège et le traînaient par terre. Souvent ils s'emparaient de lui, et le jetaient au fond d'un cachot, ainsi qu'un ignoble esclave, sans autre motif que le désir d'affliger le peuple par les souffrances de son pasteur. »

Un tel spectacle attendrit jusqu'aux larmes le cœur de Pierre. Un ami lui offrit sa maison, et il n'eut plus de repos qu'il n'eût été présenté au patriarche. Il obtint l'audience désirée. Enhardi par la bonté de Siméon, il s'ouvrit entièrement et finit par gagner la confiance de son vénérable interlocuteur.

« Le patriarche, continue Guillaume de Tyr, reconnaissant au langage de Pierre que c'était un homme de prudence, expérimenté dans les choses de ce monde, lui exposa toutes les calamités qui pesaient sur les serviteurs de Dieu habitant dans la cité sainte.

» — Eh quoi ! dit Pierre, en versant des pleurs de compassion fraternelle, n'est-il aucune voie de salut pour échapper à de telles misères ?

» — Si votre peuple, dont le Seigneur a conservé les forces intactes jusqu'ici, voulait prendre pitié de nous, nous garderions encore quelque espérance de voir prochainement le terme de nos maux. Quant à l'empire des Grecs, quoiqu'il soit plus rapproché de nous, il ne peut nous offrir ni ressources ni consolations ; à peine cette nation se suffit-elle à elle-même ; toute sa force s'est éteinte à un tel point que, dans l'espace de quelques années, elle a perdu plus de la moitié de ses provinces.

» — Sachez, saint Père, répliqua l'ermite, que si les princes d'Occident apprenaient par un homme digne de foi l'excès de vos souffrances, ils tenteraient certainement d'y porter remède par les paroles et par les œuvres. Écrivez donc au plus tôt au seigneur Pape et à l'Église romaine, aux rois et aux princes de l'Occident, et à votre témoignage écrit, ajoutez l'autorité de votre sceau. Moi, je ne refuse point de m'imposer une tâche pour le salut de mon âme : avec l'aide du Seigneur, je suis prêt à les aller trouver tous, à les solliciter, à leur dépeindre ardemment l'immensité de vos douleurs et à les prier chacun en particulier de hâter le jour de votre délivrance. »

Siméon accepta avec empressement un offre qui comblait ses vœux.

Pierre mit à profit les dernières semaines de son séjour pour se pénétrer de la grandeur des responsabilités qu'il avait assumées. Il prend enfin congé du patriarche dont il emporte les lettres, fait ses adieux à ses nouveaux amis, se rend à la côte et s'embarque à destination de l'Italie.

Son premier soin est d'entretenir le Pape des spectacles dont il a été le
témoin et de la mission dont il s'est chargé. On ignore si l'entrevue entre
Pierre et Urbain eut lieu à Rome ou dans une des villes de l'Italie centrale.
Persécuté par ses ennemis, le Pontife en était réduit à chercher un asile
sur un sol hospitalier. Quoi qu'il en soit, l'audience fut féconde en résolutions. Urbain écouta le récit du moine, et s'assura du contenu des lettres
patriarcales.

Le texte authentique de ces lettres ne nous est point parvenu. Un auteur
du XVIe siècle, Paul-Émile de Vérone, a cru pouvoir combler la lacune et nous
fournir le document perdu (1). Un examen rapide suffit pour montrer qu'à
la place de la missive originale, l'historien a eu la naïveté de glisser une
amplification de rhétorique, fort ingénieusement conçue, suivant les règles
les plus subtiles de la littérature. Vraisemblablement, Siméon eut un moindre
souci de l'art.

A titre de curiosité, nous transcrivons cette pièce qui, pour le fond,
donne une note vraie :

« Citoyens de la ville sainte et compatriotes du Christ, nous souffrons
tous les jours ce que le Christ, notre roi, n'a souffert qu'une fois dans les
derniers moments de sa vie mortelle. Nous sommes chassés, frappés, dépouil-
lés. Tous les jours, quelqu'un de nous éprouve le supplice du bâton, de la
hache ou de la croix. Nous irions chercher un refuge jusqu'aux extrémités
du monde ; nous abandonnerions cette contrée pour mener une vie vaga-
bonde, si nous ne regardions pas comme un crime de laisser sans adorateurs
et sans prêtres une terre consacrée par la naissance, par la mort, par la
résurrection et par l'ascension du Seigneur ; nous nous croirions coupables,
s'il n'y avait plus personne ici pour souffrir le martyre et la mort, s'il n'y
avait plus de chrétien qui voulût mourir pour le Christ, comme sur un champ
de bataille, où l'on voit toujours des guerriers combattre, tant qu'il y a des
ennemis qui attaquent. Les maux que nous souffrons sont capables d'exciter
la compassion.... La puissance des Turcs grandit de jour en jour, et chaque
instant voit diminuer nos forces. Leurs nouvelles conquêtes ajoutent à leur
audace ; leur ambition embrasse toute la terre. Leurs armes sont plus cruelles
et plus redoutables que ne l'étaient celles des Sarrasins ; leurs projets mieux
combinés, leurs entreprises plus hardies ; leurs efforts plus grands, leurs
combats plus heureux.... Qui répondra du reste du monde chrétien, lorsque

(1) *Historia Gestorum Francorum.*

Jérusalem, la demeure du Christ, la sentinelle de la religion, sera assiégée, prise, vaincue, réduite, mise à feu par les infidèles. Lorsqu'il ne restera que de faibles débris du christianisme, quel secours pourra-t-il espérer? Cette terre, qui est tous les jours arrosée de notre sang, ce sang lui-même demande un vengeur. Très Saint Père, et vous, rois, ducs, grands, chrétiens de nom, de profession et d'esprit, nous implorons humblement votre appui, votre pitié, votre foi, votre religion. Écartez la tempête qui nous menace, vous et vos enfants, avant que la foudre éclate et tombe sur vos têtes.

» Défendez ceux qui vous implorent; vengez la religion d'une servitude impie, vous aurez bien mérité de toute la terre; le fils de Dieu, dont vous aurez délivré la patrie, conservera ici-bas vos royaumes temporels, et vous accordera, dans la vie à venir, une félicité éternelle. »

Les supplications du patriarche et les instances enflammées de l'Ermite trouvèrent, auprès du Pape, un champ tout préparé.

« La pensée qui domine l'esprit d'Urbain à cette époque de son pontificat, dit M. Adrien de Brimont, l'objet incessant de ses préoccupations, le but avoué de ses désirs les plus ardents, c'est la délivrance de la Terre Sainte; il sent qu'une grande réparation est due au nom du Christ outragé. Le récit des profanations qui souillent le berceau du christianisme révolte son cœur; le flot musulman, prêt à rompre la digue du Bosphore, alarme sa foi. La société occidentale, tout occupée d'établir la féodalité et ses privilèges, s'entre-déchire dans des luttes intestines. De tous les ennemis, les moins redoutés sont les mahométans; et cependant il suffirait de se retourner pour les voir franchir les dernières barrières qui les séparent de l'Europe. C'est donc au Pape de veiller sur la chrétienté : comme ces guetteurs flamands, qui, placés sur les beffrois, jetaient le cri d'alarme lorsqu'un incendie éclatait dans la cité endormie, de même le Souverain Pontife, qui voit le feu s'étendre et gagner, dénonce le péril avec cette fermeté et cette universalité de vue qui caractérisaient sa haute mission (1). »

Énergique mais prudent, Urbain, jugeant l'heure venue, veut néanmoins prendre toutes les mesures propres à assurer le succès. Avant que l'appel décisif soit jeté aux quatre coins du monde civilisé, certaines affaires en litige seront terminées, l'Italie sera pacifiée, les intentions des seigneurs les plus renommés seront connues et le nom de la nation privilégiée d'où partira le signal de la mise en marche de l'Occident vers l'Orient sera fixé.

(1) *Un pape au moyen-âge : Urbain II.*

En attendant, le Pape remet au moine les lettres de créance ; il le charge de parcourir la France et de lui préparer les voies.

Dès lors, Pierre l'Ermite commence cette campagne où il fera preuve d'une indomptable activité et qui le placera, dans l'Histoire, aux premiers rangs des entraîneurs de peuples.

Il n'est pas étonnant que la gloire de l'Ermite ait été discutée. C'est la destinée commune à tous les hommes éminents.

Pendant le Moyen-âge, cette gloire est demeurée intacte. Pour rencontrer

Pierre l'Ermite remettant au Pape Urbain II, en 1094, le message de Siméon, patriarche de Jérusalem. (D'après une ancienne gravure.)

le dénigrement systématique s'attachant à l'intrépide moine, il faut arriver à nos temps modernes.

Une école, qui reconnaît pour chef l'anglais Gibbon, accepte les données historiques sur lesquelles s'appuie le mérite de Pierre l'Ermite, mais cherche à les expliquer par le fanatisme, l'illuminisme, etc. (1).

Ces grands mots, par cela même qu'ils sont vides de sens, manquent rarement leur effet sur les esprits superficiels.

Une deuxième école, née au delà du Rhin, rejette l'explication par trop

(1) *Histoire de la Décadence et de la Chute de l'empire romain.*

fantaisiste de Gibbon ; elle s'étonne qu'on invoque le fanatisme pour résoudre un problème dont le dernier mot est à la portée du vulgaire : l'ermite, s'écrie-t-elle, n'a jamais eu le succès qu'on lui attribue ; la légende constitue seule son histoire ; ses prétendues œuvres sont des mythes.

On le voit, les deux écoles, bien que divergentes en apparence, convergent au même point. Le résultat cherché est de renverser Pierre de son piédestal.

Les pages que Gibbon consacre à notre héros sont sans valeur critique. Les affirmations, en cette matière, ne remplacent jamais les preuves ; l'écrivain d'outre-Manche ne s'est guère soucié d'étayer ses assertions de documents contemporains. Il dit, et l'on s'incline.

Quant à l'attaque allemande, ce n'est pas de la critique, c'est de l'hypercritique. Comme tout ce qui est violent et exagéré, le procédé manque le but ; l'arme vise trop haut ou porte à côté.

Que parfois on ait mis en un relief trop accentué les gloires de l'Ermite, au dépens de celles d'Urbain ; qu'on ait fait de lui, à tort, le véritable promoteur de la Croisade, mérite qui revient au Pape, nous le voulons bien ; que dans l'enthousiasme, les uns aient voulu lui créer une généalogie et une filiation perdues dans les brumes épiques, tandis que d'autres lui décernaient des titres de vénérabilité et de sainteté que l'Église n'a pas encore ratifiés, nous reconnaissons ces exagérations. Dans le recul des siècles, la figure de Pierre a subi un grandissement qui a faussé peut-être certaines proportions. Mais une exagération a-t-elle jamais légitimé une exagération opposée ?

Pour nous, après étude approfondie, nous restons fidèle au Pierre l'Ermite de la tradition. Pierre est ce que l'Histoire sereine le montre. Sa stature, même dépouillée des arabesques légendaires, est toujours belle.

En dépit de leurs efforts, les écrivains anglais et allemands ne sont pas parvenus, à notre avis, à déboulonner la colonne du haut de laquelle le moine français répète le cri de : *Dieu le veut !*

CHAPITRE V

Préliminaires du Concile de la Croisade.

Nous sommes en l'année 1095. Urbain II est dans toute la vigueur de sa verte intelligence. Il fait face à la fois à toutes les difficultés de sa mission. Sous sa main d'habile nautonnier, la barque de Pierre, violemment secouée, évite avec bonheur les écueils.

Dans sa collection des *Cardinaux français* (1), Duchesne a donné une place au portrait du Pape. Assurément, cette gravure exécutée sur une peinture conservée à Rome, n'a pas la prétention de reproduire avec une absolue exactitude la physionomie de l'immortel initiateur des Croisades. Telle qu'elle est, néanmoins, elle consacre le type reçu. Il est assez rare d'ailleurs qu'en ce qui concerne les lignes générales de la figure, un type accepté par la tradition puisse s'écarter de la vérité.

La tête est large au sommet; elle s'amincit rapidement et se termine presque en pointe au menton. Le front ample, découvert, est comme labouré de trois ou quatre rides profondes. Le nez, fort, est droit. Les yeux expriment la fermeté. Comme contrepoids, les lèvres, un peu épaisses, respirent la bonté. Les cheveux sont coupés en forme de couronne, suivant l'usage monastique. La barbe ombrage la lèvre supérieure; elle va, en s'évasant, rejoindre le *collier* qui part des tempes et passe sous le menton. Les muscles font saillie sur les joues émaciées et creuses. L'ensemble dénote l'austérité, la réflexion, le calme dans la force, l'intrépidité réfléchie, la suite dans les

(1) Cette collection a paru en 1660.

conceptions et la fermeté dans l'exécution. En un mot, c'est une de ces figures sculpturales dont le ciseau du Moyen-âge a peuplé les dais et les voussures de nos cathédrales, et qui s'harmonisent parfaitement avec le silence grave de ce que Montaigne appelle la vastité sombre des monuments religieux.

Le prélude de l'entrée en campagne d'Urbain II fut le synode de Plaisance (1ᵉʳ mars 1095).

Les actes officiels du Concile ne nous ont pas été conservés (1). 400 archevêques, évêques ou abbés, 4,000 clercs, 30,000 laïcs y assistaient. Aucune église ne put contenir la foule ; l'assemblée eut lieu sur une place de la ville. La France y fut représentée par un cortège d'hommes éminents. On y constata la présence des métropolitains Raoul d'Orléans, archevêque de Tours, Aldebert de Bourges, Pierre d'Aix, Guillaume d'Auch, Amat de Bordeaux. Dans la liste des abbés, nous distinguons Ponce, de La Chaise-Dieu (2)

Les ambassadeurs du roi de France, Philippe Iᵉʳ, parurent pour déclarer que leur maître, désirant se faire relever de l'excommunication portée contre lui par le synode d'Autun, à la suite de son union adultère avec Bertrade de Montfort, ne pouvait se rendre au Concile pour différents motifs retardant son départ, et qu'en conséquence il priait le seigneur Pape de lui accorder un délai. Usant de sa longanimité habituelle, Urbain accéda à la demande de sursis (3).

Il n'en fut pas ainsi pour Henri IV. Frappé d'anathème, il vit ses partisans se lasser des caprices de son caractère changeant et de ses promesses jamais

---

(1) V. Labbe : *Concil.*, vol. X, col. 503.

(2) V. Bernold : *Chroniques.*

(3) Philippe Iᵉʳ, vaincu à Cassel, avait épousé Berthe, fille de Robert de Flandre, son vainqueur. De cette union, longtemps heureuse, naquit quatre enfants. Un jour vint, disent les *Grandes chroniques de France*, où « dégoûté de Berthe, le roi la fit jeter en prison pour s'abandonner à la luxure qui par trop était honteuse chose à si grand homme. »

Philippe s'éprend de Bertrade, fille de Simon de Montfort et femme de Foulques le Réchin. En dépit de la réprobation générale, la passion du roi grandit. Il fallut les menaces d'abord, puis les censures de l'Église, pour mettre une limite aux conséquences d'un tel dérèglement.

« Jamais, a écrit excellemment Joseph de Maistre, les papes de l'Église ne rendirent de service plus signalé au monde, que celui de réprimer, chez les princes, les atteintes au lois sacrées du mariage. La sainteté du lien conjugal, base du bonheur public, est surtout de la plus haute importance dans les familles royales, où les excès contraires ont des suites incalculables. Si, dans la jeunesse des nations septentrionales, les papes n'avaient pas eu moyen d'épouvanter les passions souveraines, les princes, de caprice en caprice et d'abus en abus, auraient fini par établir en loi le divorce et peut-être la polygamie ; et ce désordre se répétant, comme il arrive toujours, jusque dans les dernières classes de la société, aucun œil ne saurait plus apercevoir où se serait arrêté un tel débordement. » (*Du Pape*, liv. II, c. VI.)

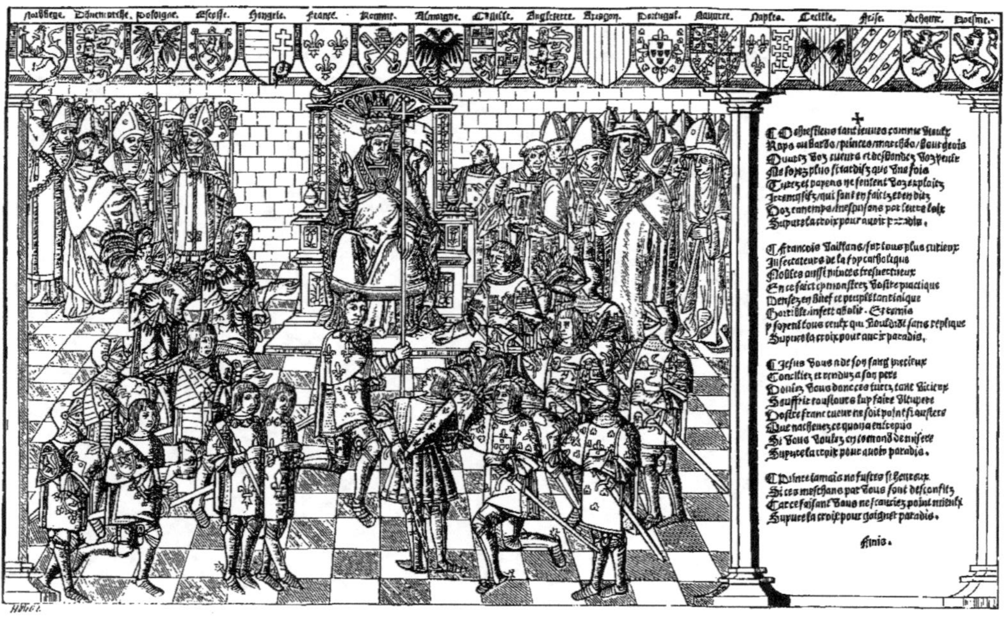

LE PAPE URBAIN II PRÉSIDE LE CONCILE DE CLERMONT.

Fac-simile du grand voyage de *Hierusalem*, imprimé par François Regnault, en 1522.

réalisées. On renouvela aussi les censures précédemment infligées aux erreurs des Nicolaïtes sur le célibat ecclésiastique et de Beranger sur l'Eucharistie.

Mais ces questions, bien que relativement importantes, pâlissaient devant l'affaire dont les esprits étaient pénétrés. La Croisade dominait les débats et les résolutions. Les députés de l'empereur de Constantinople attiraient tous les regards. Sous leurs vêtements aux couleurs brillantes, ces délégués portaient la guerre. Une vague odeur de combats flottait dans l'air et enivrait les foules fiévreuses.

« Une députation envoyée par Alexis Comnène, dit Bernold, devait se présenter au synode dans le but de prier le seigneur Pape et les fidèles du Christ d'accourir au secours de l'église d'Orient, menacée de ruines par les païens, dont l'avant-garde campait sous les murailles de Byzance. Le seigneur Pape accueillit leur requête. S'adressant à la foule, il lui recommanda la détresse des chrétientés d'Asie. »

Nous aimerions à lire, soit les discours d'Urbain, soit les missives de l'empereur. Ces documents ont péri ou du moins sont encore ensevelis dans des archives ignorées. On peut toutefois se faire une idée des supplications impériales, d'après la lettre adressée par Comnène aux princes d'Europe et en particulier à Robert, comte de Flandre. Cette lettre, dont Guibert de Nogent signale l'existence, Martène en aurait retrouvé le texte perdu, dans deux manuscrits, l'un du monastère de Saint-Aubin, l'autre du monastère de Saint-Evroule (1).

Nous en traduisons ici les passages essentiels :

« Au seigneur et glorieux comte de Flandre, Robert, à tous les princes des royaumes d'Occident, à tous les fidèles de la religion chrétienne, tant clercs que laïcs, l'empereur de Constantinople, salut et paix en Jésus-Christ, Notre-Seigneur, en Dieu le Père, et en l'Esprit-Saint. Comte très magnifique, illustre soutien de la foi, c'est à votre prudence que je m'adresse spécialement pour faire connaître en Europe la situation lamentable des chrétiens d'Orient et du très saint Empire grec, envahis, ruinés, couverts de sang et d'opprobres par les Turcs et les Petchénèques. Les horreurs que j'aurais à raconter dépassent l'imagination ; le peu que j'en dirai fait frémir. Les barbares saisissent les jeunes chrétiens, les traînent dans nos églises profanées, leur

____

(1) Il est certain que le texte de cette lettre, tel que le donne Guibert de Nogent, a subi des interpolations. Il n'est pas prouvé également que le texte, découvert par Dom Martène, soit le véritable ; aussi, n'en donnons-nous que des extraits qui, très probablement, reproduisent la pensée impériale.

infligent la circoncision dans les baptistères, les forcent à souiller d'ordures le lieu où jadis ils furent régénérés dans l'eau sainte et à blasphémer l'adorable Trinité, dont le signe fut marqué sur leur front. Ceux qui refusent sont livrés aux plus affreuses tortures, et, en dernier lieu, massacrés. Les mères, en présence de leurs filles, les filles sous les yeux de leurs mères, sont livrées à la brutalité de nos infâmes vainqueurs, et les malheureuses victimes, contraintes sous peine de mort, de chanter d'abominables refrains, en attendant le dernier des outrages. Sodome seul a vu des crimes pareils. Aucun âge, aucun sexe, aucune condition n'est à l'abri de leurs souillures : Enfants, adolescents, vieillards, nobles et esclaves, clercs et moines, évêques même. Hélas ! forfait inouï dans la série des siècles, nous avons vu un évêque mourir de cette horrible mort. Depuis Jérusalem jusqu'aux régions européennes de la Thrace, tout ce qui fut jadis l'empire grec, la Cappadoce, la Phrygie, la Bithynie, la Troade, le Pont, la Galatie, la Lybie, la Pamphylie, l'Isaurie, la Lycie, les grandes îles de Chio et de Mitylène, Lesbos, tout, enfin, est tombé au pouvoir de ces barbares ; il ne me reste plus que Constantinople. Encore si Dieu et les fidèles latins ne viennent promptement à notre secours, Constantinople même aura-t-il bientôt succombé. Déjà, en effet, avec deux cents navires construits et manœuvrés par des prisonniers grecs, les Turcs se sont rendus maîtres de la navigation du Pont-Euxin et de la Propontide ; ils viennent attaquer notre capitale par terre et par mer. Au nom de Dieu, par pitié pour tous les chrétiens d'Orient, nous vous en conjurons, très magnifique Comte, armez, pour notre cause, tous les fidèles guerriers du Christ, grands et petits, chevaliers et simples soldats ; mettez-vous à leur tête et venez à notre secours. En ces dernières années, la bravoure des chevaliers chrétiens a arraché la Galice et les autres provinces d'Espagne au joug des Musulmans ; qu'ils tentent aujourd'hui la délivrance de l'empire grec. Pour moi, tout empereur que je suis, il m'est impossible de résister aux Turcs et aux Petchénègues. Refoulé d'une ville à l'autre par leur invasion formidable, je ne séjourne dans une forteresse que pour y attendre leur arrivée et leur échapper par la fuite ; or, j'aime mieux rendre Constantinople aux Latins que de la voir saccagée par ces barbares.

» Ici sont réunis les plus précieuses reliques de la Passion, la colonne où le Seigneur fut attaché pour la flagellation, le fouet teint de son sang, le manteau de pourpre dont il fut revêtu, la couronne d'épines qui déchira son front, le roseau placé dans sa main en guise de sceptre, les vêtements dont il fut dépouillé sur le Calvaire, la portion la plus considérable du bois sacré de la Croix, les clous dont le Sauveur eut les pieds et les mains percés, les linceuls trouvés dans le sépulcre après la résurrection; nous conservons les douze corbeilles qui furent remplies de pain miraculeusement multiplié quand Jésus nourrit la foule au désert; nous possédons le chef de saint Jean Baptiste, préservé jusqu'ici de toute altération et ayant encore les cheveux et la barbe; des reliques et même quelques corps entiers des saints Innocents, des

Chevalier croisé se défendant contre les Infidèles.

prophètes, des apôtres, du premier martyr saint Étienne, d'une foule d'autres saints martyrs, confesseurs, vierges, dont la liste seule serait plus longue que cette lettre; ces trésors inappréciables doivent rester aux chrétiens; nous ne voulons pas les abandonner aux profanations des infidèles; en dehors de ces richesses spirituelles, Constantinople renferme à elle seule plus d'or peut-être qu'il ne s'en trouverait dans le reste du monde; diamants, perles, pierreries, métaux rares, ornements de tout genre, nos églises en sont pourvues dans une proportion qui pourrait enrichir tous les temples de la chrétienté! A lui seul le trésor de l'église de Sainte-Sophie dépasse tout ce qu'on peut imaginer ; sans aucun doute celui du temple de Salomon ne l'égalait pas. Je ne parle point de l'opulence des familles sénatoriales quand de simples commerçants, chez nous, sont riches à ne pouvoir calculer leur fortune ; les palais impériaux renferment, accumulées sous leurs voûtes, non seulement les richesses des empereurs de Constantinople, mais celles des Césars de la vieille Rome. Accourez donc avec toute votre nation, vos guerriers, vos soldats ; ne laissez point de pareils trésors à la rapacité des Turcs et des Petchénèques. Si jamais tant d'or se trouvait entre leurs mains, qui sait s'ils ne trouveraient pas moyen de conquérir l'univers entier ? C'est avec l'or, plus qu'avec la force des armes, qu'autrefois César fit la conquête des Gaules. A la fin des temps, quand l'antechrist subjuguera l'univers, ce sera encore son moyen de séduction. Hâtez-vous donc, si vous ne voulez voir anéantir les royautés chrétiennes et, ce qui serait plus douloureux encore, perdre à jamais le tombeau du Christ. »

Un tel langage devait être facilement compris. Il était évident que si les Turcs parvenaient à s'emparer de Constantinople, l'Europe chrétienne était à deux doigts de sa perte. En effet, les vainqueurs ne tarderaient pas à se jeter sur la Bulgarie et la Hongrie et à s'y établir à la faveur des divisions qui troublaient ces pays. Épiant l'occasion favorable, les hordes mahométanes traverseraient le Danube et rien ne résisterait à cette formidable poussée. Enfin, dans un élan suprême, auquel seraient conviés les Maures d'Espagne, elles inonderaient la France, impuissante à résister au courant asiatique, débordant à la fois sur deux frontières. L'Italie serait une vaine barrière, et le cheval arabe, suivant une menace célèbre, brouterait l'herbe sur le tombeau désert de l'apôtre saint Pierre. Il importait donc souverainement que la digue byzantine ne fût pas rompue (1).

Contrairement aux apparences, la Croisade tint le premier rang dans les délibérations du concile de Plaisance. Néanmoins, elle n'y fut point résolue. Toujours avisé et prudent, Urbain sentait, à merveille, que le terrain italien n'était point propice au développement de l'entreprise. Nation marchande,

(1) Nous lisons dans les publications modernes que le vaste empire musulman, travaillé par des dissensions, touchait sinon à sa fin du moins à l'ère de la décrépitude. On voudrait amoindrir, par de telles assertions, le caractère héroïque des Croisades. Nous convenons que les premières tribus mahométanes avaient perdu leur ancien lustre et que, jouets de l'ambition de leurs chefs, elles vivaient dans cet énervement qui est le symptôme de la désagrégation. Mais les Turcs avaient surgi à l'horizon du monde arabe, et ce peuple, altéré de conquête et de sang, résumait, en l'amplifiant, tout le fanatisme oriental. Venus les derniers au foyer de Mahomet, les Turcs s'emparèrent bien vite de la tente, du festin, de tout l'héritage et particulièrement de la lance et du cimeterre.

l'Italie ne comprenait alors l'idéal qu'à travers les préoccupations du négoce. Le seul peuple capable de saisir la pensée chevaleresque des Croisades était ce peuple français qui ne marchande jamais ses ardeurs et son héroïsme.

La détermination pontificale, favorable à la France, n'est acceptée qu'avec peine, on le conçoit, par les historiens anglais et allemands; ils en recherchent les raisons politiques et se livrent, à ce sujet, à des dissertations sans fin. Pour les uns, Urbain, étant Français, devait naturellement se tourner vers sa patrie. Pour les autres, il tardait au pouvoir spirituel, grisé par ses succès, de se mesurer avec le pouvoir civil dont Philippe Ier était le représentant avili. Toutes ces suppositions, rejetées par la critique, dissimulent mal les étroites jalousies nationales. L'Anglais Shakespaere, plus impartial, n'hésite pas à appeler la France le *soldat de Dieu*. Ce titre, la France l'a conquis par son caractère fait de générosité et de désintéressement, et par son histoire remplie de glorieux exploits inspirés par le plus élevé spiritualisme. Le sourire de Clotilde illumine le berceau de la royauté française; Charlemagne agrandit et dessine avec son épée les limites du pouvoir temporel des Papes ; le marteau d'un autre Charles ébrèche le croissant et le cimeterre musulman. Est-il, dans le monde, un autre peuple pouvant fournir, avec plus de vérité, ce titre du beau livre qui va s'écrire : *Gesta Dei per Francos?*

Familiarisé avec le maniement des peuples, Urbain a compris. Sa parole, c'est aux chevaliers français à l'entendre et aux échos français à la redire.

Le synode de Plaisance se termina par l'annonce d'un Concile en France, où la guerre sainte serait enfin décrétée. L'enthousiasme populaire fut grand. Venise, Pise, Gênes, les cités maritimes de l'Apulie et de la Sicile promirent leurs flottes. Bohémond et Tancrède s'engagèrent à partir.

Les IV des ides d'avril (10 avril 1095), le Pape fait son entrée solennelle à Crémone où Conrad vint à sa rencontre et l'introduisit dans la ville, en tenant à la main, comme un simple écuyer, la bride du cheval que montait le Pontife. En reconnaissance, celui-ci se préoccupa de ménager au jeune roi une alliance destinée à assurer sa suprématie dans la péninsule, et il négocia, à cet effet, le mariage du prince avec la fille de Roger, comte de Sicile. De Crémone, Urbain se rend à Milan où il passe le mois de mai en entier. Il y réconcilie avec l'Église l'archevêque Arnulf, créature de l'ex-empereur Henri IV, et il reçoit les ambassadeurs de Guillaume le Roux, roi d'Angleterre, chargés de ranger désormais leur maître sous l'obédience pontificale.

A la fin de mai, Urbain est à Côme, où il consacre, le 3 juin, la nouvelle cathédrale, construite sous le vocable de saint Abundius. De là il passe à Verceil, à Pignerol et à Asti, prêchant partout la paix entre les chrétiens, unis, dans un même élan, contre les Musulmans. Asti semble avoir été sa dernière étape en deçà des monts. Nous l'y trouvons encore le 1er juillet. Ayant ainsi parcouru l'Italie septentrionale, le Pape se dirige vers la France. D'après le chroniqueur Bernold, il aurait choisi la voie de mer; Albert d'Aix contredit formellement cette assertion et affirme qu'il prit la voie de terre. Le silence des chroniques françaises nous paraît décisif sur ce point; nos écrivains n'eussent pas manqué de nous faire connaître l'itinéraire pontifical si les villes maritimes de la Provence avaient eu l'honneur de recevoir le Chef de l'Église.

A cette époque de l'année (mois de juillet), il n'y avait aucun inconvénient ni aucun danger à s'engager à travers les défilés des Alpes.

On sait que tout le Moyen-âge a cheminé sur les voies romaines. De nos jours encore les ingénieurs utilisent l'assiette de ces grandes artères, fixées avec une connaissance parfaite des reliefs topographiques.

Or, dès les temps romains, cinq routes principales mettaient l'Italie en communication avec la France; c'étaient :

La route du littoral ou de la corniche;

La route qui aboutissait au Simplon;

La route qui atteignait le Grand Saint-Bernard;

Celle qui se soudait au Petit Saint-Bernard;

Et, enfin, celle qui s'amorçait au mont Genèvre. Ce dernier chemin comptait parmi les plus connus et les plus fréquentés. Il partait de Milan, passait à Pavie, à Turin, à Suze, escaladait le mont Genèvre, descendait à Briançon, desservait Gap, Grenoble, Cularo et Valence.

Urbain, escorté des trois compagnies d'hommes à cheval, que lui fournissait, à titre gracieux, la ville de Boulogne, franchit les Alpes, probablement au mont Genèvre, et se trouva à Valence le 5 août.

De cette ville le Pape se rend au Puy, cité de Sainte Marie, *Civitas Sanctæ Mariæ,* comme l'appelle Albert d'Aix. Il y est attiré sans doute par la célébrité du pèlerinage et par la renommée de l'évêque du lieu. Adhémar de Monteil, issu d'une noble famille de Valentinois, avait commencé sa carrière par les armes; rompant avec des espérances brillantes, il était entré dans les Ordres et avait succédé, sur le siège du Puy, à Étienne de Polignac. Prélat de haute vertu, de rare distinction et d'un mérite universellement reconnu, il avait été remarqué par le Chef de l'Église, qui se promettait d'attirer à lui, pour l'accomplissement de ses vastes projets, ce caractère généreux et cette intelligence supérieure.

Urbain s'étant donc présenté aux abords de la ville du Puy, entouré des

Guerrier, armé du fléau d'armes.

cardinaux et des prélats de sa suite, auxquels s'étaient joints les archevêques de Lyon, de Bourges, de Bordeaux, et les évêques de Cahors, de Grenoble et de Clermont, Adhémar de Monteil vint au-devant de lui et l'introduisit dans l'église angélique par une porte que l'on pratiqua à cette occasion dans l'épaisseur des murs.

Le lendemain, Urbain célébra en grande pompe la fête de l'Assomption, plaçant sous le patronage de « l'Auxiliatrice du peuple chrétien, » le succès de ses desseins. Jusque-là, le lieu et l'époque fixe du Concile restaient incertains.

Au dire de Guillaume de Tyr, on aurait eu la pensée de convoquer l'assemblée à Vézelay, l'un des points les plus centraux et les plus accessibles du royaume (1). On songea ensuite à la ville même du Puy. On se rabattit enfin sur Clermont. Quels furent les motifs déterminant de ces hésitations? Vézelay était trop directement sous la dépendance du roi de France; dans cette localité il y avait à redouter, de la part du monarque excommunié, un coup de main, ou tout au moins des intrigues capables d'entraver la liberté des Pères conciliaires. En ce qui concerne Le Puy, Dom Ruinart avance qu'aucun préparatif n'avait été fait, dans cette cité, en vue de l'honneur qui allait lui échoir. Cette allégation est puérile. Il est surprenant que le savant Bénédictin ait cru devoir la recueillir et la répéter. Aucune ville n'ayant été encore désignée, les préparatifs n'avaient été entrepris nulle part. A ce point de vue, Clermont était sur le même pied que Le Puy. Les historiens de Notre-Dame du Puy, antérieurs à Dom Ruinart, se sont imaginés que le Pape avait eu le projet d'ouvrir le Concile, dès son arrivée, dans le Velay et que s'il changea d'avis ce fut pour donner aux évêques convoqués le temps de se rendre au lieu assigné. Cette allégation est encore enfantine. Le Pape ne pouvait pas concevoir l'idée de présider un synode, à l'improviste, en dehors des formes requises et sans avertissement préalable communiqué aux intéressés.

Le Puy est perdu, dit-on encore, dans un enchevêtrement de rochers. Il est, en outre, bâti sur une colline abrupte. Son enceinte était trop étroite, ses pentes trop raides, ses ressources trop précaires, pour recevoir, contenir et alimenter les foules. Clermont, par sa position merveilleuse sur les bords plantureux de la Limagne, offrait toutes les conditions désirables. Que cette considération ait pesé d'un certain poids sur l'esprit d'Urbain, nous l'admettons volontiers, mais qu'elle ait suffi à elle seule à entraîner sa détermination, nous ne le croyons guère. L'histoire prouve que les Conciles se sont laissés rarement effrayer par les difficultés de la topographie. Le Concile tenu à Trente, au sein d'une région hérissée de montagnes, en est une preuve convaincante.

<hr>

(1) « *Concilium generale, prius apud Vigiliacum, deinde apud Podium convocare disposuit.* Il décida de convoquer le Concile d'abord à Vézelay, ensuite au Puy. » (Guillaume de Tyr.)

Clermont, ajoutent plusieurs historiens, relevait de ses comtes héréditaires et de son évêque. Par là, il présentait de réelles garanties contre les
menées du roi et contre ses armes. L'argument est sans consistance. En 1095,
la ville du Puy dépendait également de son évêque. Adhémar de Monteil
n'était pas, certes, homme à fléchir. Près de lui, le synode aurait poursuivi
ses délibérations en toute sécurité.

On le voit, les raisons indiquées ne résistent point à l'examen. Les recherches
auxquelles nous nous sommes livré pour élucider le problème sont restées
sans résultat.

Le soir même de cette journée de l'Assomption, Urbain datait du Puy les
lettres apostoliques portant indiction, dans la cité d'Auvergne, d'un Concile
de toutes les provinces occidentales de l'Europe, pour l'octave de la prochaine fête de saint Martin, dimanche 18 novembre 1095. Le texte de ces
lettres de convocation est perdu. Par différentes voies, nous pouvons juger de
l'insistance que mettait le Pape dans son appel à la catholicité. Dom Ruinart
rapporte la lettre pressante adressée à Lambert, évêque d'Arras. De semblables missives furent, selon toute apparence, envoyées, sinon à tous les
évêques, du moins à tous les métropolitains et aux principaux seigneurs
laïcs.

De toutes parts on déploie une activité extrême pour préparer les esprits
aux solennités conciliaires.

Durand, évêque de Clermont, se multiplie, afin de mettre la ville, siège de
sa juridiction, en état de recevoir ses hôtes.

Urbain parcourt le Midi et le Centre de la France, tandis que Pierre
l'Ermite franchit à pas de géant les provinces du Nord.

Elles sont toujours merveilleuses ces chevauchées de l'ermite ; elles tiennent
de la légende par leur soudaineté et leurs résultats.

Dans une page souvent citée, Guibert, moine de Nogent, nous en retrace
un tableau très vivant, dont certains traits, légèrement caustiques, n'étonne-
ront pas le lecteur lorsqu'il saura que le chroniqueur nourrissait une secrète
jalousie à l'égard du chevalier improvisé, qui avait le tort, à ses yeux, de
n'être pas un moine à la manière classique. Les enthousiasmes de Guibert
vont directement à Urbain, moine de Cluny. Assurément, le Pape en est
digne ; de son côté, Pierre a ses mérites, et ce n'est pas diminuer la gloire
du Chef que de les reconnaître.

« Nous vîmes un certain Pierre, parcourant les villes et les bourgs, dit

Guibert, et prêchant partout; le peuple l'entourait en foule, l'accablait de présents, et célébrait sa sainteté par de si grands éloges, que je ne me souviens pas que l'on ait jamais rendu à personne de pareils honneurs. Il se montrait fort généreux dans la distribution de toutes les choses qui lui étaient données. Il ramenait à leurs maris les femmes détournées de leurs devoirs, non sans y ajouter lui-même des dons, et rétablissait la paix et l'intelligence entre ceux qui étaient désunis, avec une merveilleuse autorité. En tout ce qu'il faisait ou disait, il semblait qu'il y eût en lui quelque chose de divin, en sorte qu'on allait jusqu'à arracher les poils de son mulet pour les garder comme reliques : je ne prétends point justifier une telle exagération, mais elle prouve l'élan du vulgaire toujours avide de nouveauté. Nu-pieds, une tunique de laine sur la peau, sur les épaules une cuculle qui lui descendait jusqu'aux talons, et, sur le tout, un manteau de bure, tel était son costume. Il mangeait peu de pain, il se nourrissait de poisson et de vin.

« Les seigneurs et les sages du siècle, ajoute Robert le Moine, le tenaient en affection. Sa sainteté le plaçait dans l'opinion publique au-dessus des évêques, abbés ou clercs; son abstinence rappelait celle des prophètes : elle faisait ses délices. »

« Il portait à la main une croix, dit l'auteur de l'*Historia belli sacri,* et la présentait comme l'étendard de la guerre sainte. »

Certains n'ont voulu voir dans les succès de l'ermite que le produit de la singularité de ses mœurs jointe à l'étrangeté de son costume. Nous croyons pouvoir assigner trois causes à ce prodigieux triomphe : les conditions favorables de l'atmosphère ambiante, la sincérité du prédicateur, ses austérités.

Pierre résumait les aspirations de ses contemporains, remuants, avides d'émotions. Il était la voix de tout ce qui vibrait autour de lui, l'âme des désirs de son temps.

Dans son action, il apportait la vivacité de sa foi généreuse, servie par des ressources nombreuses d'éloquence populaire. S'il n'eût possédé que la bizarrerie de son costume, les populations ne l'eussent accueilli qu'avec une surprise qui se serait rapidement transformée en moquerie. L'engouement du peuple est prompt; prompte aussi est sa désillusion. Il est de toute évidence qu'un homme, ainsi entouré d'admiration, savait étayer sa célébrité de multiples moyens oratoires et qu'il s'imposait par la force d'une intelligence très élevée.

Enfin, la vie intime de l'ermite était à l'unisson de ses sentiments chré-

Saint Bernard prêche la seconde Croisade.

tiens. A l'aspect de ces joues hâves, de ces yeux brillants de fièvre, de cette barbe inculte et *florie*, pour nous servir du mot d'un chroniqueur, de ce corps desséché par les mortifications et par la fatigue de courses incessantes, les villageois et les colons donnaient libre essor à leur émotion et écoutaient, sans arrière-pensée, une parole qui leur paraissait divine.

Les historiens ne nous donnent le nom d'aucune des localités visitées par « l'agitateur. » Nous pensons qu'il se borna aux régions septentrionales de la France et qu'il n'alla point, ainsi qu'on l'a insinué, ni en Écosse, ni en Allemagne. Le temps matériel lui eût fait défaut (1).

De son côté Urbain visitait le Midi. Le 18 août, il est au monastère de La Chaise-Dieu, fondé quarante-quatre ans auparavant, par Robert, chanoine de Brioude. Le 23 août, il est au Castrum de Romans où il juge des conflits de juridiction. De là, il se rend à Valence, où il préside à la dédicace d'une de ces cathédrales que la fin de l'époque sème avec profusion sur toute la surface du monde chrétien.

Le 1er septembre, il franchit le seuil de l'abbaye de Saint-Gille, près de Nîmes; le 11 du même mois, il pose, à Tarascon, la première pierre du monastère de Saint-Nicolas. Du 12 au 13, il séjourne à Avignon, la future cité des Papes, et, le 19, il date, de Saint-Paul-trois-Châteaux, une bulle portant confirmation du nouvel ordre religieux des Antonins (2).

A la fin du mois, il remonte le Rhône, s'arrête à Vienne, et, aux premiers jours d'octobre, entre à Lyon, où siège Hugues, son légat en France. Parti de Lyon le 17 octobre, il se rend à Cluny, en passant par Mâcon. Cluny! ce nom rappelait au Pontife les plus doux souvenirs de sa jeunesse et les

(1) Les voyages de l'Ermite, doit-on les placer avant le Concile de Clermont, immédiatement après la visite faite au Pape, ou seulement après le Concile de Clermont. L'école allemande qui s'acharne à restreindre la mission de Pierre, opte pour la seconde opinion. Les raisons qu'elle allègue sont loin d'être concluantes. Nous acceptons, en ce qui nous concerne, la tradition. Pour nous, l'Ermite débuta, dans sa voie, lorsque la pensée du Pape lui fut connue. Nous nous appuyons ici sur Albert d'Aix et sur Guillaume de Tyr. Sans doute, ces voyages ne constituaient pas une proclamation officielle de la Croisade, ils étaient exclusivement une préparation du terrain. Cette distinction est d'une importance capitale. L'Ermite n'empiéta point sur le souverain rôle d'Urbain; il s'attacha à exposer la situation de la Palestine. Après le Concile de Clermont, sa prédication, on le conçoit, fut plus précise. D'ailleurs, eût-il ouvertement annoncé la Croisade, que nous ne verrions rien dans ce fait qui fût de nature à porter atteinte au prestige pontifical. Ils ne sont pas rares, dans l'histoire, les exemples de ce genre, où la Papauté confie à d'autres le soin de jeter dans les esprits une idée sur l'éclosion de laquelle elle veillera.

(2) L'ordre des Antonins avait pour but de recueillir ceux qui étaient atteints du *mal des ardents*. Ce mal, appelé également *feu de saint Antoine*, consistait dans une fièvre intense qui desséchait les membres et rongeait l'organisme entier. On mourait dans les tortures d'une soif que rien n'apaisait.

années les plus sereines de sa vie. Hugues, le maître et l'ami vénéré, vivait encore. Il allait le revoir et se jeter dans ses bras.

Heureux de retrouver sa famille, l'ancien « Cénobite » consacra le maître-autel de l'église et reçut le titre de bienfaiteur insigne de l'abbaye.

De Cluny, Urbain vint à Autun, les derniers jours d'octobre. Il en repartit dans la première quinzaine de novembre, se dirigeant, cette fois, vers l'Auvergne.

CHAPITRE VI

Proclamation de la Croisade.

A partir des premiers jours de novembre, les pèlerins commencèrent à se rendre en masse à Clermont, de tous les points de la France et de l'étranger.

Dociles à l'appel d'Urbain, prélats, abbés, clercs, seigneurs, barons, chevaliers, bourgeois, vilains, femmes et enfants, tout le monde, en un mot, s'était mis en mouvement pour assister aux assises du Concile. Les routes qui conduisaient à la capitale de l'Arvernie étaient couvertes de groupes ou de caravanes de voyageurs.

Des secousses de tremblement de terre se firent sentir. La nuit, des aurores boréales éclairèrent l'espace; des étoiles filantes tracèrent des raies de feu au sein des nues.

Dans ces faits, le peuple s'obstina à voir un avertissement et comme une instance à se hâter. Il y vit en outre un présage de succès.

Le soir de la mort de César, le soleil, se couchant dans une atmosphère baignée de vapeurs, se montra environné de reflets rougeâtres qui parurent être une auréole de sang. Il semblait qu'à la veille du jour où « l'Occident allait se détacher de ses racines pour écraser l'Orient, » la nature dût également frémir et manifester son trouble par des phénomènes insolites.

On se pressait donc. Il n'était pas jusqu'au moindre sentier qui ne dégorgeât son contingent toujours grossissant et marchant toujours d'un pas alerte et joyeux.

Il y avait pourtant quelques dangers à s'aventurer en régions peu fréquen-
tées. Si, à l'approche de Clermont, le péril disparaissait, en revanche, les
forêts et les montagnes réservaient aux imprudents des rencontres fâcheuses.
Certains châteaux forts se transformaient facilement en nids de vautour.
L'évêque d'Arras, Lambert, connut par expérience les péripéties d'un voyage
semé d'incidents. Parti d'Arras, avec le personnel de sa maison, Lambert
traverse Provins le 6 novembre. Tout d'un coup, Garnier, seigneur du château de Pons, lui barre le passage et le fait prisonnier, ainsi que toute sa
suite.

Comprenant sa faute et redoutant l'excommunication d'Urbain, le ravis-
seur remet en liberté ses captifs. Pieds nus, il demande à l'évêque pardon de
son attentat. Bien plus, il tient à servir d'escorte à celui qu'il a maltraité, et,
en effet, il l'amène jusqu'à Auxerre, sous bonne garde. Le coup de foudre
redouté ne tarde pas à éclater. Le Pape, à l'annonce des sévices dont a été
victime le prélat, menace Garnier de censures et d'interdit.

Le roi désavoue son subordonné, et le châtelain de Pons, honteux des
suites de son guet-apens, se renferme dans un silence prudent.

Tout le xie siècle est là. Prompts à la violence, les hommes de cette époque
ouvrent rapidement les yeux et se repentent. L'exagération du repentir
dépasse même assez souvent l'exagération de la faute. Dans ces mâles
caractères, taillés en plein roc, il se produisait une lutte de tous les instants,
celle de la force brutale et de la force morale. Le rôle de la Papauté a été, dit
Michelet, d'assurer le triomphe de l'esprit sur la matière.

Enfin, le mercredi 14 novembre, Urbain et sa suite sont en vue de Clermont (1). Les prélats, les chefs militaires, la foule des étrangers se portent à
la rencontre de « Celui qui vient au nom du Seigneur. » Les vivats éclatent
de toutes parts. Le cortège franchit la route, dite chaussée de Claudius, et se
présente à la grande porte de la cité.

On peut tenir pour certain que la présence du Vicaire de Jésus-Christ, au
sein d'une population dont l'enthousiasme était déjà à un diapason élevé,
produisit sur tous une vive émotion.

« L'an de l'incarnation du Seigneur 1095, en l'indiction ive, le xiv des
» Calendes de décembre (c'est-à-dire le 18 novembre), s'ouvrit à Clermont,
» en Arvernie, le grand synode présidé par le seigneur pape Urbain II;

---

(1) Dom Ruinart s'exprime ainsi : « *Clarummontem die Novembris 14, aut sequenti advenit.* Il arriva
à Clermont le 14 novembre ou le jour suivant. »

» siégeant treize archevêques, deux cent vingt-cinq évêques et une multi-
» tude infinie d'abbés, de princes, de chevaliers, de personnages du plus
» haut rang. »

Ainsi débutaient les actes de cette célèbre assemblée (1).

Le but d'Urbain II était assurément la proclamation de la Croisade, mais avant de jeter la chrétienté dans les périls de la guerre au dehors, il importait souverainement, au Pontife, d'assurer au dedans le triomphe de la paix et

Chevalier croisé.

de la concorde, la règle des bonnes mœurs et la vigueur de la discipline ecclésiastique. Pour parvenir à ce résultat, neuf sessions sur dix furent consacrées aux questions qui intéressaient la vitalité et la prospérité de l'Église.

Le Pape voulut présider lui-même chacune des séances conciliaires ; il le fit avec une sagesse et une fermeté auxquelles les témoins se plaisent à rendre

(1) Le Concile tint ses séances dans la cathédrale. Cet édifice, construit en style roman, a disparu dès le milieu du xiii⁰ siècle pour faire place à la belle cathédrale ogivale qui est l'ornement de Clermont.

hommage. Le Pontife jouissait alors de toutes les forces de l'âge ; il n'avait que cinquante-trois ans, et il était dans l'entier éclat de ses éminentes qualités.

« Le seigneur Pape, dit Guibert de Nogent, faisait notre admiration par sa manière grave et douce de présider les délibérations. Il discutait les questions avec une compétence, un à-propos, un calme parfaits et avec une éloquence piquante et pleine d'imprévus, pour me servir d'une expression empruntée à Sidoine Apollinaire. Il supportait avec patience la loquacité des parties qui plaidaient devant lui. Du reste, ses jugements étaient selon Dieu, sans acception de personnes. »

Chercher à opérer le dénombrement de tous les membres du Concile serait une prétention irréalisable.

Le nombre des assistants, qui a dû varier en lui-même, suivant les différentes sessions, varie aussi suivant les historiens.

Baudric de Bourgueil pense qu'il s'y trouvait 200 archevêques, évêques et un plus grand nombre d'abbés.

D'après Berthold, il y aurait eu 250 archevêques ou évêques, sans compter les abbés.

« On y vit, dit-il, jusqu'à 250 crosses épiscopales. »

Orderic Vital affirme qu'on y compta 13 archevêques, 225 évêques et « une multitude d'abbés et autres personnes ayant charge d'âmes. »

L'auteur des actes de Lambert, évêque d'Arras, donne le même nombre d'archevêques et d'évêques, auquel il ajoute plus de 90 abbés.

Clarius, dans sa *Chronique du Monastère de Saint-Pierre-le-Vif*, avance qu'on y voyait 300 évêques ou abbés.

Guibert de Nogent évalue à 400 le chiffre des crosses épiscopales et abbatiales.

« A la suite des prélats, dit-il, afflua au Concile la littérature de toute la France et des États environnants. »

Enfin l'auteur des *Actes des Évêques de Tours et des Abbés de Marmoutiers* opte pour une approximation marquée par le total de 500 : *in præsentia quingentorum fermè patrum.*

De ces témoignages, il résulte que le nombre des assistants ne fut ni inférieur à 200, ni supérieur à 500.

Selon nos conjectures, il se rapprocherait plus probablement de ce dernier chiffre.

Quant aux princes, ducs, comtes, barons, chevaliers et seigneurs, le nombre en fut si considérable, que les chroniqueurs contemporains n'ont pas même songé à nous donner le nom des principaux d'entre eux. La noblesse de France, une bonne partie de celle d'Italie, de Lorraine, de Bohême et de Hongrie, se trouva à ce rendez-vous des peuples.

On fixe à près de 100,000 le chiffre d'étrangers attirés à Clermont.

Le grand jour arriva enfin. C'était le mardi, 28 novembre. Le peuple étant admis à la séance où devait être décidée la guerre sainte, il était facile de prévoir que nul monument ne serait capable de contenir les foules.

On fit choix d'une place publique, parce que, dit le chroniqueur Robert le Moine, aucun édifice n'était assez vaste pour recevoir les spectateurs.

Clermont est situé au foyer d'un immense arc parabolique largement ouvert à l'Orient.

La ville s'étage sur les pentes d'un monticule. Les rues, fort étroites de nos jours, étaient encore plus resserrées au xie siècle. L'intérieur de la cité n'offrait aucun espace pour le développement du flot populaire. La zône extérieure était elle-même très accidentée au nord, à l'ouest et au midi.

Restait à l'est de la ville, un vacant spacieux, préparé à souhait pour la tenue des grandes assemblées populaires. Cet emplacement s'étendait en terrasses au delà des portes, et allait mourir, en légères inclinaisons, dans la plaine. Rien ne se pouvait rencontrer de plus propice au déploiement de la foule, dont les rangs pressés avaient en quelque sorte la liberté, grâce à la déclivité du terrain, de s'étager sans se gêner mutuellement. L'œil allait immédiatement sur les monts du Forez ou plongeait sans obstacle sur cette Limagne, que Sidoine Apollinaire avait célébrée dans des pages inoubliées et qu'un roi mérovingien, Childebert, regrettait de ne pouvoir contempler.

C'est sur cette place que s'ouvrit, à la voix du Pape, l'ère des grandes expéditions de Terre-Sainte.

Avant de décrire la scène dont ce jour conciliaire fut le témoin, nous devons examiner diverses questions que soulèvera notre récit.

Les historiens modernes sont unanimes à prétendre que Pierre l'Ermite prit la parole avant Urbain et refit le tableau des souffrances endurées par les chrétiens de la Palestine. D'aucuns avancent que l'Ermite ne parla qu'après le Pape, mais tous lui font jouer un rôle public à cette heure.

Après une étude sérieuse des sources, nous sommes dans la nécessité de contester ces assertions. Les trois auteurs contemporains et témoins oculaires, Baudric de Bourgueil, Robert le Moine et Guibert de Nogent, ne mentionnent nullement ce discours prêté à l'Ermite. Le silence de ces chroniqueurs ne constituerait, à la rigueur, qu'un argument négatif, si nous n'avions, pour appuyer notre sentiment, le silence significatif de Guillaume de Tyr. Cet historien s'est plu à mettre en relief Pierre, le héros de la Croisade, et à raconter minutieusement tous les faits qui le placent en évidence. Or, il est muet en ce qui concerne son intervention aux côtés du Pape. Il faut descendre jusqu'à Guillaume Aubert, écrivain moderne, pour trouver l'affirmation qui nous occupe. Non seulement Guillaume Aubert raconte que l'Ermite prononça un discours, mais il cite en entier ce discours (1). Et les preuves ? et l'indication des sources ? l'historien n'en a cure.

Pourtant, dans un événement de cette importance, il eût été très utile de nous faire connaître les références. A la simple lecture, il est facile de se convaincre que ce prétendu discours n'est qu'une œuvre de rhétorique, trahissant avec évidence l'époque récente de son apparition dans le monde de l'histoire. Du xi° au xvi° siècle, aucun historien n'a signalé les paroles prononcées par Pierre l'Ermite. Si donc, on vient aujourd'hui nous les mettre sous les yeux, nous avons le droit de demander dans quels manuscrits ou dans quelles archives elles étaient conservées. Nous pensons que cette pièce est sortie toute chaude de l'imagination d'Aubert.

L'Ermite a assisté au Concile de Clermont : la chose est certaine. A-t-il eu l'honneur de s'adresser à la multitude avant le Pape et par son ordre : la réserve des chroniqueurs du temps nous impose l'obligation de douter.

Une seconde difficulté se présente relativement au texte officiel du discours pontifical.

Nous possédons neuf variantes de ce texte. Baudric de Bourgueil, Robert le Moine, Foulcher de Chartres, Guibert de Nogent, Tudebode, Guillaume de Malmesbury, Guillaume de Tyr, et deux chroniqueurs anonymes, donnent chacun un discours, différant de celui de ses collègues, sinon par le fond, du moins par les expressions et le développement des idées.

De plus, ces auteurs prennent soin de nous prévenir qu'ils ne rapportent qu'approximativement les paroles du Pape.

Les divergences tiennent à ce fait que le Pape, pour se faire comprendre de l'immense auditoire, usa de la langue populaire, c'est-à-dire de la langue

(1) *Histoire des guerres faictes par les chrestiens contre les Turcs sous la conduite de Godefroy de Bouillon.* Paris 1559.

romane, qu'en sa qualité de Français l'ancien reclus de Cluny connaissait parfaitement. S'il eût agi autrement, la foule n'eût rien saisi. Écrivant en latin leurs chroniques, les historiens en furent réduits à jeter le vêtement classique sur les paroles pontificales. Ils ne s'astreignirent pas à une sorte de sténographie exacte ; ils donnèrent une analyse générale, amplifiant les passages qui les avaient frappés ou même prêtant à l'orateur des sentiments que les circonstances exigeaient.

Le Pape, qui s'exprimait avec une extrême facilité, n'eut recours ni à la plume ni à la mémoire ; il laissa déborder son âme. De là l'impossibilité où furent les témoins de fixer les mots mêmes du discours.

On se demande si, pour haranguer les futurs Croisés, Urbain employa réellement la langue romane. Aucun doute ne peut s'élever sur ce point. La *clergie* seule pouvait pénétrer dans les arcanes de l'idiome latin ; la plupart des seigneurs laïcs et les gens du peuple se servaient des dialectes que formait la langue romane en se décomposant.

En 813, les conciles de Mayence et de Tours ordonnent aux évêques de traduire les Écritures en langue romane pour les rendre accessibles aux fidèles. En 847, un nouveau concile, tenu à Mayence, sous la présidence de Raban Maur, prescrivit la traduction des Homélies des Pères. Un capitulaire de Charlemagne avait rendu ses prescriptions exécutoires dans l'étendue de l'Empire. Saint Bernard, au témoignage d'un de ses amis, Philippe de Clairvaux, prêchait souvent dans sa langue natale.

Cherchant à exciter l'ardeur de tous, Urbain devait utiliser un parler entendu de tous. Les cris qui répondirent à son discours furent proférés en roman ; ils firent évidemment écho à un discours prononcé en roman.

Essayons maintenant de donner une idée de ce spectacle grandiose que la cité d'Auvergne vit le 28 novembre. Dès l'aube, s'échappent des beffrois de joyeuses sonneries. Les rues s'animent d'un intense fourmillement. Le contact des foules agitées est capiteux ; on se grise du bruit et de l'entrain général.

Au choc des lourdes armures, correspond le chant des psalmodies sacrées. Bientôt la place est envahie. Les plus pressés entourent l'estrade pontificale. Les autres se répandent au hasard, se groupent par provinces et par nationalités, et serrent leurs rangs pour mieux voir et mieux entendre. Le vaste espace ne tarde pas à être couvert ; le regard n'aperçoit qu'une immense nappe de têtes d'où émergent les lances des héros d'armes, et, flottant à la brise, les étendards des principaux seigneurs.

Le Pape paraît, précédé des Pères du Concile et entouré de ses compagnies de chevaliers italiens. Il gravit lentement les degrés du *pulpitum*. Le calme s'établit.

« Frères bien aimés, dit le Pontife avec une éloquence digne de la grandeur de son sujet (1), vous n'avez pu sans verser des larmes apprendre les désastres de Jérusalem, d'Antioche et de toutes les autres cités de l'Église d'Orient. Pleurons tous, pleurons encore, que nos cœurs se fondent en larmes, nous tous, misérables et infortunés, à qui il était réservé de voir s'accomplir la prophétie du Psalmiste : « O Dieu, les gentils ont envahi votre héritage, ils ont souillé votre temple saint, ils ont fait de Jérusalem un monceau de ruines, ils ont livré les cadavres sanglants de vos serviteurs en proie aux oiseaux du ciel, les corps mutilés de vos saints à la dent des bêtes farouches. Ils ont versé leur sang comme l'eau dans les fossés de Jérusalem, et nul ne reste pour leur donner la sépulture. » La cité du Roi de tous les rois, celle qui a transmis à toutes les cités de l'univers les bienfaits de notre foi sainte, est contrainte de subir le culte impie des races infidèles. L'église de la Résurrection, le Saint-Sépulcre où dormit trois jours le Seigneur, ce tombeau où la mort n'a pu garder sa proie, ce tombeau d'où la victime est sortie vivante et glorieuse, en dépit des gardes ; les Lieux Saints où s'accomplirent les divins Mystères de notre rançon éternelle, qui abritèrent le Sauveur dans sa chair, qui virent ses miracles, furent illustrés par ses bienfaits, ces témoins irrécusables de la vérité de notre foi, sont aujourd'hui profanés, souillés d'immondices, transformés en parcs pour les troupeaux, en étables pour les bêtes de somme. Les chrétiens de Jérusalem, les héritiers du peuple d'Israël que « le Seigneur des armées a béni, » sont courbés sous le poids de la misère et d'un ignominieux esclavage. On enlève leurs jeunes enfants, ces tendres agneaux de la sainte Église notre Mère, pour les livrer aux brutales convoitises des gentils ; on les force à renier le Dieu vivant, à blasphémer son nom adorable. Ceux qui refusent sont égorgés et vont au ciel prendre place à côté des martyrs. La fureur sacrilège des barbares choisit de préférence les sanctuaires les plus vénérés pour théâtre des plus épouvantables forfaits. C'est là qu'ils égorgent les prêtres et les lévites, qu'ils traînent les vierges timides sous les yeux de leurs mères, pour les immoler ou les livrer à des outrages plus cruels que la mort. Chevaliers chrétiens, ce sont vos frères et les nôtres, des chrétiens

(1) On a cherché à reconstituer le discours du Pape en empruntant aux discours relatés par les chroniques les idées-mères qu'ils contiennent.

comme vous, des membres du Christ, fils de Dieu et co-héritiers de son royaume, qui subissent cette tyrannie et souffrent ces outrages ! Ils se voient chassés de leurs domaines héréditaires ; ils viennent mendier parmi nous le pain de la pauvreté et de l'exil. C'est du sang chrétien, racheté par le sang du Christ, qui coule par torrents sous le glaive des infidèles ; c'est la chair des chrétiens, unie par les sacrements à la chair du Christ, qui sert de jouet pour de monstrueuses infamies. Des Turcs, race immonde, font courber sous la verge le front de nos frères ! et vous, cependant, vous portez le ceinturon de la chevalerie. Êtes-vous vraiment les chevaliers du Christ ? Vous oppresseurs des orphelins, vous ravisseurs du bien des veuves, vous homicides, vous sacrilèges, vous violateurs du droit d'autrui, vous stipendiés à la solde de brigands qui font couler à flots dans notre Europe le sang chrétien, qui flairent leur proie comme les vautours un cadavre ! cessez donc d'être les soldats du crime pour devenir les chevaliers de Jésus-Christ. La sainte Église vous appelle à sa défense. C'est elle qui vous parle aujourd'hui par ma voix. Quelle gloire vaudra jamais celle d'aller affronter la mort en délivrant la cité où Jésus-Christ est mort pour vous ? Sous l'étendard du Christ, votre chef, formez une armée invincible. Les Israélites avaient moins de droit que vous à conquérir l'antique Jérusalem. Les Sarrasins et les Turcs sont plus abominables et plus dangereux que ne le furent les Jébuzéens. Plusieurs d'entre vous ignorent peut-être que ces infidèles oppriment, pillent, dévastent en Europe même de vastes provinces, de nombreuses cités. Ainsi les Français du centre de la Gaule, plus éloignés du péril, n'entendent pas les déchirantes lamentations des Espagnols et des Aquitains, traînés chaque jour en esclavage par les Maures, emmenés sur les plages africaines pour y mourir dans les fers. Mais vous, Germains, Saxons, Polonais, Hongrois, et vous fils de la belliqueuse Bohême, bien que vous ne sentiez pas encore la dent des Sarrasins et des Turcs broyer les entrailles de votre patrie, vous ne pouvez ignorer qu'ils sont à vos portes, à peine séparés par la largeur d'un sentier ou d'un petit ruisseau.

» J'en appelle aux Italiens. Y a-t-il si longtemps que les Sarrasins occupaient la moitié de leur territoire, qu'ils arrivaient jusqu'à Rome, la capitale de la chrétienté, le siège de Pierre, qu'ils l'inondaient du sang de nouveaux martyrs et saccageaient les deux basiliques des princes des Apôtres, Saint-Pierre du Vatican et Saint-Paul hors les murs ? Je vois ici des Vénitiens, des Dalmates, des riverains du golfe Adriatique. Qu'ils disent si chaque jour ils n'ont point à lutter contre les pirates sarrasins pour maintenir la sécurité du reste de l'Italie. Jusqu'à ces dernières années, aux extrémités septentrionales de l'Europe, l'empire de Constantinople formait une barrière, un mur infranchissable, qui arrêtait l'invasion barbare. Il empêchait les Turcs et les Sarrasins d'inonder comme un torrent la Hongrie, la Pologne, la Germanie, la chrétienté tout entière. Aujourd'hui, l'empereur d'Orient, refoulé dans les murs de sa capitale, est impuissant à défendre les contrées européennes qui relevaient de son sceptre. Voilà le péril, il est urgent, vous l'avez sous les yeux.

» Chevaliers chrétiens, vous avez depuis des siècles laissé les infidèles fouler aux pieds, profaner, souiller la Terre-Sainte et le tombeau de Jésus-Christ. Encore quelques mois de cette fatale indifférence, et vous verrez le glaive du Musulman sur vos têtes. Vos épouses et vos mères, vos fils et vos filles, arrachés à vos bras, iront réjouir de leur servitude la férocité des Turcs et des Sarrasins. Vous souvient-il d'un empereur qui se nommait Charlemagne ? Germains, il fut vôtre par l'antique origine de ses aïeux ; Français, il fut vôtre et son nom est pour vous un titre de gloire immortelle. Le bras invincible de Charlemagne faucha par milliers les Sarrasins ; il les extermina en Espagne, en Aquitaine, aux frontières de la France ; il les chassa d'Italie. Vous autres, Français, vous prétendez même, sur la foi des récits populaires, *ut fama vos vulgatis,* qu'il alla jusqu'en Palestine les expulser de Jérusalem et des Lieux Saints. Après un tel exemple, comment oseriez-vous encore vous dire la nation très chrétienne, la première nation du monde, *Solam esse vel primariam gentem Franciam, quam Christianam veram esse liceat,* si, endormis dans le sommeil de votre opulence, après avoir abandonné le sépulcre du Seigneur aux outrages des infidèles, vous laissiez lâchement les Sarrasins et les Turcs envahir, opprimer, égorger les derniers restes du peuple chrétien ? Réveillez-vous donc ! Debout, preux chevaliers, *viri fortes !* L'univers chrétien se précipitera sur vos traces, il suivra votre héroïque exemple. Revêtez vos armures, assemblez vos légions, vos cohortes, vos compagnies. Vous aurez d'autant plus de soldats que vous montrerez plus d'ardeur et d'intrépide confiance. Le Dieu tout-puissant sera avec vous ; du haut du ciel il enverra ses anges, qui marcheront devant votre face et dirigeront vos pas. Chrétiens, allez délivrer le sépulcre de Jésus-Christ ; la gloire vous attend, gloire éternelle dans les cieux, splendeur immortelle sur cette terre !

» Vous, mes frères et coévêques, vous prêtres, mes frères dans le sacerdoce

et les cohéritiers du Christ, annoncez la grande nouvelle dans vos églises,
prêchez virilement de toute la puissance de vos lèvres sacrées le voyage à Jérusalem. A tous les pèlerins qui se confesseront de leurs péchés, promettez sans
crainte, au nom du Seigneur, le pardon de leurs fautes, sans autre pénitence

Archer au xive siècle.

que le saint voyage. Vous qui allez partir pour Jérusalem, vous aurez en nous
des intercesseurs, priant jour et nuit pour le succès de votre entreprise, pendant que vous combattrez pour le peuple de Dieu. Notre arme à nous sera la
prière, votre épée à vous sera la terreur des Amalécites. Comme Moïse, nous

tiendrons nos mains sans cesse élevées vers le ciel ; allez donc dans votre force invincible ; soldats de Dieu, tirez le glaive et frappez intrépidement les ennemis de Jérusalem. Dieu le veut ! » (1).

A ces mots, un frémissement circule dans l'assemblée. L'enthousiasme, contenu jusque-là avec peine, éclate violemment. De cent mille poitrines s'échappent ces acclamations : « *Do lo volt ! Diex li volt !* (2) » ; roulant comme un tonnerre, dans la vallée, elles sont renvoyées par les collines voisines. Les chevaliers brandissent leurs épées et agitent leurs casques. Les larmes coulent sous l'étreinte de l'émotion. Toutes ces énergies, toutes ces volontés ne forment qu'une âme, et sous le choc de cette âme, — l'âme même de la France, — le sol a comme des trépidations.

On vit alors, rapporte Baudric, Adhémar de Monteil, évêque du Puy, se lever de son siège et, le visage rayonnant de bonheur, s'approcher du seigneur Pape, fléchir le genou et demander le premier là permission de prendre la croix et de partir pour le saint voyage. Urbain s'empresse de lui imposer lui-même la croix et lui donne la bénédiction apostolique. Guillaume, évêque d'Orange, imite l'exemple de son collègue. Viennent, au dire de Baudric, les ambassadeurs du comte de Toulouse, qui déclarent que leur seigneur, déjà illustre par ses exploits contre les Maures d'Espagne, veut participer à la nouvelle expédition.

« Des milliers de soldats, disent-ils, sont déjà groupés sous ses étendards ; tous les hommes de ses États, capables de porter les armes, sont décidés à le suivre et n'attendent qu'un signal. Quiconque a l'intention de devenir le soldat du Christ, peut aller rejoindre le comte de Toulouse. Il fournira à tous, armes, vivres, solde, appui et direction. Nul ne sera rejeté. »

Le Pape, levant les yeux au ciel, rend grâces au Seigneur.

« Mes très chers Frères, reprend-il, vous venez de voir au milieu de vous la réalisation de cette promesse du Sauveur : « Là où deux ou trois de mes » disciples seront réunis en mon nom ; je me trouverai parmi eux. » C'est parce que le Seigneur est au milieu de vous, dans vos esprits et dans vos cœurs que vos lèvres ont répété la même acclamation. Que le cri de *Dieu le veut !* soit donc désormais votre cri de ralliement et votre cri de guerre dans la lutte contre les infidèles. Je vous observerai que ni les vieillards, ni les infirmes, ni les enfants, ni ceux qui sont inhabiles au métier des armes, ne

(1) Traduction Darras.
(2) *Diex li volt,* en langue d'oïl ; *Do* ou *Dio lo voil,* en langue d'oc.

doivent point s'engager dans cette lutte. Les femmes ne doivent point non plus y prendre part, sinon pour accompagner leurs maris, ni les prêtres, ni les clercs, sans avoir au préalable obtenu l'autorisation de leur évêque. A ceux qui ont le désir de s'enrôler, je proposerai de se munir, comme signe distinctif, du signe même de la Croix du Sauveur, qu'ils porteront ostensiblement sur l'épaule ou sur le casque, à l'aller et au retour, entre les deux épaules, afin d'accomplir ainsi le précepte évangélique : « Quiconque ne » porte point sa croix et ne marche pas à ma suite, n'est pas digne de » moi. »

Les assistants tendent fiévreusement la main en témoignage d'adhésino. Le Pape fait distribuer des morceaux d'étoffe rouge découpés en forme de croix et qu'il avait préalablement bénis (1).

Pour assurer l'heureuse issue de la guerre, il fallait déterminer les avantages spirituels et matériels dont jouiraient les Croisés par suite de leurs engagements et la nature même de ces engagements. Urbain décida que les fatigues et les dangers du voyage suffiraient pour la rémission et l'indulgence des péchés (2). Il promit en outre que les biens et les familles des pèlerins resteraient sous la protection de l'Église. Il fut ensuite statué que l'expédition durerait trois années consécutives, à partir du 15 août de l'année 1096.

Enfin, pour que rien ne restât livré ni à l'imprévu ni à l'arbitaire, il fut réglé que les cités arrachées, au delà des mers, au joug des Musulmans, seraient placées, sans contestation, sous la domination et la dépendance de la sainte cité de Jérusalem.

Le lendemain, 28 novembre, les Pères du Concile furent convoqués en session ordinaire, dans le but de choisir le chef spirituel de l'armée chrétienne.

Les suffrages se portèrent sur l'évêque du Puy, Adhémar de Monteil, qui fut élu à l'unanimité. L'illustre prélat opposa à son élection la plus vive résistance; il dut céder aux instances du Pape et finit par accepter, nouveau Moïse, la direction de ce peuple de Dieu qu'il s'agissait de conduire dans la

---

(1) Plus tard, dans les Croisades subséquentes, l'étoffe des croix fut de différente couleur, suivant les nationalités. Les Français conservèrent la couleur rouge; les Anglais choisirent le blanc; les Flamands le vert; les Allemands le noir, et les Italiens le jaune.

(2) V. Ordéric Vital. Relativement à cette absoute générale des péchés, voici comment le Pape l'a définie lui-même dans une lettre aux fidèles de Bologne : « A tous ceux qui entreprennent l'expédition de Jérusalem, non pour des raisons de cupidité, mais exclusivement pour le salut de leur âme et à la liberté de l'Église, en vertu de notre autorité et de celles des Conciles de France, nous avons accordé la remise entière de la pénitence, après une confession vraie et parfaite de leurs fautes. »

Terre promise. Urbain lui imposa les mains, comme au temps des Apôtres, et lui confirma la bénédiction apostolique.

Nous verrons plus loin avec quelle supériorité de génie et de vertu, Adhémar sut remplir ce rôle de légat du Saint Siège. Il fut toujours l'appui, le guide, le conseil et l'exemple de tous.

Le Pape conserva la direction suprême de l'expédition.

Restait à élire un chef militaire d'une réputation assez incontestée pour s'imposer aux troupes considérables qui vont se réunir.

Evidemment, c'est à un roi que l'on doit, en premier lieu, s'adresser.

Or, le roi de France est absorbé par ses plaisirs ; l'empereur d'Allemagne cherche à recoudre, avec l'aide de l'anti-pape Guibert, les lambeaux disjoints de son empire ; le roi d'Angleterre s'obstine à remplir d'or, par tous les moyens, les coffres de l'État et compte bien profiter de la détresse des chevaliers croisés pour grossir ses trésors, et de leur absence, pour agrandir ses domaines. Ses calculs seront déjoués, mais pour le moment, il espère réussir.

Une mort mystérieuse a enlevé Ladislas, de Hongrie, au moment où ce saint roi, sollicité secrètement par Urbain, plusieurs mois avant le Concile, venait d'accepter, ainsi que nous l'apprend une chronique du xiie siècle, le commandement des pèlerins armés.

La Providence suscitera Godefroy de Bouillon, et l'absence des rois laissera à la Croisade son caractère essentiellement populaire.

CHAPITRE VII

Séjour d'Urbain II en France.

Urbain resta encore le 30 novembre et le 1er décembre à Clermont; il consacra ces deux journées à l'expédition de plusieurs bulles et rescrits ayant pour objet l'exécution immédiate de diverses décisions conciliaires. La bulle concernant la primatie de Lyon est datée de Clermont, 1er décembre.

Le 2 décembre, le Pontife quitta la cité arverne où il laissait un des plus réconfortants souvenirs de sa vie. Accompagné de sa cour, de la noblesse, du clergé et du peuple, il sortit de la ville, et partit, à cheval, dans la direction du Midi, pour se rendre au monastère de Sauxillanges où il arriva le soir même.

Le lendemain, 3 décembre, il consacre l'église du monastère. Pleins de reconnaissance pour ce bienfait, les moines inscrivent le nom du Pontife avec son éloge, dans leurs fastes conventuels.

De Sauxillanges, le Pape se transporta à Brioude qu'il atteignit le 4 décembre au soir. Ce lieu était célèbre par le tombeau de saint Julien et par le collège de chanoines comtes qui en avaient la garde. Le chapitre s'empressa de déposer sous les yeux du Chef de l'Église la nomenclature détaillée des autels et des dîmes qu'il possédait, afin de les placer sous la protection du Siège romain.

C'est de Brioude qu'est daté le décret apostolique qui transféra le titre épiscopal d'Iria-Flavia à Compostelle, près des cendres de l'apôtre saint Jacques dont le pèlerinage attirait chaque année d'innombrables visiteurs.

Le mercredi 6 décembre, le Pape contemple une dernière fois le pittoresque paysage dont Brioude est le centre, et se dirige sur Saint-Flour où il se repose dans le florissant monastère que dirige le pieux abbé Étienne. Là encore eurent lieu et une dédicace et la concession de divers privilèges.

Sur ces entrefaites, le cardinal Jean, évêque de Porto, secrétaire d'Urbain II et de Grégoire VII, mourut. Il fut inhumé à Saint-Flour, emportant dans la tombe les regrets de son maître, ou plus exactement de son ami.

L'abbé d'Aurillac, Pierre de Cizière, réclama avec instance l'honneur de posséder le Pape dans son monastère. Il avait assisté au concile de Clermont ; la visite pontificale fut la récompense de son zèle. Enfin, le jeudi 21, Urbain avait abandonné définitivement le sol d'Auvergne et franchissait le seuil du monastère d'Uzerche, en Limousin.

Son intention n'était pas, comme on aurait pu le croire tout d'abord, de regagner immédiatement l'Italie, par le sud de notre province et de la France. Il voulait parcourir à peu près la France entière pour prêcher lui-même la Croisade.

Parti d'Uzerche, le 22 décembre, il arrive à Limoges, après deux journées de marche. Porté en triomphe par la foule, à la cathédrale, il préside les offices de la journée de Noël.

Urbain reste à Limoges jusqu'après l'Épiphanie. Dans cet intervalle, il reçoit la soumission de l'évêque schismatique de Wurtzbourg, venu d'Allemagne pour se réconcilier avec le Pape légitime, et il expédie divers diplômes en faveur des monastères.

Le lendemain de l'Épiphanie, Urbain sort de Limoges et se dirige sur Charroux, monastère célèbre au pays poitevin. Il prend connaissance des bulles conférant des privilèges et des immunités à l'abbaye. Le 14 janvier, il est à Poitiers où il se repose plusieurs jours près du saint évêque, Pierre, qui occupait le siège de cette ville.

Le mot repos, appliqué aux journées de cet homme dont l'activité est dévorante, est assurément impropre. Les lettres et les bulles expédiées de Poitiers le démontrent avec évidence. Vers la fin de janvier, nous le trouvons à Angers, où il se rencontre avec un orateur populaire qu'attend une légitime célébrité. Il s'agit de Robert d'Arbrissel. Urbain l'écoute. Jugeant des effets prodigieux obtenus par cette parole chaude, persuasive, qu'anime une conviction profonde et que rehausse une réputation de sainteté déjà assise, il mande l'ermite de la Forêt-de-Craon, et lui confère la mission de prêcher la

Croisade dans les contrées de l'Ouest. D'Arbrissel s'acquitta de cette charge avec succès. Il fonda, plus tard, la Congrégation de Fontevrault (1).

Glanfeuil le 12 février, Chinon et Jablé le 14, Le Mans le 16 et Vendôme le 19 du même mois, ouvrirent leurs portes au Pontife, qui s'achemina enfin dans la direction de Tours où devait s'ouvrir, le 16 mars, un synode destiné à confirmer solennellement les prescriptions du Concile de Clermont. Après avoir visité le monastère de Marmoutiers et le site sur lequel planait le souvenir de saint Martin, le thaumaturge des Gaules, Urbain présida l'assemblée synodale. Quarante-quatre archevêques, évêques ou abbés y assis-

LE PAPE URBAIN II

tèrent. Un grand nombre d'affaires locales furent résolues. La clôture eut lieu le 22 mars 1096.

Le 13 avril, le Pape consacre, à Saintes, une crypte construite en l'honneur de saint Eutrope, premier évêque de la région; le 1er mai, il fait la dédicace de la cathédrale de Bordeaux; il traverse ensuite Nérac, Moissac,

(1) Robert naquit à Arbrissel, en Bretagne. Très versé dans l'étude de la théologie et du droit économique, il ne tarda pas à acquérir dans la prédication une réputation considérable. De nombreux disciples s'attachant à lui, il construisit, dans les bois de Fontevrault, une série de laurés qui furent le commencement d'un ordre religieux dont l'obédience comprit des monastères d'hommes et de femmes relevant tous de l'abbesse même du lieu d'origine.

et, le 23 mai, Toulouse, où il est accueilli avec une magnificence véritablement digne de l'ardeur des peuples méridionaux.

Dans le but d'être agréable au comte Raymond de Saint-Gilles, l'un des premiers Croisés, il décida de parcourir toute la province du Languedoc, s'attachant à encourager les chevaliers qui s'apprêtaient à suivre, en Orient, la bannière de leur Seigneur.

Le 11 juin, il s'arrête à Carcassonne où il bénit l'emplacement d'une cathédrale projetée; le 24 juin, il célèbre la messe à Saint-Pons de Tomières; le 28, il séjourne à Maguelonne et assiste au curieux spectacle d'une ville ruinée par les Sarrasins et se relevant d'un jet de ses ruines. De Maguelonne, il se transporte à Montpellier. C'est là qu'il reçoit les premières ouvertures de la soumission du roi de France. Elles lui sont présentées par l'entremise du bienheureux Ives de Chartres. Les négociations eurent un heureux résultat. Les dispositions de Philippe parurent sincères, et, dès ce moment, les vassaux qui relevaient de la couronne eurent toute liberté de participer à la Croisade. Il est à présumer qu'en renonçant ainsi à la liaison criminelle qui faisait rejaillir la honte sur son trône, le roi agissait surtout en politique habile. Il sentait qu'autour de lui le sol tremblait, si nous pouvons user de cette expression. D'un côté, les chevaliers ne dissimulaient pas leur désir de rejoindre les frères d'armes qui se préparaient au voyage d'outre-mer; d'autre part, les chaînes de la vassalité les retenaient dans l'obédience royale. Résister au courant eût été un acte imprudent. Philippe le comprit. La levée en masse des hommes de ses États lui montra qu'il se conduisait sagement en ne s'obstinant point à maintenir une digue qui allait se rompre. Bertrade se récria; la raison l'emporta sur la passion, au moins pour un instant.

Le synode de Nîmes, tenu du 1er au 9 juillet, fut témoin du rapprochement des deux pouvoirs. On se pose ici une question : le roi vint-il en personne se faire relever des censures? Plusieurs historiens, s'appuyant sur le texte d'une lettre d'Urbain aux évêques de France : *parùvit idem rex in manu nostra* (1), ont opté pour l'affirmative. Ces mots, à notre avis, sont susceptibles d'un sens moins étroit. Un fait d'une telle importance n'eût pas échappé aux chroniqueurs contemporains. Leur silence donne au passage du document papal sa véritable signification : c'est par procureur que l'affaire fut traitée et terminée.

(1) « Le roi a fait lui-même sa soumission en nos mains. »

Le synode ayant clôturé ses séances, la caravane apostolique se met en marche pour Avignon.

Sa présence est signalée à Apt et à Forcalquier, dans les premiers jours d'août. Enfin, elle se dispose à traverser les Alpes et à rentrer en Italie où l'attendent les ovations des populations lombardes. Le 14 septembre 1096, elle est à Mortara, près de Pavie.

Nous ne laisserons pas s'éloigner l'auguste voyageur sans jeter un dernier regard sur cette longue route qu'il vient de parcourir à travers la France. Jamais Pape n'a donné à notre pays un tel témoignage d'attachement. Dans l'espace d'une année, Urbain a contemplé nos vallées, nos montagnes, nos plaines, nos fleuves et nos grandes villes. Aucune autre nation n'a été honorée d'un tel privilège. Si le Pontife a visité l'Italie, c'est surtout en exilé. La France le reçoit en roi. Il s'en retire avec regret comme un père se détache avec peine des bras de sa fille aimée. Il y laisse son cœur, et il est bien près de se demander pourquoi la Providence n'a pas placé le centre de la catholicité au sein de ce peuple si droit, si sincère, si expansif. Entre le caractère français et l'œuvre des apôtres, il y avait tant de points de contact! Ils semblaient si bien faits l'un pour l'autre! C'est à lui que la Papauté s'adresse à l'heure des plus solennelles résolutions. Par là il domine l'histoire de toute la hauteur même de sa mission. Est-il besoin de remuer l'Europe et de sauver l'idée religieuse, visée par le fanatisme des porteurs de cimeterres, c'est dans les mains de la France que l'Église dépose la croix du Christ. Et la France, se levant au cri arverne de *Dieu le veut,* le Pape juge son œuvre achevée, la civilisation sera sauvée.

CHAPITRE VIII

Enthousiasme général provoqué par la Croisade.

Telle était la puissance de la foi dans ces grands siècles du Moyen-Age, si calomniés parce qu'ils sont peu connus, qu'à la nouvelle du « pèlerinage armé, » il se produisit une commotion générale. Les mouvements qui, plus tard, dans le cours des temps, agiteront les peuples, ne pourront donner une idée même approximative de cet élan universel. L'enrôlement pour la Ligue, au xvi⁰ siècle, la poussée libérale, au xviiⁱᵉ siècle, ne seront que de pâles imitations de ce gigantesque soulèvement. Au pays des montagnes, il est d'ordinaire une chaîne rocheuse qui se dresse au sommet des plateaux, qui commande aux vallées, qui régit le partage des eaux et vers laquelle convergent les ondulations du sol. Pendant deux cents ans, cette date de 1095 dominera l'Histoire ; elle en sera le centre ; elle en sera l'âme.

Le peuple, ainsi qu'il arrive toujours, se décidera le premier ; les duretés de l'existence épuisent moins rapidement en lui les réservoirs de l'idéal. Les seigneurs viendront ensuite : la perspective de beaux faits d'armes contre un ennemi nouveau plaira à leur humeur guerroyante. Le sentiment qui inspire la chevalerie sera là pour jeter sur les souffrances, sur les privations et sur les blessures, un manteau tissé de soie et d'or, et le ciel aura certainement de doux rayons pour réjouir le dernier regard du paladin mourant.

Durant l'hiver de 1095 à 1096, les chaumières et les châteaux, les villes et les hameaux, se remplissent de rumeurs. On arbore la croix sur l'épaule ; on s'entretient de l'expédition. Comme on se doute que le chemin sera long et le retour problématique, on met ordre à ses affaires.

Guibert de Nogent a tracé un tableau animé du spectacle qu'offrait alors notre pays, en proie à cette fièvre de l'héroïsme qui est un des éléments providentiels de son tempérament.

Nous lui laissons la parole :

« La voie de Dieu, car c'est ainsi que par antonomase on appelait l'expédition sainte, trouvait autant de défenseurs que de gens qui en apprenaient la nouvelle. On s'empressait de demander le concours de ses parents, de ses voisins et de ses amis. Les seigneurs en étaient encore à la volonté, les chevaliers commençaient leurs préparatifs, que déjà les foules se mettaient en marche. Personne ne songeait aux ressources nécessaires pour une telle absence. On délaissait sa demeure, sa belle vigne, le champ des ancêtres ; on les vendait à bas prix et on s'en allait joyeux. A ce moment, une disette profonde sévissait en France, une succession de récoltes défectueuses avait fait monter très haut le prix du grain. Les avares n'hésitèrent pas à spéculer sur la misère du peuple, suivant la coutume. Le pain, fort rare, était d'un prix élevé ; plusieurs demandaient aux racines et aux herbes sauvages l'alimentation nécessaire à la vie.

» Subitement, semblable « au vent violent qui brise les navires de » Tharsis, » l'appel du Christ éclata partout, rompant les chaînes qui fermaient les celliers. Tout était hors de prix quand on ne bougeait point, tout devint sans valeur quand il fallut partir. La famine se changea en abondance. Ceux qui riaient et se moquaient des ventes consenties par leurs voisins, ne manquaient pas de les imiter.

» — Insensés, disaient-ils, si vous parvenez à vaincre la misère qui vous tend les bras sur les routes, vous serez sans ressources à votre retour.

» Et le lendemain ils partaient aussi après avoir tout vendu.

» Comment dépeindre le spectacle des troupes d'enfants, de filles timides, d'hommes et de femmes, de vieillards, qui s'enrôlaient pour la guerre sainte. Ils n'avaient ni la pensée ni la force de se mêler aux batailles ; ils recherchaient le martyre sous les armes ou dans les prisons des Sarrasins.

» — Vous, puissants et courageux, disaient-ils aux guerriers, vous porterez l'épée ; pour nous, nous gagnerons le ciel en nous unissant aux souffrances de Jésus-Christ.

» Ce raisonnement n'était peut-être pas selon la science, mais, aux yeux de Dieu, il n'était pas sans mérite. C'était un spectacle curieux et qui pouvait amener le sourire sur les lèvres de voir les pauvres ferrer leurs bœufs à la manière des chevaux, les atteler à des charrettes sur lesquelles ils plaçaient leurs bagages et leurs enfants. Ces enfants, dès qu'ils apercevaient les fortifications d'un château ou d'une ville, demandaient si ce n'était pas cette Jérusalem vers laquelle on allait.

» Il se produisit dans tout le royaume de France une prompte et merveilleuse révolution. Les provinces étaient le théâtre des guerres locales ; le brigandage s'épanouissait partout; les routes étaient remplies de voleurs et de pillards. Il n'était question que d'incendies, de violences et de rapines ; tous les désirs déchaînés ne trouvaient nulle part d'obstacles.

» Tout à coup, un changement général et inattendu s'opère à la voix du Pape. On se précipite aux pieds des évêques et des prêtres, et on demande la croix. Ce fut comme un ouragan apaisé par quelques gouttes de pluie. L'ordre et la paix se rétablirent. Ce fut manifestement l'œuvre du Christ lui-même. »

Cette page du vieux chroniqueur est précieuse au point de vue de la critique historique. On s'est obstiné à ne jamais vouloir considérer, dans les Croisades, deux courants très distincts, celui des Croisés-soldats et celui des Croisés-pèlerins. A la faveur d'une confusion dictée par l'esprit de parti, on s'est plu à mêler ensemble ces deux courants, afin de montrer avec quelle naïveté les populations avaient obéi à l'appel de l'Église.

Dans leur aveuglement, elles étaient parties sans armes en s'embarrassant de bagages inutiles et ignorant les conditions les plus rudimentaires d'une marche en pays étrangers. Quelques extraits adroitement détachés du texte de Guibert de Nogent venaient appuyer la sonore déclamation, et nous assistions à la mise en branle d'un immense troupeau d'hommes, de femmes et d'enfants, errant à l'aventure, en quête des rivages d'outre-mer.

On peut lire ces choses dans presque tous les historiens modernes.

Or, toutes ces choses relèvent de la fantaisie.

Guibert s'attache à dépeindre presque exclusivement le pèlerinage qui s'organise partout à la faveur du soulèvement armé.

Au sein de ces bonnes volontés, il s'opérera un tassement. Tandis que les uns, le plus grand nombre, iront grossir les armées de Pierre l'Ermite et celles des chefs croisés, les autres, impatients du frein, s'avanceront au gré de leur humeur et attendront à Constantinople l'arrivée des avant-gardes. Urbain II avait formellement défendu aux vieillards, aux femmes et aux enfants, de se joindre aux compagnies de guerre. Le respect que l'on portait alors à la parole du Pape ne permet pas de supposer qu'on eût dédaigné une si grave recommandation.

C'est dans les rangs des pèlerins que nous rencontrons les éléments sur lesquels pèse d'abord l'interdiction. Nous ne croyons pas que ces éléments aient pu atteindre les proportions supposées. Les chars et les bœufs revinrent promptement à leur lieu de départ. Les enfants ne résistèrent point à la fatigue de la première ou de la deuxième étape. Bien que la guerre, à ces époques, fut surtout un déplacement de population plutôt qu'un déplacement de troupes, il est évident que les routes, très rudes et très étroites, de la France, de l'Italie et de la Germanie, se fussent refusées à recevoir une semblable cohue. A la suite d'une série d'épreuves, il se fit une sélection; les hommes, à peu près seuls, finirent par poursuivre un dessein à l'exécution duquel la famille entière avait, au début, coopéré.

Il n'en reste pas moins démontré, par les témoignages les plus clairs, qu'à côté des armées exercées et équipées suivant les usages, il y eut des corps détachés de pèlerins, recherchant uniquement la gloire de souffrir pour leur foi et convoitant la palme du martyre.

Pour ces forts, la Croisade revêtait la forme d'un jubilé.

On méconnaît donc un fait historique indiscutable, quand on vient dire que des bandes dressées au combat eussent été préférables à ces masses de débiles, venues de classes et de nations différentes et bonnes

Soldat au Moyen-Age, armé de la lance.

tout au plus à entraver les opérations des chefs militaires. Ces masses ne furent jamais une gêne; elles n'embarrassèrent point le passage des troupes; elles ne combattirent point; elles ne demandèrent qu'à continuer la tradition séculaire des pèlerinages.

Il est de la plus extrême importance de rétablir ainsi la vérité. Il est faux que la Croisade ait eu l'aspect d'une mise en branle d'essaims désordonnés. A aucun moment, on ne songea à remplacer la qualité par le nombre. Des publications superficielles, ou des pamphlets intéressés, sont parvenus à égarer, sur cette matière, l'esprit des lecteurs. Il appartient à la critique de protester.

Le sentiment qui anima les Croisés fut une foi profonde. Sans doute, ce sentiment n'eut pas, chez tous, ni la même valeur, ni la même intensité.

Plus d'un vassal suivit son suzerain parce que celui-ci prenait la croix ; de son côté, le suzerain cédait parfois à l'entraînement de ses tenanciers. Le goût des aventures fit naître un certain nombre de vocations. Les pauvres, aux prises avec les charges de l'existence, quittaient sans peine une région qui ne leur présentait que des déceptions. Les nomades, coureurs de grandes routes, ne demandèrent pas mieux que de lier connaissance avec les pays inondés de soleil. Les gens tarés ou chargés de dettes trouvèrent l'occasion excellente pour se reconstituer « un état civil » ou pour placer la mer entre eux et les menaces de leurs créanciers.

Ajoutons qu'au contact des influences ambiantes, une partie de la plèbe moutonnière se laissa gagner par le choc et se déplaça sans trop raisonner son ardeur improvisée.

Nous faisons, on le voit, la part large aux adversaires des Croisades. Mais nous prétendons, à l'encontre de plusieurs, que vouloir juger ainsi, par les petits côtés, l'ensemble d'un tel mouvement, unique dans l'Histoire, c'est aller contre la logique ; c'est juger d'une cathédrale par la toile d'araignée échappée dans l'ombre d'une colonnade, à l'attention du gardien ; c'est apprécier la stratégie d'une campagne par la manœuvre d'une compagnie isolée.

En réalité, le principe religieux créa l'enthousiasme et le domina continuellement. Il se produisit tout à coup, en Europe, un silence, le silence précurseur des grandes déterminations. Guibert de Nogent atteste qu'on n'entendit plus parler d'incendies, de violences, de coups de main. Cet apaisement, au sein d'une génération débordante de vitalité, montre combien était élevée la pensée qui la dirigeait.

« Quelles souffrances, dit Foucher de Chartres, lorsque le Croisé s'arrachait aux bras des siens. Ses larmes coulaient abondantes et il sentait son courage défaillir ; mais l'espoir que son sacrifice serait agréable à Dieu le soutenait. Dans la pensée que Dieu lui rendrait tout au centuple, il délaissait tous ses biens. A sa femme, le mari disait : « Dans trois ans, nous nous » retrouverons heureux. » Mais, elle, abîmée par la douleur, s'évanouissait. Il partait, affectant de n'être point ému (1). »

« Une foi sincère, ajoute Anne Comnène, conduisait les multitudes vers

(1) Foucher de Chartres.

les lieux que le Christ avait à jamais illustrés par sa vie et sa mort (1). »

Guizot le constate également :

« L'enthousiasme religieux, écrit-il, fut non pas le seul, mais le premier et le motif déterminant de la Croisade (2). »

La réserve qu'établit ici l'éminent homme d'État s'explique par ses préjugés protestants.

Prévost-Paradol est plus ferme dans son jugement.

« Le redressement d'une grande iniquité, dit-il, la délivrance d'un tombeau, la défense des pèlerins désarmés, le châtiment des oppresseurs du Christ et des fidèles, tels sont les nobles attraits qui entraînent vers l'Orient l'élite des sociétés nouvelles. L'histoire des Croisades est l'histoire même de la chevalerie. On n'avait pas vu jusqu'alors une guerre désintéressée, le sang répandu pour une idée, une foule d'hommes allant chercher loin de leur patrie et de leurs intérêts un périlleux devoir à remplir. Quand Rome envahit l'Asie, la sagesse intéressée du Sénat a prévu et dirigé les coups ; quand l'Europe moderne attaque l'Inde et la Chine, nos commerçants ont calculé l'avantage de la guerre ; le bien-être des nations l'a ordonné. Ici, rien de semblable ; la croyance a tout fait, un mouvement d'enthousiasme a précipité des armées. *C'est un moment unique dans l'histoire du monde ; c'est un interrègne rempli par la foi entre les desseins de la politique et les calculs de l'industrie* (3). »

Le Pape, que l'on a calomnieusement accusé d'avoir abandonné la Croisade à elle-même après l'avoir suscitée, surveillait d'un œil attentif les enrôlements et les armements.

Il adressa à l'empereur de Constantinople la lettre suivante :

« Depuis le Concile de Clermont, en Arvernie, où d'un consentement unanime la guerre contre les Sarrasins fut votée, une telle multitude de guerriers a pris la croix, qu'on porte leur nombre à trois cent mille. Les chefs les plus puissants ont prêté leur concours avec une ardeur qui nous permet d'espérer la conquête de Jérusalem. Le premier de tous, Pierre l'Ermite, s'est mis en marche, à la tête d'une foule innombrable. Godefroy de Bouillon, Eustache et Baudouin, ses frères, imitant l'Ermite, ont organisé des forces militaires plus considérables encore et prendront la même route. L'évêque du Puy,

---

(1) *Alexiade*, l. x.

(2) *Histoire de France racontée à mes petits-enfants.*

(3) *Essai sur l'Histoire universelle.*

légat apostolique et chef spirituel de l'expédition, partira avec l'armée du comte de Toulouse, Raymond de Saint-Gilles. Une autre armée est en mouvement avec les princes Hugues le Grand, frère de Philippe, roi de France ; Robert, duc de Normandie ; Robert, comte de Flandre ; Étienne, comte de Blois. Enfin, le duc de Tarente, Bohémond, oubliant ses longues querelles, vient de confier à son frère Roger, duc d'Apulie, le gouvernement de ses propres États, et part pour l'Orient à la tête de sept mille chevaliers, l'élite de la jeunesse italienne. Ces attroupements d'hommes se rendent sous les murs de votre capitale, où ils espèrent trouver secours et approvisionnements. Je vous supplie donc avec instance de tout faire pour le succès de cette glorieuse et très légitime entreprise. Bien que je ne doute pas de votre zèle, j'ai voulu par cette lettre vous indiquer combien votre concours nous est précieux, à moi-même et à la république chrétienne (1). »

Ce document officiel énumère les noms des chefs officiels de l'expédition.

Pierre l'Ermite nous est connu. Godefroy de Bouillon va devenir le héros de ces temps légendaires. L'imagination populaire en fera presque un mythe ; dans les déserts de l'Arabie, il sera le symbole du lion ; la poésie chantera ses prouesses en des vers au rythme sonore (2), et la chevalerie le revendiquera pour sa plus haute personnification.

Godefroy, duc de Lorraine, était de la race des comtes de Boulogne. Par les femmes, disait-on, il descendait de Charlemagne. Sa parenté avec le grand empereur résidait plutôt dans sa valeur. Aux heures de sa prime jeunesse, il avait embrassé le parti de la couronne d'Allemagne contre le Saint Siège. Revenu de cet égarement à la suite d'une maladie, il fit vœu de participer à la guerre sainte. Sa bravoure imposait le respect à ses ennemis ; sa douceur, sa modération, son aménité lui attiraient les cœurs. Haut de taille, il était d'une force et d'une adresse extraordinaires (3).

On cite de lui des exploits qui tiennent du merveilleux. D'un revers d'épée,

(1) On a attaqué l'authenticité de cette lettre. Serait-il prouvé que ce document est l'œuvre d'un faussaire qu'il n'en resterait pas moins démontré que le Pape a toujours veillé sur son entreprise. Il écrit aux évêques, aux princes et aux cités ; il suscite des Conciles, et jusqu'aux derniers jours de sa vie, il a les yeux tournés vers ses armées en marche. Quant à la missive dont nous donnons la traduction ici, les arguments par lesquels ont cherche à atteindre sa réalité ne paraissent pas convaincants à tous.

(2) Le Tasse : *La Jérusalem délivrée.*

(3) « Il était élégant par le visage, haut par la taille, agréable par l'éloquence, admirable par ses mœurs, et d'une telle douceur, qu'il faisait plutôt figure de moine que celle de soldat. Mais quand l'ennemi paraissait et que la bataille s'engageait, alors il était d'une audace sans pareille, et, frémissant à l'instar d'un lion, il ne reculait devant rien. Il n'était ni cuirasse ni bouclier qui pût résister à son épée. »

(ROBERT LE MOINE.)

il tranchait la tête d'un taureau. Un cavalier sarrasin se précipitait-il sur son escorte, Godefroy brandissait son glaive, et, d'un coup, coupait en deux, de la tête aux reins, son malheureux adversaire (1). Sa prudence tempérait sa vigueur; la raison froide dominait ses calculs. D'une piété éprouvée, d'une sagesse de conduite à toute épreuve, il était le modèle de l'armée. Il n'eut jamais en vue que le triomphe de la justice et de la vérité. Avec un tel homme, une cause peut connaître les revers; elle ne connaît jamais le déshonneur.

Hugues de Vermandois fut un des quatre chefs de la Croisade. Deuxième fils de Henri Ier, par conséquent frère du roi de France, Hugues devint duc de Vermandois par son mariage avec la fille d'Herbert IV et d'Hildebrante (2). Par suite soit d'une erreur de copistes, soit d'une fausse lecture de scribes, les chroniques imprimées sont unanimes à lui donner le surnom de Grand, *Magnus*. On s'explique d'autant moins le bien fondé de cette qualification, que les faits relevés à sa gloire n'ont rien de spécialement éclatant. La critique a prouvé que le surnom du prince était celui de *Maines* ou *Maisnes*, ayant le sens de puîné, par opposition à *aînnés*, impliquant l'idée d'une antériorité de naissance. L'ancien traducteur français de

GODEFROY DE BOUILLON

Guillaume de Tyr ne cesse d'appeler Hugues, *Huon le Meinne,* ou Huesli-meins-nes. Cette explication résout le problème et rend au mot *magnus* sa véritable physionomie.

Courageux dans les combats, désintéressé dans les fruits de la victoire, le

(1) Godefroy, étant à la chasse dans les environs d'Antioche, rencontre un de ses soldats aux prises avec un ours énorme. Le soldat s'abrite derrière un arbre et se défend de son mieux. Godefroy va droit à l'animal et le frappe de son épée, mais l'ours furieux se précipite sur le cheval du nouvel adversaire et lui laboure les flancs de ses crocs. Le cheval se cabre et se renverse, entraînant dans sa chute son cavalier. L'ours se jette alors sur Godefroy; il lui a déjà fait de profondes blessures à la cuisse lorsque, par un effort suprême, le héros se dégage et plonge son épée jusqu'à la garde dans les flancs de la bête, qui expire aussitôt. (Guillaume de Tyr, liv. 3., chap. 16.)

(2) *Art de vérifier les dates.*

comte manquait de persévérance dans les desseins. Il ne sut pas toujours profiter des avantages que lui procuraient son rang et ses qualités.

Le guerrier dont l'armée était la plus nombreuse, fut Raymond, comte de Saint-Gilles, marquis de Provence, comte de Bourgogne, de Toulouse et de Quercy. Marié à la fille d'un des compagnons du Cid, Alphonse VI, Raymond se fit remarquer non seulement par la constante prospérité de sa vie, mais encore par sa loyauté et par sa bravoure, parfois exubérante. Sa femme, Elvire de Castille, ne voulut point se séparer de lui à l'heure des dangers; elle l'accompagna en Palestine. Il eut également à ses côtés le légat apostolique, Adhémar de Monteil.

Le quatrième chef, la terreur des Grecs, avant qu'il fût la terreur des Sarrasins, était Bohémond. Il appartenait à cette colonie de chevaliers normands qui avaient conquis la Pouille et la Calabre.

Il était occupé à agrandir ses États lorsque l'annonce de la Croisade le décida à porter sur la terre infidèle l'ardeur inquiète de ses partisans. Il se signala par son courage.

Anne Comnène fait de ce héros un portrait défavorable. Jusqu'à la fin, elle craignit que Bohémond, au lieu de s'emparer de Jérusalem, ne s'emparât de Constantinople. Pour se venger de sa frayeur, elle n'a, sur sa palette, au service du chevalier, qu'une couleur : le noir. En retour, Raoul de Caen s'est constitué son panégyriste.

Sous la bannière de ces preux, honneur du dévouement militaire, se rangèrent des soldats de toutes les nations.

Tandis que Pierre l'Ermite entraînait à sa suite des troupes recrutées dans le Nord de la France, en Lorraine, en Belgique et en Germanie, les Lorrains se plaçaient en majorité sous la direction de Godefroy de Bouillon. Hugues de Vermandois commandait aux Français de l'Ile-de-France et des provinces circonvoisines. L'Écosse, l'Angleterre, la Flandre fournirent un contingent considérable aux troupes du frère du roi. Les Provençaux, c'est-à-dire les habitants de la région qui s'étend de la Loire aux Pyrénées, reconnurent pour chef Raymond de Saint-Gilles. Les fils de l'Auvergne comptèrent parmi ses adhérents. Les Italiens marchèrent sur le pas de Bohémond. La Germanie fournit quelques enrôlements; elle fournit surtout, nous le verrons bientôt, les *faux croisés* (1).

(1) L'Espagne, très occupée à se débarrasser des Maures, n'entra point en compte dans les contingents. Le véritable effort eut, pour théâtre, la France.

Ces quatre chefs, dévoués à la même cause, se trouvaient entre eux sur un pied complet d'égalité. Ils ne tardèrent pas à reconnaître l'autorité suprême de Godefroy de Bouillon.

On a dit que le commandement supérieur avait été, dès le principe, dévolu à Raymond.

C'est là une erreur. Si Adhémar parut auprès de Raymond, l'étendard de saint Pierre fut confié à Hugues. On laissa aux événements le soin de décider la question des relations hiérarchiques.

Étonnée par le nombre des flots que l'orage déchaîné sur le monde musulman jetait contre les murailles de la ville impériale, Anne Comnène s'écrie que la multitude des Croisés est comparable aux grains de sable du rivage et aux étoiles du firmament.

Ces expressions orientales n'ont point de signification précise. Aux champs brûlés par le soleil, le thermomètre est souvent à l'exagération.

Le pape Urbain donne, dans sa missive à Alexis, le chiffre de 300,000 hommes.

D'après certains historiens, s'appuyant sur Guillaume de Tyr, les Croisés seraient parvenus à réunir un total de 700,000 combattants. Foucher de Chartres prétend que sans certains incidents survenus au début de l'entreprise, ce nombre aurait pu être triplé (1). Nous retombons dans « les comptes fantastiques » d'Anne Comnène.

Pierre l'Ermite et ses lieutenants n'eurent jamais à leur disposition qu'une trentaine de mille hommes (2).

70,000 soldats de pied et 10,000 cavaliers reconnaissaient le commandement de Godefroy de Bouillon (3).

100,000 soldats obéissaient à Raymond (4) ; 60 ou 80,000 à Hugues, et 30,000 à Bohémond (5). Admettons qu'à ces 300,000 hommes soient venus s'adjoindre de 80 à 90,000 recrues, nous atteignons le total de 400,000 hommes. Tel est, à notre avis, le chiffre approximatif représentant la masse des corps alliés.

Nous ne savons si jamais l'Europe et l'Asie avaient vu une armée semblable.

(1) F. de Chartres.
(2) Ordéric Vital.
(3) Anne Comnène.
(4) Dom Vaissette : *Hist. du Languedoc.*
(5) Albert d'Aix.

Sans doute, les manuels classiques qui ont formé notre jeunesse, nous apprennent que les guerres romaines et les invasions barbares ont mis aux prises entre eux des peuples dont les effectifs de guerre formidables faisaient trembler le sol.

Mais la critique se permet, de nos jours, un doute touchant la valeur de ce renseignement, accepté sans contrôle suffisant.

Fustel de Coulanges ramène à des proportions assez modérées ces chiffres épiques de bataillons voraces, prêts à s'entre-dévorer (1). La Croisade, examinée seulement au point de vue matériel du nombre des contingents qu'elle a groupés autour de son idée, pourrait bien être l'effort offrant, dans le passé, le plus de majesté et d'amplitude.

Les simples cavaliers portent un casque de fer; chez les chefs, le casque est d'acier ou d'airain couvert d'argent; il est ovale ou allongé en pointe pour les princes et il est en outre ombragé d'un panache. Une cotte de mailles protège la poitrine; la cotte est elle-même protégée par la cuirasse de métal et le justaucorps de cuir. Les seigneurs revêtent un haubert recouvert d'écaille de fer ou d'acier. Sur les chevaux s'étend un treillis serré, fait de cordes très dures. Les armes sont la lance, où flotte d'ordinaire une banderolle, l'épée, la dague, la hache, la masse, le fléau, la fronde, l'arc, l'arbalète. Les ordres sont transmis par le tambour, la trompette, le cornet, le clairon, l'olifan, le cor, la crécelle. Le bouclier, oblong, est enveloppé de cuir bouilli.

Pour maintenir ce cuir, on l'entoure de baudes, et, pour le protéger contre l'épée, on fixe des plaques de métal figurant des animaux ou des oiseaux : lions, léopards, aigles, etc.

Dans le but de laisser le moins de prise aux coups et le moins de découvert à l'écu, on affuble ces animaux de fioritures. Le lion est armé et lampassé; l'aigle a les ailes déployées. L'art héraldique s'empara de ces divers arrangements et en fit sa chose.

On a attribué aux Croisades l'origine des armoiries.

La question est encore pendante. On sait que Godefroy portait sur son écu un cygne, en souvenir vraisemblablement de la légende qui lui donnait un cygne pour ancêtre. Ce fait tendrait à prouver que les armoiries sont antérieures à la première expédition d'outre-mer.

Il est certain toutefois que les Croisades développèrent l'institution du blason. La nécessité de reconnaître sa nationalité, ses troupes, ses vassaux,

(1) Fustel de Coulanges, *loc. cit.*

ses suzerains, diversifia le champ de l'écu et obligea ses possesseurs à fixer le choix du dessin pour l'adopter définitivement comme signe caractéristique. Les termes héraldiques sont en partie de provenance arabe.

Gueule viendrait de l'arabe *gûl*, rose; azur serait un mot persan; sinople aurait sa racine dans la langue grecque; les pièces d'or ou besant serait un terme byzantin. La croix est de forme grecque.

Les pièces du blason évoquèrent souvent un souvenir. Godefroy tua d'un coup de flèche trois alérions. Pour rappeler ce coup heureux, les ducs de Lorraine adoptèrent dans leurs armoiries les alérions.

La base de l'art de la guerre reposait sur la force musculaire (1).

La bataille consistait dans une multitude de duels. Les ruses, les déploiements, les retraites simulées, les retours subits, n'avaient nulle raison d'être avec ces bataillons bardés de fer et, partant, lents à se mouvoir. La lutte résidait dans un corps à corps toujours terrible, étant donné la vigueur des adversaires.

Voici quelle est l'ordonnance du champ de bataille.

Le principal corps d'armée occupe une seule ligne sur une vaste étendue de terrain. L'avant-garde, chargée d'attaquer dès le début, s'échelonne sur le front. Plus loin, se trouve

ARMES DE GODEFROY DE BOUILLON.

Une flèche embrochée de trois alérions (oiseaux fabuleux) et la devise : *Est-ce un Dieu ou le hasard qui nous montre la route?*

l'arrière-garde, sorte de réserve destinée à prendre part à l'affaire, vers la fin de la journée, pour brusquer le dénouement et précipiter le succès. Le même plan est activement suivi par le chef de l'armée ennemie. Les avant-gardes en viennent aux mains, puis les deux lignes de bataille s'ébranlent formidablement, et se heurtent dans un choc épouvantable.

A un certain moment les réserves donnent. On ne frappe pas au hasard ; le combat se fractionne en une infinité de combats partiels.

Les deux chefs ennemis finissent par se rencontrer; ils se défient et alors

(1) Dans les conceptions militaires de Godefroy de Bouillon, on trouve une science assez avancée de stratégie et de tactique. Il est donc faux de dire, à l'instar de certains historiens, que ces connaissances spéciales n'existaient pas à la fin du XIᵉ siècle. Elles se développèrent dans les Croisades suivantes.

commence un duel véritablement émouvant. L'armée dont le chef est renversé ou tué, est une armée vaincue.

« Deux armées arrivent en présence l'une de l'autre, dit M. P. Paris, les plus forts sortent des rangs et engagent la lutte. Des troupes de valets, écuyers et fantassins surviennent pour les débarrasser ou saisir les guerriers désarçonnés. En conséquence des bons ou mauvais succès de ces engagements particuliers, les masses avancent ou reculent jusqu'au moment où l'on cède absolument le terrain. »

L'idéal d'une bataille est de traverser l'armée ennemie et de la traverser de nouveau pour reprendre ses premières positions. M. Girart de Roussillon donne le conseil suivant :

« Quand vous serez dans la mêlée, frappez, tuez, renversez tout jusqu'à ce que vous ayez traversé les rangs ennemis, et retournez tous ensemble sur eux. »

La formation du soldat exige peu de temps. Ce que l'on demande au guerrier, c'est la puissance des muscles, c'est encore une verdeur de santé capable du maniement prolongé d'une arme au poids très lourd.

Le siège d'une ville offre peu de complications. On s'attache d'abord à investir la place et à l'affamer, opération d'un succès problématique, l'assiégeant ayant recours à des souterrains dont les ouvertures se dissimulent au loin, dans la campagne, et se procurant par là l'alimentation nécessaire.

Le moyen le plus employé est l'escalade. On comble de grosses pierres les fossés ou on les couvre de ponts et de radeaux. Sur ces ponts on dresse des échelles et on tente de parvenir jusqu'aux créneaux. L'ennemi ne s'endort point. Derrière les meurtrières et les créneaux, il surveille les préparatifs, et, au moment où les chevaliers arrivent aux derniers échelons et s'apprêtent à envahir le chemin de ronde, mille bras se tendent pour les précipiter dans le vide. Si les échelles ne suffisent point, on en vient au beffroi, la plus terrible machine de guerre de l'époque. Le beffroi se compose d'énormes madriers, dont l'assemblage présente l'aspect d'une tour carré, aussi haute que les remparts de l'ennemi. Par des cordes et des leviers, on l'approche des murs ; des peaux de bêtes fraîchement écorchées tapissent les poutres les plus exposées aux atteintes du feu grégeois. De la plate-forme supérieure, un pont s'abat sur le crénelage de la ville, 5 ou 600 cavaliers s'y engagent et livrent, à cette hauteur prodigieuse, un combat acharné. Des troupes montent sans cesse sur des échelles pour combler les vides causés par la mort. Si, sur un seul point, l'adversaire fléchit, le succès du siège est assuré ; le vainqueur se hâte en effet de prendre à revers les assiégés, qui abandonnent le chemin de ronde et laissent ainsi libre accès aux soldats des beffrois voisins (1).

Avant de suivre les corps croisés dans les diverses péripéties de leurs opérations, nous devons dire quelques mots des sources auxquelles nous demanderons nos informations.

L'histoire des Croisades est à peine ébauchée. Nous avons eu déjà l'occasion de constater que la critique ne s'est occupée sérieusement des expéditions d'Orient que pendant la seconde moitié de notre siècle. Plusieurs publications ont paru, qui ont porté une assez vive lumière sur certains recoins obscurs de ces hauts faits de guerre ; une narration d'ensemble est encore à naître.

A la vérité, il existe plusieurs volumes décorés du titre d'*Histoire des Croisades*. Michaud en fut l'auteur. Ce travail, accueilli, à son apparition, par la faveur générale, a été longtemps considéré comme ouvrage classique. Il a eu l'honneur de figurer dans la plupart des bibliothèques graves, et d'occuper une place à part dans les livres à l'usage des distributions de prix.

En réalité, cette prétendue Histoire n'a jamais mérité le crédit dont elle a joui. Son seul mérite est d'avoir appelé l'attention sur une des phases les plus glorieuses des annales françaises. Abstraction faite de ce détail, l'œuvre de Michaud a tous les défauts d'une étude entreprise et continuée avec un médiocre souci de la critique.

On peut mettre en thèse que cet écrivain n'a rien compris à l'inspiration élevée des Croisades (2). Le terrain sur lequel il marchait devenait, dès lors, un terrain mouvant. D'où chutes nombreuses et claudication continuelle.

C'est aux sources, à peine est-il besoin de le prétendre, qu'il faut toujours se rendre, si l'on veut porter, sur ce remarquable soulèvement du peuple

(1) En Orient, l'art de la guerre était à peu près au même point qu'en Occident. Comme les Européens, les Arabes portaient des cuirasses et des boucliers. Ils avaient toutefois deux avantages ; leurs soldats de pied étaient plus nombreux que leurs soldats à cheval ; enfin, ils connaissaient certaines manœuvres alertes qui leur permettaient de disparaître et reparaître à l'improviste. Dans le passage des défilés, ces manœuvres devenaient redoutables. En pleine campagne, elles étaient sans danger.

(2) Pour lui, le mobile des Croisades a été « la fureur des armes et la passion de la ferveur religieuse. » « M. Michaud, a dit Darras, écrivit son *Histoire des Croisades* durant la période la-plus sceptique du xixe siècle (1811-1822). Chrétien lui-même, il dut plus d'une fois cruellement souffrir de la contrainte où le réduisait l'incrédulité triomphante de son temps. C'est l'unique excuse à donner à toutes ses défaillances, d'ailleurs injustifiables. Deux drachmes de vérité valent mieux, pour la régénération sociale, qu'une montagne d'atténuation sophistique. » *(Hist. générale de l'Église.)*

chrétien, un jugement sain, judicieux, dépourvu de partialité. Notre éducation, notre tournure d'esprit, notre manque d'initiative personnelle, notre absence de caractère individuel, notre effacement dans l'unité centralisatrice et administrative, constituent des éléments défectueux d'appréciation. Il est nécessaire, pour bien saisir, de se placer, par un vigoureux dégagement d'esprit préconçu, au véritable angle visuel, et de ne jamais oublier qu'il est d'une évidente injustice de juger des qualités et des défauts d'un siècle, par la considération exclusive des qualités et des défauts d'un autre âge.

L'étude approfondie des sources ouvre les arcanes d'une époque. Pour atteindre un résultat pratique, digne de la critique, il y a obligation de faire un choix parmi ces sources. En ce qui concerne les Croisades, les chroniques contemporaines sont loin d'avoir la même autorité.

Il y a obligation rigoureuse de se livrer, à l'égard de chaque annaliste, à une étude spéciale de sa méthode, de son procédé, de sa trempe d'esprit, de sa manière de voir et de raconter. C'est pour avoir accordé une égale compétence aux narrateurs et avoir pris à la lettre leurs expressions que Michaud s'est assez souvent fourvoyé. Les chroniqueurs exagèrent souvent; ils donnent à un détail une importance de premier ordre, et noient dans un fouillis de faits accessoires un trait qui relève des grandes lignes du tableau. L'art des proportions fut toujours leur moindre souci. Pour dire un épisode insignifiant ils prennent les couleurs les plus vives de leur palette, tandis que l'événement principal se glisse en tapisseries dans une phase courte, perdue à la fin d'une période. Ils parlent suivant leur émotion, et comme l'émotion n'a ni heure réglée ni mesure fixe, tout est hors de repère. En un mot ils sont des chroniqueurs et non des historiens, des bâtisseurs et non des architectes, des causeurs et non des écrivains. On dirait que, placés sous l'auvent des grandes cheminées des salles seigneuriales, près d'un bon feu d'hiver, ils répètent aux châtelains et à leurs serviteurs un récit recommencé pour la centième fois et pour la centième fois avidement écouté. Ils interrompent la narration d'une bataille pour pousser des exclamations, des soupirs. Il nous semble que le mimique doit accompagner le texte, et, qu'aux bons endroits, un geste énergique traduit et achève la pensée. Le récit tourne-t-il à la monotonie, un stratagème est en réserve; le narrateur s'efface et place sur les lèvres de l'acteur un discours où tous les incidents des prouesses chevaleresques seront exposés. Le discours, à son tour, menace-t-il d'être interminable et, par l'ampleur de ses développements, d'encombrer la route? Nouvel expédient, la machine se démonte à l'instant, et la musc pédestre circule librement. Le patriotisme de nos annalistes est large et profond ; en revanche leur esprit de nationalisme est pointilleux et étroit. Les gens de la langue d'oïl nourrissent une rancune sournoise contre ceux de la langue d'oc qui les paient de retour intérêt et principal ; d'où partialité évidente.

C'est surtout dans le récit des souffrances endurées pendant les marches à travers les défilés, les montagnes et les espaces sablonneux, que nos bons chroniqueurs lâchent la bride à leur verve et grossissent inconsciemment les épreuves subies. En général, les Français surtout, supportent difficilement les ennuis et les fatigues sans gloire. A la bataille, ils sont incomparables ; des que la campagne traine, ils s'abattent.

Dans le *Mémorial de Sainte-Hélène,* Napoléon raconte que les lettres de ses soldats et de ses officiers, lors de l'expédition d'Égypte, disaient toutes que les affaires allaient très mal, que l'armée encombrait les hôpitaux, tandis qu'à peine un sixième des troupes se trouvait non disponible. Ces lettres tombaient entre les mains des Anglais et leur donnaient de fausses illusions sur notre situation. Aussi le traité de paix, accepté par Kléber, ne fut-il jamais signé.

Or, nos chroniqueurs sont des soldats ; ils disent ce qu'ils pensent, toujours en se plaignant. Si nous avions des rapports officiels, écrits par des chefs, les choses se mettraient au point.

L'historien a mission d'opérer une sélection parmi de tels témoignages. Grâce à ce travail de tamisage, si nous pouvons ainsi parler, la vérité a quelque chance de paraître et de rester.

L'examen des textes doit précéder leur enregistrement.

Si, non seulement pour la question spéciale qui nous occupe, mais encore pour toutes les questions historiques, semblable travail était entrepris par les écrivains, soucieux de leur réputation, on n'aurait pas à dire à propos de l'Histoire ce qu'on a dit à propos de la Constitution française : « Que toujours très bien faite, elle était toujours à refaire. »

CHAPITRE IX

Pierre l'Ermite.

La ville de Constantinople avait été désignée pour rendez-vous aux armées
alliées, et la date du 15 août 1096 avait été fixée pour le départ général. Dès
le mois de mars, pourtant, des troupes se mettent en mouvement; elles sont
commandées par Pierre l'Ermite et par Gauthier de Poix.

Il est fort difficile, sinon impossible, de se faire une idée de toutes les
assertions gratuites dont l'expédition de l'Ermite a été le point de départ.
Il semble qu'en cette circonstance chacun se soit efforcé de fausser compagnie
à l'exactitude.

Assurément, nous ne nous chargeons point de porter la lumière dans ce
fouillis inextricable; nous voulons uniquement montrer avec quelle défiance
le lecteur devra désormais accepter les jugements ou les appréciations qu'il
est appelé à rencontrer chez les historiens.

Un historien très connu, Michaud, ouvre le feu :

« Trompé par l'excès de son zèle, dit-il, le cénobite crut que l'enthousiasme pouvait seul répondre à tous les succès de la guerre et qu'il serait
facile de conduire une troupe indisciplinée qui avait pris les armes à sa voix.
Il se rendit aux prières de la multitude, prit possession du commandement
de la troupe et vit bientôt 80 ou 100,000 hommes sous ses drapeaux. Ces
premiers croisés, traînant à leur suite des femmes, des enfants, des vieillards,
des malades, se mettaient en marche sur la foi des promesses miraculeuses
de leur chef. Dans la persuasion où ils étaient que Dieu les appelait à

défendre sa cause, ils espéraient que les fleuves s'ouvriraient devant leurs bataillons et que la manne tomberait du ciel pour les nourrir. »

Il y a dans ces lignes autant d'erreurs que de mots. Il est d'un ridicule achevé de représenter le cénobite comme une sorte d'illuminé, attendant sans cesse des miracles, comptant bien que les collines se changeraient en plaines, que les fleuves, à sa vue, reculeraient à leurs sources ou que des ponts merveilleux uniraient subitement, à l'instant voulu, les rives opposées. Pierre, qui avait déjà exécuté le voyage de Palestine, connaissait par expérience les difficultés du chemin ; il savait, ses épreuves en faisaient foi, que si, dans les entreprises sages, on peut compter sur la Providence, il faut aussi compter sur soi. Un écrivain sérieux ne se permet jamais, au début d'un récit, de semblables allégations. Le respect qu'il doit au lecteur lui fait au moins un devoir de les prouver.

Guillaume de Tyr nous dit que l'Empereur de Constantinople, admettant en sa présence Pierre l'Ermite, reconnut en celui-ci les talents d'un homme d'État joints à l'énergie du caractère et à l'éloquence des grands orateurs.

Voilà, certes, une affirmation qui est de nature à jeter une ombre sur le tableau de l'auteur cité plus haut. Le même auteur voit dans la « troupe indisciplinée de

l'Ermite une armée de 80 à 100,000 hommes. » Ordéric Vital nous donne le chiffre exacte de cette armée :

« *Petrus Galterium... aliisque præclaris Gallorum militibus et peditibus fere XV millibus secum adduxit.* »

La troupe était composée de 15,000 hommes.

En précédant les armées régulières, Pierre n'avait nullement l'intention de commencer le premier les hostilités. Son but était de prêcher la Croisade en Germanie, et de recruter des éléments pour l'œuvre sainte. Il n'était pas à proprement parler le chef militaire de la troupe ; il en était plutôt le chef religieux. Le commandement était dévolu à Gauthier de Poix, aidé, dans sa tâche, par ses neveux Gauthier Sans Avoir, Guillaume, Simon et

Mathieu (1). Gauthier de Poix était un chevalier plein de bravoure et d'une sagesse incontestée. Sa marche, en Germanie, en est la preuve. Le plan de cette marche révèle de profondes connaissances géographiques.

Nous sommes donc bien loin des déclamations intéressées des écrivains qui s'obstinent à nous montrer le désordre d'une cohue allant à l'aventure. Un capitaine consommé, ayant à remplir le même thème, c'est-à-dire partir de la Lorraine pour gagner Byzance, ne suivrait pas d'autre voie, étant donné l'absence de grandes routes, rectifiées suivant les règles modernes.

Nous avons indiqué l'effectif de la petite armée. Ce qui a induit en erreur les historiens, c'est un texte d'Anne Comnène, où nous lisons que les troupes de l'Ermite, à leur arrivée dans la capitale de l'Empire, comptaient 70,000 piétons et 80,000 cavaliers.

La fille d'Alexis a cédé, comme presque toujours, aux ardeurs de son imagination orientale. Pour elle, les Croisés étaient plus nombreux que les grains de sable du littoral. Elle distribuait sans retenue et un peu partout les centaines de mille.

Pour comble, elle fait partir Pierre l'Ermite non de la Lorraine, mais de la Lombardie. Nos chroniqueurs d'Occident ramènent les choses au point.

« Pierre, écrit Foucher de Chartres, s'adjoignit un assez grand nombre de fantassins et de cavaliers. »

Il appert de ce texte qu'il ne s'agit point ici de centaines de mille de soldats. Ordéric Vital est explicite.

« L'an de l'Incarnation 1096, indiction quatrième, au mois de mars, Pierre d'Achère partit de France, emmenant avec lui Gauthier de Pexeio et ses neveux, et d'autres Français de qualité et des fantassins et cavaliers au nombre de près de 15,000 (2). »

(1) Walterius Sens-Aveir, suivant l'expression de Guillaume de Tyr. Ce mot *sens-aveir* désignait un cadet de famille ne possédant ni fief ni suzeraineté. Ce qualificatif n'avait rien de ridicule ni d'ironique. Le nom de Gauthier Sans-Avoir est équivalent du nom bien connu de Jean Sans Terre. Or, nous savons que, dans le partage des biens de son père, Jean Sans Terre n'eut aucune souveraineté.

(2) Albert d'Aix n'attribue à l'armée qu'un contingent de *huit chevaux*.

Michaud, d'une part, Henri Martin, Michelet, etc., d'autre part, acceptent pour véridique ce chiffre ridicule.

Une lecture assidue de la chronique d'Albert montre que, sous la plume de cet écrivain, les chiffres, la plupart du temps, désignent un nombre indéterminé. Nous en avons la preuve dans le chiffre sept du même auteur. Dans le récit d'un combat, il nous parle de sept barques, de sept radeaux, de sept captifs, de sept jours passés dans les forêts, etc. D'après un critique allemand, Kugler, ces chiffres sont un caractère typique.

Louis VII se défend seul contre plusieurs Sarrazins dans les défilés de Laodicée.

Les pèlerins arrivent à Cologne le 12 avril, et s'apprêtent à rester dans cette ville la semaine de Pâques.

Pierre met à profit ce repos pour porter à la connaissance des populations germaines l'annonce de la « bonne nouvelle. »

Le succès couronne ses efforts.

Voici le témoignage d'Ekkéhard, témoin oculaire :

« En voyant défiler tous ces chevaliers et ces hommes de pied, les Germains traitaient cette expédition de folie.... Mais peu à peu ils se pénétrèrent de la grandeur du but des Croisés, et se firent un devoir de s'attacher à la cause et de l'embrasser en grand nombre. »

La réflexion qui s'offre ici d'elle-même à l'esprit est que si ces prétendues bandes que l'on représente comme une cohue désordonnée vivant d'aumônes, pillant et rançonnant au besoin, avaient été telles qu'on nous le dit, jamais l'Allemagne n'eût accepté de les suivre. On les eût traquées et repoussées. Le résultat opposé se produit ; leur présence fait œuvre de prosélytisme. Ainsi tombent les accusations.

Soit désir d'arriver plus vite, soit crainte d'appauvrir le pays par le ravitaillement nécessaire, une partie des troupes prit les devants sous la conduite de Gautier de Poix. Reçu avec bonté par le roi de Hongrie, le détachement arriva à Belgrade, en Bulgarie. Là se place un incident dont l'authenticité historique est loin d'être démontrée. Au dire d'Albert d'Aix, le prince de Bulgarie refusa à Gautier l'autorisation d'acheter des vivres ; les pèlerins, usant alors de la licence que confère dans ces circonstances le droit des gens, se répandirent dans la campagne pour trouver leur subsistance. L'armée bulgare, forte de 140,000 hommes, se mit à leur poursuite et leur infligea un cruel échec. Gautier rallia avec peine les débris de son armée et, grâce à la protection du prince de Nysse, atteignit Sternitz, Phixopolis, Andrinople, et enfin Byzance, où il put attendre dans le repos et l'abondance l'arrivée de l'Ermite.

On doute ici, avec raison, de la véracité d'Albert d'Aix. Les textes contemporains ne mentionnent aucune défaite de ce genre. Ordéric, d'ordinaire bien informé, écrit simplement ce qui suit :

« Les Français traversèrent le Danube et vinrent en Cappadoce par la Bulgarie, et attendirent les troupes allemandes, amenées par Pierre. »

Un auteur allemand, M. Hagenmeyer, adversaire déclaré de la gloire de

Pierre l'Ermite et partisan non moins déclaré d'Albert d'Aix, fait à ce sujet la déclaration suivante :

« Quel est le degré de la véracité de la relation d'Albert? Faut-il en tenir la plus grande partie pour un document historique? Quelles sont les parties qui ne sont que des ornements brodés par l'auteur? Nous ne sommes point en mesure de le déterminer, car on ne possède aucun renseignement d'autre source sur la marche de Gautier à travers la Bulgarie; même dans la relation de Guillaume de Tyr, on ne peut reconnaître s'il a eu recours à des sources autres que le récit d'Albert, et s'il y a ajouté de sa propre imagination. »

Cette armée bulgare de 140,000 hommes, surgissant tout à coup à une époque où les armées permanentes n'existaient pas, nous paraît être appelée à faire une excellente figure dans le chapitre des contes d'enfants. Nous allons avoir une autre armée de ce genre à reléguer très probablement dans le même chapitre.

Pierre, à son tour, se met en route, les volontaires allemands comblent les lacunes du corps expéditionnaire. Ordéric fixe le chiffre de ces enrôlements au chiffre de 15,000.

Le passage de la Hongrie s'effectua sans obstacle. Toutefois, à Semlin, d'après Albert, un événement grave transforma en défaite cette marche tranquille.

Les Croisés, apprenant que le prince de la ville se préparait à leur barrer le chemin, avaient résolu de forcer la cité et de s'en emparer. Les habitants, terrifiés par une attaque contre laquelle ils étaient sans défense, s'enfuirent, laissant aux pieds des remparts 4,000 cadavres des leurs. Coloman, successeur de Ladislas, accourt dans le but de venger ses sujets, mais Pierre passe la Save et se réfugie en Bulgarie, où un désastre l'attend sous les murs de Nisch. Dix mille des siens succombent; les bagages et le trésor de l'armée restent aux mains des ennemis. Les débris se rejoignent dans le plus complet désarroi et parviennent avec peine à Constantinople. De son côté, l'ennemi ne perd, dans cette rencontre, qu'un seul soldat.

Telle est la version que nous transmet Albert d'Aix, et dont s'est inspiré Guillaume de Tyr.

Sybel, critique allemand, s'inscrit en faux contre la relation de ces faits, auxquels les contemporains ne font aucune allusion. Le texte d'Ordéric n'autorise nulle insinuation relative à ces événements. Sur quels documents

Albert a-t-il étayé sa narration ? on l'ignore ; a-t-il voulu donner un tour dramatique à sa chronique ? toutes les hypothèses sont permises. Est-il loisible d'admettre qu'une armée en arrive à laisser périr dix mille de ses soldats sans se défendre, que le soi-disant vainqueur n'ait à regretter que la mort d'un homme, tandis que le vaincu, pourvu d'armes et de vivres et décidé à la lutte, laisse sur le champ de combat les deux tiers de son effectif.

« Ce qui serait une chose inouïe dans l'Histoire, dit M. Hagenmeyer, forcé par l'évidence, c'est que du côté de Pierre 10,000 hommes eussent succombé, tandis que les Bulgares n'en auraient perdu qu'un seul. » — « C'est un exemple typique, ajoute-t-il, du style légendaire d'Albert ; personne, d'ailleurs, ne le croira. »

L'annaliste nous assure que l'Ermite perd dans une bizarre aventure son corps d'armée, et voici que, sur les rives du Bosphore, Anne Comnène effrayée, voit arriver une armée de 70,000 fantassins et de 80,000 cavaliers, marchant dans un bel ordre et semant l'effroi par son aspect guerrier. Cette armée est celle qui vient de périr quelques jours auparavant ! Et non seulement elle s'est retrouvée, mais encore elle s'est multipliée. Avant la défaite, elle ne comptait que 30,000 hommes ; le lendemain, 150,000 hommes se dressent à l'appel !

Albert d'Aix ne prend même pas le soin vulgaire de se mettre en règle avec ses propres affirmations. Pierre est un héros maître de lui-même, et commandant à la victoire ; deux jours après, il a peur, un rien l'épouvante ; ses ordres sont des incohérences.

« On ne sait véritablement plus où l'on en est avec ce chroniqueur, dit M. Hagenmeyer ; on ne sait si l'on doit attribuer les mêmes faits qu'il raconte à un seul et même personnage. »

Le critique termine ainsi une série de réflexions, où il s'efforce de donner aux assertions d'Albert d'Aix une apparence de solidité :

« Les détails que donne cet historien ne forment pas une base assez solide pour que nous osions nous en servir pour retracer un tableau plus achevé : il faudrait avoir à sa disposition d'autres sources plus sûres ; mais, nous l'avons déjà dit, elles n'existent pas. »

A notre avis, il se passa, en Bulgarie, divers incidents. Amplifié par la rumeur, et, en même temps, défiguré par les rapports verbaux, le récit de ces incidents a servi de thème à la rédaction du trop crédule Albert d'Aix.

La découverte et la publication des manuscrits d'Ekkéhard, ont permis d'apporter à la question des *faux Croisés* des éclaircissements souvent désirés.

A l'occasion des prédications de Pierre l'Ermite en Germanie, et à la suite de l'ébranlement qui en est la conséquence, des excès se produisent, les campagnes sont pillées et les Juifs mis à mort.

Albert d'Aix, Guillaume de Tyr, et, avant eux, Guibert de Nogent, rendent les troupes de l'Ermite responsables de ces déplorables abus.

Jusqu'à notre époque, on n'hésita pas, sur la foi de ces chroniqueurs, à répéter les mêmes accusations et à envelopper dans la plus injuste réprobation les vétérans du premier soulèvement.

Un des triomphes de la critique sera d'avoir rétabli, en cette circonstance, la vérité, ignorée de presque tous les historiens qui se sont intéressés à la Croisade.

Deux points sont à examiner : Pierre l'Ermite a-t-il été coupable des désordres commis en ce temps, et, en particulier, des sévices exercés contre les Juifs ?

Quels en furent les auteurs ?

N'oublions pas que les chroniqueurs dont nous venons de citer les noms, ne furent point témoins des faits qu'ils ont relatés. Ekkéhard, au contraire, a vu. Son attestation a donc seule une valeur incontestable.

Sur le premier chef, la critique répond en absolvant complètement de toute faute le chef de l'expédition.

« La persécution contre les Juifs, a dit récemment M. Hagenmeyer, écrivain dont personne ne récusera ici le jugement, n'éclata à Cologne que le 29 mai 1096, date à laquelle Pierre était déjà parti depuis bien longtemps. Par voie de conséquence, on doit admettre aussi que Pierre et ses gens restèrent en général étrangers à cette persécution, dont les premiers symptômes se déclarèrent le 3 mai, à Spire. La honte d'avoir donné dans les villes du Rhin le signal de ces abominables excès, doit retomber éternellement sur la mémoire d'Emich et de sa bande. »

L'auteur Mannheimer exprime son étonnement, dans son ouvrage, de ce que les relations juives ne font pas mention de Pierre d'Amiens ; ce fait est une preuve certaine qu'il n'a pris aucune part à ces atrocités et qu'il n'a donné aucune prise à une accusation de ce genre ; sans cela, son nom se trouverait dans ces mémoires, tout aussi bien que celui d'Emich.

Ces lignes de l'historien allemand sont vengeresses.

La discipline fut toujours sévèrement observée parmi les soldats de Pierre. M. Hagenmeyer le constate :

« Un contemporain, l'annaliste de Melk, ajoute-t-il, a été témoin du passage de ces bandes ; il fait cette simple remarque à l'année 1096 : « Pierre » l'Ermite et beaucoup avec lui se rendent à Jérusalem. » En dehors de ce simple fait, il ne voit rien qui mérite une mention spéciale ; la raison en est assurément que ces bandes voyageaient sans rencontrer d'obstacles, *mais aussi en s'abstenant de tout excès ;* sans cela, elles auraient provoqué une

Forteresse du Moyen-âge.

résistance énergique, dont on retrouverait nécessairement la trace dans les chroniques. »

Sur le second chef, l'Histoire se lève pour flétrir les trois imposteurs, dont la mémoire sera toujours vouée à l'exécration, Gothescale, Folcmar et Emich.

Gothescale était originaire des bords du Rhin. Utilisant habilement l'émotion provoquée par les événements, il lève une bande, que renforcent spécialement des Bavarois et des Souabes, et met la campagne en coupe réglée ; au vol, il joint l'assassinat. Coloman marche au-devant de ces bandits que leur chef livre par trahison aux glaives des soldats hongrois.

Folcmar s'attache à égaler son devancier en férocité. Sa proie, à lui, ce sont les Juifs. Pensant qu'avant de reconquérir le tombeau du Christ, il fallait exterminer ceux qui avaient creusé ce tombeau, il se jette sur les communautés israélites et en égorge les membres sans pitié. En Pannonie, ce misérable est arrêté et ses gens sont massacrés par les indigènes.

Emich devait être plus cruel encore. Renommé par le débordement de ses mœurs et par ses tyrannies, le comte Emich annonça que, répudiant son passé, il arborait la Croix. A cette nouvelle, près de 15,000 hommes vinrent se ranger sous ses ordres. Dans ce nombre, se rencontraient de vrais chevaliers ; l'ensemble était formé par la lie du peuple, flairant le meurtre et le pillage. La minorité, dès qu'elle vit le piège, se retira et abandonna cette collection de soudards au sort inévitable qui les attendait. Le carnage commence par les Juifs. En vain, les victimes implorent-elles la protection des évêques, qui ouvrent leurs palais ; les forcenés se précipitent sur les portes, les brisent, et passent au fil de l'épée tous les réfugiés. A Mayence, à Trèves, ces scènes de cannibales se reproduisent (1). Emich se répand ensuite dans les campagnes de la Franconie et de la Bavière et met tout à feu et à sang. Il comptait sur de nombreux succès encore, lorsque ses bandes, surprises par un détachement de Hongrois, sous les murs de Mersbourg, furent taillées en pièces et culbutées dans le Danube.

Ces détrousseurs de grands chemins étaient heureux de satisfaire leurs passions, sous le couvert d'un drapeau. Les annalistes, incapables à distance d'opérer la répartition des responsabilités, ont inscrit ces atrocités à l'actif des armées parties pour la délivrance des Saints Lieux.

Mais avec le témoignage d'Ekkéhard, le mot de l'énigme est désormais connu.

« L'adversaire de l'Église et de notre foi, lisons-nous dans le *Libellus Hierosolymita*, fit son possible pour enrayer l'entraînement de l'Europe vers le tombeau du Sauveur. De faux prophètes surgirent à l'instar de ceux qui semaient le mauvais grain dans le champ du père de famille, pendant que celui-ci dormait. L'adversaire eut pour but d'envelopper de déshonneur les

(1) Un certain nombre de Juifs, profitant du départ des Croisés, avaient dû acheter à très bas prix maintes propriétés, et, suivant l'usage, prélever sur les enrôlés besogneux des sommes usuraires. De là un émoi général sur lequel les forbans Folcmar et Emich ne manquèrent pas à leur tour de spéculer. Il est à remarquer que les Juifs poursuivis et traqués ne trouvèrent protection qu'auprès des évêques et des clercs, désireux d'épargner le sang et de conjurer les excès. En reconnaissance de cette courageuse attitude, quelques Juifs se font, en Allemagne, dans la Presse et dans les Universités, les ennemis implacables de toute action catholique, au Moyen-âge.

troupes du Seigneur en mêlant aux eaux pures des eaux impures, produites par l'hypocrisie et le mensonge. Un certain nombre de ces imposteurs existent encore. Qu'ils disent à quel rivage ils ont abordé pour passer les mers. Où sont les batailles qu'ils ont livrées? Quels sièges ont-ils entrepris? Où était leur place sous les murs de la ville sainte. Ils ne répondront pas. Le désir du vol les a fait naître; ils n'ont pour eux que la mort de victimes innocentes. »

Darras n'hésite pas à se prononcer nettement :

« Une intrigue politique, dit-il, se cachait sous ces manifestations sacrilèges. Ekkéhard, sans la dévoiler entièrement, nous la laisse soupçonner, dans un autre de ses ouvrages, le *Chronicon universale*, où il s'exprime ainsi, à la date de l'an 1096 :

» En cette année, le duc Welf de Bavière rentra en grâce vis-à-vis de l'empereur excommunié Henri IV, dont il avait depuis longtemps répudié la cause, et il put ainsi recouvrer tous ses domaines du Norique, précédemment confisqués. Or, en ce moment, Pierre l'Ermite traversait avec les premiers Croisés, au nombre d'environ 15,000, les provinces allemandes de Bavière et de la Pannonie. *Vénéré comme un saint, cet homme de Dieu méritait les hommages dont les multitudes l'entouraient.* Il se trouva pourtant un parti qui l'accusait d'hypocrisie, et l'on fit surgir des imposteurs, qui prirent à tâche de dénaturer son œuvre; l'un, nommé Folcmar, qui se mit en marche à travers la Bohême et la Saxe; l'autre, nommé Gothescale, qui prit sa route par la France orientale (Franconie). »

« Ces paroles de l'annaliste nous mettent sur la trace du complot schismatique organisé par le pseudo-empereur Henri IV et ses partisans, de concert avec le nouveau roi de Hongrie, Coloman, et les princes bulgares, pour faire échouer la Croisade. Ce fait, jusqu'ici absolument ignoré, ou du moins laissé complétement dans l'ombre par tous les auteurs modernes, méritait d'être signalé. Le schisme donnant la main aux Turcs pour la ruine de l'Église et de l'Europe, Henri IV d'Allemagne se faisant l'auxiliaire du sultan de Nicée, l'antipape Wibert prêtant à cette manœuvre impie l'autorité de son titre usurpé, le duc Welf de Bavière couronnant son apostasie par une intervention active dans ce pacte sacrilège, voilà ce qu'on ignorait jusqu'à ce jour, et ce que nous révèle la chronique d'Ekkéhard d'Urauge (1). »

C'est ainsi que se dégage la vérité.

(1) *Hist. de l'Église*, vol. XXIII.

Nous avons laissé le corps expéditionnaire à Constantinople où s'était rendue déjà l'avant-garde, commandée non plus par Gautier de Poix, mort à Philippopolis, mais par son neveu, Gautier Sans Avoir.

Le gros de l'armée arriva, à son tour, dans les derniers jours de juillet, et campa en dehors des murs.

Alexis manifeste le désir de s'entretenir avec Pierre l'Ermite qui, en effet, lui est présenté et qui obtient pour ses troupes les faveurs et bonnes grâces impériales.

L'armée ne séjourne que quelques jours dans la cité grecque; elle traverse l'Hellespont et dresse ses tentes sur les côtes de Bythinie.

Ici encore, nous nous heurtons aux contradictions des chroniqueurs.

D'après les *Gestes*, les Croisés se seraient livrés, dans les environs de Constantinople, aux plus odieuses violences; ils auraient incendié les églises, volant jusqu'au plomb des toitures pour le vendre aux Grecs. L'empereur, irrité, aurait intimé l'ordre à Pierre de passer la mer et de débarrasser le territoire de ses hordes de pillards.

Anne Comnène ne souffle point mot de ce vandalisme et de ces déprédations. Elle avait pourtant tout intérêt à les dévoiler pour justifier son père. Bien plus, elle affirme qu'Alexis fit tous ses efforts pour retenir les Croisés à Constantinople. Si la conduite des pèlerins avait été blâmable, c'est à Anne surtout qu'il faudrait demander l'exposé de leurs méfaits.

Une fois en Asie, les pèlerins, campant paresseusement sur le littoral, auraient continué leur existence de vol et de pillerie, au dire des *Gestes*; Albert d'Aix affirme, au contraire, que les pèlerins, l'opération du débarquement terminée, se mirent immédiatement en marche pour Nicomédie. L'invraisemblance de la relation des *Gestes* est évidente. Depuis longtemps les églises de la région étaient devenues la proie des Turcs et avaient été saccagées. Rien ne manquait aux troupes; la violence eût été sans but. En outre, le caractère bien connu de l'Ermite le place au-dessus de pareilles accusations.

De Nicomédie, Pierre se rend à Civitot, ville nommée par Anne Comnène, Helenopolis.

Dans cette nouvelle localité, les désordres se renouvelèrent, s'il faut en croire la chronique de Zimmen. Le pillage s'opérait jusqu'à dix milles du camp.

La note est complètement différente chez Albert d'Aix :

« Sur la recommandation de l'empereur, dit-il, les marchands s'approchaient avec leurs navires chargés de vivres ; les ventes se faisaient à juste poids et en toute équité. Les pèlerins passèrent là deux mois dans l'abondance, reposant en toute sécurité, loin des attaques de l'ennemi. »

Fortifier le campement et assurer les moyens de ravitaillement jusqu'à l'approche des armées, qui déjà couvraient les chemins de l'Europe occidentale, tel était le plan conçu par Pierre l'Ermite. Il l'eût exécuté sans peine si ses troupes, composées d'éléments hétérogènes, avaient obéi ponctuellement à ses ordres. Mais dans ce groupement, que formaient des apports de nationalités les plus diverses, on ne parvenait qu'avec d'extrêmes difficultés à imposer la soumission à une unique direction. Les Français aimaient à faire preuve de leur bravoure, et les Allemands, volontiers jaloux, rivalisaient avec eux de témérité.

A la suite d'un coup de main contre la ville de Nicée, « ceux de France » amenèrent au camp un butin considérable ; envieux à l'excès, « ceux d'Allemagne » prétendirent ne pas rester en arrière. Prenant pour chef l'Allemand Renald, ils se rendent maîtres, par surprise, au dire des *Gestes*, par violence, au dire d'Albert et d'Anne Comnène, du château de Xerigordon, situé au delà de Nicée. Surpris de cette audace, le sultan Soliman envoya son lieutenant Elchanes et des forces considérables pour dégager la forteresse. Les Croisés se défendirent avec leur vaillance habituelle ; ils repoussèrent tous les assauts et auraient fini par lasser leurs ennemis, si la trahison d'un de leurs chefs n'avait ouvert la porte aux assaillants.

Affecté par la désobéissance flagrante de la portion allemande de son contingent, Pierre partit de Civitot et se dirigea sur Constantinople, désireux d'entretenir l'empereur des craintes qu'il concevait pour l'avenir. La nouvelle de l'échec subi par les leurs enflamma d'ardeur les troupes ; elles prennent les armes, malgré les recommandations pressantes des chefs, et, sortant de leurs quartiers, se préparent à marcher sur Nicée.

Les Turcs, profitant du trouble que le désaccord entre les soldats et ceux qui les commandent jette inévitablement dans l'organisation du combat, se précipitent avec fureur sur le camp chrétien et refoulent les Croisés au delà de leur cantonnement.

Gautier Sans Avoir, la poitrine percée de flèches, succombe glorieusement. D'autres seigneurs de marque périssent également. L'armée eût été écrasée, si les renforts envoyés de Constantinople n'eussent semé l'effroi parmi les Sarrasins et ne les eussent arrêtés dans leur élan.

A peine est-il besoin d'ajouter que, suivant la coutume, les annalistes se livrent, au sujet de cette échauffourée de Civitot, aux affirmations les plus opposées. On ne sait à quelle chronique donner sa confiance ; l'existence des succès turcs paraît certaine ; mais, en ce qui concerne les événements qui les ont amenés et les faits qui les ont suivis, on ne peut rien avancer qui ne se heurte immédiatement à l'invraisemblable.

Par la méthode à laquelle nous avons eu recours, dans ce chapitre, nous avons voulu montrer comment on parvenait, en s'adressant à des documents réputés sérieux, à diminuer ou à grandir la taille de Pierre l'Ermite.

Suivant les préjugés, on peut faire du personnage ou un héros ou un aventurier. Il suffit de laisser dans l'ombre les textes qui gênent. On arrive ainsi à dessiner ou un profil de médaille ou une caricature. Est-il besoin d'ajouter que, la plupart du temps, le dénigrement a su habilement profiter de l'équivoque. Pour beaucoup, l'Ermite n'a été qu'un impulsif dépourvu de modération et de jugement.

La critique interjette appel ; elle veut que le pour et le contre soient pesés dans une juste balance ; elle exige que les chroniqueurs comparaissent devant son tribunal et que leurs dires soient passés au crible. Entre les témoignages opposés, elle tâche de saisir la vérité. Aux amis trop ardents, elle dit qu'il y a doute ; aux adversaires acharnés, elle dit qu'il n'y a point de certitude.

La renommée de Pierre l'Ermite ne peut que gagner à ce verdict.

Un accusé, toujours condamné et privé de défense, entrevoit une ère de justice dès que l'on consent à l'écouter et à le juger.

On n'oubliera pas spécialement de recueillir les dépositions de Godéfroy et de ses compagnons, qui ne cessèrent, durant toute la campagne, d'entourer l'Ermite d'un respect persévérant et d'une vénération continuelle. De semblables attestations sont décisives ; elles prouvent que le prédicateur populaire de la Croisade fut toujours digne de ses débuts héroïques.

CHAPITRE X

Départ des chefs Croisés.

« Parmi les chefs étrangers dont on annonçait la venue, on citait spécialement Godefroy, qui, pour se rendre à Jérusalem, avait vendu les domaines de ses pères. On vantait ses richesses, sa générosité, sa bravoure. Par ses titres de noblesse, il égalait les rois : il devint plus tard le chef de toute l'expédition. Son but véritable était la délivrance de Jérusalem, et sa piété au Saint-Sépulcre était réellement l'inspiratrice de ses actions. »

Ces paroles sont d'Anne Comnène.

Il fallait que le mérite du héros fût réellement au-dessus de toute atteinte, pour que la fille de cet empereur, que le chef des Croisés eut plusieurs fois l'occasion de ramener énergiquement au devoir, ne craignit point de le proclamer de la sorte.

Godrefroy se mit en route le 15 août 1096.

Ses troupes traversèrent dans un ordre parfait la Haute-Germanie, suivant à peu près les traces de Pierre l'Ermite (1).

On arrive sans encombre en Hongrie. Les populations de cette région allemande sont encore sous l'émotion des désordres commis par les bandes du faux croisé Emich.

Ce n'est pas sans effroi qu'elles aperçoivent ce nouveau torrent d'hommes, envahissant leurs vallées et leurs champs. Le roi Coloman appartient de

(1) Sous les ordres de Godefroy, marchaient son frère, Beaudoin de Boulogne ; le comte de Hainaut, Beaudoin de Mons, célèbre dans la légende par les souvenirs de Geneviève de Brabant ; Beaudoin du Bourg ; le comte de Saint-Paul, Conon de Montaigu, etc. (Guillaume de Tyr.)

cœur aux ennemis de la Papauté. Par le plus étrange des aveuglements, il ne comprend point que si les Turcs s'emparent de Constantinople, c'est lui, ce sont les Etats hongrois qui deviendront la proie convoitée des Musulmans.

Pour le moment, il est à ses haines à peine dissimulées.

Repousser par la violence les bataillons croisés, Coloman l'eût fait volontiers. Mais il n'avait plus en face de lui des hommes déterminés à courber la tête et à subir l'humiliation.

Celui qui était là, c'était le chevalier Sans-Peur. Le roi, en politique sournois, chercha à endormir la vigilance de son adversaire. Il protesta de son dévouement, accorda la licence commerciale et autorisa le passage dans le royaume, en échange de garanties et d'otages. Irrité par l'abus de telles précautions, Godefroy le prit de haut; il laissa entrevoir qu'on n'attenterait pas en vain à sa loyauté et qu'il saurait, l'épée à la main, se frayer un chemin. Coloman revient immédiatement à une attitude pacifique. Il intima à ses sujets l'ordre d'apprêter partout les approvisionnements nécessaires, avec défense, sous peine de mort, de surenchérir sur les prix ordinaires. L'armée poursuivit sa marche, parvint à Belgrade, s'engagea dans les forêts de la Bulgarie, et trouva, à Nissa, d'immenses magasins de blé, que l'empereur Alexis mettait gratuitement à sa disposition. Elle campa enfin à Philippopolis.

Dans les premiers jours de septembre, Hugues de Vermandois, frère du roi de France, donna à ses vassaux l'ordre du départ. Cette seconde armée comprenait la fleur de la chevalerie française. On voyait, aux côtés du général en chef, Robert, comte de Flandre, Étienne de Blois, comte de Chartres, Eustache, comte de Boulogne, Robert Courte-Heuse, Étienne d'Aumale, Alain, duc de Bretagne, etc., entraînant à leur suite des soldats recrutés spécialement dans le nord de la France, en Angleterre, en Normandie, dans les Flandres et en Bretagne.

De Paris, les troupes se dirigèrent sur les Alpes, qu'elles franchirent à Suse; à Lucques, le pape Urbain remit à Hugues l'étendard de saint Pierre et donna aux Croisés une solennelle bénédiction. L'armée visita, en passant, la Ville Éternelle, alors au pouvoir du pseudo-pape Guibert, et, longeant la côte, elle parvint d'abord dans les environs de Naples, et ensuite à Bari, port sur l'Adriatique.

Le programme de Hugues de Vermandois comportait le transbordement

sur les côtes de l'Épire, à l'aide d'une flottille. Les navires firent défaut, ou
du moins, le nombre en fut insuffisant. Un nouveau programme est rapidement élaboré. Hugues prend avec lui l'élite de ses gens et s'embarque,
laissant en Italie le gros des troupes qu'il confie aux soins d'Étienne de
Blois et d'Eustache de Boulogne. L'hiver approchant et le froid devenant
rigoureux, on ne peut songer à imposer aux populations du littoral italien la
lourde charge de pourvoir à l'alimentation d'une foule de soldats aussi
considérable. Tandis qu'une portion des troupes
se cantonne à Bari, un fort contingent va demander un asile aux rivages grecs.

A Dyrrachium, l'affront le plus sanglant attendait le chef croisé.

Alexis avait intimé l'ordre au gouverneur de
la ville de se saisir adroitement de Hugues et de
l'amener sous bonne escorte à Constantinople,
où, sous prétexte de s'entretenir avec lui et de
le féliciter de ses succès, il se proposait de le
retenir prisonnier.

Alexis était la parfaite incarnation de l'astuce
et de la fourberie.

Après avoir fait appel aux princes de l'Europe,
il s'était pris à redouter leur intervention. Placé
entre les Turcs qui s'emparaient de ses États et
les Occidentaux qui accouraient les défendre, il
ne savait où se dissimulaient ses plus grands
ennemis. Il craignait qu'une fois vainqueurs des
Musulmans, les Croisés ne s'arrogeassent le droit
de se partager entre eux son Empire, et de

Chevalier de l'Ordre de Malte.

dépouiller de son trône un roi trop faible pour assurer le fruit de la conquête.
Cette pensée se transforma rapidement chez lui en obsession. S'il maudissait
les Turcs, il haïssait plus encore peut-être ses nouveaux hôtes. Passant tour
à tour des promesses flatteuses aux attitudes hautaines, il trouvait le moyen,
dans la même audience, de menacer avec superbe ses libérateurs et de se
jeter en rampant à leurs pieds. Cette politique, véritablement byzantine, devait
avoir pour résultat de froisser d'abord, puis d'irriter les chefs de la Croisade ;
ils en arrivèrent souvent à se demander si, pour s'emparer de Jérusalem,

il ne serait pas, au préalable, nécessaire de s'emparer de Constantinople et de précipiter dans la mer le caméléon bizarre qui présidait aux destinées des débris de l'Empire romain.

« Alexis, a dit M. Guizot, se conduisit envers ces redoutables alliés avec un mélange de pusillanimité et de hauteur, de promesses et de mensonges, de caresses et d'hostilités, qui les irritait sans les intimider et leur rendait toute confiance impossible, comme toute estime. Tantôt il les remerciait avec effusion de l'appui qu'ils lui apportaient contre les infidèles; tantôt il envoyait des troupes qui les harcelaient sur leur route, et quand ils avaient atteint Constantinople, il exigeait qu'ils lui jurassent fidélité et obéissance comme ses propres sujets; un jour, il leur refusait des vivres et essayait de les dompter par la famine; le lendemain, il leur prodiguait les banquets et les présents (1). »

Le gouverneur de Dyrrachium s'acquitta avec adresse de sa mission. Entouré d'une garde qui le comblait de prévenances, Hugues se rendit au palais de l'empereur et apprit qu'ayant violé les lois de l'État, il restait à la disposition du maître des demeures impériales.

Le récit de cet événement parvint aux oreilles de Godefroy de Bouillon. Le cœur du chevalier bondit dans sa poitrine. Il dépêche une ambassade à Alexis et le somme de rendre la liberté au frère du roi de France.

Alexis répond par un refus. Aussitôt Godefroy donne à ses troupes l'ordre de se répandre dans la campagne et de la mettre en coupe réglée. L'empereur, effrayé, comprend sa faute et se hâte de délivrer le prisonnier. De son côté, Godefroy suspend les hostilités; mais pour donner une leçon aux Byzantins, il se rend à Constantinople à la tête de son armée rangée en bataille.

Grand fut l'émoi des officiers de l'empereur quand ils virent cette forêt de lances, au sein de laquelle étincelaient les cuirasses d'argent et d'acier poli. Leur énergie s'éteignit subitement. Alexis proposa une audience à Godefroy. Connaissant par expérience la mauvaise foi du souverain et pressentant un piège, le général refusa. Furieux, Alexis retira la licence commerciale et prohiba toute vente de denrées aux Croisés. Godefroy revint à son procédé; les soldats envahirent les environs et commencèrent le pillage. Une fois encore, l'empereur, renonçant aux conseils maladroits de

---

(1) A tous les défauts de son caractère, Alexis ajoutait le crime de sa couronne. Il avait usurpé l'empire sur son bienfaiteur Nicephore Botoniate, en 1081.

La famille Comnène, qui fournit plusieurs empereurs à Byzance, eut une existence très mouvementée. Chassée du sol oriental, au xvie siècle, par Mahomet, elle se réfugia en Italie et en Corse.

son entourage, céda à la pression de la peur, rouvrit les marchés et proposa un traité de concorde et d'amitié.

Les palais qui dominaient les rives du Bosphore furent assignés, à titre de campement, aux troupes chrétiennes, qui y trouvèrent des vivres en abondance. Dès ce moment, Alexis conçut pour Godefroy de Bouillon un respect mêlé d'épouvante.

La majeure partie de l'armée, restée sur les côtes italiennes, prit ses quartiers d'hiver en Apulie. Elle utilisa ce repos forcé, soit pour parfaire son armement, soit pour combler les lacunes produites par les défections et pour se procurer des navires. Le 5 avril 1097, elle s'embarqua et leva l'ancre à Brindes. L'Épire et la Macédoine réservèrent aux troupes divers obstacles, que la vaillance des chefs surmonta avec courage. Montagnes à escalader, fleuves à traverser à la nage, rien ne put ralentir leur ardeur. Enfin, brisées de fatigue, elles se préparèrent à goûter, sous les murs de Byzance, une tranquillité achetée par les plus dures privations. Toujours défiant, Alexis exigea des serments de soumission et de fidélité. A ce prix, l'armée retrouva son général et les vivres lui furent distribués à profusion.

Robert, comte de Flandre, n'avait pas attendu le retour du printemps pour distraire le groupe de vassaux relevant de sa suzeraineté, du corps expéditionnaire disséminé dans les campagnes de Bari. Il prit les devants et dressa ses tentes dans l'Illyrie.

Dès que les chemins furent praticables, il gagna Constantinople, et, de nouveau, se plaça sous les ordres de son chef.

Durant le mois d'octobre 1096, Raymond de Saint-Gilles, comte de Toulouse, acheva ses préparatifs. Le centre de ralliement des troupes était Lyon. Bientôt, l'armée se disposa à partir, ayant pour chefs les seigneurs les plus marquants de l'Aquitaine et de la Provence.

Adhémar de Monteil bénit solennellement les Croisés, qui se mirent en marche, au sein des ovations populaires.

L'itinéraire fut habilement fixé, de manière à éviter les régions qui avaient été parcourues par les armées précédentes. Remonter le Rhône, franchir les Alpes, traverser la Lombardie et le Frioul et gagner Dyrrachium par le rivage de l'Adriatique, tel était le plan. Son exécution offrait des difficultés; on avait l'espoir de les surmonter à force d'endurance et de courage.

Tout alla bien, conformément aux prévisions. Dans les vallées glacées de la Dalmatie, les indigènes tentèrent de s'opposer au passage des troupes.

Un déploiement inusité de sévérité fut suffisant pour calmer l'ardeur sanguinaire de ces hordes pillardes et pour les refouler dans leurs repaires. On entra enfin sur le territoire grec, où l'on put se réjouir de retrouver des alliés. C'était compter sans la perfidie de l'empereur de Constantinople. En dépit de ses échecs successifs, Alexis revenait sans cesse à sa politique ondoyante.

En apprenant la présence, sur le sol de l'empire, du comte de Toulouse, dont on lui vantait la valeur, il prit ombrage et résolut de recourir à ses moyens ordinaires. Il envoya à Dyrrachium une ambassade destinée à saluer le chef croisé, à lui exprimer la satisfaction du souverain et à le prier de se rendre seul, au plus vite, à Byzance, pour recevoir les honneurs dus à son rang et à sa réputation. En chevalier qui ne forligne point, Raymond répondit affirmativement et se mit en mesure d'assister au rendez-vous que lui demandait l'empereur. A peine était-il sorti du camp, que les soldats grecs firent aux Croisés une guerre continuelle d'embuscades, enlevant les pèlerins attirés traîtreusement dans la campagne, et massacrant les détachements en quête de vivres. Une nuit, l'armée fut attaquée au milieu de son sommeil. Le désordre s'ensuivit et le sang coula avec abondance.

Le comte arrive à la cour, ignorant les incidents. Alexis le reçoit avec des démonstrations vraiment orientales de respect et de prévenance. Mais Raymond apprend le guet-apens dont ses troupes ont été victimes. La colère s'empare de lui, il se répand en menaces, écrit à Godefroy et à Hugues et parle d'entrer en conquérant dans Constantinople et de passer au fil de l'épée l'empereur et tous les habitants.

Alexis savait que si, dans la hiérarchie des fauves, le lion passe pour être un roi débonnaire, il y a parfois des inconvénients à irriter son humeur souveraine. En entendant cette explosion de fureur, il se mit à trembler. De hautaine, son attitude devint modeste. Les courtisans durent, en toute hâte, recourir aux princes croisés, en les suppliant de calmer leur collègue qui, déjà, entrevoyait les ruines fumantes de la cité, asile du traître. Raymond céda aux observations de Godefroy; il comprit que, venus pour combattre les Turcs, les chrétiens ne pouvaient légitimement faire retomber sur les Grecs les conséquences de la folie de leur maître.

Alexis subit toutes les humiliations exigées; il se fit rampant. En séance publique, il nia sa participation dans les ordres donnés et promit toutes les réparations que les seigneurs latins demanderaient. De leur côté, les princes s'engagèrent à lui restituer les provinces que les Turcs lui avaient ravies.

Levantin modèle, Alexis s'estima heureux des résultats de sa campagne diplomatique. Son orgueil avait été blessé sans doute ; mais de cela il n'en avait souci, il avait reconquis son territoire !

Les hostilités ayant cessé, l'armée provençale se déploya sur les routes de la Macédoine et, enseignes flottantes, se dirigea sur Constantinople.

Bohémond, nous l'avons vu, s'était taillé un royaume au sud de l'Italie. Avec une rare persistance, il arrondissait ses États aux dépens de ses voisins. La nouvelle du soulèvement de la France vient le surprendre sous les murs d'Amalfi, place forte dont il faisait le siège.

Il écoute avec attention les récits de ses soldats. Son ardeur chevaleresque s'enflamme ; il lui semble que les ombres de ses ancêtres le poussent à prendre la croix, à s'associer aux luttes et aux victoires de ses anciens frères d'armes et à couvrir de gloire le berceau de son royaume naissant. Il appelle à lui les chefs de ses troupes et il leur expose ses desseins et sa détermination.

L'enthousiasme accueille ses paroles. Tous prennent la croix.

Or, parmi ces preux, se signalait un chevalier, sur le compte duquel la renommée racontait des choses merveilleuses. Tancrède était son nom.

Pieux autant que brave, Tancrède avait parfois d'étranges inquiétudes d'âme ; il ne parvenait point à concilier certains conseils de l'Évangile avec sa profession.

Ne point se venger d'une injure, offrir sa joue à un soufflet, le bon chevalier se scandalisait volontiers de semblables recommandations. Comme plus tard Crillon, il eût voulu assister au drame de la Passion pour exterminer d'un tour de bras la tourbe des bourreaux déicides. Puisque la Croisade bénissait la chevalerie, Tancrède était Croisé. Ses préparatifs furent courts. Il choisit un casque, une cuirasse, une masse d'arme, une épée et un cheval. Le reste, c'est-à-dire les préoccupations de l'existence matérielle n'existèrent plus pour lui ; il suffisait au héros qu'il eût champ clos à parcourir et mécréant à pourfendre ; la Palestine et le Turc lui offrirent l'un et l'autre.

Aux côtés de Tancrède se pressa la noblesse normande, devenue italienne par adoption et par droit de conquête.

Bohémond avait le privilège de peupler de fantômes les nuits sans sommeil de l'empereur de Byzance.

Alexis se souvenait de la terreur qu'avait semée dans ses États l'apparition des chevaliers normands, poussant d'audacieuses pointes jusqu'en Illyrie. Il sentit dès lors son empire menacé par cet ennemi tenace, qui n'attendait qu'un prétexte pour se précipiter sur sa proie.

Sans le vouloir, Anne Comnène trahit, dans ses *Mémoires*, les inquiétudes paternelles. Les épithètes les plus violentes se placent d'elles-mêmes sous sa plume ; il lui semble qu'elle décharge son cœur en jetant à la face du duc de Tarente les mots les plus injurieux du vocabulaire hellénique. Elle en arrive enfin à traiter Bohémond de fourbe et d'astucieux. Sur des lèvres grecques, l'insulte ne manquait pas de saveur.

Alexis parlait moins ; sa politique tortueuse recherchait le silence et les ténèbres. Après avoir mûrement réfléchi, il s'arrêta à une combinaison digne de son passé.

Il donna à ses lieutenants des instructions précises, en vertu desquelles les troupes devaient s'opposer adroitement au passage de l'armée italienne. On procéderait d'abord à la stérilisation des régions que cette armée se proposait de traverser. Les Croisés n'hésiteraient pas à s'écarter de leur itinéraire pour trouver des subsistances. A ce moment, les Grecs se précipiteraient sur les compagnies en désordre et les massacreraient. Pour assurer la réalisation de ce plan hypocrite, Alexis n'hésita pas à soudoyer des mercenaires turcs et à leur communiquer ses intentions.

En même temps, une ambassade se présentait à Bohémond au nom de l'empereur et protestait des sentiments d'attachement du maître.

Le matois Normand flaira le piège ; il remercia les ambassadeurs et les chargea de porter à Alexis l'hommage de sa vénération. Redoublant de vigilance, il prescrivit les mesures les plus rigoureuses, soit pour sauvegarder la discipline, soit pour repousser les agresseurs.

Le 15 février 1097, l'armée s'arrêta sur les bords du fleuve Vardar. Les bateaux font défaut. Tancrède pousse son cheval dans la rivière ; un détachement le suit et aborde à la rive opposée. Tout à coup, les Turcs et les Grecs, massés dans un pli de terrain, surgissent et dirigent une nuée de flèches contre l'escadron. Tancrède met en ordre de bataille sa troupe et se précipite contre l'ennemi, qu'il anéantit. Le gros de l'armée, s'apercevant du danger que court l'avant-garde, s'engage à son tour dans le fleuve, laissant sur le rivage les malades et les vieillards.

Tout à coup, les soldats d'Alexis, jugeant l'heure favorable, se jettent sur les pèlerins inoffensifs et s'apprêtent à les égorger. Entendant les clameurs de désespoir et les cris de mort, Tancrède revient sur ses pas, suivi de sa troupe ; il pousse à nouveau son cheval dans les flots et tombe à l'improviste sur les impériaux, dont il fait un affreux carnage.

Le récit de cette fatale journée plongea la cour byzantine dans une morne consternation. Alexis savait se ressaisir promptement. N'ayant à son arc que deux cordes, la courtisanerie et la trahison, il eut vite dressé son plan. On enverrait des excuses à Bohémond, on le comblerait de présents, on mettrait à sa portée des vivres en abondance, on l'inviterait à se rendre au palais impérial où, par des flatteries, on apaiserait son courroux. Le procédé avait vieilli. Bohémond se prêta néanmoins à ces avances pour le bien de son armée. Laissant le commandement à Tancrède, il s'achemina vers la demeure de l'empereur.

Chevalier de l'Ordre du Saint-Sépulcre.

Les deux adversaires dissimulèrent leurs anciens ressentiments sous les apparences de la courtoisie la plus correcte. Ils cherchèrent à se sonder mutuellement. Malgré sa fougue naturelle, le duc de Tarente resta politique jusqu'à la fin. Aux protestations d'amitié, il répondit par des protestations de déférence. A les voir, on eût dit deux amis s'ingéniant à évoquer la mémoire classique d'Oreste et de Pylade. Un incident rendit visible la sincérité de cette attitude : Invité à un festin, Bohémond ne toucha à aucun mets. A ceux qui lui exprimaient leur étonnement, le chevalier se contenta de dire qu'il craignait d'être empoisonné.

De cette conférence, il résulta de précieux avantages pour l'armée normande. Le pays se transforma en éden, les vivres affluèrent ; à la disette succéda l'abondance.

Toutefois, Tancrède jugeant que son chef ravalait sa dignité en déposant des serments féodaux au pied du trône impérial, se refusa à l'entrevue que lui fit proposer Alexis. Il résolut même de fuir le contact du traître couronné ; il se détourna de Constantinople et passa avec les siens sur les rivages asiatiques.

En cette année 1097, Constantinople présente une animation extraordinaire. Les plus forts contingents de quatre armées campent à l'ombre de
ses fortifications.

Le Bosphore, sillonné d'embarcations, retentit d'acclamations joyeuses,
que répètent à l'envie les collines de la Bythinie. La joie éclaire tous les
visages. A l'aube, les trompettes éclatent en sonneries guerrières ; les soldats
s'arrachent au sommeil, et, agenouillés sur le sol, disent à haute voix la
prière. Ils sortent des tentes ; le frais soleil du matin frappant leurs armures,
l'air s'irradie de mille feux. Dans le jour, c'est un bourdonnement confus.
Lorsque le soleil s'éteint à l'horizon et que les premières buées du soir
enveloppent les cantonnements, le chant du *Salve Regina*, redit par d'innombrables voix, s'élève grave et majestueux.

L'armée chrétienne place ainsi son repos sous la protection de l'*Étoile
des mers*.

Un homme veillait toujours. L'empereur ne pouvait supporter la présence
des alliés. Près de ces terribles voisins, il était loin de se sentir en sûreté.
Godefroy ne venait-il pas de lui infliger un nouveau et suprême affront.
Alexis insistait pour que le duc acceptât une entrevue. Ne pouvant rompre
l'obstination de son hôte, il se répandit en plaintes et finit par retirer de
nouveau aux Croisés la licence commerciale. Fatigué de ces perpétuelles
fluctuations, Godefroy évacue les palais du Bosphore, assignés à ses troupes,
et ordonne d'y mettre le feu. En même temps, il organise une démonstration
militaire contre la capitale. De son côté, Alexis se prépare à défendre la
ville ; les soldats grecs se massent aux portes et à l'extrémité du pont qui
relie la cité au camp des Croisés. Baudouin s'élance le premier sur l'ennemi ;
il le presse et le rejette au delà des forts avancés ; Alexis capitule et demande
grâce. Ses trésors seront désormais le gage de ses bonnes intentions. Pour
preuve de sa sincérité, il livre en otage son propre fils, et offre à Godefroy
le titre de fils adoptif.

Le chef des armées croisées prend enfin le parti d'abandonner le territoire
grec et de se transporter en Asie.

CHAPITRE XI

Les Croisés en Asie.

Si « l'autocrator » Alexis Comnène avait été doué de qualités militaires,
il se serait placé à la tête de l'expédition, et, grâce à l'appui inopiné que la
Papauté venait de lui fournir, il aurait conquis auprès des peuples orientaux
une de ces renommées qui imposent le respect et qui consolident pour de
longs siècles les fondements d'un empire.

Mais le monarque n'avait d'autre génie que celui de l'intrigue.

Il se refusa soit à précéder, soit à suivre les Croisés, sous le prétexte que
sa présence était nécessaire en Europe, pour intimider les ennemis héréditaires de l'État grec, les Bulgares et les Hongrois. Il faut reconnaître que son
insuffisance notoire dans la science de la guerre eût singulièrement compromis
le succès des opérations. Au point de vue de sa sécurité personnelle, il se
montra adroit en faisant valoir les raisons supérieures qui attachaient sa
grandeur au rivage.

Le commandement en chef revint à Godefroy de Bouillon. Celui-ci sut
ménager avec un art suprême les susceptibilités de ses collègues. Il imposa
rarement sa volonté, les grandes décisions étant toujours prises en conseil.
Son autorité ne prévalait que dans le cas de partage des voix. Ses qualités
étaient tellement éclatantes, que l'armée entière tournait instinctivement les
regards vers lui lorsque les difficultés s'amoncelaient et que l'heure se
présentait de frapper un grand coup. Il n'avait que trente-cinq ans (1) et il
était dans toute la vigueur de son intelligence.

(1) Trente-trois ans d'après plusieurs.

Après avoir établi ses cantonnements dans les plaines de Chalcédoine, Godefroy fixa son plan. En voici la donnée générale : longer le littoral afin de pourvoir avec facilité au ravitaillement ; enlever de force les villes qui barrent le passage et y placer des garnisons de façon à assurer avec l'Europe des communications régulières ; revenir au plus tôt au littoral lorsque le siège des villes ou la présence des chaînes de montagnes obligeront à s'en éloigner.

Sans attendre l'arrivée de Raymond de Toulouse, Godefroy lève le camp et se dirige sur la ville de Nicée qui est occupée par les Turcs.

Le blocus de la cité est entrepris rapidement, sauf du côté de la mer où le manque de vaisseaux ne permet pas d'organiser des croisières d'investissement. Dès que l'armée de Raymond a rejoint les assaillants, le siège est poussé avec vigueur. Deux espions turcs sont saisis au moment où, déguisés en pèlerins, ils tentent de pénétrer dans la place. Ils dissimulent sous leurs vêtements un message important qui apprend aux Croisés que le sultan Ralidji-Arsalan accourt dans le but de dégager la ville. Godefroy dispose aussitôt de ses forces ; une partie est chargée de faire face aux sorties opérées par les assiégés ; l'autre portion se tient prête à marcher contre les troupes de secours. Kalidji-Arsalan ne tarde pas à paraître à la tête de 50,000 hommes. Au cri de : Dieu le veut ! les Croisés se jettent sur l'ennemi ; la mêlée est terrible. Au bout d'une heure d'efforts désespérés, les Turcs se débandent et prennent la fuite (16 mai 1097). Au lendemain de cette brillante victoire, le siège est repris avec une nouvelle énergie. Divers assauts restent infructueux. Les fortifications se relient à une tour aux assises inébranlables. C'est la tour Gonate, célèbre dans les légendes. Un maître d'œuvre, à l'esprit ingénieux, conçoit un projet qu'il obtient d'exécuter. Il construit à l'aide de poutres une vaste carapace qu'il applique contre les murailles et sous laquelle un groupe d'ouvriers se réfugie à l'abri des flèches et pratique dans l'épaisseur des fondations une large ouverture. Des étais habilement enchevêtrés soutiennent, de chaque côté, les blocs de pierres dépourvus de leur appui. A un moment donné, le feu est mis à l'appareil et la tour s'effondre en entraînant ses défenseurs. Les chevaliers se précipitent par la brèche béante et s'emparent de la ville (20 juin).

A leur grande surprise, les Croisés aperçoivent, flottant sur les monuments, les étendards de l'empereur de Constantinople. Alexis se tenait en effet dans le voisinage. Dès qu'il apprit la capitulation de Nicée, il arriva par mer et prétendit, au nom des engagements contractés à Byzance, que la cité lui appartenait. Son droit était douteux. Une discussion assez vive surgit entre les intéressés. Le fait accompli fut néanmoins accepté. Mais le bouillant Tancrède ne laissa pas que de trouver fort byzantin ce procédé qui consistait à s'adjuger le fruit d'un combat sans participer aux aléas de la lutte.

Dans un conseil de guerre, il est décidé que l'armée, laissant une garnison à Nicée, se dirigera sur Antioche et se divisera en deux corps, dans le but de ménager les ressources de la région de Roum, qu'elle aura à traverser. Godefroy, guidé par son coup d'œil militaire, s'oppose à cette détermination ; par esprit de concorde il se range de l'avis de ses collègues ; il prend le commandement du premier corps et laisse à Bohémond la direction du second.

De Moltke eût probablement approuvé un tel plan, lui qui avait adopté ce principe de stratégie : « se séparer pour marcher et se concentrer pour combattre. » Napoléon, partisan du « déboucher en masse » l'eût blamé et eût donné raison à Godefroy.

Le sultan Kalidji-Arsalan connaissait par ses espions les dispositions prises par les Croisés. Il jugea qu'il y avait là une faute de tactique et qu'il lui serait facile par une marche rapide d'isoler l'une de l'autre les colonnes chrétiennes et de les battre séparément. En effet, Bohémond voit fondre inopinément sur son camp toute la cavalerie turque, composée de 140,000 hommes. Ses soldats font fasse à l'agression avec leur vaillance habituelle, mais la valeur ne pouvant rien contre le nombre, le désordre commence à se mettre dans leurs rangs. Tancrède redouble d'efforts ; de son épée, ruisselante de sang, il accumule les cadavres autour de lui ; ses amis tombent frappés de flèches empoisonnées. Bohémond est sur le point de sonner la retraite, lorsque tout à coup on entend au loin les trompettes de Godefroy de Bouillon. Le héros, averti par des estafettes et aussi par les clameurs des combattants, se rend précipitamment sur le champ de bataille à la tête de 40,000 cavaliers. La mêlée reprend furieuse. Le sultan fait des prodiges d'énergie. Il encourage de la voix ses troupes. Enfin, rompus et écrasés, les Turcs cèdent et abandonnent la vallée de Dorylée, jonchée de leurs morts (1er juillet 1097).

Assagis par l'expérience, les chefs croisés décident de ne plus marcher en corps séparés. Pourtant Tancrède et Baudouin obtiennent l'autorisation d'aller en éclaireurs et d'explorer les cols du Taurus, chaîne de montagnes fort élevées que l'armée doit franchir pour se rendre à Antioche. La voie étant ainsi indiquée par son avant-garde, Godefroy traverse le Taurus, assiège et enlève les forteresses situées sur sa route et occupées par l'ennemi, et débouche dans la vallée au fond de laquelle se dressent menaçantes les tours et les murailles de la grande cité syriaque.

Le passage du Taurus avait obligé le général en chef à gagner, sur sa gauche, l'intérieur des terres et à modifier gravement son itinéraire. Tancrède et Baudouin, poursuivant leurs explorations, se rapprochèrent du littoral et exécutèrent par des manœuvres habiles et rapides le thème fixé d'avance par le commandement supérieur. La ville de Tarse tomba au pouvoir de Tancrède qui, sur les conseils de Bohémond, l'abandonna à Baudouin.

Pendant que les troupes siciliennes opéraient leur jonction avec l'armée, Baudouin exposa à Godefroy et au conseil de guerre les avantages que l'on pouvait tirer d'une excursion en Mésopotamie, au sein de peuplades chrétiennes destinées à constituer, à l'entrée de la Palestine, un état feudataire soumis et fidèle. Le projet ayant été adopté, Baudouin, son auteur, est chargé de le réaliser. Le valeureux chevalier chasse de la région les garnisons turques et entre en triomphateur dans Édesse. Il parvient à conquérir l'affection des habitants. Au sein d'une émeute dirigée contre le gouverneur, homme cupide et universellement abhorré, il est proclamé maître de la ville, et il se hâte d'illustrer sa jeune royauté par la défaite totale du sultan qui opprimait le pays.

Le siège d'Antioche est un des faits militaires les plus marquants du Moyen-âge. Il paraît relever de la légende plutôt que de l'histoire. Il commença le 28 octobre 1097. La ville, défendue par son étendue même et aussi par la rivière qui l'alimente, et par les marais qui constituaient alors autour d'elle une demi-ceinture protectrice, ne put être investie complètement. Pourtant l'armée chrétienne comptait 300,000 hommes. Néanmoins, un fragment notable des fortifications fut laissé en dehors des opérations.

Les débuts furent malheureux.

Godefroy de Bouillon et Raymond de Saint-Gilles étaient malades; la discipline se relâcha.

Les soldats, fatigués par les marches et les privations des mois précédents, ne surent pas résister à la satisfaction qu'ils éprouvèrent en voyant affluer dans le camp les vivres que Baudouin expédiait d'Édesse en abondance. En vain, les sages et les anciens s'entremirent-ils pour maintenir l'ordre; on ne voulut rien écouter. La disette survint, la famine la suivit ; et, de l'excès, les cantonnements passèrent à la plus affreuse misère. Pierre l'Ermite avait essayé de faire entendre, avec l'autorité qui s'attachait à sa parole, des conseils à cette heure dédaignés. Constatant que son influence demeurait stérile, il prend le parti de quitter le camp. Tancrède parvient à le détourner de cette

Arquebusier au XIVᵉ siècle.

détermination et à le ramener au milieu des siens. Enfin Godefroy et Raymond reviennent à la santé. Les choses changent aussitôt d'aspect. Des pénalités sévères sont édictées contre les insoumis. Des cérémonies religieuses, présidées par Adhémar de Monteil, rappellent aux Croisés démoralisés le but de leur voyage. La confiance renaît. On s'aperçoit que le camp est envahi par les espions. Deux sanglantes exécutions ordonnées par Bohémond décident les traîtres à s'éloigner rapidement. Une sortie faite par les assiégés est repoussée. Ce succès partiel ranime l'enthousiasme ; on se reprend à espérer.

Sur ces entrefaites, le sultan du Caire, adversaire acharné des Turcs, envoya à Godefroy une députation chargée de lui offrir des présents et de lui proposer un traité d'alliance. Les ambassadeurs furent reçus au sein de brillantes fêtes militaires. Joûtes, tournois, jeux, les Croisés mirent tout en œuvre pour frapper l'esprit des Orientaux qui revinrent émerveillés de la bonne tenue de l'armée, de l'adresse des soldats et de la valeur de leur chef. En se retirant, ils apprirent au généralissime qu'une armée turque s'était formée dans les environs d'Alep et de Damas et qu'elle arrivait à marches forcées pour dégager Antioche. Le conseil de guerre s'assemble. Il est statué que la cavalerie se portera au-devant de l'ennemi, mais que pour éviter de donner l'éveil aux guets placés sur les tours, on partira en silence et la nuit. Tout réussit à souhait. Godefroy, que les Turcs croyaient encore sous les murs d'Antioche, se découvre tout à coup à la tête de ses cavaliers, traverse les rangs ennemis, les hache et les met en déroute (9 février 1098). Le gouverneur de la ville attendait encore le signal convenu pour opérer une sortie, lorsque les cris poussés par les vainqueurs lui apprennent la défaite des émirs.

Un incident, où se reflète assez exactement les mœurs rudes de nos pères, signale cette phase du siège. Dans la poitrine des chevaliers battait un cœur rempli de loyauté et de simplicité parfois naïve ; mais venaient-ils à être excités dans leur susceptibilité, ces preux se réveillaient féroces. La barbarie ancestrale reparaissait en eux. Pendant une sortie, un Turc s'empare de la bannière représentant la Vierge Marie, et, par dérision, fixe l'image vénérée au sommet des remparts, en plaçant la tête en bas. Un chevalier qui a fait la veillée d'arme peut-il supporter un semblable affront ? Voici la vengeance : les cadavres musulmans abandonnés sur le champ de bataille sont décapités, et les têtes sanglantes projetées dans la ville, au moyen de balistes, font connaître aux habitants que les Croisés ne restent point insensibles aux injures dirigées contre leurs croyances.

Les approvisionnements de la place diminuaient sensiblement. Le gouverneur prévenu par ses espions qu'une flotille, partie d'Italie, s'apprêtait à aborder aux côtes asiatiques dans le dessein de ravitailler le camp chrétien, conçut le hardi projet d'enlever le convoi et d'infliger en même temps aux assiégeants un échec qui relèverait l'ardeur morale des siens. Il dissimula dans les anses du littoral un corps nombreux de troupes, et, au moment où les Croisés sans défiance se dirigent sur leur camp, il se découvre et enveloppe les pèlerins. Une panique se produit. Déjà les Turcs poussent des cris de victoire. Mais Godefroy veille. Au risque de tomber, frappé de flèches, il pousse son cheval au milieu des rangs musulmans. Électrisés, ses soldats le suivent. Le convoi est dégagé, et les Croisés rentrent sous leurs tentes, fiers de leur chef et des résultats de la journée. Le gouverneur demande alors un armistice qui lui est accordé ; il se hâte de le violer dès qu'il peut se convaincre que l'armée de Kerbogah est en route pour secourir la ville.

En effet, Kerbogah, émir de Mossoul et général du kalife de Bagdad, faisant un appel désespéré à toutes les forces turques, arrivait de l'Égypte et conduisait à sa suite une armée nombreuse.

Cette nouvelle jeta l'alarme dans le camp des Croisés. Le conseil de guerre s'assemble. L'une des deux déterminations suivantes est proposée à l'examen : ou abandonner le siège d'Antioche et courir au-devant de l'ennemi, ou tenter un assaut décisif. Bohémond prend la parole et propose un plan. Il a des intelligences dans la place, raconte-t-il ; un assiégé se charge, en échange d'une somme très élevée, de trahir le gouverneur et de rendre facile l'escalade des murailles. A un signal convenu, des échelles seront appliquées contre les créneaux, les chevaliers pourront facilement, durant la nuit, envahir les chemins de ronde et se répandre dans la ville avant le réveil des gardes.

« A titre de rémunération, ajoute le prince Tarentin, je ne demande qu'une chose, la principauté d'Antioche. »

Le temps presse ; la proposition est acceptée.

Dans la nuit du 2 au 3 juin, une série de signaux apprennent à Bohémond que l'heure est venue ; des échelles sont dressées contre les murs, les soldats les gravissent au milieu du silence le plus profond, ils enfoncent à coups de hache les poternes et se répandent dans la cité, égorgeant les défenseurs qui se trouvent sur leur passage. Le gouverneur n'a que le temps de prendre ses vêtements et de se mêler aux soldats effarés qui fuient dans la campagne. Les paysans se mettent à sa poursuite. On le saisit, et sa tête, détachée du tronc, est offerte en spectacle aux habitants de la ville.

Les Croisés étaient depuis deux jours possesseurs de la place, lorsque l'avant-garde de Kerbogah se présenta aux portes. On eut à peine le temps de préparer la défense et de pourvoir à l'alimentation des troupes. Les approvisionnements se trouvaient épuisés. Il fallut néanmoins rompre toute communication avec le dehors. L'émir comptait sur une série de combats ; c'était un siège qu'il devait entreprendre. Il commença par un blocus rigoureux. En quelques semaines, la disette se fit sentir. On abattit les chevaux. Les vivres finirent par disparaître complètement. On en vint jusqu'à faire bouillir le cuir des boucliers et à boire le liquide noirâtre résultant de cette décoction. Le frère du roi, Hugues de Vermandois, exténué par les privations, n'avait plus la force de monter à cheval, et le comte de Flandre en était réduit à tendre les mains dans la rue et à mendier son pain. Un espoir, rapidement déçu, vint luire un instant aux yeux des malheureux affamés. L'empereur Alexis, ayant eu connaissance de la prise d'Antioche, pensa qu'il était d'une suprême politique de renouveler l'acte d'audace qui avait réussi à Nicée. Accompagné d'une flotte chargée de vivres, il met à la voile dans la direction des rivages de la cité asiatique. Il espère qu'amenés à composition par les fatigues, les Croisés lui abandonneront, en échange de présents, la souveraineté du pays conquis. Mais, à la vue de l'armée de Kerbogah, Alexis, redoutant un désastre, reprend la mer et laisse ses alliés à leur destinée. C'est ainsi que l'empereur exécutait les clauses du contrat.

La glorieuse épopée de la Croisade semblait vouloir sombrer dans un irrémédiable désastre. La famine, ce fléau contre lequel le génie est impuissant, terrassait les plus braves. Déjà les désertions s'accentuaient. A l'aide de cordes, les soldats se glissaient le long des murailles et gagnaient la campagne. On songeait enfin à organiser une sortie vigoureuse et à périr les armes à la main lorsqu'un événement releva subitement les courages abattus. Le bruit se répandit que la lance dont la pointe avait transpercé la poitrine du Sauveur venait d'être découverte dans l'église dédiée à saint Pierre, sur les indications d'un prêtre de la suite de Raymond de Toulouse. Cette nouvelle transforme l'aspect de la ville. L'entrain remplace la morne stupeur. On brûle de se mesurer de nouveau avec l'ennemi. Godefroy n'eut garde de laisser s'écouler l'occasion que le Ciel paraissait lui offrir. Mais, mesurant, avec son expérience ordinaire, les conséquences terribles d'une bataille où, de chaque côté, on se battrait avec désespoir, il essaya de prévenir l'effusion du sang. Suivant la coutume féodale, il députa, à l'émir de Mossoul, Pierre l'Ermite, dans le but d'offrir au lieutenant turc l'une des trois alternatives suivantes : ou un combat général, ou un combat restreint entre un nombre déterminé de soldats chrétiens et de soldats musulmans, ou un combat particulier entre deux chefs.

Prenant cette proposition pour l'expression du découragement et de la peur, l'émir répondit avec fierté que des vaincus n'avaient jamais osé lui imposer de semblables conditions.

Pierre revient à Antioche et rend compte de sa mission. Des clameurs de colère répondent à ses paroles. On court aux armes.

Godefroy dispose son armée en douze colonnes. Hugues de Vermandois, précédé de l'étendard de saint Pierre, dirige la première colonne; Adhémar de Monteil, ayant près de lui la sainte lance, est en tête de la quatrième; le généralissime prend le commandement de la septième, formant le centre; Bohémond est chargé de l'arrière-garde.

Kerbogah, placé en observation sur une hauteur, est saisi d'admiration à la vue du déploiement de ces rangs pressés de fantassins et de cavaliers marchant avec discipline au milieu de ce silence poignant qui précède les grands combats. Il donne l'ordre à un de ses lieutenants, Kilidji-Arsalan, d'opérer un mouvement tournant et d'attaquer l'arrière-garde chrétienne pendant que lui-même concentrera ses efforts contre l'avant-garde. Les adversaires se rapprochent et se prennent corps à corps. Le sol tremble sous le pied des chevaux haletants et sous le poids des armures s'entre-choquant avec fureur.

Bohémond, attaqué à l'improviste, se défend avec vigueur. Devinant la ruse de son adversaire, il envoie demander du secours à Godefroy, qui délaisse, pour un instant, la position qu'il vient de conquérir, et qui se rue sur le flanc des bataillons de Kilidji-Arsalan. Ceux-ci, rompus et écrasés, se désagrègent et fuient éperdus. A l'annonce du désastre de son général, Kerbogah fait sonner la retraite. Ce fut alors un carnage complet. Le camp turc et toutes ses richesses tombent au pouvoir des vainqueurs ainsi que d'immenses approvisionnements (28 juin 1098).

L'été fut, en 1098, particulièrement chaud. Aucune pluie ne vint rafraîchir l'atmosphère embrasée. Atteintes par les privations du siège et les fatigues des opérations militaires, les santés les plus robustes fléchissaient. Dans ce milieu propice à l'éclosion d'une épidémie, la peste éclata. Une des premières victimes fut Adhémar de Monteil, légat apostolique et chef spirituel de la Croisade. L'annonce de sa maladie manifesta aux yeux de tous combien était profonde la vénération qui entourait le courageux et pieux pontife. Les larmes coulèrent; la foule se précipita vers la demeure du moribond; les princes se rangèrent autour de son lit, suivant avec anxiété les progrès du mal. Sur le

point de s'éteindre, Adhémar se plut à renouveler ses instructions et ses conseils ; il recommanda la concorde, la discipline, l'obéissance ; il insista pour
qu'on ne perdît jamais de vue le but élevé de l'expédition. Sentant ses forces
diminuer, il leva péniblement la main et donna sa bénédiction. Dès qu'il eut
rendu le dernier soupir (1er août), les pèlerins envahirent les rues de la cité,
donnant libre cours à leur douleur. Les funérailles furent dignes du héros.
L'armée entière y assista.

Déposée dans l'église de Saint-Pierre, à l'endroit même où avait été trouvée
la sainte Lance, la dépouille mortelle de l'évêque du Puy parut veiller sur le
triomphe définitif de la cause sainte.

Le fléau continuant ses ravages, le conseil de guerre examina s'il était
urgent d'entreprendre immédiatement la marche sur Jérusalem ou s'il valait
mieux s'établir dans les campagnes voisines et attendre les fraîcheurs de
l'automne. Ce dernier avis recueillit la majorité des suffrages. L'armée se
fractionna en corps suivant les nationalités, et chaque peuple fixa ses cantonnements dans les montagnes qui dominent le bassin d'Antioche.

Toutefois, avant de se séparer, les chefs croisés convinrent entre eux d'envoyer à Alexis une députation avec mission de rappeler à l'empereur les
traités solennellement ratifiés, et d'écrire au pape Urbain II pour lui exposer
la situation de l'armée et lui raconter ses exploits glorieux.

Munie des instructions des princes, l'ambassade chercha à se frayer un
chemin à travers la Bithynie. Traquée par des soldats turcs attachés au service
de l'empereur, elle fut dispersée et se trouva réduite à errer à l'aventure dans
les vallées du Taurus. Hugues de Vermandois, qui en faisait partie, parvint à
gagner l'Europe et se réfugia en France.

Foucher de Chartres nous a conservé la lettre que les princes adressèrent
au Pape au lendemain de la victoire d'Antioche. En voici la traduction :

« Au seigneur et vénérable pape Urbain ; Bohémond et Raymond de Saint-
Gilles, le duc Godefroy et Robert duc de Normandie, Robert comte de Flandre
et Eustache de Boulogne, salut, fidélité et soumission véritable dans le Christ,
comme des fils à leur père.

» Nous désirons tous que vous sachiez combien la miséricorde de Dieu a
été grande envers nous et par quel secours tout puissant nous avons pris
Antioche ; comment les Turcs, qui avaient accablé d'outrages Notre Seigneur
Jésus-Christ, dans ses membres fidèles, ont été vaincus et mis à mort, et
comment nous avons vengé les injures faites à notre Dieu ; comment nous

avons été ensuite assiégés par les Turcs venus de Karasan, de Jérusalem, de Damas et de plusieurs autres pays ; et comment enfin, par la protection du ciel, nous avons été délivrés d'un grand danger.

» Lorsque nous eûmes pris Nicée, nous mîmes en déroute, comme vous l'avez su, une grande multitude de Turcs qui étaient venus à notre rencontre. Nous battîmes le grand Soliman (Kilidji-Arsalan) ; nous fîmes un butin considérable ; et, maîtres de toute la Samarie, nous vînmes assiéger Antioche. Nous eûmes beaucoup à souffrir dans ce siège, soit de la part des Turcs enfermés dans la ville, soit de la part de ceux qui venaient secourir les assiégés. Enfin, les Turcs ayant été vaincus dans tous nos combats, la cause de la religion chrétienne triompha de cette manière. Moi Bohémond, après avoir fait une convention avec un certain Sarrasin qui me livrait la ville, j'appliquai des échelles aux murailles vers la fin de la nuit, et nous fûmes ainsi les maîtres de la place qui avait si longtemps résisté à Jésus-Christ. Nous tuâmes Accien, gouverneur d'Antioche, avec un grand nombre des siens, et nous eûmes en notre pouvoir leurs femmes, leurs enfants, leurs familles et tout ce qu'ils possédaient. Nous ne pûmes point cependant nous emparer de la citadelle, et lorsque nous voulûmes l'attaquer, nous vîmes arriver une multitude infinie de Turcs, dont on nous avait annoncé l'approche depuis quelque temps ; nous les vîmes se répandre dans les campagnes et couvrir toute la plaine. Ils nous assiégèrent le troisième jour ; plus de cent d'entre eux pénétrèrent dans la citadelle, et menaçaient d'envahir la ville, qui se trouvait dominée par le fort.

» Comme nous étions placés, opposés à la colline sur laquelle s'élevait le fort, nous gardâmes le chemin qui conduisait dans la ville, et nous forçâmes les infidèles, après plusieurs combats, à rentrer dans la citadelle. Comme ils virent qu'ils ne pouvaient pas exécuter leurs projets, ils entourèrent la place de telle manière, que toute communication était interrompue, ce dont nous fûmes vivement affligés et désolés. Pressés par la faim et par toutes sortes de misères, plusieurs chrétiens tuèrent leurs chevaux et leurs ânes, qu'ils menaient avec eux, et les mangèrent ; mais, à la fin, la miséricorde de Dieu vint à notre secours ; l'apôtre André révéla à un serviteur de Dieu le lieu où était la lance avec laquelle Longin perça le flanc du Sauveur. Nous trouvâmes cette lance dans l'église de l'apôtre Pierre. Cette découverte et plusieurs autres divines révélations nous rendirent la force et le courage, tellement que ceux qui étaient pleins de désespoir et d'effroi, furent pleins d'ardeur et d'audace, et s'exhortaient les uns les autres au combat. Après avoir été assiégés pendant trois semaines et quatre jours, le jour de la fête saint Pierre et saint Paul, pleins de confiance en Dieu, nous étant confessés de toutes nos fautes, nous sortîmes de la ville en ordre de bataille. Nous étions en si petit nombre, en comparaison de l'armée des Sarrasins, que ceux-ci purent croire que nous cherchions à prendre la fuite, au lieu de les provoquer au combat. Ayant pris nos dispositions, nous attaquâmes l'ennemi partout où il paraissait en force. Aidés de la lance divine, nous les mîmes d'abord en fuite. Les Sarrasins, selon leur coutume, commencèrent à se disperser de tous les côtés, occupant les collines et les chemins, dans le dessein de nous envelopper et de détruire toute l'armée chrétienne ; mais nous avons appris à connaître toute leur tactique. Par la grâce et la miséricorde de Dieu, nous parvînmes à les faire réunir sur un point ; et, lorsqu'ils furent réunis, la droite de Dieu combattant avec nous, nous les forçâmes de fuir et d'abandonner leur camp avec tous ceux qui s'y trouvaient. Après les avoir vaincus et les avoir poursuivis toute la journée, nous rentrâmes pleins de joie dans la ville d'Antioche. La citadelle se rendit à nous. Le commandant et la plupart des siens se convertirent à la foi chrétienne. Ainsi Notre Seigneur Jésus-Christ vit toute la ville d'Antioche rendue à sa loi et à sa religion. Mais, comme toujours quelque chose de triste se mêle aux joies de la terre, l'évêque du Puy, que vous nous avez donné pour votre vicaire apostolique, est mort après la conquête de la ville et après une guerre où il avait acquis beaucoup de gloire. Maintenant vos enfants, privés du père que vous leur aviez donné, s'adressent à vous, qui êtes leur Père spirituel. Nous vous prions, vous qui avez ouvert la voie que nous suivons, vous qui, par vos discours, nous avez fait quitter nos foyers et ce que nous avions de plus cher dans notre pays, qui nous avez fait prendre la croix pour suivre Jésus-Christ et glorifier son nom, nous vous conjurons d'achever votre ouvrage en venant au milieu de nous, et en amenant avec vous tous ceux que vous pourrez amener. C'est dans la ville d'Antioche que le nom de chrétien a pris son origine ; car lorsque saint Pierre fut installé dans cette église que nous voyons tous les jours, ceux qui s'appelaient galiléens se nommèrent chrétiens. Qu'y a-t-il de plus juste et de plus convenable que de voir celui qui est le père et le chef de l'Église, venir dans cette ville qu'on peut regarder comme la capitale de la chrétienté ? Venez donc nous aider à finir une guerre qui est la vôtre. Nous avons vaincu les Turcs et les païens ; nous ne pouvons de même combattre les hérétiques, les Grecs, les Arméniens, les

Syriens, les Jacobites ; nous vous en conjurons donc, très saint Père, nous vous en conjurons avec instance, vous qui êtes le Père des fidèles, venez au milieu de vos enfants ; vous qui êtes le vicaire de Pierre, venez siéger dans son église ; venez former nos cœurs à la soumission et à l'obéissance ; venez détruire par votre autorité suprême et unique toutes les espèces d'hérésies ; venez nous conduire dans le chemin que vous nous avez tracé et nous ouvrir les portes de l'une et de l'autre Jérusalem ; venez délivrer avec nous le tombeau de Jésus-Christ, et faire prévaloir le nom de chrétien sur tous les autres noms. Si vous vous rendez à nos vœux, si vous arrivez au milieu de nous, tout le monde vous obéira. Que celui qui règne dans tous les siècles vous amène parmi nous et vous rende sensible à nos prières. *Amen.* »

Grande fut la joie du bienheureux Pape au reçu de cette missive. Il investit immédiatement Daïmbert, archevêque de Pise, des fonctions de légat apostolique et lui intima l'ordre de se rendre sans retard en Palestine. Il eût voulu se transporter lui-même sur cette terre sacrée où, à son appel, la chrétienté, représentée par ses plus valeureux enfants, accomplissait des prodiges de valeur, mais les lourds soucis de la plus vaste des administrations avaient courbé, avant l'heure, ses épaules. Il adressa à l'armée victorieuse la bénédiction féconde du patriarche mourant.

CHAPITRE XII

Prise de Jérusalem. — Organisation du nouveau royaume. Fin de la Croisade.

L'automne étant arrivé, les Croisés songèrent à se mettre en marche pour atteindre la ville, objet de leurs aspirations. L'amélioration sanitaire sur laquelle on avait compté au retour des pluies ne se produisit point. Il fut décidé qu'on attendrait le printemps de l'année suivante et qu'on utiliserait cette halte forcée pour asseoir définitivement la possession des régions conquises.

Godefroy se dirigea sur Édesse, où s'était installé son frère Baudouin ; Bohémond prit la route de Cilicie, enlevant aux Turcs les villes qui se refusaient à lui céder passage ; le duc de Normandie s'empara de Laodicée, et le comte de Toulouse battit à Albara une forte colonne musulmane.

Enfin, le 13 janvier 1099, les princes, cédant à l'impatience des troupes, donnèrent l'ordre du départ.

Godefroy trace l'itinéraire que l'armée doit suivre. Les bagages et les machines de guerre sont confiés à la flottille qui mouille sur le littoral d'Antioche ; de cette façon, ils ne peuvent être un embarras pour les piétons ou pour les cavaliers. Le corps expéditionnaire longe la côte, ayant à sa droite la mer, et à sa gauche une série de montagnes et de vallées, où le ravitaillement s'opère facilement.

Quel est le chiffre approximatif des forces dont dispose le général en chef ? Sans hésiter, Michaud avance que l'armée ne comptait que 70,000 soldats. D'après lui, 250,000 hommes auraient péri au siège d'Antioche. C'est aller un peu vite ; c'est jouer vraiment avec des centaines de mille.

Michaud s'appuie sur un texte de Guillaume de Tyr, qui évalue à peu près à ce total le nombre des hommes en état de porter les armes. Nous avons déjà fait observer que le chroniqueur est un guide infidèle en matière de dénombrement.

Un si faible contingent n'aurait certainement pu ni entreprendre le siège de Jérusalem, ni soumettre la Palestine entière, ni repousser victorieusement les innombrables armées du sultan d'Égypte.

Nous avons vu par la lettre que les princes chrétiens adressent aux princes de l'Europe, à la suite de la prise d'Antioche, que les pertes de l'armée s'élèvent à 10,000 morts. Or, 300,000 hommes assiégeaient Antioche. Nous accordons que les incidents du siège, l'occupation du pays d'Édesse, par Baudouin, et du territoire d'Antioche, par Bohémond, les désertions et la mortalité, aient réduit l'armée de 200,000 hommes, il nous reste encore un effectif de 100,000 hommes.

Nous estimons qu'en nous arrêtant à ce chiffre, nous nous éloignons fort peu de la vérité.

Sur ces entrefaites, une de ces révolutions, si fréquentes dans les milieux musulmans, où la possession du pouvoir était la source d'ardentes compétitions, renversa la dynastie des Turcs seldjoukides au profit des Arabes fatimites du Caire. La Palestine tomba sous la domination de ces derniers, qui tentèrent de sauver leur nouvelle proie en contractant une alliance avec les Croisés. L'entrée de Jérusalem serait libre à la condition que les pèlerins ne pénétreraient dans la ville que par groupes et sans armes.

Telle était la principale condition du traité.

Godefroy répondit avec fierté que Jérusalem, ayant été enlevée aux fidèles du Christ, devait revenir à ses maîtres légitimes, et que, d'ailleurs, l'Europe chrétienne ne s'était pas ébranlée pour s'arrêter au seuil du triomphe.

Surpris des succès persistants de ceux qui avaient été ses alliés, l'empereur de Constantinople ne craignit point de réclamer sa part des fruits de la conquête. Le conseil de guerre, se souvenant du siège d'Antioche et de la lâcheté dont Alexis donna des preuves manifestes en cette circonstance, décida que les Grecs n'avaient aucun droit à se réclamer de traités dont ils avaient les premiers oublié le texte.

La marche sur la Ville sainte s'effectua avec ordre. Elle eût été assez rapide, si l'humeur chevaleresque et batailleuse de Raymond de Saint-Gilles n'eût sans cesse créé des obstacles imprévus.

Il fallut toute l'autorité de Godefroy, jointes aux murmures des soldats, pour ramener le vieux comte, dont l'ardeur résistait au poids des années, et qui ne savait se maîtriser dès qu'une forteresse se dessinait à l'horizon ou qu'un turban s'égarait dans la plaine.

Un jour, les Croisés recueillirent un pigeon que poursuivait un oiseau de proie. Sous les ailes du volatile, ils découvrirent un mince rouleau de papyrus qui contenait un ordre transmis à un gouverneur par un émir arabe. Déjà ils avaient pu se convaincre que les Orientaux se servaient de ce moyen pour communiquer entre eux à de grandes distances.

Dans leurs fatigues, les troupes rencontrèrent, non seulement un réconfort, mais encore une alimentation fort substantielle, dans une sorte de roseau qui croissait sur le bord des rivières, et qui, broyé au pilon, fournissait un liquide épais, ayant le goût du miel. Ce roseau, importé par les Croisés en Europe, est connu sous le nom de *canne à sucre*.

Abandonnant enfin la côte, l'armée s'engagea dans les terres, après avoir retiré des vaisseaux les bagages et le matériel de siège. Elle campa à Nicopolis, localité située à cinq lieues seulement de Jérusalem. Sortie de Nicopolis vers le milieu de la nuit, elle prit la direction du mont Moriah, impatiente de plonger les yeux dans cette ville pour laquelle, depuis près de trois ans, elle supportait les plus cruelles souffrances.

Tout à coup, Jérusalem profile, sur le ciel illuminé par les premières clartés de l'aurore, ses créneaux et ses dômes.

Un saisissement, rapide comme la foudre, s'empare des troupes. Les cavaliers mettent pied à terre ; les fantassins quittent leurs sandales ; tous se prosternent à genoux, les bras tendus vers la cité. Sur ces visages guerriers, hâlés par le soleil et amaigris par les privations, se répand une pâleur livide causée par la plus poignante des émotions. Un long cri de : Jérusalem ! Jérusalem ! s'élève de toutes parts. D'une voix entrecoupée par les larmes, les clercs entonnent les psaumes de David, auxquels répondent les échos longtemps assoupis des collines de Sion. (Mardi 7 juin 1099.)

Au point de vue de la défense militaire, l'assiette de Jérusalem présente des dispositions qui, à chaque époque, ont attiré l'attention des stratèges et des tacticiens. Protégée, d'une part, par son plateau, et, de l'autre, par les vallées qui en échancrent profondément les bords et les flancs, la place échappe aux dangers d'un investissement complet. Titus ne put l'attaquer que sur trois côtés.

Godefroy, forcé par les nécessités topographiques, en fut réduit à renouveler le plan de l'empereur romain. Mais tandis que Titus eut recours à la famine pour contraindre l'ennemi, le héros français préféra, dans son élan chevaleresque, le réduire de haute main.

TOMBEAU DE GODEFROY DE BOUILLON

Tel qu'il existait dans l'église du Saint-Sépulcre, à Jérusalem, avec une épitaphe latine qui signifie : Ci-gît l'illustre Godefroy de Bouillon qui conquit toute cette Terre Sainte au culte du Christ; que son âme repose avec Jésus. — Monument des premières années du XIIe siècle, aujourd'hui détruit. (D'après un dessin exécuté sur les lieux en 1828.)

Empruntons, au chroniqueur Robert-le-Moine, le récit de ce beau fait d'armes :

« L'armée se rangea dans cet ordre autour de Jérusalem : le comte de Flandre et le comte de Normandie déployèrent leurs tentes du côté du Septentrion, non loin de l'église bâtie sur le lieu où saint Étienne, premier mar-

tyr, fut lapidé ; Godefroy et Tancrède se placèrent à l'Occident ; le comte de
Saint-Gilles campa au Midi, sur la montagne de Sion, autour de l'église de
Marie, mère du Sauveur, autrefois maison où le Seigneur fit la Cène avec ses
disciples. Les tentes ainsi disposées, tandis que les troupes fatiguées de la
route se reposaient et construisaient des machines propres au combat, Raymond Pilat et Raymond de Turenne sortirent du camp avec plusieurs autres
pour visiter les lieux voisins, dans la crainte que les ennemis ne vinssent les
surprendre avant que les Croisés fussent préparés. Ils rencontrèrent sur leur
route trois cents Arabes ; ils en tuèrent plusieurs, et leur prirent trente chevaux. Le second jour de la troisième semaine, 13 juin 1099, les Français
attaquèrent Jérusalem ; mais ils ne purent la prendre ce jour-là. Cependant,
leur travail ne fut pas infructueux ; ils renversèrent l'avant-mur et appli-
quèrent les échelles au mur principal. S'ils en avaient eu une assez grande
quantité, ce premier effort eût été le dernier. Ceux qui montèrent sur les
échelles, combattirent longtemps l'ennemi à coups d'épée et de javelot. Beaucoup des nôtres succombèrent dans cet assaut ; mais la perte fut plus considérable du côté des Sarrasins. La nuit mit fin à l'action et donna du repos
aux deux partis. Toutefois, l'inutilité de ce premier effort occasionna à notre
armée un grand travail et beaucoup de peine, car nos troupes demeurèrent
sans pain pendant l'espace de dix jours, jusqu'à ce que nos vaisseaux fussent
arrivés au port de Jaffa. En outre, elles souffrirent excessivement de la soif ;
la fontaine de Siloë, qui est au pied de la montagne de Sion, pouvait à peine
fournir de l'eau aux hommes, et l'on était obligé de mener boire les chevaux
et les autres animaux à six milles du camp, et de les faire accompagner par
une nombreuse escorte.

» Cependant, la flotte arrivée à Jaffa procura des vivres aux assiégeants,
mais ils ne souffrirent pas moins de la soif ; elle fut si grande durant le siège,
que les soldats creusaient la terre et pressaient les mottes humides contre leur
bouche ; ils léchaient aussi les pierres mouillées de rosée ; ils buvaient une
eau fétide qui avait séjourné dans les peaux fraîches de buffles et de divers
animaux ; plusieurs s'abstenaient de manger, espérant tempérer la soif par la
faim. . . . .

. . . .

» Pendant ce temps-là, les généraux faisait apporter de fort loin de grosses
pièces de bois pour construire des machines et des tours. Lorsque ces tours
furent achevées, Godefroy plaça la sienne à l'Orient de la ville ; le comte de

Saint-Gilles en établit une autre toute semblable au Midi. Les dispositions
ainsi faites, le cinquième jour de la semaine, les Croisés donnèrent et distri-
buèrent des aumônes aux pauvres ; le sixième jour, qui était le douzième de
juillet, l'aurore se leva brillante ; les guerriers d'élite montèrent dans les tours,
et dressèrent des échelles contre les murs de Jérusalem. Les enfants illégitimes
de la ville sainte s'étonnèrent et frémirent en se voyant assiégés par une si
grande multitude. Mais comme ils étaient de tous côtés menacés de leur dernière heure, que la mort était suspendue sur leur tête, certains de succomber,
ils ne songèrent plus qu'à vendre cher le reste de leur vie. Cependant Godefroy se montrait sur le haut de sa tour, non comme un fantassin, mais
comme un archer ; le Seigneur dirigeait sa main dans le combat, et toutes les
flèches qu'elle lançait perçait l'ennemi de part en part. Auprès de ce guerrier, étaient Baudouin et Eustache ses frères, de même que deux lions auprès
d'un lion ; ils recevaient les coups terribles des pierres et des dards, et les
renvoyaient avec usure à l'ennemi.

» Tandis que l'on combattait ainsi sur les murs de la ville, on faisait une
procession autour de ces mêmes murs, avec les croix, les reliques et les
autels sacrés. L'avantage demeura incertain pendant une partie du jour, mais
à l'heure où le Sauveur du monde rendit l'esprit, un guerrier nommé d'Etolde,
qui combattait dans la tour de Godefroy, saute le premier sur le rempart de la
ville : Guicher le suit, ce Guicher qui avait terrassé un lion ; Godefroy s'élance
le troisième ; et tous les autres chevaliers s'élancent sur les pas de leur chef.
Alors, les arcs et les flèches sont abandonnés, on saisit l'épée. A cette vue,
les ennemis désertent les murailles et se jettent en bas dans la ville ; les soldats
du Christ les poursuivent avec de grands cris.

» Le comte de Saint-Gilles, qui, de son côté, faisait des efforts pour approcher ses machines de la ville, entendit ces clameurs. « Pourquoi, dit-il à ses
soldats, demeurons-nous ici ? Les Français sont maîtres de Jérusalem ; ils la
font retentir de leurs voix et de leurs coups. » Alors, il s'avance promptement
vers la porte qui est auprès du château de David ; il appelle ceux qui étaient
dans ce château, et les somme de se rendre. Aussitôt que l'émir eut reconnu
le comte de Saint-Gilles, il lui ouvrit la porte et se confia à la foi de ce vénérable guerrier.

» Mais Godefroy, avec les Français, s'efforçait de venger le sang chrétien
répandu dans l'enceinte de Jérusalem, et voulait punir les outrages qu'ils
avaient fait souffrir aux pèlerins. Jamais dans aucun combat il ne parut aussi

terrible, pas même lorsqu'il combattit le Géant, sur le pont d'Antioche ; Guicher et plusieurs milliers de guerriers choisis, fendaient les Sarrasins depuis la tête jusqu'à la ceinture, ou les coupaient par le milieu du corps. Nul de nos soldats ne se montrait timide, personne ne résistait. Les ennemis ne cherchaient qu'à fuir ; mais la fuite pour eux était impossible ; en se précipitant en foule, ils s'embarrassaient les uns les autres. Le petit nombre qui parvint à s'échapper, s'enferma dans le temple de Salomon, et s'y défendit assez longtemps. Comme le jour commençait à baisser, nos soldats envahirent le temple ; pleins de fureur, ils massacrèrent tous ceux qui s'y trouvèrent. (Vendredi 15 juillet 1099). »

Ignorant ces scènes de carnage, Godefroy de Bouillon se hâte de déposer son armure et de revêtir la robe de bure des pauvres. Suivant la coutume des pèlerins, il fait le tour de l'enceinte, franchit le Cédron et se prosterne sur le roc où fut creusé le sépulcre du Sauveur. Il reste là longtemps en prières, rendant à Dieu des actions de grâces pour les victoires qui lui ont permis d'entrer vainqueur dans la cité où ses ancêtres ne pénétraient qu'en tremblant sous l'œil des usurpateurs.

« Huit ou dix jours après la prise de Jérusalem, dit M. Guizot, les chefs croisés se réunirent pour délibérer sur l'élection d'un roi de leur conquête.

» Plusieurs étaient indiqués et pouvaient y prétendre. Le duc de Normandie, Robert Courte-Heuse, s'y refusa absolument, « aimant mieux, d'après un chroniqueur anglais, se livrer au repos et à l'indolence en Normandie que de servir en guerrier, dans la ville sainte, le Roi des rois. » Le comte de Toulouse déclara « qu'il aurait horreur de porter le nom de roi dans Jérusalem, mais qu'il donnerait son consentement à l'élection de tout autre. » Tancrède n'était et ne voulait être que le premier des chevaliers. Godefroy de Bouillon réunit d'autant plus aisément les suffrages, qu'il ne les recherchait point ; il était vaillant, prudent, digne et modeste ; ses propres serviteurs, secrètement consultés, attestèrent en lui les vertus qui se pratiquent sans se montrer.

» Il fut élu roi de Jérusalem. »

Mais par un excès d'humilité, il ne peut se résoudre, lisons-nous dans la Préface des *Assises de Jérusalem* « à estre sacré et corosné roy, parce que il ne vult porter corosne d'or là où le Roy des roys, Iésus-Christ, le Fils de Dieu, porta corosne d'espines le jour de sa Passion. »

En conséquence, Godefroy ne prend que le titre de *défenseur et baron du Saint-Sépulcre.*

Voici que de l'Égypte, des bords de la mer Rouge et de l'Arabie, accourent les hordes soumises au kalife fatimite du Caire. Elles se pressent dans le dessein de renouveler, à Jérusalem, la manœuvre habile, en vertu de laquelle, sous les murs d'Antioche, les Croisés, d'assiégeants devinrent assiégés.

Elles se massent autour d'Ascalon avec une telle promptitude, que Godefroy n'apprend qu'au dernier moment le danger qui le menace. On prévoit que les émirs, sentant leurs principautés perdues, vont jouer dans un sanglant effort leurs suprêmes espérances de salut. Tancrède, Bohémond, Raymond de Saint-Gilles, guerroyent au loin ; ils reçoivent ordre de se replier sur la Ville sainte. Toutes les dispositions étant prises, Godefroy se résout à surprendre par une marche rapide son adversaire, en voie d'organisation. Il se présente, en effet, à l'improviste dans les plaines d'Ascalon, range son armée en colonnes, et, de cette voix puissante qui porte le trouble dans les cœurs musulmans les mieux trempés, il donne l'ordre du combat. De part et d'autre on rivalise de courage. Sur le soir, les bataillons ennemis, décimés et épuisés, fléchissent et abandonnent la ville, où le vainqueur trouve en armes et en troupeaux d'immenses approvisionnements.

La victoire d'Ascalon fut le couronnement de cette héroïque campagne, à laquelle rien n'a manqué, sinon un Homère pour la chanter. Godefroy de Bouillon fit preuve de toutes les qualités qui caractérisent les grands capitaines. Il incarna l'œuvre militaire de la Croisade, œuvre de dévouement et de foi. Sur ce fond du Moyen-âge, si riche en hommes illustres, sa physionomie se détache en lignes monumentales. Il vivra dans les mémoires aussi longtemps que la France aura une histoire.

Les princes, les évêques, les clercs et les plus notables d'entre les Croisés se réunirent dans le palais de Salomon, en vue de l'organisation féodale du nouveau royaume. Des délibérations qui eurent lieu à ce sujet, sortit le code qui a reçu le nom d'*Assises de Jérusalem.*

« Cette législation de Godefroy, qui s'accrut et s'améliora sous les règnes suivants, dit Rohrbacher, servit de modèle à saint Louis pour améliorer la législation de France. »

« Chose étrange, dit, de son côté, M. Édouard Laboulaye, les chevaliers de la Croisade, ces hommes de combat, qui ne se plaisaient qu'aux grands coups d'épée dans les batailles, ne nous paraissent pas moins grands dans les œuvres de la paix que dans les exploits de la guerre.

» Je dirai plus, il règne en général dans leurs Assises un bon sens si

exquis, une dignité si calme, une douceur si chrétienne, qu'on se refuserait
à attribuer tant de sagesse à ces hardis courages, si la naïveté du langage et
l'étrangeté de certaines institutions ne nous reportaient au milieu de ces
anciens jours, si enfin tous les monuments contemporains n'étaient unanimes
à nous attester que les Godefroy, les Baudouin, les Amaury, les Lusignan,
n'étaient pas moins fiers du titre de « chevaliers ès lois » que du renom de
preux combattants. Aussi, dès que la sainte cité de Jérusalem eut été conquise sur les ennemis de la Croix et remise au pouvoir des fidèles de Jésus-
Christ, le vendredi 15 juillet 1099, le premier soin de Godefroy de Bouillon
fut d'instituer deux cours de justice, l'une pour les nobles et pour les feudataires, la cour des Barons, l'autre pour le menu peuple et la bourgeoisie, la
cour des Bourgeois ; la première, composée de hauts barons du royaume et
présidée par le roi ; la seconde, composée de bourgeois et présidée par le
vicomte de Jérusalem. En même temps, et pour donner à ces tribunaux une
règle à suivre dans leurs décisions, Godefroy rassembla ce qu'il put réunir de
chevaliers et de prud'hommes versés dans les coutumes de la patrie et leur fit
rédiger par écrit ces usages. Ce fut leur travail qu'il présenta au patriarche,
aux évêques, princes et barons réunis à Jérusalem. De leur avis, il choisit les
dispositions les plus utiles et les plus sages, et dressa ainsi un code officiel,
destiné à devenir la loi du nouvel empire. Ce code si précieux pour l'étude de
la législation du Moyen-âge, puisqu'il renferme, en quelque façon, la fleur
des coutumes françaises, c'est ce que nous nommons les « Assises » de Jérusalem. Il devint l'objet d'une vénération presque religieuse.

» L'original, écrit avec tout le luxe imaginable en majuscules, avec des
initiales d'or et des rubriques de vermillon, signé, en outre, et scellé à chaque
feuille par le roi, le patriarche et le vicomte, fut renfermé dans le Saint-
Sépulcre. Il fut défendu de sortir du saint tombeau ce Palladium des libertés
franques, hormis lorsque les diverses cours étaient en désaccord sur un point
de droit, et, dans ce cas même, il fallait que les trois garants de la paix
publique, le roi et ses hommes-liges, le patriarche et les chanoines, le
vicomte et les jurés de la bourgeoisie, assistassent au déplacement de ces précieuses écritures (1). »

Quelques jours après la prise de Jérusalem, le pape Urbain mourait sans

---

(1) Compte rendu du livre de M. Victor Foucher : *Les Assises de Jérusalem.*

Perdu vers la fin du XIIe siècle, le texte des Assises a été rétabli en grande partie, au XIIIe siècle, par
Gehan Ibelin, seigneur d'Ascalon.

connaître l'heureux résultat de cette gigantesque entreprise, née de son âme
généreuse. L'Église, troublée par les menées schismatiques de Guibert, goû-
tait enfin la paix. La prudence et l'habileté du Pontife avaient aplani ou surmonté les difficultés.

Dieu appela au repos le serviteur courageux qui, en dépit des circonstances,
continua sans relâche le dur labeur quotidien.

Rome fit à son roi des funérailles magnifiques.

La piété publique consacra plusieurs épitaphes à l'émule de Grégoire VII.
Il en est une qui se distingue par la délicatesse des pensées. En voici la traduction : « L'enfant de bénédiction que la terre de France vit naître et qu'elle
nomma Odon, la mort l'a frappé sous le nom pontifical d'Urbain II. L'éloquence, dont les accents remplissaient le monde, s'est éteinte. L'univers a
perdu un guide et Rome son ami. »

L'Église rend au bienheureux Urbain un culte d'honneur. Un jour viendra
sans doute où, de par un jugement du Siège apostolique, le mot de *Saint*,
que le pinceau d'un peintre a inscrit, au xiie siècle, sur la fresque de l'oratoire
de Saint-Nicolas, à Rome, au bas du portrait du Promoteur de la Croisade,
sera répété par toutes les lèvres chrétiennes.

Reconnu par les fidèles de Palestine, Pierre l'Ermite fut accueilli partout
comme un sauveur. « On s'agenouillait devant lui, dit Guillaume de Tyr ; on
lui baisait les mains ; on le remerciait des promesses réalisées. » Jugeant sa
mission achevée, Pierre revint en France et fonda, dans le diocèse de Liège,
le monastère de Neufmoutiers, où il mourut, âgé de soixante-deux ans, le
8 juillet 1115.

Les princes croisés quittèrent, à leur tour, Jérusalem ; leurs adieux à celui
qui les avait toujours conduits à l'honneur, furent touchants. Godefroy
embrassa cordialement ses frères d'armes.

DEUXIÈME PARTIE

CHAPITRE PREMIER

Seconde Croisade : Saint Bernard, Louis VII, Conrad III.

 ES historiens aiment d'ordinaire les classifications. Nous avons ainsi huit Croisades, bien comptées. En réalité, le Moyen-âge n'en a vu qu'une seule; mais celle-ci a duré près de deux siècles. Commencée par Urbain II et Godefroy de Bouillon, elle a été close par saint Louis. Pendant près de deux cents ans, l'Orient a été le champ de bataille où les forces vives de deux mondes, le monde occidental et le monde oriental, ont lutté avec acharnement. De temps en temps, la lutte s'est affirmée avec une intensité plus considérable. Ce sont ces instants qui ont été considérés comme point de départ d'expéditions nouvelles. C'était, examen fait, la continuation d'un même mouvement et d'un même élan.

Pour plus de clarté, nous emploierons néanmoins les divisions usitées et les dates conventionnelles.

La jeune monarchie latine débuta par le deuil. Le héros qui l'avait fondée, le soldat dont l'épée invincible était la terreur de l'ennemi, Godefroy de Bouillon mourut à l'heure du triomphe (1100). Il fut empoisonné. Il éprouva, du moins, les premières atteintes du mal qui devait le terrasser après avoir goûté d'un fruit que lui présentèrent les émirs. Ses funérailles furent magnifiques. Le corps du grand capitaine reposa sur le mont Calvaire, près du tombeau du Sauveur. C'était justice. Le choix d'un semblable emplacement valait à lui seul la plus éloquente des oraisons funèbres (1).

Baudouin d'Édesse succéda à son frère sur le siège de Jérusalem.

Le royaume était divisé en quatre principautés qui avaient pour capitales : Jérusalem, Édesse, Antioche et Tripoli. Baudouin repoussa les attaques des armées égyptiennes et s'empara des villes de la côte. Plus tard, Tyr et Ascalon tombèrent en son pouvoir. Dès lors, le royaume eut ses limites naturelles ; il comprenait l'ancienne Phénicie et une portion de la Palestine.

La principauté d'Édesse échut à Baudouin du Bourg, frère de l'ancien gouverneur.

La principauté d'Antioche resta aux mains de Bohémond, tandis que celle de Tripoli devenait l'apanage de Bertrand, fils de Raymond de Toulouse, mort en 1105.

Le gouvernement des princes chrétiens ouvrit une ère de civilisation à cette région asiatique désolée par le passage des hordes turques. Les écrivains musulmans avouent que sous la législation franque, les populations goûtèrent une tranquillité jusque-là inconnue, et que nombre de cités regrettèrent la domination chrétienne lorsque l'heure des désastres arriva. Il est surprenant que la vérité, sur ce point, viennent des ennemis. Nos vénérables chroniqueurs, aux prises avec des froissements d'amour-propre et des susceptibilités particulières, n'ont vu que les échecs de leurs nationaux, qu'ils ont exagérés sans mesure. On ne saurait apporter, dans la lecture de leurs textes, une trop grande circonspection.

Pendant que, sur toute la surface du territoire conquis, se dressaient des églises, et que, sur les rochers, des châteaux profilaient leurs créneaux à la façon féodale, les œuvres évangéliques s'épanouissaient à l'aise. Trois fondations, appelées à un retentissement durable, caractérisèrent la fécondité du sentiment religieux qui animait les Croisés ; nous voulons parler des ordres militaires. Vers le milieu du xi° siècle, des pèlerins avaient construit, sous le

(1) Godefroy de Bouillon a laissé chez les peuples orientaux un renom qui n'est pas éteint. Le maréchal de Moltke raconte que, visitant les environs du Bosphore, il rencontra des arbres aux branches énormes : « Ce sont les platanes de Godefroy de Bouillon, » lui dit son guide. » (*Lettre du maréchal de Moltke sur l'Orient*, 18°.)

patronage de saint Jean, un hôpital dans le but de recevoir leurs frères fatigués ou malades. Lorsque les pèlerinages pacifiques se transformèrent en
pèlerinages armés, l'hôpital subit, par contre-coup, une évolution inévitable.
Il ouvrit ses portes aux soldats et s'entoura d'un appareil militaire dans le
but de se défendre contre les surprises de l'ennemi. Il y eut donc et des
frères servants ou infirmiers, et des *frères chevaliers*. La congrégation prit
bientôt de vastes proportions ; les princes, les rois, les papes, la comblèrent
de dons et de bienfaits ; elle sema ses mansions le long de toutes les routes,
d'abord de la Palestine, puis de la Grèce et de l'Europe ; elle eut, dit-on, au
xiiie siècle, jusqu'à 15,000 domaines. Ses membres, connus plus tard sous
le nom de chevaliers de Rhodes et enfin de chevaliers de Malte, furent le plus
ferme soutien de la chrétienté contre la puissance musulmane. Ils portaient
pour vêtement un habit noir sur lequel se dessinait une croix blanche terminée par huit pointes.

En 1123, quelques chevaliers français formèrent, à l'instigation de Hugues
de Payens, un nouvel ordre religieux destiné à la protection des pèlerins
se rendant à Jérusalem. Le roi Baudouin leur donna une partie de son palais,
le Temple, élevé sur l'emplacement même de l'ancien édifice de Salomon ;
ils adoptèrent dès lors la dénomination de *Frères du Temple* ou Templiers.
Saint Bernard rédigea leurs statuts imités de la règle de Cîteaux.

A l'exemple de son aîné, l'ordre du Temple devint, en peu de temps,
nombreux et puissant. Il posséda, en Europe, jusqu'à 10,000 manoirs ; il
eut des armées et une flotte ; il eut également des trésors qui furent la cause
de sa décadence et de sa chute. La gravure a popularisé le costume des Templiers : manteau blanc orné d'une croix rouge.

L'Hôpital et le Temple étaient deux créations françaises. Les Allemands
voulurent avoir la leur : de là les *Frères de la Maison allemande*, ou Chevaliers de l'Ordre teutonique. Comme les Hospitaliers, ces Chevaliers s'engageaient à soigner les malades de leur nation et à combattre les infidèles. Le
vêtement était un manteau blanc avec croix noire (1).

L'heureuse issue de la première Croisade avait allumé, à travers les populations européennes, un enthousiasme extraordinaire. Les pèlerins partaient
tantôt isolément, tantôt par groupes, gagnant les côtes orientales par l'Italie
et le sud de la Grèce. Ce fut, durant plusieurs années, un écoulement sans
intermittence. Toutes les routes regorgeaient de voyageurs brandissant le

____

(1) L'ordre teutonique ne fut fondé qu'en 1190.

bourdon ou l'épée. Il arriva même que ces contingents, massés à Constantinople, formèrent une armée à laquelle il ne manqua, pour la diriger, qu'un Godefroy de Bouillon.

A propos de cette armée, on a prononcé le chiffre de 300,000 hommes. L'exagération est ici évidente. Nous avons eu, plus d'une fois, l'occasion de remarquer qu'en fait de dénombrement et de statistique, les chroniqueurs n'ont aucune autorité. Quand on songe que, même pour nos temps modernes, il est difficile de parvenir, dans le total des corps d'armée, à une évaluation exacte, on ne saurait se montrer trop défiant quand il s'agit des temps reculés. A la veille de la campagne de Russie, Napoléon fixe ses troupes à 250,000 hommes; les états de son ministère lui en assurent 300,000, et les historiens, renchérissant, écrivent 500,000. Si l'incertitude règne ainsi relativement à des époques vouées à la minutie bureaucratique, quelle certitude peuvent nous offrir les chiffres de nos anciens chroniqueurs qu'aucun contrôle n'éclairait dans leurs additions élastiques.

L'armée forte, selon nous, de 30 ou 40,000 hommes seulement, se fractionna en trois corps.

Le premier, composé de Lombards et de Français, partit dans la direction d'Ancyre ; il se heurta à des forces supérieures, souffrit de la famine et se débanda.

Le deuxième corps, commandé par le comte de Nevers, se dispersa aux pieds du Taurus.

Le troisième corps, formé d'Aquitains et d'Allemands, fut d'abord plus heureux; il atteignit Nicée et Iconium. Bientôt, accablé par la chaleur et épuisé de fatigue, il ne put résister aux attaques de l'ennemi et subit une défaite dans les environs d'Héraclée.

Ces divers désastres coïncidèrent avec d'autres échecs infligés aux chefs latins. Une tempête violente sévissait ainsi contre les principautés chrétiennes et en ébranlait les fondements encore mal affermis.

A Baudouin Ier, esprit altier mais guerrier accompli, avait succédé, à Jérusalem, Baudouin du Bourg, âme droite mais timide. Fait prisonnier deux fois, il resta sept ans dans les fers. Foulque d'Anjou, son gendre, n'eut ni énergie ni activité. Son règne fut marqué par la discorde. Foulque laissa un fils qui, en montant sur le trône à l'âge de douze ans, prit le nom de Baudouin III. La colonie revenait ainsi au berceau.

A Antioche, Roger de Sicile, qui gouvernait durant la minorité du fils de

Louis VII, Conrad III et Baudouin III délibèrent à Ptolémaïs sur la conduite de la Guerre Sainte.

Bohémond, avait essuyé un revers. Tancrède parcourait l'Italie pour recruter des soldats, et perdait un temps précieux à assiéger des villes grecques.

Le comté de Tripoli éprouvait le contre-coup de ces événements et le découragement s'emparait de ses défenseurs.

Tout à coup parut sous les murs d'Édesse un adversaire dangereux, l'Atabey de Mossoul, Imad-ed-Din-Zenki, capitaine à l'intelligence vive, prompt et fertile en ressources. La ville, malgré ses hautes murailles, ne put résister à l'attaque; elle fut prise et servit de théâtre aux scènes odieuses du plus abominable carnage.

Le général mahométan ayant été assassiné par ses esclaves, les habitants, échappés au glaive, résolurent de relever leurs ruines fumantes; l'Atabey Nour-ed-Din se précipita sur la cité renaissante et en fit un monceau de cendre.

La destruction d'Édesse, terminant une longue série de calamités, frappa de stupeur les chrétientés d'Orient. La nouvelle pénétra rapidement en Europe et y excita une émotion mêlée de colère : de ce sentiment naquit la *Seconde Croisade.*

Alors vivait au monastère de Clairvaux, un cénobite en qui se résumaient les aspirations ardentes et généreuses du xiie siècle. Intelligence supérieure, théologien profond, orateur à large envergure, remueur d'idées, entraîneur de peuples, saint Bernard domine cette période de l'Histoire de toute la hauteur du génie. D'une main, il sème les monastères et perpétue ainsi, en l'amplifiant, la mission civilisatrice de l'Église ; de l'autre main, il montre l'Orient et y précipite la chevalerie chrétienne. Elles sont en petit nombre, dans les annales des peuples, les tailles héroïques semblables à celle-là. Dans le vaste champ où se meuvent les peuples, elles sont les sommets lumineux qui attirent irrésistiblement les regards.

Rohrbacher a écrit, sur le grand moine, une belle page que nous aimons à citer :

« Un homme, dit-il, qui n'est pas du monde, et qui est comme l'âme du monde ; un homme retiré du monde et qui est en relation avec tout le monde, avec les papes et les empereurs, avec les rois et les reines, avec les princes et les évêques, avec les moines et les soldats, avec les savants et les ignorants, avec les peuples des villes et avec les anachorètes du désert, avec l'Occident et avec l'Orient ; un homme, un moine qui ne respire que la solitude, et qui gouverne le monde et l'Église par l'attrait de sa parole, l'ascendant de son génie, le prodige de ses vertus et la vertu de ses prodiges ; un homme, le plus doux des hommes et le plus ferme, qui, par la douceur de sa fermeté et la fermeté de sa douceur, dompte les caractères les plus indomptables, apaise les guerres civiles et les dissensions religieuses ; un homme qui rappelle à tout le monde son devoir et qui est aimé de tout le monde : cet homme est saint Bernard ; le siècle qui sut ainsi honorer le génie et la vertu, est le xiie siècle (1). »

Saint Bernard fut l'initiateur du mouvement qui entraîna sur les plages teintes du sang chrétien, les flots des chevaliers européens.

Le roi de France, Louis VII, dit le Jeune, manifeste la volonté de se croiser. Il est poussé à cette détermination soit par l'espérance de lauriers à conquérir, à l'exemple des preux de Godefroy de Bouillon, soit aussi peut-être par le désir d'apaiser sa conscience bourrelée de remords à la suite du meurtre de Vitry. Dans une querelle que la diplomatie eût pu facilement dénouer, le roi s'était jeté sur les états de Thibaut II, comte de Champagne, et avait assiégé Vitry. La ville était construite en bois, les assiégés y mirent le feu ; l'incendie gagna l'église qui fut consumée avec mille habitants, hommes, femmes et enfants, qui s'y étaient réfugiés. Le roi conçut un vif chagrin de cet événement. Saint Bernard éleva la voix et reprocha au coupable son crime. Animé par un sincère repentir, Louis VII songea à expier sa faute en prenant la route de la Palestine.

En 1145, une assemblée des grands du royaume se réunit à Bourges. La question de la participation du roi à la Croisade y fut examinée. Suger, l'habile ministre du feu roi Louis le Gros, se prononça ouvertement contre l'entreprise. Les finances royales s'amélioraient, la guerre obérerait le trésor et laisserait sans défense contre des voisins entreprenants une monarchie qui avait besoin de recueillir toutes ses forces pour s'affermir et s'étendre. Suger connaissait, en outre, le roi. Chevalier intrépide, ignorant le danger et marchant toujours droit à l'ennemi, Louis VII n'était ni un stratégiste, ni un tacticien. En France, au sein des coutumes féodales, le roi n'avait à redouter aucun échec. Plus loin, en face des armées musulmanes, rompues à des habitudes militaires fort différentes des usages français, il y avait tout à craindre.

L'Assemblée se retira sans avoir rien résolu ; sur ces entrefaites, saint

____

(1) *Hist. Univers. de l'Église catholique.*

Bernard conseille de s'en remettre au Pape. Eugène III répond en recommandant de voler au secours des frères de Palestine, dont une députation, partie de Syrie, vient de lui exposer les extrèmes souffrances. La lettre pontificale indique à l'illustre moine où est le devoir. Une assemblée est convoquée à Vézelay. On s'y rend de tous les points de la France. Le roi, accompagné de la reine, Éléonore d'Aquitaine, qui, par son union, a réussi à annexer le midi de la France au domaine royal, prend place sur une estrade, en face d'une foule immense. Bernard paraît, il parle ; sa voix trouve de tels accents, que la multitude, enthousiasmée, s'écrie comme à Clermont :

— Dieu le veut ! Dieu le veut !

Le roi se lève et demande la croix ; la reine s'en pare comme son mari ; les barons et les chevaliers suivent leur exemple. L'étoffe venant à manquer, Bernard déchire son manteau et en distribue les lambeaux.

L'infatigable religieux ne s'en tient pas à ce triomphe de la foi et de l'éloquence, il parcourt la France, passe en Allemagne et prêche la Croisade le long du Rhin. L'empereur Conrad III est hésitant ; ses états sont troublés. Bernard se présente à Spire devant le souverain, et telle est l'ardeur de sa parole enflammée que le prince décide que l'Allemagne se croisera comme la France. Pressé de prendre lui-même le commandement de l'expédition, Bernard refuse. Il sent fort bien qu'il est l'idée qui conçoit, les lèvres qui entraînent, mais qu'il ne saurait être le bras qui exécute.

Dans une troisième assemblée, tenue à Étampes en février 1147, il est réglé que Louis VII se mettra à la tête des troupes, que l'armée française se concentrera à Metz, que l'armée allemande se réunira à Ratisbonne, et que les deux corps opéreront leur jonction à Constantinople. Le Pape se rendit en France et assista au départ du roi.

Les chroniqueurs, spécialement les annalistes grecs, prétendent que les armées alliées offraient un contingent de 900,000 hommes. Nous revenons ainsi aux imaginatives supputations, chères à Anne Comnène. D'après M. Guizot, dont le flair est d'ordinaire assez sûr, les armées étaient fortes de plus de 100,000 hommes chacune (1). Nous pensons que ce chiffre est encore trop élevé.

Quoi qu'il en soit, les troupes firent route par l'Allemagne et le bas Danube, à deux mois d'intervalle l'une de l'autre. Les Allemands d'abord, puis les Français, arrivèrent à Constantinople dans le courant de l'été de 1147.

(1) *Hist. de France racontée à mes petits-enfants.*

« Manuel Comnène, petit-fils d'Alexis Comnène, y régnait, dit M. Guizot; il se conduisit envers les Croisés avec le même mélange de caresses et de malveillance, de promesses et de perfidies qui avait signalé son grand-père. Il n'y a point de malice qu'il ne leur fît, dit un Grec lui-même, l'historien Nicétas. »

Nous verrons comment les Grecs expieront plus tard cette mauvaise foi et comment se dénouera l'orage provoqué par cette incessante fourberie, véritable tradition byzantine.

Nous empruntons à un chroniqueur du temps, Odon de Deuil, la description de Constantinople.

« La ville a la forme d'un triangle. A l'angle intérieur est Sainte-Sophie, ainsi que le palais de Constantin, où est une chapelle qui est honorée pour les saintes reliques qu'on y conserve. La ville est ceinte de deux côtés par la mer. En y arrivant, on a sur la droite le bras de Saint-Georges, et, sur la gauche, un espèce de canal qui en sort et qui s'étend à près de quatre mille. Là est le palais qu'on appelle Blaquernes, bâti sur un terrain bas, mais qui se fait remarquer par sa somptuosité, par son architecture et son élévation. Situé sur trois limites, il offre à ceux qui l'habitent le triple aspect de la mer, de la campagne et de la ville. Sa beauté extérieure est presque incomparable, sa beauté intérieure surpasse tout ce que j'en pourrais dire. L'or y brille partout, et s'y mêle à mille couleurs. Tout y est pavé en marbre industrieusement arrangé. Je ne sais ce qu'il y a de plus précieux ou de plus beau, de la perfection de l'art ou de la richesse de la matière. Sur le troisième côté du triangle de la ville, est la campagne; mais ce côté est fortifié par un double mur, garni de tours, lequel s'étend depuis la mer jusqu'au palais, sur un espace de deux milles. Ce n'est ni ce mur ni ces tours qui font la force de la ville; elle est, je crois, tout entière dans la multitude de ses habitants et dans la longue paix dont elle jouit.

» Au bas des murs est un espace vide où sont des jardins qui fournissent aux habitants toutes sortes de légumes. Des canaux souterrains amènent du dehors des eaux douces, car celles que Constantinople renferme est salée, fétide. Dans plusieurs endroits, la cité est privée de courant d'air; les riches, couvrant les rues par leurs édifices, laissent ainsi aux pauvres et aux étrangers les ordures et les ténèbres. Là se commettent des vols, des meurtres et autres crimes que l'obscurité favorise. Comme on vit sans justice dans cette ville, qui a presque autant de maîtres qu'elle a de riches, et autant de voleurs qu'elle a de pauvres, le scélérat ne connaît ni la crainte ni la honte, le crime n'y est puni par aucune loi et n'y vient à la connaissance de personne. Cette ville excelle en tout : si elle surpasse toutes les autres villes en richesse, elle les surpasse aussi en vices !

» Constantinople, superbe par ses richesses, trompeuse, corrompue et sans foi, a autant à craindre pour ses trésors qu'elle est redoutable pour ses perfidies et son infidélité. Sans sa corruption, elle pourrait être préférée à tous les lieux par la température de son air, par la fertilité de son sol, et par le passage facile qu'elle offre à la propagation de la foi ? »

Comptant sur les promesses de l'empereur Manuel, Conrad passe le premier dans l'Asie Mineure; il s'engage, sur la foi de guides grecs qui le trahissent, dans des régions arides et montagneuses où ses gens, pesamment armés, souffrent des atteintes de la soif et des charges de la cavalerie turque. Déjà rompue et brisée, son armée essuie une défaite à Iconium (1). Il revient alors sur le littoral à la rencontre des Français.

Ceux-ci, irrités par la conduite astucieuse de la cour impériale, manifestent à haute voix leur mécontentement ; ils parlent de s'emparer de Constantinople et d'en finir avec une hostilité qui se dissimule sous des protestations amicales. Toujours plein de loyauté, Louis VII se

SAINT BERNARD

refuse à écouter de tels conseils, et s'embarque, à son tour, pour l'Asie Mineure. Il adopte l'itinéraire de Godefroy de Bouillon. Ramassant sur sa route une partie des débris de l'armée allemande et laissant Conrad gagner Constantinople, d'où le prince partira, pour aller, de là, par mer à Jérusalem, il s'avance vers le fleuve Méandre. L'armée turque l'attend au passage. Le roi lui inflige une défaite sanglante, qui arrache à l'historien grec, Nicétas, des aveux d'admiration.

« Quelle patience et quelle modération n'a-t-il pas fallu à de semblables guerriers, écrit-il, pour ne point conquérir Constantinople ! »

(1) Chronique d'Otton de Frisingue.

Malheureusement, le prince français ne sait pas tirer profit de cette brillante journée. Toujours trop confiant, il se laisse tromper par les Grecs; il divise son armée en plusieurs colonnes, et, au débouché de chaque défilé, des cavaliers turcs paraissent qui jettent le désordre dans les rangs croisés. On sut, plus tard, par Nicétas, que l'empereur Manuel correspondait secrètement avec les émirs et leur dévoilait la marche de l'armée chrétienne; les gouverneurs grecs des cités se refusaient à alimenter les troupes; en outre, ils donnaient sur la configuration du pays des renseignements fautifs, propres à. égarer les chefs. Ce fut dans une de ces circonstances que Louis VII, surpris par un groupe turc, se vit obligé de défendre sa vie. Il s'adossa à un rocher, et, seul contre plusieurs ennemis, il joua de l'épée jusqu'au moment où l'adversaire, découragé, se retira devant la ténacité héroïque de ce chevalier qu'il ne connaissait pas.

Le roi se résolut alors à se rapprocher du rivage et à gagner Antioche par mer. Le gouverneur grec promit des vaisseaux. Au jour fixé pour l'embarquement, les vaisseaux furent en nombre insuffisant. La trahison devenait évidente. Néanmoins Louis VII s'embarqua, recommandant aux troupes qui restaient à terre de se rendre à Antioche. Lorsque ces troupes y arrivèrent, vers la fin de mars 1148, elles avaient perdu une partie de leur effectif. A Antioche, des députés du roi de Jérusalem vinrent prier le roi de France de hâter sa marche. Malgré les remontrances intéressées du gouverneur de la ville auxquelles se joignirent les instances de la reine Éléonore, Louis donna à ses troupes l'ordre du départ (1).

L'entrée dans la cité sainte eut lieu en avril 1148. Conrad vint rejoindre son allié près du sépulcre du Sauveur. Les deux rois rallièrent leurs soldats, dispersés par les incidents, soit de la marche, soit de la navigation, et décidèrent, dans une réunion tenue à Saint-Jean-d'Acre, de faire le siège de Damas, ville considérable, la plus voisine de la Syrie musulmane. Il eût mieux valu réorganiser les corps militaires et livrer bataille en rase campagne, aux forces sarrasines dont on annonçait la présence sur les confins de l'Égypte. Mais emportés par leur ardeur bouillante, les chevaliers croisés n'écoutèrent aucun conseil. On commença donc le siège avec des effectifs incomplets.

Les premières opérations furent brillantes. Elles signalèrent une fois de

(1) V. Guillaume de Tyr, Guillaume de Nangis et Vincent de Beauvais. Raymond de Poitiers, prince d'Antioche, aurait voulu que Louis agrandît sa principauté en s'emparant d'Alep et de Césarée; Éléonore, gagnée par Raymond, pressait son époux de retarder sa marche sur Jérusalem. Le roi, avec raison, ne voulut rien entendre.

plus le courage téméraire des assiégeants ; déjà le gouverneur ennemi songeait à capituler lorsque la désunion se mit parmi les alliés. L'or turc ne fut pas étranger, dit-on, à la division. Chacun pensait à ses intérêts et aux avantages matériels du succès.

Conrad, indigné, quitta le camp où il avait, en toutes circonstances, donné des preuves d'une bravoure qui ne comptait pas avec le péril, et partit pour l'Allemagne. Cette défection entraîna la levée du siège.

La plupart des chevaliers français suivirent l'exemple du souverain allemand. Louis VII se trouva bientôt sans troupe. Retiré à Jérusalem où il espérait encore contre tout espoir, le roi finit par accéder au désir de son ministre Suger qui le rappelait, avec prières, dans ses états ; il s'embarqua à Saint-Jean-d'Acre, et arriva au port français de Saint-Gilles dans le courant d'octobre 1149.

Ainsi se termina la seconde Croisade. Une opposition violente s'éleva contre saint Bernard, qui en avait été le promoteur, tandis que l'éloge porta très haut Suger qui s'en était fait l'adversaire.

Le moine de Clairvaux accepta, avec son humilité habituelle, ce retour des choses. Il s'estima heureux de souffrir pour sa foi. En réalité, l'accusation était sans fondement. Bernard ne pouvait être responsable ni de la perfidie de la cour grecque, ni de l'inexpérience militaire des deux rois. Si l'on avait triomphé, il eût été couvert de lauriers ; l'entreprise avait échoué, la passion populaire se retournait contre lui. On ne voulait pas comprendre qu'étranger à la préparation de la guerre et à sa direction, il n'avait à assumer aucune des conséquences de la défaite.

La situation fut moins compromise qu'on ne l'avait cru à l'annonce du retour des Croisés. Les émirs orientaux se rendirent compte que leurs succès étaient dus moins à leur valeur personnelle qu'à la politique de l'empereur de Constantinople et à la désunion des ennemis (1).

La victoire du Méandre leur montra que les soldats de France restaient toujours les dignes fils des héros de Dorylée, d'Antioche et d'Ascalon. Si l'on parvenait, par l'intrigue, à affaiblir ces héros, ces héros se ressaisissaient au matin des batailles, lorsque le souffle guerrier caressait les hampes et agitait les bannières.

La chrétienté d'Orient conservait ses positions. La seconde Croisade ne les avait pas améliorées ; mais elle n'avait pas accru leur précarité. Loin de

______

(1) Consulter, sur cette politique, les historiens grecs contemporains, Nicétas et Jean Cinnam.

se laisser abattre, les fidèles d'Europe songeaient déjà à une nouvelle prise d'armes. Le roi Louis VII en entretenait le Pape, et Suger lui-même, revenu de son opposition, poussait son prince dans cette voie.

15,000 soldats étaient prêts à marcher, un général éprouvé était désigné, lorsque la mort vint frapper le ministre et anéantir ses projets.

On prétend assez généralement que cette deuxième expédition en Terre-Sainte marque un ralentissement dans les élans religieux qui inspirèrent, sous Urbain II, le soulèvement chrétien. Les Croisés, dit-on, furent moins nombreux sous les étendards et la lassitude gagnait les cœurs.

Cette prétendue baisse de niveau, nous ne la constatons nulle part. Moins habiles et moins experts dans l'art des combats que les chefs, leurs prédécesseurs, Louis et Conrad avaient, comme leurs aînés, une foi profonde. Les chroniqueurs et saint Bernard rendent hommage à la pureté de vues de la plupart des soldats.

Si le chiffre des enrôlements dénote un empressement moindre, c'est qu'en ces mêmes années, quatre croisades absorbent l'activité chrétienne. A l'est de l'Allemagne, les Slaves sont repoussés ; en Espagne, les Maures reculent ; en Afrique, les villes sarrasines sont prises. La Papauté recommande à chaque nation de défendre ses frontières. Le xiie siècle, à son apogée, est témoin d'un effort gigantesque ; les volontés y sont fortes, nous n'y voyons encore ni détente ni défaillance.

CHAPITRE II

Troisième Croisade : Frédéric Barberousse, Philippe-Auguste. Richard Cœur-de-Lion.

L'Orient latin, issu de la guerre, ne pouvait se maintenir que par la guerre.

Cette situation, faite de tribulations et de souffrances, était un élément d'avenir et de succès. Les nations, comme les caractères, ne grandissent que par la lutte. Ce qui manqua au royaume de Jérusalem, ce fut un prince à l'intelligence éminente, qui sût mettre en œuvre ces immenses ressources morales qu'un peuple rencontre toujours dans les épreuves nationales.

Si encore, à défaut d'un capitaine, d'un chef de génie, la jeune monarchie avait trouvé dans ses soldats, dans ses défenseurs, cette union, cette cohésion, qui, de nos jours, fait la force des grands États, elle eût traversé rapidement les crises de son adolescence, et se fut assise pour de longs siècles sur ce sol dont les glorieux souvenirs abritaient son berceau. Mais, avec l'émiettement dont le principe féodal était la conséquence inéluctable, il devenait inutile de songer à un établissement durable.

En Europe, des milliers d'années ont été nécessaires pour constituer des nationalités homogènes ; pouvait-on espérer qu'on parviendrait, en quelques années, à pétrir un peuple, sous un climat de feu où les hommes et le sable sont en mouvement continuel. A notre avis, on doit attribuer l'effondrement des colonies chrétiennes de Palestine, moins aux fautes des chefs d'armées qu'aux mœurs générales de l'époque, telles que la féodalité les formait. L'ardeur bouillante remplaçait le sang-froid et le calme ; l'initiative personnelle tenait lieu de subordination et de soumission ; les seigneurs reconnaissaient des égaux, rarement des supérieurs ; point de plans ni de combinaisons, mais des élans isolés, des efforts individuels. Si une main habile et énergique avait eu le don de grouper tous ces courages, tous ces héroïsmes épars, si une pensée maîtresse avait eu le pouvoir de concentrer toutes ces volontés libres qui s'évaporaient en pure perte dans l'espace et de les diriger à son gré, aucun empire n'aurait pu résister à une poussée aussi formidable.

D'ordinaire, les historiens jugent des Croisades par nos idées modernes. Ils expliquent l'insuccès par le jeu des causes secondes, par l'impéritie des généraux, par le désordre, etc. La source de l'insuccès est plus cachée. Elle est dans la forme féodale de la société, dans l'individualisation. La poussière n'est ni un lien, ni un ciment. Loin d'être étonné des échecs qui affligent les colonies croisées, nous sommes plutôt surpris que ces échecs ne soient pas plus prompts et plus décisifs. Nous découvrons la raison du problème dans les divisions qui rongent l'empire musulman. Sultans, kalifes, vizirs, émirs, se font entre eux une guerre acharnée, et ne cessent un instant les hostilités que pour se retourner contre les chrétiens.

Le spectacle de ces dissensions exercera une influence fâcheuse sur nos chevaliers qui s'imagineront désormais trop volontiers qu'avec diplomatie ils viendront à bout d'un ennemi déjà découragé par la vue du dépérissement des forces nationales ; ils déposeront parfois l'épée et se feront calculateurs politiques. Une fois sur ce terrain, la conscience franche et droite de l'homme d'Occident sera toujours victime de l'esprit fin et double de l'homme d'Orient.

La disparition des armées de Louis VII et de Conrad III, avons-nous dit, avait laissé le royaume de Jérusalem dans la situation où il se trouvait avant l'expédition. Celle-ci l'avait même fortifié en le dotant de troupes, qui, de plein gré, s'étaient implantées en Palestine et s'étaient répandues, en vue de fixer demeure, dans les diverses principautés.

Il y aurait eu encore, pour la monarchie, quelques belles journées d'automne, si l'ambition de l'Atabey Nour-ed-Din n'avait rallumé la guerre et précipité les événements.

Le monde mahométan obéissait alors à deux kalifes, celui de Bagdad et celui du Caire. Deux généraux se disputaient la fonction de vizir au Caire. Le général vaincu, Shawer, se retira à Damas et demanda du secours à Nour-ed-Din. L'Atabey envoya en Égypte des troupes commandées par son lieutenant Shirkuh. Shawer fut rétabli ; mais il s'aperçut bientôt qu'il avait tout à craindre de son protecteur.

Il songea alors à implorer l'assistance du roi de Jérusalem. Les chrétiens, unis aux Égyptiens, forcèrent Shirkuh à se retirer (1164). Shirkuh revint trois ans plus tard. Il fut encore battu. Là aurait dû se borner la participation des Croisés dans les affaires égyptiennes. Le malheur voulut que la désunion se glissât entre les alliés. Les Croisés prirent partie, à leur tour, contre leur protégé, Shawer, et envahirent l'Égypte. Shirkuh reparut ; il s'empara du Caire, fit assassiner Shawer et devint maître de la région. Son neveu, Yousouf, fils d'Eïoub, surnommé Saladin (Salah-ed-Din), lui succéda peu après.

Saladin ! le nom de cet homme était destiné à une terrible célébrité.

Depuis Mahomet, aucun guerrier, parmi les musulmans, ne fut plus puissant que Saladin. Génie vaste, intrépidité farouche, rien ne manqua de ce qui constitue les grands capitaines à cet Alexandre, à ce César des Turcs. Sa naissance fut la plus cruelle calamité qui ait frappé l'Orient latin.

Saladin conçut le projet d'unir sous un même étendard l'empire mahométan. Il commença par faire assassiner le kalife du Caire, son souverain, supprima le kalifat qu'il annexa à celui de Bagdad (1171), et prit le titre et la fonction de sultan.

Une fois investi du commandement suprême, il déclara la guerre aux chrétiens. Les débuts de la campagne ne lui furent pas favorables. A Ascalon, les Croisés lui firent subir une défaite sanglante (1177); il prit

sa revanche sur les bords du Jourdain (1179). Une trêve survint, pendant laquelle le général turc acheva de soumettre les émirs qui se refusaient à reconnaître son pouvoir. Les Atabeys formaient, au sein de l'Islamisme, une secte qui ne reconnaissait que l'interprétation littérale du Coran. Cette secte vouait une haine profonde aux Musulmans qui acceptaient les commentaires de la loi, œuvre des disciples et des successeurs de Mahomet. En sa qualité d'Atabey, Saladin détestait encore plus ses adversaires religieux que les chrétiens.

Libre de tout souci du côté de ses coreligionnaires, réduits, par la force, au silence, Saladin appliqua les inépuisables ressources de son esprit à la lutte contre les Croisés. Il eut l'habileté d'attirer l'armée du roi de Jérusalem à Tibériade, où il la tailla en pièce (1187). Féroce dans son triomphe, il fit massacrer ses prisonniers, spécialement les Hospitaliers et les Templiers dont il redoutait par-dessus tout le courage.

Profitant de sa victoire, il mit le siège devant Jérusalem, pratiqua une brèche dans le rempart et obtint, grâce à la trahison des Grecs et des Syriens disséminés dans la ville, une capitulation qui lui livra les ressources du royaume (3 octobre 1187) (1). Vainqueur en dépit de l'héroïsme des chevaliers, Saladin prit plaisir à humilier les vaincus. Il les fit défiler devant lui et leur ordonna de quitter la ville après avoir consenti à leur laisser la vie au prix de dix pièces d'or pour les hommes, de cinq pour les femmes et de deux pour les enfants. Les Grecs et les Syriens furent exceptés de cette mesure outrageante. Ces derniers recevaient de cette façon la rémunération de leur odieuse attitude. Ceux qui ne purent se racheter restèrent en esclavage. Les églises furent transformées en mosquées, les cloches brisées, les symboles chrétiens détruits.

Ainsi croula, après une durée éphémère de quatre-vingt-huit ans, cet empire de Jérusalem dont l'entrée dans l'histoire avait été si brillante.

A Baudouin III avait succédé Amaury, son frère, prince plus hardi que prudent. Baudouin IV, son fils, malingre et maladif, passa comme une ombre ; Baudouin V n'eut que le temps de prendre un nom et de laisser le sceptre à Guy de Lusignan entre les mains duquel il se brisa.

On le conçoit, la chute des colonies latines combla de joie l'Islamisme.

L'Europe apprit avec stupeur que le monde musulman avait trouvé un chef et un héros.

M. Guizot a fait de Saladin un portrait dont une lecture sérieuse des chroniques justifie l'exactitude.

« Saladin, dit-il, n'avait pas besoin d'être excité pour être cruel et sanguinaire quand il le croyait utile à sa cause ; il avait pour la vie et pour la mort des hommes cette indifférence barbare que le Christianisme seul a extirpée des sociétés humaines, et qui est restée familière aux Musulmans ; quand il se trouvait pendant ou après le combat, en présence d'ennemis qu'il redoutait sérieusement, comme les Hospitaliers et les Templiers, il les faisait massacrer et quelquefois il les frappait lui-même avec une satisfaction froide. Mais en dehors de la guerre flagrante et de la haine passionnée ou calculée,

(1) *Chronique* de Raoul de Cogueshale.

il était modéré et généreux, capable d'une admiration sympathique pour les hommes, même ses ennemis, en qui il reconnaissait des qualités supérieures, le courage, la loyauté, l'élévation des sentiments. Il portait à la chevalerie chrétienne, à ses préceptes et au noble caractère qu'elle imprimait à ses fidèles, tant de respect et presque de goût, qu'il eut à cœur, dit-on, de recevoir le titre de chevalier. »

Après un moment de silencieuse tristesse, l'Europe se reprit à l'espoir. Le mot de Croisade circula de bouche en bouche.

A Rome, le pape Urbain III, déjà accablé par l'âge, ne put survivre aux calamités qui fondaient sur les chrétientés d'Orient. Il mourut le 19 octobre 1187. Grégoire VIII fut nommé quelques jours après. Durant son pontificat qui ne dura que deux mois, il adressa aux fidèles un appel en faveur de la Terre-Sainte (1). La vivacité de son intelligence et l'énergie de son caractère promettaient d'heureux jours à l'Église, lorsqu'une fièvre l'emporta le 16 décembre. Clément III lui succéda. Le nouveau Pape reprit avec ardeur la question urgente du recouvrement de la Palestine. Sur ses instances, les Pisans armèrent une flotte de cinquante vaisseaux qui cingla dans la direction de Tyr assiégé par Saladin. Celui-ci, pour compléter son triomphe, se flattait d'enlever de haute lutte et brusquement les trois villes qui restaient aux latins d'Orient : Tyr, Antioche et Tripoli. L'intervention des marins italiens permit à Conrad de Montferrat, défenseur de Tyr, de résister aux attaques de l'Atabey et de les repousser.

Le trône de France était alors occupé par Philippe-Auguste, prince valeureux, adroit, à la décision prompte et ferme. Le roi s'engagea à prendre la croix.

Richard Cœur-de-Lion venait de succéder à son père sur le trône d'Angleterre. Richard était véritablement un homme d'armure et d'épée. Son courage ne connaissait point, ce semble, de bornes. Grand, fort, maître de lui-même, il ne se plaisait qu'aux mêlées et aux batailles. Son bonheur était de recevoir des coups et de les rendre avec usure.

En Orient, il devait être le génie des combats. Il sut graver son nom dans les mémoires musulmanes à côté de celui de Godefroy de Bouillon. Pour les Arabes, les Croisades se résument dans le nom de ces deux guerriers.

La jeunesse de Richard fut orageuse. Sa vie entière se ressentit du début. Elle se passa en champs clos et aux pieds des forteresses.

(1) V. le chroniqueur Roger Hoveden.

Telle qu'elle se présente à nous, cette figure est une des plus séduisantes de l'histoire. C'est toujours pendant les tempêtes, à la lumière brutale des éclairs, qu'elle se montre dans son vrai relief.

A l'exemple de Philippe-Auguste, Richard Cœur-de-Lion prit la Croix.

En Allemagne régnait Frédéric Barberousse. Monarque déjà vieillard, Frédéric ne connaissait pas le poids de l'âge. Vif et alerte comme le plus jeune de ses barons, il rêva, lui aussi, d'entraîner à sa suite les chevaliers germains. Il convoqua, à Mayence, une diète solennelle à laquelle furent invités tous les prélats et seigneurs de l'État. L'empereur, avec son fils, Frédéric, duc de Souabe, y reçut la croix des mains du légat apostolique. On fixa le rendez-vous général au 23 avril de l'année suivante 1189. Pour assurer la paix dans ses États, l'empereur se hâta de réformer les abus, de concilier les différends et d'édicter des mesures contre les perturbateurs de la paix publique.

Ainsi, dit un auteur, l'Allemagne profitait déjà de la Croisade par la tranquillité dont elle fut favorisée.

Les trois plus grands princes de l'Europe vont donc se trouver en présence du plus grand prince de l'Asie. Et ces princes, à des titres différents, sont réellement supérieurs. Cette fois, les rois prenaient leur revanche.

La première Croisade, la plus belle, la plus héroïque de toutes, fut exécutée par les peuples ; la troisième sera l'œuvre de la royauté dans ce que celle-ci a de plus valeureux. Si l'entente eût pu se produire entre alliés, Saladin eût succombé et l'Islamisme eût vécu.

Frédéric fit preuve de solides qualités d'organisateur. L'art de la guerre avait progressé, et le prince germain, curieux, perspicace, n'hésita pas à rompre avec certaines vieilles coutumes.

Il commença par envoyer des ambassadeurs au roi de Hongrie, à l'empereur grec, au sultan d'Iconium et à Saladin.

Le roi de Hongrie, Béla III, répondit par des protestations d'attachement ; Isaac l'Ange, empereur de Byzance, distribua les traités et les garanties avec la libéralité des astucieux qui ont toujours un serment à l'extrémité de leurs fourberies ; le sultan d'Iconium promit des vivres.

En même temps, des ordres sévères maintenaient la discipline parmi les troupes ; les malades, les femmes, les enfants furent impitoyablement écartés. Toute infraction grave au règlement devait être punie de mort.

A la fin de mai 1189, la concentration des troupes était achevée. Au dire de certains chroniqueurs, l'armée comptait 100,000 et même 200,000 hommes. Un auteur arabe va même jusqu'à dire que si nombreux étaient les soldats que Dieu seul pouvait les nombrer.

Nous connaissons, pour l'avoir rencontré souvent, ce genre de calcul. En Orient, les additions deviennent facilement des multiplications. En accordant 60,000 hommes à Frédéric, nous arrivons à un chiffre raisonnablement acceptable. Peu nombreux, en apparence, ce corps d'armée était redoutable par sa discipline, son endurance et son ardeur.

Le passage de la Hongrie s'opère sans incidents sérieux. Deux seigneurs allemands sont exécutés par ordre de l'empereur, pour avoir cédé à la tentation du pillage. Par contre, les Bulgares ayant arrêté et maltraité des soldats, une de leurs villes est prise et saccagée. De semblables exemples inspiraient une terreur salutaire.

Frédéric se heurte maintenant à la mauvaise foi d'Isaac l'Ange. De tous temps, les empereurs de Byzance avaient redouté la présence, sur les bords du Bosphore, des armées croisées. Le plan, caressé à la cour impériale, était de bénéficier des diverses expéditions sans en courir les risques. Par le moyen des Croisés on affaiblissait les Turcs, et à l'aide des Turcs, on écrasait les pèlerins. Ce système de gymnastique, sur une corde tendue, devait à la longue amener la chute de l'équilibriste.

Pendant qu'il renouvelait, à l'égard de Frédéric, ses démonstrations d'amitié, Isaac traitait secrètement avec Saladin et s'engageait à lui fournir les renseignements qui étaient de nature à l'intéresser. Saladin, en homme avisé, n'ajoutait qu'une foi médiocre aux promesses du palais impérial. Il savait que le souverain grec était également capable de traiter avec les Croisés contre les Musulmans et avec ces derniers contre les premiers. Il se tenait sur ses gardes, surtout lorsque les messages d'Isaac représentaient les troupes de Frédéric comme un ramassis de faméliques, avides de butin plutôt que de victoires (1). Par d'autres voies, le sultan savait que l'armée chrétienne offrait le spectacle de soldats aguerris et qu'une fermeté rigoureuse maintenait l'ordre dans les rangs.

Cette fermeté en effet était poussée à de telles limites, que plusieurs soldats, surpris dans des actes de débauche, furent soumis publiquement à une peine flétrissante.

Les Grecs entreprirent, suivant leur coutume, d'effrayer les Allemands. Ils firent comprendre qu'ils entendaient être, chez eux, les maîtres du sort des

(1) Boha-ed-Din, historien arabe.

étrangers. De son côté, Frédéric fit entendre que tous ces filets que l'on tendait autour de lui, n'étaient à ses yeux que des toiles d'araignée qu'il allait rompre d'un coup d'épée. Il donnait même un tour de spirituelle ironie à ses actes. Tandis que ses ambassadeurs n'avaient point le droit de s'asseoir en présence de l'empereur, il affectait d'offrir des sièges non seulement aux ambassadeurs impériaux mais même à leurs serviteurs et à leurs palefreniers :

« Ces Grecs, disait-il, sont tous de si grands seigneurs, qu'on ne doit faire aucune différence entre eux. »

Saladin s'imagina un instant que les Grecs, fidèles à leurs promesses, s'opposeraient l'épée à la main au passage des Croisés. Il apprit au contraire que Frédéric, jugeant insalubres les cantonnements de ses troupes, s'avançait de manière à toucher déjà Constantinople.

Isaac l'Ange apprit, de son côté, que des instances pressantes étaient faites auprès de Frédéric pour qu'il s'emparât de la ville. Effrayés, les Grecs présentèrent à leur ennemi un traité de paix, en vertu duquel les soldats croisés devaient être transportés sur le littoral asiatique par les embarcations de l'État.

Le 29 mars 1190, Frédéric mit le pied en Asie. Il comptait sur la sympathie du sultan d'Iconium ; il s'aperçut bientôt que la bonne foi musulmane était à la hauteur de la bonne foi byzantine. Des députés du sultan venaient chaque jour l'assurer des dispositions favorables de leur maître, et pendant ce temps, les troupes du sultan s'unissaient aux troupes grecques, destinées pourtant à servir d'éclaireurs à l'armée chrétienne, et s'apprêtaient à livrer à celle-ci un combat meurtrier. Le 14 mai, au spectacle de bataillons ennemis se déroulant dans la campagne, Frédéric comprit qu'il était victime d'intrigues perfides. Il conçoit rapidement son plan de bataille. En tacticien éminent, il divise son armée en deux colonnes ; l'une s'avancera contre la ville d'Iconium, l'autre prendra l'offensive contre l'armée de secours. Pour éviter la chaleur du jour, le combat est fixé au matin. Le vieux roi passe à travers les rangs et, par quelques paroles brèves, enflamme le courage des siens. Il termine par ces mots :

— Suivez-moi ! Au Christ la victoire !

Les Croisés s'élancent, et bientôt l'étendard chrétien flotte sur les murs de la cité.

Des vivres en abondance furent le résultat précieux de ce brillant fait d'armes où Frédéric révéla des connaissances spéciales supérieures à celles de son temps.

Saladin, assailli d'inquiétude, adressa une ambassade au vainqueur. Mais l'empereur était las de ce genre de dialogues politiques, qui n'avaient d'autre but que d'endormir sa vigilance et de retarder sa marche; il ne voulut rien entendre.

Le 10 juin, l'armée reprend sa route dans la direction d'Antioche. Elle arrive sur les bords du Seleph, rivière qui se jette dans la Méditerranée. Frédéric est à l'arrière-garde. Le passage de la rivière s'opère lentement. L'empereur, craignant un coup de main de la part des rôdeurs musulmans, veut se porter à l'avant-garde et, n'écoutant que son courage, il laisse aux piétons le pont et dirige son cheval dans l'eau. On lui représente qu'il est couvert de sueur et on le supplie de se défier des flots glacés. Il n'écoute rien. Bientôt, saisi par le froid qui détermine une congestion, il abandonne les guides de son coursier. On se précipite à son secours. Il est trop tard. L'empereur est mort.

La consternation, on l'imagine facilement, s'empare de l'armée.

« Une nouvelle atroce, écrit Pierre de Blois, retentit à nos oreilles, plus perçante que l'épée à deux tranchants.... Nous avons failli expirer de douleur.... Que ferons-nous, notre lumière est éteinte! »

TEMPLIER

Ces expressions hyperboliques donnent bien la note du sentiment populaire.

Le corps expéditionnaire se voyant sans chef, se désorganisa. La plupart des seigneurs et leurs gens prirent le chemin de l'Allemagne. Le reste se rendit à Antioche sous la conduite du jeune duc de Souabe, fit de pompeuses funérailles à l'empereur et se dispersa ensuite en Palestine ou se mêla aux contingents croisés qui arrivaient de France.

Cette lamentable mort de Frédéric Barberousse mit fin à la participation des Allemands au soulèvement européen.

Saladin se réjouit, et avec raison ; il avait tout à craindre d'un adversaire énergique, prudent et d'une habileté incontestable dans les choses militaires.

Frédéric termina ainsi par une campagne héroïque une vie qui n'était pas exempte de reproches. Il succomba comme aimaient à finir les forts caractères du xiiᵉ siècle, en vrai chevalier.

Richard, roi d'Angleterre, se hâtait de régler les différends qui divisaient ses États. Il avait, pour une large part, contribué à bouleverser le royaume. Fils aux sentiments sans délicatesse, il avait abreuvé de chagrins les derniers jours de son père, dont la mort précipitée le laissait héritier d'une belle couronne. Il s'essaya à fermer les plaies causées par son ambition. Sachant que des sommes d'argent considérables seraient nécessaires à la réalisation de son plan de Croisade, il chercha par des moyens que la probité n'inspirait pas toujours à remplir ses trésors. Les Juifs se firent remarquer dans cette poursuite du gain. De là, contre les accapareurs, une haine sourde qui ne tarda pas à éclater. Le peuple se porta, sur les demeures juives, dans différentes villes d'Angleterre, les pilla et en massacra les propriétaires.

Apprenant que ces hommes, qu'il accusait de pratiquer l'usure sur une large échelle, avaient eu l'habileté de déposer les titres de leurs créances entre les mains de quelques membres du clergé, ce même peuple envahit les églises, découvrit les titres et les brûla. Ce fait prouve que le ressentiment contre les Juifs avait sa cause moins dans les habitudes religieuses que dans l'irritation provoquée par l'amour d'une spéculation exagérée.

Richard se montra ferme et édicta des règlements sévères dans le but de protéger la vie de ses sujets.

Il passa enfin sur le continent et donna rendez-vous à Philippe-Auguste à Vézelay. Richard avait alors trente et un ans.

Philippe n'avait que vingt-trois ans. Un avenir de gloire souriait à ses yeux. S'il voyait dans la Croisade, un moyen de servir sa foi religieuse, il y voyait aussi, dans l'ardeur de sa jeunesse, un moyen de se faire un nom.

L'ambition ne fut pas étrangère à sa décision ; il serait faux de prétendre qu'elle en fut le motif déterminant.

Sans exciter l'enthousiasme de 1095, l'idée de la Croisade ne laissait pas que d'être populaire en France.

Guillaume, archevêque de Tyr, avait traversé la mer. Après avoir reçu les instructions du Pape, il exposa, dans une assemblée, tenue à Gisors, l'état d'affliction dans lequel était plongée la Terre-Sainte. Il eut des paroles émues et entraîna son auditoire. Pour créer des ressources, il est statué que tous ceux qui ne prendront point la croix paieront la dîme de leurs biens. Cette contribution porte dans l'histoire la dénomination de *dîme Saladine*. Philippe rédige des règlements destinés à terminer les litiges, va à Saint-Denis prendre l'oriflamme de France et se transporte, le 4 juillet 1190, à Vézelay, où l'attend le roi d'Angleterre.

Les deux rois, résolus à éviter tout contact avec l'empereur des Grecs, choisissent pour se rendre en Palestine, la voie de mer.

Ils se séparent à Lyon. Philippe s'embarque à Gênes et Richard à Marseille. Ils font escale en Sicile.

L'été touchant à sa fin et la saison des pluies étant sur le point de s'ouvrir, les armées alliées décident qu'elles passeront à Messine l'hiver et qu'elles mettront à la voile dès le retour du printemps.

Peu s'en fallut, dans l'intervalle, que la brouille n'éclatât entre les deux rois. Richard avait trouvé le moyen de résoudre en lui-même le plus étrange des problèmes psychologiques : rapprocher les contradictoires et les fondre en un tout.

La loyauté et la diplomatie, la bonté et la raideur, la douceur et l'autoritarisme, l'irrésolution et la ténacité, le besoin de demander des conseils et l'impatience à n'en suivre aucun, ces qualités et ces défauts se combinaient à doses égales dans l'âme du prince anglais. Emporté par le feu du sang, il n'écoutait rien, dès qu'il croyait son honneur en jeu ; le premier, il tendait la main à son adversaire lorsque la colère s'était éteinte.

Profondément religieux, il ne cherchait guère à mettre sa vie intime à l'unisson de sa croyance ; mais, apercevait-il sa faute, il demandait pardon, la corde au cou, les vêtements déchirés et ne reculait même pas devant une confession publique.

Il a à se plaindre des procédés de marchands siciliens ; il ordonne à ses gens de s'emparer des forts de la ville et plante son étendard sur les murailles. A la voix du roi de France qui se récrie, il ordonne la retraite.

Avec un compagnon doué d'un semblable caractère, le voyage menaçait d'être fertile en incidents. Philippe, très expérimenté malgré son jeune âge, le comprit et forma le plan de partir avant les Anglais. On était au mois de mars 1191.

— Partons-nous, dit le roi de France.

— Non, reprit Richard, piqué ; moi, je ne veux partir qu'au mois d'août.

Il n'y avait rien à répondre ; le Cœur de Lion eût brisé son bouclier plutôt que de céder.

Philippe prit la mer aussitôt, et aborda à Ptolémaïs (Saint-Jean d'Acre), à la fin d'avril.

Cette séparation fut une première faute. Elle affaiblissait les éléments de l'expédition et pouvait permettre à Saladin de battre séparément des armées qui, par leur union, eussent été certainement invincibles. Mais l'humeur querelleuse de Richard ne connaissait point d'accommodement.

Nous avons dit que les Latins, après la prise de Jérusalem ne possédaient que Tyr, Antioche et Tripoli.

Saladin entreprit de réduire ces villes. Il vint mettre le siège devant Tyr. Les opérations, poussées avec vigueur, allaient entraîner la capitulation lorsque Conrad de Montferrat parvint à pénétrer dans la place. Ranimée par la présence de ce chevalier, dont la réputation d'homme de guerre avait pour témoin de nombreux champs de bataille, la garnison sentit son courage revivre.

Elle résista avec tant d'énergie que Saladin abandonna l'attaque et se dirigea du côté de Tripoli. Là encore, il essuya un échec et se vit dans l'obligation de lever le siège.

Guy de Lusignan, roi de Jérusalem, errait misérablement à la recherche de son royaume. Ayant offert ses services aux Tyriens, au sortir de la prison où Saladin l'avait enfermé à la suite de la défaite de Tibériade, il se vit repoussé par ses compatriotes. On l'accusait de faiblesse ; les vœux populaires se concentraient sur Conrad de Montferrat et volontiers on eût mit sur la tête du défenseur de Tyr la couronne royale. Guy en était donc réduit à découvrir quelque cité où il pût parler en maître.

Jetant son dévolu sur Ptolémaïs, il parvient à armer une petite troupe de chevaliers et s'en va, avec l'illusion que lui donne son passé, assiéger la ville turque.

Saladin se met à rire en apprenant cet acte d'audace. Mais, les soldats se présentent de toutes parts. Des vaisseaux abordent au rivage et déposent des pèlerins ; les Allemands de Frédéric Barberousse, restés en Asie, demandent à s'enrôler parmi les combattants. Lorsque Saladin, trop confiant, ouvre les yeux, il a devant lui une armée compacte, décidée à ne pas ménager l'adversaire.

Le siège de Ptolémaïs prend désormais dans l'histoire une place importante,

soit par le nombre des soldats qui vont figurer soit par les progrès dans la
science militaire dont il est le point de départ.

Sur la foi de l'historien Boha-ed-Din, les écrivains ne craignent pas

État actuel de l'église de La Madeleine, à Vézelay, où, en 1146, Saint Bernard
prêcha la Croisade.

d'avancer que le chiffre des combattants s'est élevé à 600,000 hommes.

Nous avons dit ce qu'il faut penser de ces brillantes exagérations familières
aux plumes orientales. Au pays aimé du soleil, les métaphores flottent dans
l'air ; elles tiennent lieu de brises rafraîchissantes. En réduisant de plus de

moitié cet énorme total, nous sommes peut-être encore dans la *multiplication arabe*.

La tactique s'est perfectionnée. Les Croisés ont fini par emprunter aux Turcs leurs manœuvres alertes. Les engins deviennent plus meurtriers. On calcule mieux les coups. Enfin, certaines coutumes s'introduisent qui marquent un adoucissement sinon dans les mœurs du moins dans les relations entre belligérants. Il y a des trêves pendant lesquelles les ennemis fraternisent. Les chefs s'envoient mutuellement des cadeaux. Les Croisés donnent des fêtes auxquelles sont invités les Musulmans et ceux-ci exécutent des fantasias en présence de leurs adversaires. Saladin invite à sa table les princes d'Europe et ces derniers lui offrent des bijoux.

Il faut avouer toutefois que cette modification dans les habitudes guerrières est due au généralissime turc dont l'esprit large sait comprendre et même admirer la loyauté et la grandeur des chevaliers chrétiens.

Grâce aux renforts venus soit d'Italie, de France, et même du Danemark, les assiégeants poussent avec vigueur l'investissement de la ville.

Saladin prend position sur une série de collines situées en arrière du camp chrétien. De telle sorte que les Croisés ont à repousser et les sorties de la ville et les attaques de l'armée de secours. Mais leur enthousiasme est monté à un si haut degré qu'ils ne redoutent ni les unes ni les autres.

Bien plus, ils descendent dans la plaine qui sépare leur camp de celui des Turcs et offrent la bataille à Saladin. Au premier choc, l'armée turque ploie et se débande. Les Croisés pénètrent dans le camp ennemi et, oubliant les prescriptions les plus rudimentaires de la discipline, se mettent à le piller. Ils sont aidés dans cet exercice dangereux par les esclaves musulmans, heureux de se venger ainsi des mauvais traitements qu'ils éprouvent de la part de leurs maîtres. Saladin ne tarde pas à s'apercevoir que les vainqueurs ne poursuivent pas les fuyards ; il ramasse ses troupes et les ramène au camp. Les Croisés surpris sont rejetés hors des tentes et repoussés dans leurs retranchements.

Dans cette sanglante journée, assiégés et assiégeants furent tour à tour vainqueurs et vaincus.

Chaque opération apprenait ainsi au capitaine musulman à connaître les côtés faibles de l'ennemi. Supérieurs aux turcs dans l'attaque, nos preux chevaliers, dédaigneux de la prévoyance, trouvaient sans cesse le moyen de compromettre le succès par leur fougue aventureuse.

La saison des pluies approchait, Saladin se retira à plusieurs lieues de la ville, soit pour réorganiser son armée, fortement éprouvée par les derniers événements, soit pour appeler à lui toutes les forces dont disposaient les émirs d'Égypte et de Syrie.

Sur ces entrefaites, Philippe-Auguste se présente en rade de Ptolémaïs; vive est la joie des assiégeants déjà énervés par des divisions intestines. En effet, Guy de Lusignan et Conrad de Montferrat se disputent à nouveau la future royauté de Jérusalem et chacun a un parti dans l'armée.

Le roi de France choisit l'emplacement de ses troupes. Avec ce superbe dédain du danger qui sera toujours la caractéristique du courage français, Philippe se décide pour la position la plus périlleuse.

Il se met aux pieds mêmes des murailles.

Il eut pu donner l'assaut; mais loyal autant que brave, il attend le roi d'Angleterre, ne voulant pas, dit-il, être seul à la victoire.

Ce campement autour de Ptolémaïs constitue une seconde faute. Il eût mieux valu lever le siège et forcer Saladin à se battre en pleine campagne.

Rien ne résistait à la formidable poussée des soldats chrétiens, commandés par des chefs habiles. D'un autre côté pourtant, la rade était pleine de vaisseaux; on ne pouvait sacrifier la flotte. Elle aurait pu toutefois s'abriter dans le port de Tyr. Il faut l'avouer, la stratégie fit défaut.

Richard sort enfin de son inaction. Il ne dormait point, comme on aurait pu le croire. Il roulait des plans. Si les affaires chrétiennes sont en souffrance, pensait-il, j'arriverai à point pour les rétablir; si elles sont prospères, je serai là pour en partager le résultat.

Même quand il est ardent, un Anglais calcule. Le calcul terminé, l'ardeur, chez Richard, prit le dessus.

Il s'embarque donc au mois d'avril, et, en route, il trouve le moyen de s'emparer d'un royaume.

Dans les environs de Chypre, une tempête disperse la flotte anglaise. Plusieurs vaisseaux sont jetés contre les rochers de l'île. Les habitants, Grecs pour la plupart, et, en outre alliés de Saladin, s'opposent au débarquement des naufragés; ils s'emparent même de quelques pèlerins et les retiennent prisonniers. Richard se présente et proteste. On se raille de ses paroles. C'était se méprendre étrangement sur le maître. Richard donne ordre à sa flotte de faire relâche dans l'île.

En un seul combat, Grecs et Sarrasins sont écrasés ; le gouverneur Isaac Comnène demande la paix et s'apprête secrètement à la rompre.

Irrité, Richard reprend ses positions, s'empare du gouverneur, fait arborer son étendard aux couleurs jaunes sur les murailles des villes et déclare que désormais Chypre est son domaine.

Fière de son succès, la flotte toute voile déployée, quitte Chypre, capture un vaisseau musulman chargé de vivres et d'armes, et met à l'ancre dans le port de Ptolémaïs, au milieu des cris de joie que poussent, sur le littoral, les marins et les soldats de toutes les nationalités chrétiennes.

La présence de Richard Cœur de Lion imprime une impulsion nouvelle au courage des assiégants. On se bat de part et d'autre avec acharnement. Enfin, la ville capitule le 13 juillet 1191. Le siège avait duré plus de deux ans. Le gouverneur promit de rendre 1,600 prisonniers et s'engagea à payer 200,000 pièces d'or. Des otages restèrent entre les mains des Croisés à titre de garantie.

Les fatigues de la guerre avaient altéré la santé de Philippe. Le roi de France avait aussi à se plaindre des procédés du roi d'Angleterre à son égard.

Richard était le vassal de Philippe ; or, il sentait sa valeur ; ses troupes étaient plus riches et plus nombreuses que les troupes françaises. Son orgueil féodal était blessé. Dans le partage du butin, l'Anglais se taillait la plus large part. De là de perpétuelles froissements d'amour-propre se traduisant par d'acerbes récriminations.

Philippe avait reconnu, avec raison, les droits à la royauté de Guy de Lusignan ; Richard, par opposition, se ralliait aux partisans de Conrad de Montferrat. Le matin, la paix régnait, on dînait à la même table ; le soir on parlait d'en venir aux mains. Richard possédait le violence et l'impétuosité des tourbillons de sable agités par la tempête ; il en avait également l'instabilité capricieuse.

Philippe manifesta alors le désir de revenir en France, désireux, disait-il, d'éviter un conflit. Laissant en Terre-Sainte 10,000 hommes sous le commandement de Hugues III de Bourgogne, il prit la direction de l'Italie, vit le Pape et se rendit à Fontainebleau vers la fin du mois de décembre 1191.

Le départ du roi de France est diversement apprécié. M. Guizot pense que le roi, esprit essentiellement pratique, se laissa envahir par le découragement lorsqu'il se rendit compte de l'impossibilité de reconquérir Jérusalem, et partant de l'inutilité de la Croisade.

Ce serait là, d'après l'historien, la cause déterminante de sa résolution. Nous ne pouvons accepter cette opinion. Ce n'est pas au lendemain d'une victoire que le doute s'empare de l'âme d'un général. Le soin que prend Philippe de se rendre à Rome, d'exposer au Pape ses griefs contre Richard, de se faire relever de son vœu, le soin que prend le Pape, de son côté, de répandre de douces paroles sur les blessures morales du roi, de lui décerner des titres flatteurs, et de le gratifier, en lui remettant des palmes, du nom de pèlerin, ne prouvent-ils pas avec évidence que le ressentiment contre son compagnon encombrant a seul déterminé le futur vainqueur de Bouvines à déserter un sol où, ce semble, il n'y avait plus assez d'espace pour se mouvoir.

A notre avis, néanmoins, Philippe eut mieux fait de persévérer dans sa mission et, en se séparant de Richard, d'opérer sur un point spécial de la Palestine une diversion qui aurait affaibli Saladin en l'obligeant à diviser ses troupes.

Richard voit avec plaisir la disparition de son ancien ami. Personne enfin ne partagera avec lui les lauriers.

Son premier souci est de prendre vivement l'offensive. Il commence par exiger de Saladin l'exécution du traité de Ptolémaïs. Le sultan reste muet.

Le bruit arrive aux oreilles du roi que les prisonniers chrétiens ont été massacrés. Richard ne se contient plus ; il ordonne d'amener hors des murs deux rangs de prisonniers turcs et leur fait trancher la tête. Cette exécution barbare sème l'effroi parmi les ennemis. Les chroniqueurs arabes remarquent que jamais les Musulmans ne rendirent responsable le capitaine croisé de cette sanglante journée ; ils accusèrent Saladin d'avoir manqué à sa parole ; les plaintes qui s'élevèrent dans cette circonstance nuisirent considérablement au prestige du sultan.

A la tête d'une armée évaluée à 80,000 hommes, Richard s'avance dans la direction de Joppé. De Ptolémaïs à Césarée, la route est longue et pénible. Dans les environs de Césarée, les troupes s'engagent dans un bois touffu dénommé Arsur.

A la sortie du bois, elle rencontre l'armée de Saladin. Le roi prend ses dispositions de combat ; la lutte revêt des proportions de fureur inouïe. Saladin veut relever le moral des siens et escompte la victoire. Mais encouragés par leur chef, les Croisés font des prodiges de valeur. Richard se porte partout où ses hommes paraissent fléchir. Son passage est marqué par de larges traînées de sang. Les têtes tombent sous son épée, au dire de l'historien arabe, comme les épis sous la faucille. Le gros de l'armée turque cède et se replie en désordre.

Saladin rallie sa garde, et, le soir venu, il se jette à nouveau sur les chevaliers chrétiens. Richard, superbe d'héroïsme, fait face sur tous les points. Un moment il est seul ; il disparaît comme une trombe dans les rangs ennemis, faisant voler en éclat casques et cuirasses. On le croit mort, il revient, son armure et son cheval couverts de sang ; il se précipite encore dans la mêlée et ne consent enfin à se reposer que lorsque les bataillons musulmans fuient éperdus, laissant sur le sol plus de 5,000 cadavres. Cette victoire acheva de mettre le sceau à la réputation de Cœur de Lion. Quand il rentra sous sa tente, sa cuirasse et son bouclier étaient hérissés de flèches. On eut dit, selon le chroniqueur Gautier de Visinauf, « une pelote couverte d'aiguilles. » Longtemps après la mort du héros, les mères de famille arabes faisaient taire leurs enfants en appelant le roi Richard, et quand le cheval d'un musulman bronchait, le cavalier s'écriait :

— As-tu donc vu l'ombre de Richard ?

Laissons ici la parole à Joinville :

« Richard fist tant d'armes outremer à celle foys que il y fu, que quant les chevaux aus Sarrasins avoient pouour d'aucun bissons, leur mestre leur disoient :

» — Cuides-tu, fesoient-ils à leurs chevaux, que ce soit le roy Richard d'Angleterre ?

» Et quand les enfants aux Sarrasines bréoient, elles leur disoient :

» — Tai-toy, tai-toy, ou je irai querre le roy Richard qui te tuera. »

Fallait-il, à la suite de ce succès, marcher sur Jérusalem ou sur Joppé ? Richard hésita ; ses conseillers le décidèrent à continuer sa course sur cette dernière ville. Dans ces circonstances, les connaissances stratégiques manquèrent. Jérusalem paraissait à beaucoup dans une situation topographique défavorable. Il était préférable, pensait-on, de se rapprocher de la mer.

La marine recevait de rapides développements. Grâce aux navires mieux aménagés tant au point de vue du commerce qu'au point de vue de la guerre, l'Europe déversait sur l'Asie, régulièrement, de nombreux contingents de pèlerins. Il y avait donc nécessité de s'assurer du littoral. Cette considération pesait d'un grand poids dans les conseils. D'autre part, en délaissant l'intérieur des terres et s'enfermant dans les ports, le corps expéditionnaire perdait ses plus belles chances de réussite.

Saladin avait le champ libre pour recomposer à loisir ses armées détruites. On se trouvait à un de ces moments critiques de transition militaire où les fautes seules, semble-t-il, permettent aux hommes de comprendre ce qu'ils ont à faire. Enlever par une attaque prompte Jérusalem, donner ainsi à la campagne une apparence de succès, élément nécessaire à l'entretien du moral des troupes, revenir en hâte sur les côtes et s'assurer de tous les débouchés : tel était le plan à remplir.

On ne l'exécuta pas. Observons, pour être juste, qu'il est facile à distance de tracer des programmes. La stratégie n'est plus aujourd'hui dans sa phase d'essais et de tâtonnements. Pour bien saisir les faits, et pour les bien apprécier, il est de toute équité de se mettre au sein même des événements.

Dans l'espoir de déjouer les combinaisons de son ennemi, Saladin ordonna la démolition des murailles de Joppé. Quand les Croisés atteignirent la cité, ils durent relever l'enceinte ; ils opérèrent de la même façon à Ascalon ; ils reconstruisirent les fortifications.

Des escarmouches, des combats partiels avaient lieu chaque jour.

Richard déploya dans toutes ces occasions, sa brillante bravoure. Un jour, il apprend que Saladin est entré par surprise dans Joppé. Il venait par mer de Ptolémaïs. Il dirige sa barque du côté de la ville, se jette dans l'eau et aborde au rivage défendu par les Sarrazins. De son épée, il s'ouvre un passage, pénètre dans la ville, ranime les siens et, suivi de quelques soldats seulement, refoule l'ennemi et le poursuit jusque dans la plaine. Boha-ed-Din raconte qu'à la vue de ce démon des batailles, les émirs fuyaient sans que les objurgations de Saladin fussent capables de les retenir.

Une autre fois, à la tête de dix chevaliers seulement, il traversa le camp ennemi. Soldats, chevaux, rien ne résiste. Des bandes de sang, tachetées de têtes coupées, indique le chemin du héros.

Un émir à la taille gigantesque le provoque à un combat singulier. Les deux armées s'écartent pour juger de la lutte. Au premier choc, la tête de l'émir roule à terre, l'épée de Richard avait tranché non seulement le cou mais aussi toute l'épaule droite.

Le roi d'Angleterre eut désiré pénétrer dans Jérusalem. Ne pouvant abandonner le plan tracé, il voulut au moins contempler la Sainte cité. Il arriva sur la hauteur d'Emmaüs. Écoutons Joinville :

« Un sien chevalier lui escria :

» — Sire, sire, venez juesques ci, et je vous mousterrai Jérusalem.

» Et quand il oy ce, il géta sa cote à armer devant ses yeux tout en plorant, et dit à Nostre-Seigneur :

» — Bieau sire Diex, je te pri que tu ne senffres que je voie ta sainte cité, puisque je ne la puis délivrer des mains de tes ennemis. »

Au cours de ces prouesses, Richard apprend, par des messagers d'Angleterre, que son royaume est désolé par les intrigues de son frère, Jean Sans-Terre. Il annonce que l'intérêt de ses États le rappelle en Occident. On propose d'élire un roi, assez courageux et assez aimé de tous pour maintenir les droits acquis. Les suffrages se portent sur Conrad de Montferrat. Celui-ci accepte. Mais lés séides du *Vieux de la Montagne* veillaient. Dans une fête, Conrad est assassiné (1).

Le choix du peuple se porte alors sur Henri, comte de Champagne, qui est investi du commandement général des troupes de Palestine.

Ignorant la détermination de son adversaire, Saladin que ses échecs répétés avaient affaibli, proposa une trêve. La demande venait à propos. Il fut convenu que la trêve durerait trois ans et huit mois, que la ville de Jérusalem serait ouverte à la piété des fidèles et que les Croisés posséderaient toute la côte maritime depuis Joppé jusqu'à Tyr. On jura de part et d'autre d'observer le traité (1192).

L'un des contractants, Saladin, retiré à Damas, mourut quelques mois après la pacification de son empire. On prétend qu'avant d'expirer, il ordonna à un de ses émirs de porter un linceul dans la capitale et de répéter à haute voix ces paroles :

— Voici tout ce qui reste du vainqueur de l'Orient.

Avant de s'embarquer pour courir de nouvelles aventures, en Europe (octobre 1192), Richard régla définitivement la question de Chypre. L'île avait été cédée aux Templiers. Les chevaliers redoutant le voisinage des Grecs

(1) Le *Vieux de la Montagne* joue, pendant le xiie siècle, un rôle lugubrement mystérieux. Une colonie d'Ismaéliens s'était établie au mont Liban. Son chef gouvernait une certaine étendue de terres, comprenant une vingtaine de bourgs ou forteresses. Il était entouré d'une garde spéciale dont les membres, appelés *fédaïs*, fanatiquement dévoués à leur maître, le Vieux de la Montagne, s'armaient du poignard et allaient frapper les victimes désignées par la haine ou la vengeance. Les fédaïs se déguisaient et parvenaient ainsi à leur but. De son château de Mossiad, le Vieux terrorisait l'Orient. Vizirs, émirs, soldats, rien ne résistait à son regard d'oiseau de proie. Tous les princes le redoutaient. Aucun ne se crut assez à l'abri de son poignard pour se venger à son tour.

Saladin lui fit demander, au prix d'une forte somme d'argent, l'assassinat de Conrad et de Richard Cœur de Lyon. Le bandit n'accepta le marché qu'à demi. Il donna ordre d'assassiner Conrad ; mais, redoutant l'influence considérable que prenait sur les tribus le sultan de Bagdad, il se garda bien de lui ravir son rival. Ces faits, qui sont loin de grandir le caractère de Saladin, nous sont rapportés par les historiens arabes.

cédèrent à leur tour leurs droits, avec le consentement du roi d'Angleterre, à Guy de Lusignan, ancien roi de Jérusalem. Guy peupla l'île de colons chrétiens venus de Palestine. Ainsi prit naissance ce royaume de Chypre qui eut dix-sept rois et qui se maintint durant trois cents ans.

La troisième Croisade, si belle à ses débuts, se termina sans bruit ou plus

Guerrier au xiv⁰ siècle.

exactement, elle finit par une suspension d'armes qui n'était ni la défaite ni la victoire, ni la paix.

On a prétendu que cette magnifique levée de boucliers resta sans résultat. Distinguons. Le royaume de Jérusalem ne fut pas rendu à ses maîtres latins. A ce point de vue, la Croisade n'eut pas les conséquences prévues, mais, à un autre point de vue, elle eut des suites heureuses. Les colonies d'Orient furent consolidées ; le littoral s'ouvrit largement aux marins d'Europe ; un royaume fut fondé qui resta comme le poste avancé des possessions chrétiennes. Les émirs, humiliés, ne sortiront pas de leurs tentes et attendront d'avoir oublié leurs nombreux échecs pour recommencer leur existence belliqueuse. La renommée de la puissance occidentale se répand dans un plus vaste périmètre et rayonne partout où se dresse le Croissant.

Enfin le prestige merveilleux de Saladin subit une éclipse. Nos historiens modernes ont peu remarqué l'importance de ce dernier résultat. A notre sentiment, il suffirait seul pour justifier la Croisade et prouver sa réussite.

Saladin n'avait pas seulement le projet de chasser les Croisés de Palestine et de détruire leurs chrétientés. Son ambition allait plus loin ; son esprit concevait d'autres conquêtes. Il voulait passer le détroit, renverser l'empire grec, chasser devant lui Bulgares et Hongrois et, appelant à son aide les Maures d'Espagne, envahir comme un torrent, la France et l'Italie et faire boire son cheval dans les eaux du Tibre. Ce plan gigantesque qu'il se plaisait à exposer à l'historien Boha-ed-Din, Saladin était de taille à l'entreprendre. Toute l'intelligence, toute l'activité, toute la vigueur orientales s'étaient réunis pour former son génie. L'Europe courait de grands risques. Trois hommes parurent pour la protéger.

Frédéric Barberousse étonna Saladin par son talent de « manœuvrier ; » Philippe-Auguste le rendit hésitant par cette bravoure calme contre laquelle se heurtait l'intrépidité arabe ; Richard Cœur de Lion l'effraya par cette impétuosité que ne pouvait ralentir ni la hauteur des forteresses ni l'épaisseur des bataillons.

Or, avoir émoussé, bien plus avoir brisé l'épée du conquérant, n'était-ce pas déjà un sérieux avantage ?

L'Europe ignora le péril auquel elle venait d'échapper. Elle regretta que le Saint-Sépulcre ne fût pas en ses mains. En réalité, elle avait sauvé ses propres foyers.

Le Moyen-âge féodal était capable de fonder des colonies : Chypre le démontre ; il pouvait fonder, par émigrations, des royaumes : le Portugal, la Sicile, l'Angleterre le prouvent. Mais il n'arrivait à ce but qu'en sortant de son principe qui consistait dans le fractionnement de la puissance seigneuriale.

Parvenait-il à fonder les groupements dans une direction unique, sous la main d'un Guillaume le Conquérant par exemple, ses efforts étaient couronnés de succès. Mais revenait-il à sa tendance naturelle, comme en Palestine, il n'offrait plus alors à l'ennemi un front assez vaste et assez solide pour résister à une levée générale. Du moment que ce fractionnement servait de base aux institutions latines en Orient (1), il fallait s'attendre à ne rien établir de durable.

Restait un but ; rompre le faisceau musulman.

La troisième Croisade ne réalisa pas entièrement ce programme ; elle l'exécuta en partie et rendit ainsi un immense service à la civilisation.

(1) Il ne pouvait en être autrement, puisque les expéditions comprenaient des contingents de diverses nationalités.

CHAPITRE III

Quatrième Croisade : Foulques de Nully, Dandolo, Boniface de Montferrat, Baudouin de Flandre.

L'enthousiasme religieux est encore à un degré élevé dans l'entreprise dont nous avons raconté les divers incidents. On constate toutefois, à divers symptômes, une altération dans les sentiments qui inspirent non la foule mais les chefs. Cette diminution aura, à l'avenir une tendance à s'accentuer ; c'est l'ordinaire condition des choses. L'âme humaine a un vol moyen ; elle ne peut planer longtemps sur les hauteurs où l'air trop pur provoque trop violemment l'effort. Les intérêts politiques se mélangeront aux élans de la foi et en modifieront l'aloi.

La guerre, en agrandissant ses ressources, a engendré de nouvelles relations « internationales. ». Au contact des populations musulmanes et sous l'influence des mœurs propres au pays d'Orient, le rigorisme et la sévérité des peuples d'Occident s'amollissent. Le libéralisme est souvent moins le fruit de la raison que la conséquence de l'affaiblissement moral. Des relations s'établissent entre les armées ennemies; on fait échange de goût et même d'habitudes; on se prête mutuellement des soldats; et la lie européenne qui saisit l'occasion des Croisades pour courir les aventures, passe avec armes et bagages, du camp chrétien au camp arabe. Ces bandes de transfuges, acceptant le service de gardes et même d'auxiliaires auprès des principaux émirs, seront funestes aux futures expéditions.

Si donc la guerre a pris une allure plus douce, plus humaine, par contre un fléau a surgi : le transfuge, traître à son Dieu et à sa patrie.

Le siège des opérations militaires a une propension manifeste à se déplacer. Déjà il incline vers le littoral asiatique. Dans les prochaines Croisades, il sera en Égypte. Là, en effet, est le cœur de la puissance mahométane ; là doivent porter les coups.

Nous voyons clairement dans cette seconde manière de comprendre la lutte que le but de la Papauté, en soulevant les peuples fidèles, a été d'arracher la civilisation née de l'Évangile aux menaces de la barbarie née du Coran. Délivrer le tombeau du Christ, c'était, par un mot simple, montrer le but, c'était expliquer par une idée concrète, à la portée de tous, le plan directif.

La parole des Papes visait plus haut. Les événements en se développant dévoilent entièrement la pensée pontificale dans toute son ampleur.

Le xii° siècle est à son déclin. Nous ne le laisserons pas se terminer sans saluer une dernière fois la magnifique période du Moyen-âge qu'il délimite.

Préparé par la forte sève du siècle précédent, il réalisa toutes les espérances et donna des fruits abondants. Les caractères ont une vigueur qu'on ne retrouvera plus. Les volontés possèdent une trempe que rien ne peut entamer. L'âme sociale est arrivée à cet âge heureux où la plénitude de la force déborde ; les rêves de la jeunesse ont disparu, mais les calculs de la maturité ne se sont pas encore fait jour. C'est la fin du printemps et le commencement de l'été. Comme dans la nature, à cet instant de l'année, la vie circule généreuse dans les veines de cette génération que le Christianisme a formée de sa meilleure substance.

« Au xii° siècle, époque incomparable, dit M. Ampère, dans son *Histoire littéraire de la France*, tout naît, tout resplendit à la fois dans le monde moderne : chevalerie, croisades, architecture, langues, littérature, nouvelles ; tout jaillit ensemble comme par la même explosion ; c'est là que débute véritablement l'histoire de nos arts, de notre littérature, de notre civilisation, comme celle des autres arts et des autres civilisations de l'Europe ; c'est au xii° siècle que se termine la transformation du monde ancien, impérial, romain, païen, qui devient le monde nouveau, féodal et chrétien. »

A la suite de M. Michaud, certains historiens décorent du titre de Croisade l'expédition dont Henri VI fut l'auteur. De cette façon, l'empereur allemand aurait l'honneur d'avoir exécuté la quatrième Croisade. Nous ne pouvons souscrire à cette opinion.

L'entreprise de Henri dirigée spécialement contre la Sicile n'amena qu'incidemment des troupes en Palestine. Ces troupes guerroyèrent sans but et sans direction et se disséminèrent dans les villes chrétiennes. Il n'y eut point là, à proprement parler, un soulèvement général, mais une immigration semblable à celles qui s'opéraient régulièrement et même annuellement depuis l'ouverture déjà centenaire des hostilités.

A la mort de Saladin, l'empire de Bagdad se démembre. La discorde s'éleva entre les héritiers. L'occasion est opportune pour chasser de Palestine les armées turques. Le pape Célestin III tente de réchauffer l'ardeur des Croisés. Richard et Philippe sont en guerre. Seul, l'empereur d'Allemagne exprime le désir de partir. Ce prince avait encouru l'excommunication pour son odieuse conduite à l'égard de Richard Cœur de Lion. Non seulement il avait retenu le roi d'Angleterre prisonnier, en dépit de l'immunité dont le couvrait son titre de pèlerin, mais il avait exigé, pour prix de la liberté, une rançon énorme (1). Se croiser était donc pour lui un moyen de revenir dans les bonnes grâces du Souverain Pontife.

Il fait une levée de troupes, et au lieu de prendre la direction de la Syrie, il se rend en Sicile, où, les armes à la main, il réclame la succession du roi Roger.

Il avait, en effet, épousé Constance, fille de Roger. Il prétendait, de ce chef, à la souveraineté, à l'encontre des droits du frère de Constance, élu au pouvoir suprême par la noblesse sicilienne. Il parvint à ses fins par une série de cruautés qui obligèrent le Pape, défenseur des opprimés, à renouveler l'excommunication.

Une portion considérable du contingent allemand avait fait voile pour l'Asie (1197). Elle trouva les colonies latines en pleine effervescence. Profitant du désarroi causé par la mort de Saladin, les chrétiens s'emparaient à nouveau du pays précédemment conquis sur leurs troupes. A l'arrivée des recrues germaines, on résolut d'assiéger la forteresse de Thoron, clef de la Galilée.

Le siège est poussé avec un tel entrain que la garnison capitule. Mais la division se met parmi les assiégeants, abandonnés sans chef à leur propre initiative. Ne pouvant s'entendre, ils se retirent sans profiter de la victoire. Malek-Adel, frère de Saladin, s'avance avec une armée. L'imminence du péril ranime le courage des Croisés ; ils oublient toute dissension et infligent aux Turcs une sanglante défaite près de Jaffa.

---

(1) A son retour de la Croisade, Richard avait été jeté par une tempête contre les côtes de la Dalmatie. Saisi par les gens du prince d'Autriche, il fut livré par ce dernier à l'empereur d'Allemagne, Henri, qui le retint en prison, malgré les réclamations du Pape, jusqu'au payement d'une forte indemnité.

La fortune paraissait donc revenir. Mais l'empereur Henri meurt. A cette nouvelle, les Allemands ne songent plus qu'à retourner en Europe. Toutefois, un fragment assez notable d'entre eux reste en Terre-Sainte. A l'aide de ce renfort, les chrétiens maintiennent leurs positions et consolident le royaume d'Arménie. Cette principauté s'est fondée d'une partie de la Cilicie et s'étend du golfe de Pamphylie jusqu'aux plaines de l'Euphrate.

Les Hospitaliers et les Templiers transportent leur couvent à Saint-Jean d'Acre (Ptolémaïs). Le comté de Tripoli et la principauté d'Antioche sont réunis sous un même prince. De son côté, le royaume de Jérusalem comprend la Phénicie. Telle est la situation du pays latin au moment où s'ouvre la quatrième Croisade.

Dans un langage inspiré par la plus haute philosophie, Pie IX disait que lorsqu'une grande force morale est répandue dans le monde, elle a besoin de se dilater.

— Ne demandez pas, ajoutait-il, pourquoi cette force opère de grandes choses, elle obéit à sa loi.

Certains s'étonnent qu'à la suite de déconvenues successives l'idée des Croisades, loin de s'éteindre, ait persisté à agiter les esprits. Le Christianisme avait pétri les masses et avait déposé dans leurs profondeurs un levain source d'une active fermentation. Une voix puissante se faisait-elle entendre? Aussitôt le frisson de 1095 traversait l'âme des nations.

En l'année 1198, Innocent III, ancien élève fort remarquable de l'Université de Paris, s'asseyait sur le trône de saint Pierre. Le nouveau Pontife, doué d'une prodigieuse activité, porte immédiatement ses regards sur tous les points de la catholicité. Les établissements d'Orient provoquent surtout son attention. Il adresse des lettres aux princes d'Europe et sollicite des secours (1). Les rois sont absorbés par des guerres locales. Richard a de la peine à protéger ses États contre les visées de Philippe-Auguste (2), et celui-ci, oublieux de ses devoirs, perd un temps précieux à introduire près de lui, à la place de l'épouse légitime, l'intrigante Agnès de Méranie (3). On prête au prince français cette parole :

— Que Saladin était heureux, il n'avait point de Pape !

On ne pouvait mieux dire pour justifier la sollicitude des Papes à protéger

(1) Hurter.
(2) Roger de Hoveden.
(3) Rigord.

la dignité du mariage et à conserver la pureté des mœurs. L'appel du Pape
ne reste pas néanmoins sans écho. Foulques, curé de Nully-sur-Marne, et
Martin, moine cistercien, parcourent, le premier, la France ; le second, l'Allemagne, et entraînent les populations.

Homme d'une instruction médiocre, Foulques possède une éloquence
populaire dont les effets, racontent les chroniqueurs, sont irrésistibles (1).
Plus insinuant, plus habile, Martin a le privilège du charme séduisant (2).
Avec des moyens divers, les deux orateurs obtiennent un résultat identique.

Foulques se présente dans les Ardennes, au château de Écris, où Thibault, comte de Champagne, offre un tournoi à la noblesse française. Il parle
avec tant de feu et de conviction que les seigneurs s'engagent à prendre la
croix. Le mouvement se propage. A la suite de Thibault, Louis de Blois,
Bernard de Montmirail, Simon de Montfort, Gautier et Jean de Brienne,
Gautier de Montpellier, Milo de Brabant, Manassé de Lille, Renaud de Dam-
pierre, Geoffroy de Villehardouin, etc, jurent de marcher sur les traces de
leurs pères.

Les futurs Croisés tiennent une assemblée d'abord à Soissons, puis à
Compiègne. Le commandement suprême est dévolu au comte Thibault de
Champagne. Il est réglé que, pour éviter les intrigues de la cour de Constantinople, on se transportera en Asie par mer. Reste à trouver les navires. On
songe à Venise, et six députés sont envoyés au doge pour traiter la question
du transport.

Parmi ces députés, on remarque Geoffroy de Villehardouin.

Né en Champagne, de 1150 à 1160, Villehardouin sera l'historien de la
Croisade. Il nous laissera ainsi, avec des preuves de son courage, un monument littéraire qui marquera les débuts brillants de la langue française, sortie
déjà des balbutiements de son enfance.

Venise était alors à l'apogée de sa gloire. Ses vaisseaux sillonnaient les
mers et portaient au loin la renommée de ses doges. Elle pouvait armer cent
galères. Elle aimait, assure-t-on, à redire ces paroles prononcées par le pape
Alexandre III au moment où ce Pontife remettait au doge un anneau d'or :

— Épouse la mer avec cet anneau ; que la postérité apprenne que les fils
de Venise ont acquis l'empire des flots, et que la mer leur a été soumise
comme l'épouse l'est à l'époux (3).

(1) Jacques de Vitry.
(2) Gunther.
(3) Muratori.

Le doge de Venise était alors Dandolo, vieillard qui avait plus de quatre-vingt-dix ans, mais qui conservait, en dépit de l'âge et de la cécité partielle dont il souffrait, une intelligence et une habileté supérieures.

Les Croisés sont accueillis avec empressement (avril 1201). Ils exposent leur requête et demandent des vaisseaux pour conduire en Orient plus de 30,000 hommes et plusieurs milliers de chevaux; ils réclament en outre des vivres pour neuf mois. Le doge accepte en échange d'une somme de 85.000 marcs d'argent (4.200,000 francs); il offre même de participer à l'expédition et de fournir cinquante galères sous la condition d'un partage égal dans les conquêtes.

Le peuple est convoqué à ratifier le traité. On s'assemble donc dans l'église de Saint-Marc.

Citons ici le bon Villehardouin; sa narration est pleine de charme :

« Quand la messe fut dite, le duc manda les députés et leur dit, pour l'amour de Dieu, qu'ils priassent le commun peuple d'octroyer ce qui était convenu.

» Les députés vinrent au monastère (à l'église), où ils furent beaucoup regardés de maintes gens qui jamais ne les avait vus. Alors Geoffroy de Villehardouin, le maréchal de Champagne, prit la parole par l'accord et par la volonté des autres, et commença à dire en telle manière :

» — Seigneurs, les barons de France les plus hauts et les plus puissants nous ont vers vous en-

DANDOLO, doge de Venise.

voyés, et vous crient merci pour qu'il vous prenne pitié de la cité de Jérusalem, qui est en servage des mécréants, et pour que vous vouliez, en honneur de Dieu, les aider à venger la honte de Jésus-Christ; et par ce motif vous ont-ils choisis qu'ils savent bien que nulle nation ni gent qui soit sur mer, n'ont si grand pouvoir comme vous avez, et en partant nous commandèrent que nous eussions à en tomber à vos pieds, et de ne point nous en relever que vous ne l'ayez accordé.

» Et alors les six députés s'agenouillèrent, pleurant beaucoup; et le doge et tous les autres commencèrent à pleurer de la pitié qu'ils en eurent, et s'écrièrent tous d'une voix et tendant les mains en haut :

» — *Nous l'octroyons ! nous l'octroyons !*

» Là y eut si grand bruit et si grande noise qu'il semblait vraiment que toute terre tremblât ; et quand ce bruit fut apaisé, Henri (Dandolo), le bon duc de Venise, monta au lutrin, et, parlant au peuple, lui dit :

» — Seigneurs, voilà un très grand honneur que Dieu nous fait, quand les meilleurs et les plus braves gens du monde ont négligé tout autre nation et ont requis notre compagnie pour une si haute cause que la vengeance de Notre-Seigneur (1). »

Le Pape ayant donné son consentement aux diverses clauses du marché, les Croisés élurent Thibault généralissime des troupes expéditionnaires. Mais la mort inopinée du comte vint compliquer les préparatifs du départ. Le margrave Boniface de Montferrat rallia les suffrages et succéda au prince défunt dans le commandement des forces chrétiennes.

Dès le printemps de 1202, les seigneurs se mirent en route pour Venise, où était indiqué le rendez-vous général.

La flotte flamande, composée d'une trentaine de vaisseaux, longea les côtes de France et d'Espagne, et s'engagea dans le détroit de Gibraltar, où une série de tempêtes retarda ses évolutions. Elle ne pénétra dans la rade de Marseille qu'à la fin de l'automne et priva ainsi l'armée, campée à Venise, d'un contingent assez important. Plusieurs barons français s'embarquèrent, de leur côté, dans différents ports d'Italie, manœuvres et contre temps qui contribuèrent puissamment à faire dévier la Croisade de son but primitif.

En effet, l'armée se trouva réduite à la moitié de son effectif ; on ne put réunir les sommes réclamées par les Vénitiens ; il en manqua près du tiers ; dès lors Venise, qui recherchait ses intérêts avant la gloire et les lauriers, eut beau jeu dans la poursuite de ses combinaisons commerciales. Le doge fit entendre aux princes que remise de toute somme serait conclue si les Croisés consentaient à aider les Vénitiens à s'emparer de Zara, ville de Dalmatie, placée autrefois sous la protection de Venise et possédée maintenant par la Hongrie. Pour dissimuler son but, Dandolo promit, en retour, de prendre la croix et de devenir ainsi le compagnon de ses alliés. Contents d'acquitter par ce moyen leurs dettes, la plupart des princes inclinèrent à l'acceptation de l'offre. D'autres s'y refusèrent ; et tandis que la flotte vénitienne se dirigeait vers Zara, plusieurs barons restèrent à Venise ou se rendirent dans les ports d'Italie.

(1) Texte publié par M. Paulin Paris. (*Société de l'Histoire de France.*)

Zara ouvrit ses portes, et l'armée passa dans la ville les mois d'hiver de 1202 à 1203.

Prévenu de cette désobéissance à ses recommandations les plus formelles, Innocent III se plaignit amèrement.

L'entreprise se détournait de sa voie sainte et tendait à se transformer en œuvre purement politique.

Mais les Croisés n'avaient vu dans les conseils du Pape qu'une direction et non un ordre. Ils ne croyaient pas renoncer au but en acquérant par la prise d'une ville les moyens de l'atteindre.

Par cette diversion, ils avaient obtenu des concours et des renforts. Ces arguments parurent légitimer à leurs propres yeux, malgré l'étrangeté de leur attitude.

On allait enfin mettre la voile sur l'Égypte.

On se disposait, en effet, au départ, lorsque survint dans le camp Alexis, fils de l'empereur de Constantinople. Il apporta des nouvelles qui piquèrent vivement la curiosité de tous. Une de ces mille révolutions dont la cour de Byzance était le théâtre, de temps immémorial, avait précipité du trône Isaac l'Ange. Celui-ci, après avoir eu les yeux crevés, était étroitement gardé dans une prison. Le coupable Alexis, frère de la victime, avait pris possession du sceptre.

Échappé aux mains de son oncle, Alexis, fils de l'empereur déchu, se rend à Rome et intercède auprès du Pape en faveur de son père. Il se transporte ensuite auprès des chefs croisés, à Zara, leur expose la situation de Constantinople et les supplie d'intervenir pour rendre la paix à l'État. Les Vénitiens, ces Anglais du Moyen-âge, n'entendaient pas, sans une sorte d'allégresse, cette prière qui les appelait à s'ingérer dans une question pleine d'avenir pour leur influence sur les mers. Les Croisés se ressouvinrent des affronts dont les avaient affligés tous les empereurs fourbes et traîtres. Si Jérusalem n'était pas en leur pouvoir, c'était à la politique sournoise d'Isaac l'Ange et de ses prédécesseurs qu'on le devait.

Le sang des aïeux criait vengeance.

Pourquoi, se disaient-ils, ne commencerions-nous pas la campagne par la conquête de cette cité où ont été nouées contre nous les plus cruelles intrigues ? Maîtres de Constantinople, de ses trésors, de sa flotte, de ses ressources, nous ne tarderions pas à être maîtres de l'Asie.

Il faut le reconnaître, la séduction était grande. Le Pape toutefois faisait obstacle. Aussi une division se produisit-elle parmi les Croisés. Les uns voulaient sans retard marcher sur Constantinople ; les autres, plus calmes et plus chrétiens, demandaient qu'on gagnât l'Égypte. Le parti favorable à une démonstration contre Constantinople l'emporta, et la flotte appareilla pour cette seconde escale dont le plan primitif n'avait certainement pas prévu la nécessité.

Nos chevaliers, hommes d'épée plutôt que de raisonnement, imposaient silence à leurs scrupules en pensant qu'entre deux chemins il pouvait être permis, les circonstances aidant et le profit devant suivre, de prendre le plus long. L'important était d'arriver au terme, et ils avaient le désir, après un détour, d'y parvenir.

Les exigences du ravitaillement obligèrent la flotte à s'arrêter à Corfou. Là, les discussions se ravivèrent. Les Croisés, respectueux des conseils du Pape, regrettaient de porter les armes contre une ville chrétienne et manifestèrent leur volonté de se séparer des Vénitiens. Alexis, par ses pleurs et ses promesses réitérées, eut le don de faire tomber les hésitations. Il s'engagea, dès qu'il serait à Constantinople, à favoriser l'expédition en Égypte, à fournir des vaisseaux et un corps auxiliaire, à payer au trésor de l'armée une somme de 200,000 marcs, et enfin à s'entremettre activement pour éteindre le schisme religieux. Cette dernière considération eut sur tous les esprits une influence décisive. Les oppositions cessèrent.

On ne peut s'empêcher d'admirer la délicatesse de ces rudes guerriers. C'est bien toujours un idéal religieux qu'ils poursuivent. Quand on lit avec attention la correspondance échangée entre les princes et Innocent III, on est saisi par le spectacle de ces Croisés entraînés plus loin qu'ils ne veulent par la force des choses, mais ne perdant jamais de vue la sainteté de la cause pour laquelle ils ont pris les armes.

Les historiens les font agir tantôt en enfants allant où les poussent une humeur batailleuse, tantôt en opposants fermant les oreilles aux remontrances de la Papauté.

Un tel jugement est superficiel. L'examen des documents nous les montre dans une attitude vraiment digne de la chevalerie dont ils sont les représentants. Qu'ils se séparent des Vénitiens, et la Croisade ne peut aboutir par manque de vaisseaux ; mais qu'ils se rendent à Constantinople, ils rencontreront une flotte, ils vengeront leurs ancêtres et ils amèneront sous la houlette du suprême pasteur un peuple égaré. Ainsi pensent ces braves guerriers.

Remise de Ptolémaïs à Philippe-Auguste.

Les historiens protestants, Hurter en particulier, rendent hommage à la belle conduite du Pape en cette circonstance. Si ce Pontife avait été guidé par l'ambition, loin de blâmer, il eut approuvé le coup de main contre Byzance.

Il y aurait vu un moyen de terminer par la force un schisme désastreux. Il proteste, au contraire; il veut que les armes chrétiennes protègent les cités chrétiennes. L'expérience lui a appris à se défier des visées marchandes de Venise. La bonne foi des Croisés lui paraissant évidente, il suspend néanmoins les censures.

La flotte lève l'ancre la veille de la Pentecôte.

« Le temps fut beau et clair, dit Villehardouin, et le vent bon et clément; aussi laissa-t-on les voiles aller au vent; et bien l'atteste le maréchal Geoffroy, qui dicta cet ouvrage et qui n'y a dit mot, à son escient, qui ne soit de pure vérité, comme celui qui assista à tous les conseils; bien atteste-t-il que jamais si grande chose navale ne fut vue, et bien semblait-il que ce fut expédition à devoir conquérir les royaumes; car, aussi loin qu'on pouvait voir, aux yeux ne paraissaient que voiles de nefs et de vaisseaux, tellement que le cœur de chacun s'en réjouissait très fortement. »

La veille de la Saint-Jean, la flotte forma une colonne en vue de Constantinople et vint mouiller en face, à Chalcédoine.

« Arrivèrent tous les vaisseaux et les barons, dit Villehardouin, et Dieu leur donna bon temps : alors ils quittèrent le port d'Abydos. Dès ce moment, vous auriez pu voir le canal Saint-Georges tout flori en remontant de nefs, de vaisseaux, de galères, de bâtiments de transport. C'était plaisir et merveille d'en regarder la beauté. En telle manière, ils coururent en remontant le canal, si bien que la veille de Saint-Jean-Baptiste, en juin, ils vinrent à Saint-Étienne, une abbaye qui était à trois lieues de Constantinople. Et lors ils virent tout à plein Constantinople. Ceux qui jamais encore ne l'avaient vue ne pensaient point que si riche cité il pût y avoir en tout le monde. Quand ils virent ces hauts murs et ces riches tours dont elle était close, et ces riches palais et ces hautes églises dont il y avait tant que personne ne l'eût pu croire s'il ne l'eut vu proprement à l'œil; et quand ils virent le long et le large de la ville, qui de toutes les autres était souveraine, sachez qu'il n'y eut homme si hardi à qui la chair ne frémît par tout le corps; et ce ne fut merveille s'ils s'en effrayèrent, car jamais si grande affaire ne fut entreprise d'aucune gens depuis que le monde fut créé. »

Le 6 juillet 1203, l'armée monta sur les vaisseaux et traversa le Bosphore.

Les Grecs attendaient sur le rivage et s'apprêtaient à s'opposer au débarquement. L'ardeur des Croisés est si vive qu'en approchant de la côte ils se jettent à la mer, ayant de l'eau jusqu'à la ceinture. Atterrés, les Grecs se retirent précipitamment dans la ville.

Le siège commence. Dix jours se passent dans des escarmouches. Enfin le 15 juillet, on décide de livrer un assaut par terre et par mer. L'empereur Alexis, poussé à bout par les plaintes de ses soldats, se résout à donner l'ordre d'attaquer les Français. A l'annonce du danger que court ses alliés, Dandolo change brusquement son plan. Écoutons encore Villehardouin :

« Or, pouvez ouïr étrange et fier exploit que fit le duc de Venise qui vieil homme était et ne voyait point. Il était tout armé à la tête de sa galère et avait devant lui le gonfanon de Saint-Marc. Il cria aux siens qu'ils le missent vitement à terre, ou sinon qu'il ferait justice de leurs corps. Et ils firent aussitôt à son commandement, car la galère où il était prit terre sur l'heure. Et ceux qui étaient dedans s'élancèrent et portèrent le gonfanon à terre. Quand les Vénitiens virent le gonfanon ainsi que la galère de leur seigneur qui avait pris terre, chacun se tint pour honni s'il n'en faisait autant. Et tous se précipitèrent, ceux des moindres vaisseaux sautèrent au rivage, et ceux des grands vaisseaux se jetèrent dans les barques, et tous abordaient à l'envi à qui mieux mieux. »

Le doge se joint aux Croisés. Cette habile manœuvre déconcerte les troupes grecques qui reprennent le chemin de la ville. Se sentant perdu, Alexis s'échappe, la nuit de son palais, et abandonne sa capitale. Irritée de cette lâche désertion, la population se soulève, arrache l'empereur prisonnier à son cachot, lui rend son sceptre et ouvre les portes de Constantinople aux chevaliers.

Cette révolution ne laissa pas que de surprendre nos Croisés, peu habitués à ces rapides changements de décors, très fréquents en Orient mais assez rares en Occident.

Ils pénètrent dans l'immense cité précédés du jeune Alexis. La foule se répand en acclamations et en vivats.

Isaac l'Ange, versant des larmes de joie, reçoit son fils dans ses bras et comble de félicitations et de protestations d'amitié les libérateurs de son peuple. Les richesses sans nombre accumulées par le génie artistique de la Grèce donnèrent comme un éblouissement aux soldats du Nord, mais la

discipline fut observée avec tant de rigueur que personne ne porta la main
sur les trésors des palais et des églises.

Au lendemain du triomphe, l'accord paraît complet entre les vainqueurs et
la population. Toutefois, les princes chrétiens se défient de la versatilité
extrême de ces esprits byzantins, ennemis de toute fixité. Pour le moment la
cour impériale est à la joie du retour.

Les Croisés écrivent à Innocent III pour raconter leurs exploits ; l'empereur,
de son côté, adresse des lettres au Pape et constate que l'espoir de mettre fin
au schisme a été le seul mobile de la conduite des chevaliers.

Pour porter un jugement sain sur la quatrième Croisade, on ne saurait trop
appuyer sur les documents qui en éclairent les vrais aspects : La cessation
du schisme restait toujours le but voulu de la plupart.

La difficulté capitale allait surgir : le paiement de l'indemnité. Alexis
représenta aux Croisés que son pouvoir étant encore mal affermi, il y avait
nécessité pour eux de retarder leur départ, que leur concours lui était précieux
et qu'un laps de temps assez considérable s'imposait pour le recouvrement
des sommes exigées.

Les princes résolurent donc d'attendre jusqu'aux fêtes de Pâques de l'année
suivante 1205. Ces atermoiements furent fâcheux.

Le parti de l'empereur déchu se ressaisit. L'amour-propre national aidant,
les Grecs ne tardèrent pas à voir dans les Latins des conquérants insolents
qui n'avaient pas à s'entremettre dans les discussions de l'État. Un de ces
ambitieux que les tempêtes politiques font naître d'ordinaire au sein des
peuples agités pour exciter les passions en effervescence, ne manqua pas de
surgir. Mursuflle, homme d'audace et de ruses, s'offrit comme le vengeur de
la patrie opprimée. Une sédition éclate, le palais est envahi, Alexis est mis en
prison et Mursuflle se proclame empereur. Au récit de ces lamentables événements qui ouvrent de nouveau sa prison, Isaac l'Ange meurt de chagrin.

L'usurpateur appelle la population aux armes, et les Croisés, campés hors
de la ville, apprennent avec étonnement cette révolution de palais qui les
prive du prince qui a signé le traité et qui place devant eux un second ennemi
à vaincre. Le conseil de guerre se réunit. Des ambassadeurs sont envoyés aux
principaux de la ville.

Pour toute réponse, Mursuflle descend dans le cachot d'Alexis, lui fait
boire un breuvage empoisonné, et, comme la mort est lente à venir, il l'étrangle
de ses propres mains. Le siège recommence. Mursuflle se défend avec l'éner-

gie du désespoir. Par deux fois, il tente de brûler la flotte vénitienne au moyen de chaloupes enflammées. Les Croisés livrent, le 8 avril 1204, un premier assaut infructueux. Enfin le 12 avril, après un combat acharné, ils entrent dans la ville, tandis que Mursuffle abandonne ses troupes et prend la fuite. L'incendie se déclare et le tiers de la cité est réduit en cendres.

S'il fallait s'en rapporter au Grec Nicétas, historien contemporain, les chevaliers auraient livré Constantinople au plus odieux pillage. Il est facile d'entrevoir la vérité à travers la rhétorique pompeuse de l'écrivain.

Dans les premiers instants, le pillage eut lieu : c'était alors le droit de guerre; mais les ordres des chefs étaient si formels que ce mouvement instinctif fut de peu de durée. Nicétas ne parle d'aucun massacre. Lui-même put fuir à l'aise, et comme un membre de sa suite était l'objet de sévices de la part d'un soldat latin, il obtint le respect du vainqueur en invoquant les prescriptions des princes relativement à la discipline.

Ce fait suffit amplement pour démontrer le peu de fondement des accusations froidement emphatiques du narrateur. Villehardouin ramène les choses à de plus vraisemblables proportions. Si les deux chroniqueurs diffèrent dans leurs récits, il est un point où ils s'accordent, c'est pour reconnaître la perfidie et la lâcheté des souverains de Byzance, et la mobilité excessive de ce peuple qui ne sait ni combattre ni respecter la foi jurée.

Le châtiment ne se fit pas attendre pour les usurpateurs. Alexis, qui avait détrôné Isaac son frère, conçut contre Mursuffle une haine profonde. Il l'attira dans une embuscade, le chargea de chaînes et lui creva les yeux. Peu de temps après, Alexis lui-même et Mursuffle tombèrent entre les mains des Croisés; le premier fut interné en Italie, et le second, assassin du jeune empereur, mis à mort.

On a reproché aux assiégeants les nombreux incendies qui désolèrent la ville et qui, dit-on, auraient détruit de nombreux manuscrits, précieux restes de l'antiquité classique. On ne sait s'il périt par le feu de nombreux manuscrits; ce que l'on sait, c'est que les incendies, réduits à deux seulement, furent allumés l'un par imprudence sans que l'on puisse spécifier si les Latins ou les Grecs en sont les auteurs, l'autre par tactique militaire. Un prince français occupait une portion des faubourgs. Craignant un retour offensif des Grecs contre sa troupe isolée, il fit mettre le feu aux maisons qui servaient de rideau à ses manœuvres. Cette ruse, en usage dans les guerres, ne saurait être considérée comme un acte de barbarie. Elle entre dans les divers moyens de défense dont l'emploi ne peut être blâmé.

Nicétas, comparant le sort de Constantinople à celui de Jérusalem, observe que Saladin fut plus généreux envers la Ville Sainte et qu'il ne la livrât pas à la rapacité du soldat. La comparaison est sans base. Jérusalem avait capitulé ; Saladin était lié par les engagements auxquels il avait souscrit. Constantinople était une cité prise d'assaut. A ce titre, suivant les coutumes internationales, elle devenait la possession du vainqueur. Il est à remarquer que, parmi toutes les villes ainsi emportées de vive force, Byzance fut la seule où les excès se firent sentir avec si peu de violence (1).

L'erreur provient de ce que l'on confond le partage du butin avec le pillage. La répartition des richesses est une des conditions de la conquête ; le sac proprement dit est l'action de la troupe se jetant en désordre sur ce qui excite son envie, dévastant et brisant pour satisfaire une passion de vengeance. Çà et là, d'inévitables scènes de destructions se produisirent ; dans l'ensemble, les recommandations du commandement furent respectées. Les reliques spécialement devinrent l'objet des religieuses convoitises du conquérant. Les derniers Césars avaient pris à cœur d'orner leurs demeures des plus vénérables débris de l'antiquité chrétienne. Les ossements des saints et des martyrs s'entassaient dans les églises, enfermés dans des coffrets d'or et d'argent. Les monastères et les églises d'Europe bénéficièrent de ces pieuses réserves. Une grande partie des reliques que nos villes du Moyen Age se glorifient de posséder proviennent ainsi de Constantinople. Elles témoignent de l'héroïsme de nos chevaliers, en même temps que de leur affectueuse sollicitude pour le pays natal (2).

Dans le but d'éviter les récriminations, péril toujours à redouter lorsque les vainqueurs appartiennent à des nationalités distinctes, les Français et les Vénitiens rédigèrent une série de règlements que chacun jura d'observer avec fidélité. Les fiefs et les principautés furent spécifiés avec soin. On procéda d'abord à la nomination d'un empereur. Douze électeurs sont choisis à por-

(1) Nicétas va jusqu'à relever les espiègleries commises par quelques soldats mis en belle humeur par la satisfaction du triomphe, et, par un artifice oratoire, en rejette sur tous la responsabilité. « Les Croisés, dit-il, se revêtaient, non par besoin, mais pour en montrer le ridicule, de robes peintes, vêtement ordinaire des Grecs ; ils mettaient nos coiffures de toile sur la tête de leurs chevaux et leur attachaient au cou les cordons qui, d'après notre coutume, doivent pendre par derrière ; quelques-uns tenaient dans leurs mains du papier, de l'encre et des écritoires pour nous railler, comme si nous n'étions que de mauvais scribes ou de simples copistes. Ils passaient des jours entiers à table ; les uns savouraient des mets délicats ; les autres ne mangeaient, suivant l'habitude de leur pays, que du bœuf bouilli et du lard salé, de l'ail, de la farine, des fèves, et une sauce très forte. » L'historien grec fait preuve, dans ses lignes, d'une naïveté fort peu orientale et surtout fort peu byzantine.

(2) V. Riant : *Exuviæ sacræ Constantinopolitanæ*.

tions égales ; parmi les deux peuples conquérants, le scrutin hésite entre plusieurs seigneurs, recommandables par leur courage et leurs mœurs. Enfin l'unanimité se forme sur le nom de Baudouin de Flandre.

Le prince était digne de ce choix flatteur. Il n'atteignait pas encore l'âge de trente-deux ans, écrit Nicétas ; sa piété ne faisait l'objet d'aucun doute ; la dignité de sa vie intime lui valait la considération générale. Il était affable, charitable, et sa modestie lui permettait de toujours écouter ceux qui parfois le contredisaient. Telle était sa chasteté, qu'il chassait impitoyablement du palais quiconque n'apportait pas dans le commerce de la vie sa haute délicatesse.

La cérémonie du couronnement eut lieu le 16 mai. Les fêtes durèrent huit jours.

Le premier soin de l'empereur est d'annoncer à Innocent III cette élection qui maintient et assure la conquête. Des lettres sont envoyées aux princes de l'Occident. Appel est adressé aux populations d'Europe pour les engager à se rendre en Grèce dans le but de participer aux avantages matériels de la victoire.

Les réponses du Pape décèlent cette largeur de vues, cette grandeur de génie qui ont fait d'Innocent III un des hommes les plus éminents de son siècle, un Pontife digne de figurer, au jugement de Hurter, à côté de Grégoire VII.

Le partage de l'Empire s'opéra rapidement. Boniface de Montferrat, déclaré roi de Thessalonique, soumet la Thessalie et Athènes. Guillaume de Champlitte, aidé de Villehardouin, s'empare du Péloponnèse. Venise fait main basse, de préférence, sur les îles. Toutes ces perles qui brillent sur l'écrin d'azur de la Méditerranée viennent ainsi orner sa couronne de reine des mers.

En Asie, Louis de Blois s'établit en Bythinie ; Henri, frère de Baudouin, soumet l'Hellespont, la Propontide et l'Eolide (1).

A cette époque, la Palestine et l'Égypte sont ravagées par des épidémies, des crues et des tremblements de terre. Les Croisés, installés désormais au foyer grec, se réjouissent d'avoir été éloignés, par une succession d'incidents inattendus, de ces régions désolées où ils eussent péri victimes des fléaux.

(1) V. *Chronique de Morée;* Du Cange : *Hist. de l'empire de Constantinople sous les empereurs français;* Buchon : *Recherches et matériaux pour servir à une Histoire de la domination française au XIIIe, XIVe et XVe siècles dans les provinces de l'empire grec, à la suite de la quatrième Croisade. Éclaircissements historiques, généalogiques et numismatiques sur la Morée et ses pairies.*

Ils n'oublièrent pas leur vœu néanmoins; ils tournent souvent la tête vers leurs frères qui, plus heureux en réalité, ont abordé à ce littoral pour lequel ils avaient quitté la patrie.

Recherchant la Terre-Sainte, ils avaient, en route, trouvé un empire. La suite démontra qu'ils avaient laissé la proie pour l'ombre.

Philippe-Auguste prend l'oriflamme de France à Saint-Denis, pour aller à la Croisade.

Cette quatrième Croisade est véritablement, suivant l'expression de Prévost Paradol, un roman de chevalerie (1).

(1) V. *Revue des questions historiques* : Riant : *Innocent III, Philippe de Souabe et Boniface de Montferrat* (1875); — Tessier : *La Quatrième Croisade* (1884); — Bouchet : *Édition de Villehardouin* (1892); — Mas Latrie : *Histoire de l'île de Chypre sous le règne des Lusignan* (1861).

Nombre d'assertions de ces auteurs ne peuvent être acceptées d'une façon définitive.

A propos de la disparition vraisemblable mais non certaine de manuscrits de l'ancienne littérature, au moment de la prise de Constantinople, Sainte-Beuve fait les réflexions suivantes : à S'il était vrai que la prise de la ville eût amené la perte des monuments littéraires qui avaient échappé précédemment, il faudrait, nous les lettrés et les disciples des doctes, le déplorer avec regret, avec amertume; mais vouloir que toute une époque soit heureuse de la manière dont nous l'entendons, et que les chevaliers du siècle de Villehardouin conçoivent l'emploi de leurs facultés comme les hommes de cabinet de nos jours, c'est

Nos Croisés, malgré eux et malgré la Papauté, sont amenés à fonder un empire. On a avancé que Venise, préparant depuis de longues années cette attaque contre une cité rivale, avait abusé de la confiance et de la bonne foi de l'armée française qui comptait plus de héros que de diplomates.

Les documents ne favorisent guère cette supposition. Nous pensons que les Vénitiens furent, eux aussi, entraînés par les événements. La prise de Zara leur suffisait.

L'occasion de frapper un coup plus fort se présentant, belle et alléchante, ils en profitèrent avec leur habileté habituelle. Ils n'avaient rien à gagner en établissant un État latin sur les ruines d'un État grec. Ils remplaçaient ainsi un vieillard et un moribond par un corps jeune et brillant de santé.

On a prétendu encore que l'influence de la Papauté éprouva un échec par suite de la non-obéissance des princes chrétiens, et que l'autorité pontificale, par voie de répercussion, décrût en Occident. Michelet s'est institué le répondant de cette opinion émise sans preuves (1).

Admettons le fait, d'ailleurs très contestable; l'avenir se chargea de ratifier les appréhensions de la Papauté et de rendre ainsi à son autorité le lustre qu'elle aurait perdu.

L'Empire latin de Constantinople n'eut qu'une durée éphémère. Il passa comme un météore. Nous l'avons constaté, le morcellement féodal était funeste à toute fondation étendue. Le pouvoir de l'empereur étant plus nominal que réel, la force faisait défaut à un souverain qui était censé commander à un vaste pays, et qui ne régnait, somme toute, que dans les limites d'un fief restreint. Chaque principauté absorbait ce qu'elle possédait de ressources dans le règlement de ses propres affaires. A l'heure du danger, les éléments offensifs ou défensifs s'éparpillaient dans des luttes individuelles, et l'ennemi reprenait en détail, morceau par morceau, le terrain mal protégé par des efforts isolés.

Le triomphe des Croisés ne resta pas sans résultats importants, au point

demander beaucoup trop. Et n'avons-nous pas vu nous-mêmes des guerres et des croisades s'enflammer, et des hommes de cabinet à leur tour y trouver leur large emploi? Ainsi va le monde, et, nonobstant ses changements de forme si souvent proclamés, il continuera longtemps sur ce pied-là. Si les uns y perdent, les autres y gagnent, et les grandes luttes naturelles ne sont pas finies. Et puis, il y a, ne l'oublions pas, à compter cette autre semence invisible et légère qu'on appelle la gloire, qui n'est point aussi vaine qu'on le croirait, qui étouffe et chasse des cœurs les tièdes mollesses, les empêche à temps de se corrompre, et qui, impérissables par essence, s'entretient dans les âmes et les races généreuses à travers les siècles. » (*Causeries du Lundi* : article Villehardouin.)

(1) *Histoire de France.*

de vue général de la lutte contre l'Islamisme. Un adversaire d'autant plus dangereux qu'il dissimulait mieux son jeu disparaissait, au moins pour un instant, du théâtre de la guerre.

Les Musulmans perdaient un allié sur lequel Saladin, autrefois, avait jeté ses vues pour pénétrer facilement en Europe (1). Au Caire et à Bagdad, on comprit que les Français n'avaient rien perdu de leur valeur.

Ces Français à la taille géante, desquels Nicétas disait : « qu'ils étaient aussi hauts que leurs piques, » avaient inspiré un tel effroi aux Grecs qu'on ne les contemplait qu'avec une envieuse admiration. On n'ignorait pas qu'ils se considéraient toujours comme liés par leurs promesses et que, des rives du Bosphore, ils s'apprêtaient encore à envahir l'Égypte.

La France, en particulier, recueillit un fruit abondant de cette excursion aux rivages levantins. Sa réputation grandit. La première Croisade avait déjà jeté son nom à tous les échos de l'Orient. La prise de Constantinople donna à son génie d'expansion une suprême consécration. « Les Français, écrivait plus tard le pape Honorius, ont réussi à créer une nouvelle France. Une brusque tempête effaça de la carte européenne cette fondation hâtive. Quelque chose resta au pays grec : la langue; le Catalan Montaner nous apprend qu'au début du xive siècle on parlait toujours le français à Athènes et dans le Péloponèse ; on le parlait même, ajoute-t-il, aussi bien qu'en France : « *E parlaven axi bell frances, com dins en Paris.* »

---

(1) « Nous aimerions mieux, s'écriait un émir, avoir perdu Jérusalem que Constantinople. »

CHAPITRE IV

Cinquième Croisade : Innocent III, André de Hongrie, Jean de Brienne.

Innocent III, loin d'abandonner son projet de Croisade, ne cessait de rappeler aux princes de l'Europe la nécessité d'accourir au secours des colonies d'Orient. Les princes, de leur côté, sentaient fort bien que Constantinople ne pouvait être considéré que comme un lieu d'étape sur la route qui conduisait en Palestine. Le sentiment populaire, revenu de la surprise où l'avait plongé le dénouement étrange de la précédente expédition, réclamait une entreprise sérieuse où les Vénitiens ne seraient consultés ni à titre d'inspirateurs ni en qualité d'organisateurs. Toutefois, le désir d'une nouvelle Croisade était plutôt une aspiration vague qu'un élan nettement déterminé. Ce n'était plus la flamme vive et ardente des premiers temps ; c'était un feu qui allait doucement et autour duquel l'œil de l'observateur apercevait des traces de cendre.

Pour raviver le foyer, le Pape eut recours au moyen décisif. Il convoqua la Catholicité à un Concile œcuménique. Le succès répondit aux espérances.

Les principautés latines se trouvaient alors en proie à la plus lamentable misère.

Par suite de brusques transitions de température, les récoltes avaient fait défaut pendant plusieurs années ; la famine était survenue, décimant d'une façon horrible les populations déjà effrayées par de continuels tremblements de terre et par de subites inondations. Les écrivains arabes font appel aux plus sombres couleurs pour peindre ces années malheureuses où périrent de faim et de maladie des tribus et des villes entières.

Le récit de ces maux, parvenu rapidement en Europe, excita une commisération générale.

C'est à cette époque que, sur la foi de chroniqueurs naïfs, les historiens placent la plus bizarre des entreprises, la *Croisade des Enfants*. En Allemagne, 20.000 enfants, grisés par les excitations de l'un d'entre eux plus hardi et plus téméraire qu'on ne l'est à dix ou douze ans, partirent pour les côtes de l'Adriatique dans l'espoir d'y rencontrer des navires qui les transporteraient en Orient ; ils se perdirent dans les forêts, se trompèrent de route et revinrent couverts de honte dans leur pays.

En France, des paysans, ces enfants d'un autre genre, s'attroupèrent autour d'un jeune berger des environs de Vendôme, parcoururent la France et arrivèrent à Marseille au nombre de 30,000, demandant à être emmenés en Syrie. Deux marchands les embarquèrent sur trois navires, les conduisirent à Damiette et les vendirent comme esclaves aux Musulmans.

Jusque dans ces dernières années, on ne s'est permis aucun doute sur cette double anecdote digne de prendre place dans les *Mille et une Nuits*.

On n'a pas assez remarqué que les auteurs qui rapportent de tels exploits n'en ont pas été témoins. D'ailleurs, l'invraisemblance y coudoie l'absurde. Voit-on 20,000 enfants s'échappant de la demeure de leurs parents et marchant à l'aventure sans éveiller la sollicitude des familles ? Cette fable ridicule ne pouvait avoir pour contrepoids que celle de la folie des paysans français parvenant sur le rivage de Marseille et, par le plus singulier tour de passe passe, se réveillant tout d'un coup entre les mains des Musulmans, tandis qu'ils se croyaient au milieu de leurs compatriotes à Saint-Jean d'Acre. Les opérations de ce genre ne se produisent qu'en rêves. Nous estimons qu'Albert de Stade et autres écrivains du temps ont grossi démesurément des faits insignifiants et qu'ils ont accordé, à nous ne savons quelle équipée véritablement puérile, une importance que la critique, même la plus débonnaire, ne saurait accepter.

Le 19 avril 1213, Innocent III publia la bulle convoquant, à Rome, le Concile universel. Cette bulle fut adressée à toute sa chrétienté. Au mois de juin de la même année, le Pape publia une deuxième bulle, consacrée entièrement à la Croisade. Le cardinal Robert de Courçon reçut ordre de se rendre en France, afin de disposer les esprits au soulèvement. C'est toujours vers la France que la Papauté tourne les regards dans les instants solennels où doivent être prises les grandes décisions.

Enfin la douzième assemblée des états généraux de l'Église s'ouvrit dans l'église patriarcale de Latran, le 11 novembre 1215, et dura jusqu'au dernier jour du mois. Il s'y trouva plus de quatre cent douze évêques et près de neuf cents abbés ou prieurs. La plupart des rois de l'Europe y envoyèrent leurs représentants.

Comme au concile de Clermont, les Pères procédèrent d'abord à la réformation des mœurs. De nombreuses questions de discipline furent élucidées. Enfin la Croisade est proclamée, et le départ des armées fixé au 1ᵉʳ juin 1215. Au lendemain de la tenue des assises conciliaires, Innocent III s'attacha, avec son activité habituelle, à prévoir toutes les difficultés. Il désirait principalement que la paix régnât entre les Pisans, les Génois et les Lombards. Pour parvenir à ce but, il se rendit à Pérouse. Il y tomba malade. Sa santé, fortement ébranlée par d'incessantes préoccupations, ne put résister au mal. Le Pape s'éteignit le 16 juillet 1216, laissant, après un pontificat de dix-huit ans, la réputation d'un homme d'état de premier ordre.

Honorius III lui succéda et dans ses charges et dans son zèle. Le premier soucis du nouveau Pape fut d'annoncer son élévation aux princes de l'Europe et d'écrire aux chrétiens d'Orient. Ceux-ci redoutaient un ralentissement dans les préparatifs de la Croisade. Leur roi, Jean de Brienne, était aux prises avec des embarras de tout genre. Ce jeune monarque avait abordé à Saint-Jean d'Acre sous les auspices les plus heureux. Choisi par Philippe Auguste pour gouverner les états latins et pour mettre un terme aux divisions qui affaiblissaient les Chrétiens, il se voyait, à peine assis sur le trône, dans l'obligation de défendre sa capitale contre les incursions arabes. Il implorait le secours et de son bienfaiteur et du Pontife de Rome. La lettre d'Honorius calma ses appréhensions en lui faisant entrevoir la prochaine arrivée des corps alliés.

Trois rois, Jean d'Angleterre, André de Hongrie et Frédéric d'Allemagne, se revêtirent du signe des pèlerins.

Jean mourut trop tôt pour réaliser son projet; Frédéric avait des vues ambitieuses qui firent obstacle à son départ et qui le déterminèrent à louvoyer entre sa promesse et l'exécution. Il parlait sans cesse de lever une armée et avait sans cesse à résoudre au préalable des difficultés pressantes. Il cherchait surtout à consolider son pouvoir et à se prémunir contre les menées de ses compétiteurs. En protestant de ses bonnes intentions, il tentait surtout d'assoupir la vigilance du Pape.

Plus franc et plus chevaleresque, le roi de Hongrie se mit en route en 1215.

En France, Philippe Auguste, très occupé à assurer la conservation de ses provinces, ne songeait nullement à quitter ses états ; il favorisait néanmoins de tout son pouvoir l'enrôlement des seigneurs, et imposait de lourdes charges à ses revenus pour aider à l'armement des siens.

Déjà une foule de Croisés, partis de Marseille, de Gêne et de Brindes, abordaient à Ptolémaïs, en compagnie des troupes de Lusignan, roi de Chypre. A son tour, le roi de Hongrie, suivi du duc de Bavière et du duc d'Autriche, gagna le port de Spalatro et s'embarqua sur des vaisseaux que fournirent Ancône et Venise. Le corps expéditionnaire s'élevait au chiffre d'une cinquantaine de mille hommes. La traversée fut bonne et l'armée entra sans encombre dans la rade de la cité chrétienne. Le début des opérations s'annonça heureusement. Le sultan du Caire, accouru en toute hâte pour protéger la haute Galilée, arriva assez tôt pour essuyer une sanglante défaite. Enhardis par le succès, les Croisés résolurent d'entreprendre le siège de la forteresse que Saladin avait fait construire sur le mont Thabor. Cet acharnement à s'user ainsi autour des murailles est véritablement inexplicable de la part de troupes que les rencontres en pleine campagne trouvaient toujours invincibles. On commença donc le siège. A la suite d'un assaut vigoureux, la forteresse allait capituler, lorsque la division se mit parmi les assiégeants qui abandonnèrent aussitôt l'entreprise. Les chroniques du temps se taisent sur les motifs secrets de ces discussions que la présence du roi aurait dû rendre sans importance. Mais André II, prince bon et loyal, manquait de cette énergie dans le commandement et de ce coup d'œil dans l'organisation qui sont les qualités élémentaires de tout chef d'armée.

L'hiver approchant, on se décida à partager les troupes en quatre cantonnements ; André II se retira à Tripoli, le duc d'Autriche campa à Césarée, les Templiers s'établirent aux pieds du mont Carmel, et les soldats, laissés libres dans leur choix, se rendirent à Ptolémaïs.

Après un séjour de trois mois à Tripoli, le roi de Hongrie, persuadé que son vœu était accompli, et craignant, pour ses états, les agissements de Frédéric, dont le départ était indéfiniment retardé, résolut de revenir en Europe. Rien ne put entamer sa détermination. Confiant la plus grande partie de ses troupes au roi de Jérusalem, il prit le chemin de l'Arménie d'où il gagna la Hongrie.

Au moment où l'émotion provoquée par la défection inattendue du prince hongrois est à son comble, les habitants de Ptolémaïs voient, entrant dans le port, en ordre de bataille, une flotte montée par les plus beaux guerriers du nord de la France et de l'Allemagne. Ce sont les troupes de Guillaume, comte de Hollande, et de Georges, comte de Wit. Ces troupes, impatientes de gagner l'Orient, et irritées par les atermoiments de Frédéric d'Allemagne, avaient pris la mer à l'embouchure de la Meuse, et, cotoyant le littoral de la France et du Portugal, avaient fait escale à Lisbonne. Là, des évêques portugais et de nombreux seigneurs de la contrée vinrent implorer leur secours contre les Maures qui ne cessaient d'envahir le pays, et qui, du château d'Alcazar, centre de ralliement, razziaient les bourgs et les villes. Dans le but de faire cesser toute hésitation, ils représentèrent aux Croisés qu'ils se trouvaient dans l'obligation, par suite d'un traité, d'envoyer chaque année cent jeunes esclaves au sultan du Maroc. Une telle oppression demandait vengeance. Les Croisés, considérant que l'hiver où on entrait ferait obstacle à la navigation, se hâtèrent de déférer au désir de leurs frères dans le Christ. Les soldats descendent des navires et se transportent à Alcazar. Le siège de la forteresse commence le 30 juillet 1217. Les rois sarrasins de Cordoue, de Séville, de Jaën et de Badajoz volent au secours des assiégés. Les Croisés acceptent la bataille; les Arabes, vaincus, prennent la fuite, laissant parmi les morts les rois de Cordoue et de Zaën. Enfin, le 21 octobre, Alcazar se rend à discrétion. Le vainqueur passe l'hiver à Lisbonne, et, au printemps, met à la voile dans la direction de la Palestine.

A l'audition des merveilleux exploits des nouveaux venus, les habitants de Ptolémaïs font retentir les rues de leurs acclamations enthousiastes. La confiance renaît de toutes parts. On se compte; jamais l'armée n'avait été aussi forte. On décide de recommencer les hostilités, sous la conduite de Léopold, duc d'Autriche.

Malek-Adel, frère de Saladin, vient de mourir. Sa succession ouvrira, pour l'Islamisme, une ère de luttes intestines qui favorisera la sultanie du Caire au dépens des sultanies rivales. Le kalife d'Egypte, saura, au sein des troubles, acquérir une prépondérance qu'il conservera longtemps. Désormais, au lieu d'avoir leur adversaire le plus sérieux sur leur gauche, les principautés latines le rencontreront presqu'en face. Le théâtre de la guerre se trouvera ainsi déplacé. Plusieurs raisons puissantes convainquirent les Croisés de la nécessité de frapper un grand coup en Égypte. En s'emparant de cette région, ils coupaient en deux tronçons l'empire musulman, ils isolaient de leur base d'opération les états barbaresques et les Maures espagnols; enfin, en établissant à Damiette une colonie chrétienne, ils détruisaient la marine turque et donnaient aux ports de Palestine une importance d'autant plus considérable que la science maritime était alors dans une période d'essor et de progrès fort sensible. Cette combinaison savante que les chrétiens du Levant exposèrent avec chaleur aux chrétiens d'Occident, rallia tous les esprits. Elle marque une transformation dans la stratégie. Les émirs le comprirent si bien qu'ils abandonnèrent peu à peu la Palestine pour concentrer leurs ressources autour du Nil. Le sultan de Damas alla même jusqu'à démolir les forteresses construites à grands frais sur les hauteurs qui commandaient les vallées et les plaines de la Judée, et fit raser les fortifications de Jérusalem, rendue ainsi à l'état de ville ouverte.

Au mois de mai 1218, la flotte chrétienne sortit du port de Ptolémaïs et appareilla dans la direction de Damiette. Le vent fut contraire. La plupart des navires abordèrent au littoral égyptien après une traversée de trois jours, tandis que les navires en retard ne purent rejoindre le gros de la flotte qu'au bout de six jours.

Damiette, située à un mille de la mer sur la rive droite du Nil, était alors protégée par une double muraille du côté du fleuve, et par une triple enceinte du côté de la terre. Une tour très élevée défendait l'entrée du Nil et une chaîne de fer reliait la tour à la cité fermant toute issue aux vaisseaux. En prévision d'un long siège, les Turcs avaient amoncelé dans les magasins d'immenses provisions de vivres et de munitions.

Les Croisés établissent leur campement sur la rive gauche du fleuve. Leur premier souci est de s'emparer de cette tour qui se dresse au milieu des flots et qui leur interdit l'approche de la ville. Mais comment donner l'assaut à cet îlot qu'entoure un « sol » mouvant? Le besoin est créateur. Parmi les pèlerins se trouve souvent quelque clerc plus hardi et plus ingénieux que ses frères et qui sait à point organiser une machine destinée à pourvoir à la difficulté présente. On imagine donc de dresser tour contre tour. Un vaste radeau voit s'élever sur ses poutres une sorte de forteresse, munie, à son sommet, d'un pont-levis. On choisit un temps calme. A force de ramer, l'énorme château pénètre dans le fleuve. Une grêle de flèches, lancées par les Turcs, salue son arrivée. Sans s'émouvoir, il s'approche de l'îlot. Le pont-levis s'abat sur les créneaux ennemis, et déjà une fourmilière de guerriers, sortant de tous les recoins, s'apprête à s'élancer sur la voie aérienne. On n'avait pas songé au feu grégeois; tout à coup les flammes jaillissent et enveloppent la tour de bois, menaçant d'une mort cruelle les intrépides chevaliers. Avec un sang-froid d'autant plus admirable qu'il est plus rare chez les Occidentaux, on sonne la fin du combat et chacun se met en mesure d'éteindre le feu. On y parvient, et là lutte reprend avec un nouvel acharnement. Le pont-levis s'applique à nouveau sur les murailles, et les Croisés se précipitent l'épée à la main sur les chemins de ronde, culbutent la garnison et arborent sur la citadelle le pennon d'Autriche (1).

Ce premier succès parut de bonne augure.

Les navires qui avaient transporté l'armée sur la terre égyptienne, ne pouvant tenir longtemps la mer, s'étaient retirés. Les Croisés, se voyant dans l'impossibilité d'investir Damiette du côté du Nil, firent leurs efforts pour empêcher toute communication par terre avec la ville. Ils eurent à déjouer les ruses nombreuses des Arabes, qui, transformés en plongeurs, se frayaient un chemin à travers les eaux pour porter des instructions aux assiégés. Ils tendirent des cordes destinées à servir d'avertisseurs, et parvinrent souvent à l'aide de filets à retirer du fond du fleuve des messagers qui les initièrent aux plans des émirs. Le siège néanmoins n'avançait qu'avec lenteur. Un certain nombre de pèlerins découragés soit par le climat brûlant, soit par des froissements d'amour propre, partirent pour l'Europe. Les vides causés par ces défections se remplirent rapidement par les apports réguliers, que les vaisseaux d'Occident déchargeaient sur la plage. Le pape Honorius envoya un légat dont l'ardeur un peu inquiète, au dire du continuateur de la chronique de Guillaume de Tyr, causa des divisions qui faillirent changer le succès en défaite. Nous ne savons, les sources contradictoires faisant défaut, jusqu'à quel point l'historien a raison dans ses plaintes; mais ce qui est hors de doute, c'est que l'activité exubérante du légat Pélage eut pour résultat de stimuler la bravoure trop calme et trop patiente du duc d'Autriche et du roi de Jérusalem. Les opérations furent dès lors poussées avec une vigueur extrême. Plusieurs combats heureux livrés sous les murs ravivèrent la confiance des soldats. On songeait enfin à l'assaut lorsque le sultan du Caire offrit des propositions de paix. Il s'engageait à payer une forte indemnité, à restituer la ville de Jérusalem et son territoire, et à rendre à la liberté tous les prisonniers. De telles ouvertures étaient séduisantes; on les eut acceptées si le légat, les évêques, les Templiers, les Hospitaliers et les chevaliers teutoniques n'eussent représenté que la foi des Turcs obligeait à une défiance que trop de déceptions

(1) V. *Chroniques* d'Olivier Scholastique et de Jacques de Vitry, témoins oculaires.

rendaient légitimes. Les propositions sont rejetées et les Croisés se préparent
à l'assaut. Tout étant prêt, le 4 novembre 1219, on choisit la nuit pour
forcer la ville. Un orage qui éclate avec violence favorise les mouvements.
Deux portes de l'enceinte cèdent sous la poussée. Les soldats se précipitent
par ce passage libre et envahissent les tours de garde. Dès que le soleil
éclaire le champ du combat, un spectacle affreux se déroule aux yeux du vainqueur. Les rues sont encombrées de cadavres, et des maisons sortent des
corps hâves et décharnés. Décimée par la famine, la population était réduite
à une poignée de combattants. Ceux qui, la veille, pouvaient encore se sou-

SCEAU DE BAUDOUIN, COMTE DE FLANDRE.

(Tiré du *Sigilla comitum Flandrias*, Bruges, 1839.)

tenir venaient de périr dans le dernier spasme du siège. Il ne restait que
des ombres, errant au milieu des ruines et des tombeaux.

L'armée chrétienne avait mis dix-sept mois pour s'emparer de
Damiette.

L'effet produit par ce triomphe eut une importance considérable. L'islamisme se sentit menacé jusque dans ses foyers. Sans doute il ne périt point,
durant les phases différentes du siège, la quantité d'hommes que les récits légendaires nous indiquent; la mesure est loin de constituer la qualité maîtresse des

historiens arabes, et souvent, pour eux, un chiffre n'est qu'une métaphore; mais un fait reste vrai, c'est que la ville de Damiette étant la clef de l'Égypte, sa chute laissait à découvert le pays.

Que devaient faire les Croisés? De nos jours, les troupes victorieuses profiteraient du succès en accentuant leur marche en avant. Pour cela, il faut un plan. Or, au Moyen-âge, le plan était une combinaison à laquelle on ne songeait que rarement. Une campagne militaire consistait avant tout dans la prise d'une ville forte. La ville une fois prise, la campagne se trouvait moralement terminée.

Au lieu d'utiliser la victoire, les Croisés se reposèrent à l'abri des murailles conquises. Cette tranquillité devint funeste. Les divisions germèrent parmi eux. Pélage parlait en maître; Jean de Brienne, nature douce et indolente, s'aigrit et se retira à Ptolémaïs. Il fallut les instances et les prières du légat pour le ramener à la tête de ses troupes.

Pendant ce temps, le sultan du Caire, Aladil, refaisait son armée. A l'aide de sommes énormes, il retirait du Caucase des hommes jeunes et vigoureux, les formait à la guerre et se préparait ainsi une garde de premier ordre. Ces soldats reçurent le nom de Mameluks (esclaves).

Tel était pourtant l'effroi causé chez les émirs par la prise de Damiette, que le sultan renouvela ses propositions de paix. On ne voulut y voir qu'un moyen détourné pour gagner du temps.

Les Croisés résolurent alors de sortir de leur inaction et de pousser sur le Caire (1221). Ils s'aperçurent qu'Aladil avait construit à douze lieues de Damiette et à quinze lieues de sa capitale un vaste camp retranché, dénommé dans la langue indigène Mansourah. Force était de s'emparer de ce camp. Les cavaliers s'établirent entre deux branches du Nil et se fortifièrent. Ils avaient compté sans les inondations périodiques du Nil. Bientôt le fleuve grossit et envahit les premières tentes; l'eau montant toujours, l'emplacement de l'armée fut complètement envasé.

Grande est la consternation de nos preux lorsqu'ils constatent qu'au lieu d'un Turc à pourfendre, ils n'ont en face d'eux qu'un flot jaunâtre et boueux contre lequel heaume et bouclier ne possèdent aucune vertu. Périr dans la fange, quand l'ennemi est à deux pas, et qu'on est résolu à vendre chèrement sa vie, est une perspective peu glorieuse.

Pour comble, la disette se fait sentir. Pressés les uns contre les autres dans un espace étroit, les soldats ne peuvent ni fuir ni avancer. Les plus savants d'entre eux, interrogés sur le moment où finirait cette inondation inopportune, ne répondaient que par des suppositions fantaisistes.

Le sultan trancha la difficulté. Il avait appris les succès inouïs des généraux du terrible Gengiskan.

Cet homme de guerre, dont les exploits remarquables semblent relever plutôt de la légende que de l'histoire, s'emparait de l'Asie ; ses lieutenants refoulaient les tribus musulmanes (1). De plus, les Géorgiens se déclaraient hautement pour les Chrétiens et s'appêtaient à se joindre à eux pour entrer contre Islam en lutte ouverte. La situation du sultan devenait critique. Il y avait urgence à conclure la paix avec les Croisés.

Aladil saisit avec intelligence l'anxiété dans laquelle ceux-ci étaient plongés et leur fit offrir la paix. L'armée chrétienne, qui attendait chaque jour des renforts d'Europe et qui escomptait l'arrivée de Frédéric d'Allemagne, s'irritait des délais persistants d'un prince qui ne se montrait généreux que dans ses promesses. Le découragement gagnait les esprits. La paix étant dans les vœux de tous, les ouvertures du sultan sont agréées. Les négociations durèrent plusieurs jours, preuve évidente que la situation des Croisés étaient moins critique que quelques-uns ne l'imaginent. Elles aboutirent enfin à un traité en vertu duquel une trêve de huit ans était consentie entre les belligérants ; en outre, les prisonniers chrétiens devaient être rendus à la liberté, Damiette faisait retour au sultan, et le bois de la vraie Croix revenait au roi latin (8 Septembre 1221).

Les Musulmans n'eurent rien de plus pressé que de violer leurs engagements, justifiant encore une fois les craintes manifestées précédemment par les princes qui se refusaient à accueillir favorablement les avances d'Aladil.

L'insuccès de la cinquième Croisade eut pour cause l'imprévoyance habituelle des chevaliers occidentaux. Cette imprévoyance, nous l'avons déjà observé, tenait au caractère, à la trempe d'esprit de nos soldats, héros plutôt que tacticiens. Pour eux, l'expédition prit fin dès l'assaut victorieux de Damiette.

En outre, le commandement fut toujours d'une faiblesse déplorable. André

(1) Gengiskan (Gengis, *fort*, Kan, *chef*) naquit en 1155 ou 1162. Il était simple chef d'une tribu mongole, tributaire des Tartares Khitans qui possédaient la Tartarie orientale. En quelques années, il se tailla un empire immense qui s'étendait de la mer Noire à la mer de Chine. A sa mort (1227), il partagea ses États entre ses quatre fils.

Gengiskan fut un conquérant souvent inhumain et barbare. Le code des lois qui porte son nom est encore en vigueur en Tartarie.

de Hongrie n'avait ni fermeté dans la pensée ni consistance dans l'exécution ; Jean de Brienne remplaçait volontiers le sang-froid par la fougue et Pélage confondait le mouvement avec l'action.

Au souffle de la charité avait germé, dans le sillon évangélique, une institution destinée à adoucir certaines douleurs, conséquence inévitable de la guerre. Jean de Matha et Félix de Valois, touchés des plaintes qui s'exhalaient des prisons où les Turcs enfermaient leurs captifs, s'unirent à quelques gentilshommes et se constituèrent les frères du rachat. De là l'Ordre des Trinitaires. Bientôt, Pierre de Nolasque, poursuivant un même but, établira l'Ordre de la Merci.

Il est incalculable le bien produit par les Pères Rédempteurs qui, au prix de leur vie, illuminèrent toujours d'un rayon d'espérance les geôles orientales et en ouvrirent souvent les portes.

La France, qui, durant les Croisades, donna sans calculer son sang le plus généreux, eut la gloire d'être le berceau de ces deux admirables fondations. Lorsque les Croisades auront pris fin, les Rédempteurs seront encore debout pour disputer des victimes à l'avarice et à la barbarie des corsaires.

CHAPITRE V

Sixième Croisade : Grégoire IX. — Frédéric d'Allemagne.

La sixième Croisade a pour acteur principal Frédéric II, empereur d'Allemagne. Esprit prompt, hardi, téméraire, volonté ondoyante, conscience dépourvue de scrupules, Frédéric rêve au rôle de Charlemagne. L'Occident, c'est lui. Il est satisfait s'il parvient, à force de mouvement et de bruit, à attirer sur son inquiète personnalité l'attention générale. Les traités, il les accepte tous, sauf à les rompre si son ambition l'exige. Pour lui, l'ami d'aujourd'hui est l'ennemi de demain ; l'allié n'est à ses yeux qu'un complice ou un adversaire secret. Les circonstances, d'ailleurs, le favorisent ; sur les trônes de l'Europe, aucun roi n'est en relief. Seul, le Pape fait écran ; aussi toute la diplomatie germanique est-elle tournée du côté de Rome pour essayer de surprendre le vieillard qui occupe le siège de saint Pierre.

Le manteau de Charlemagne a des plis trop larges pour la taille du César allemand. Du grand empereur, Frédéric n'a que l'activité que nul obstacle ne peut réfréner et que la confiance dans sa force que nul événement heureux ou malheureux ne peut amoindrir.

A force de s'agiter et de s'ingérer dans les questions, il est parvenu à se faire considérer comme l'arbitre des rois et le rempart de la chrétienté. Son nom suffit pour effrayer le sultan du Caire, et les chevaliers de la Croix tournent obstinément les yeux vers lui comme l'unique sauveur. Dans cet homme à proportions grandioses, il n'y a que des apparences.

Voici le portrait qu'en fait le protestant Sismondi :

« Il tenait des princes de la maison de Souabe l'amour de la guerre et une valeur quelquefois brutale ; mais, comme son premier aïeul maternel, Robert Guiscard, et comme les Normands auxquels il succédait, il savait allier la bravoure à une politique astucieuse et à une dissimulation profonde. »

Parlant de ses rapports avec les Papes, le même auteur ajoute que l'empereur y apportait « la souplesse et souvent la mauvaise foi. »

« Ses paroles, écrit-il encore, n'étaient jamais l'indication de ses pensées, et ses promesses garantissaient rarement ses actions futures. »

Un tel jugement justifie la sévérité du nôtre.

Pressé par Honorius d'exécuter sa promesse et de prendre la Croix, Frédéric se confond en excuses. Il n'oublie pas ses engagements, mais les soucis du pouvoir le retiennent encore dans ses états. Il se dispose néanmoins à partir. Dans le but d'obtenir une décision plus prompte, le Pape lui fait offrir la main d'Iolande, fille de Jean de Brienne, roi de Jérusalem. Frédéric souscrit avec empressement à cette union qui lui fait entrevoir, à titre de dot, la succession au trône de Palestine. Le mariage est célébré à Rome en grande pompe. A cette occasion, le souverain renouvelle ses serments. Mais à peine a-t-il quitté la ville éternelle que l'hésitation le reprend. Honorius meurt sur ces entrefaites (18 mars 1227). Le cardinal Hugolin lui succède sous le nom de Grégoire IX. Le nouveau Pontife est âgé de quatre-vingts ans. Malgré cet âge, qui est d'ordinaire celui du repos, Grégoire a conservé toute sa lucidité d'intelligence et sa remarquable mémoire. Plus actif que jamais, il prend en main vigoureusement le gouvernail de l'Église. Il aura près de cent ans lorsqu'il cédera à un autre et ses anxiétés et sa charge.

A la lettre par laquelle le Pontife communique aux rois son avènement, l'empereur d'Allemagne répond et par des éloges à l'égard de l'élu et par des promesses en ce qui concerne la Croisade. Au moment de tenir parole, les tergiversations recommencent. Pourtant la date du 27 août 1227, où Frédéric, suivant le traité de San-Germano, doit partir, approche. Déjà, de la France, de l'Italie et de la Hongrie, les Croisés s'avancent vers Otrante et Brindes, villes indiquées comme rendez-vous. Les chevaliers qui attendent dans ces stations, s'étonnent d'un retard qu'ils ne peuvent comprendre. Les chaleurs excessives engendrent des épidémies et le mal fait de nombreuses victimes. L'impatience gagne même les plus fermes ; les rangs s'éclaircissent et l'armée menace de s'émietter avant même d'avoir organisé ses effectifs.

Enfin le monarque se détermine à rompre avec les tergiversations. Il se rend à Brindes, accompagné des acclamations de la foule, et s'embarque solennellement. Quelles pensées agitent alors son esprit, personne ne le devine. A peine a-t-il fait quelques lieues en mer qu'il revient sur sa route et débarque à Otrante. Aujourd'hui encore, amis ou adversaires ne parviennent pas à expliquer cette bizarre résolution. Frédéric prétexte une maladie et va, en effet, se reposer aux bains de Pouzzoles. Pour beaucoup cette maladie reste un mystère. Craint-il pour ses états? Mais pourquoi cette crainte ne survient-elle que lorsque la flotte est en pleine mer. Que pensera l'Europe en apprenant que le prince en qui elle place son espoir bat en retraite avant le combat; que dira l'Orient, dont les troupes se désagrègent à la seule évocation du nom de l'empereur? Ces réflexions ne pèsent d'aucun poids sur le fugitif, qui se plaît d'ailleurs aux brusques changements d'attitude.

Grégoire IX prit fort mal, on le conçoit, une semblable excentricité. Le 29 septembre 1227, il prononça l'excommuniation contre Frédéric. Humble ou arrogant suivant les circonstances, celui-ci présenta des excuses. Le Pape ne se laissa point prendre au piège. Un successeur de Charlemagne n'avait pas à défendre sa conduite; il n'avait qu'à défendre son armée ou sa personne contre les traits de l'ennemi. Pour toute réponse, Grégoire renouvelle les censures et adresse aux évêques de la chrétienté une lettre où il flétrit l'insigne faiblesse du généralissime des forces croisées. De son côté, l'empereur s'attache à se justifier. Mais loin d'expliquer ses actes, il opère une diversion et se répand en invectives contre le chef de l'Église.

On espérait que, revenu à une complète intelligence de la situation, il reprendrait ce chemin de l'honneur dont il s'était écarté et qu'il profiterait des ménagements dont le Pape usait encore envers lui. De l'Orient venaient des lettres pressantes; les soldats, laissés à eux-mêmes, se retiraient; les Turcs reprenaient confiance. Aucune sollicitation n'ébranla le monarque. Le 23 mars 1228, Rome prononça définitivement l'excommunication. Dans la lettre pontificale écrite aux évêques de la Pouille, nous lisons ces paroles qui nous montrent de quels soucis était assiégé Frédéric; s'il aimait les préoccupations, les événements le servaient à souhait. Embarrassé dans mille liens, le remuant empereur ne savait où se reposer :

« Voyant que le roi, dit le Pape, négligeait son salut en refusant d'accomplir le vœu qu'il avait confirmé par serment, nous avons tiré contre lui le glaive médicinal de saint Pierre, publiant en esprit de douceur la sentence d'excommunication à laquelle il s'était lui-même soumis, s'il ne passait à la Terre-Sainte au terme fixé. Mais loin de profiter de la correction, il ajoute de nouvelles fautes aux anciennes, et, au mépris des chefs de l'Église, il fait célébrer devant lui le service divin. C'est pourquoi, afin de ne paraître pas déférer à l'homme contre Dieu, le jeudi saint dernier, nous avons prononcé contre lui la sentence d'excommunication, tant pour n'avoir pas passé à la Terre-Sainte ni fourni les troupes et l'argent qu'il avait promis, que pour avoir empêché l'archevêque de Tarente d'aller à son église et de visiter son peuple; pour avoir dépouillé les Templiers et les Hospitaliers des biens qu'ils avaient dans le royaume de Sicile; pour n'avoir pas gardé la composition faite entre lui et le comte de Célano et Reinald d'Averse, dont l'Église Romaine s'était rendue caution à sa prière; pour avoir dépouillé de ses terres le comte Roger, croisé et reçu sous la protection du Saint Siège; et avoir refusé de délivrer de prison son fils, suivant notre mandement souvent réitéré. »

Tout à coup Frédéric annonce qu'il prend la croix. Il donne à cette détermination un éclat inaccoutumé. S'entourant des personnages de sa cour, il proclame sa décision dans une solennité à laquelle sont conviés non seulement les plus hauts dignitaires de l'Empire, mais encore tout son peuple.

Les historiens se perdent en hypothèses sur ce revirement. Tandis que les uns ne veulent y voir qu'un de ces simples changements de décors si goûtés du monarque, d'autres, recherchant de secrets motifs, pensent que le mécontentement général influa sur sa résolution et que la perte d'un prestige fortement compromis décida le temporisateur à sortir de sa léthargie. Le mot de l'énigme, il faut le demander aux historiens arabes. La prise de Damiette par les Croisés de Pélage avait eu pour résultat de grouper autour du sultan du Caire toutes les ressources de l'Islamisme. En face du danger, les compétitions et les divisions disparurent ou du moins firent silence. Les Chrétiens partis, les dissensions reprirent avec plus d'acharnement. Le sultan du Caire prétendait à l'omnipotence, le sultan de Damas refusait de se soumettre. Les émirs changeaient d'étendards au gré de leur ambition.

Le sultan égyptien conçut alors un plan hardi. Ce Frédéric d'Allemagne dont la renommée remplissait le monde, pourquoi ne deviendrait-il pas son allié. Au lieu d'être un ennemi redoutable, il serait un ami précieux. Une alliance secrète pourrait être conclue avec d'autant plus de facilité que l'empereur est en lutte avec le Pape et qu'en conséquence Rome n'opposerait aucun obstacle.

Baudouin, comte de Flandre, proclamé roi d'Édine et plus tard empereur d'Orient.

(D'après la *Chronique de Jérusalem*.)

Le sultan envoie une ambassade en Allemagne. L'empereur écoute avec
joie les offres qui lui viennent d'Orient et précipite son départ.

Cette version des écrivains arabes éclaire d'un jour singulier la conduite du
prince. Un fait semble lui conférer une réelle autorité. Frédéric s'embarque
avec un contingent de dix mille hommes. Ce n'est point avec une semblable
armée qu'on peut espérer conquérir la Palestine. L'existence d'un traité
secret ne semble point douteuse. Sous le couvert d'une Croisade, on organi-
serait une promenade militaire. On irait, sous les murs de Jérusalem, tendre
à l'adversaire séculaire une main amie, on résoudrait d'un trait de plume la
question des Lieux Saints et on reviendrait couvert de lauriers. Le programme
fort bien rédigé ne prévoyait point les incidents du voyage (1).

Le premier de ces incidents fut sinon à l'honneur du moins à l'avantage
matériel du chef de l'expédition. Chypre avait pour roi Henri de Lusignan,
placé, à cause de son jeune âge, sous la tutelle de sa mère et de ses oncles.
Frédéric prétendit, à titre de gendre du roi de Jérusalem, que les revenus de
l'île lui appartenaient jusqu'à la majorité de Henri. On se récria. L'épée à la
main, l'empereur pénétra dans Nicosie, séjour de la cour, et força les représentants du pouvoir à adhérer à ses désirs.

A la suite de ce coup de main, Frédéric mit à la voile et aborda à Ptolémaïs,
espérant encore trancher du César. Les difficultés commencèrent. La population de la ville et plus spécialement les Templiers et les Hospitaliers étaient
prévenus des censures qu'avait encourues leur nouvel hôte. Il répugnait à
leur foi de servir sous son commandement. Aux murmures qui se firent entendre, l'empereur comprit qu'il fallait dissimuler, et qu'agir en maître suivant
ses habitudes, en présence de l'irritation générale, était un procédé peu politique. Par suite de ses délais, les soldats avaient abandonné la Palestine ; la
région était réduite à ses propres défenses.

Dans le but de réparer les vides, on se présentait avec des effectifs dérisoires.
Pour calmer les esprits, le monarque promit d'engager vivement les hostilités,
et, pour assurer l'union, il promit encore que les ordres ne seraient point
donnés en son nom, mais au nom de la République chrétienne.

Pendant ce temps, l'empereur envoyait une députation au sultan du Caire,
qui, à l'annonce de l'invasion de la Palestine, accourait à la tête de ses
troupes. Les délégués avaient pour mission de rappeler au chef musulman
ses engagements secrets. Mais les temps n'étaient plus les mêmes. Le sultan,

(1) V. les historiens arabes Jaléi, Déhébi, Makrizi.

qui avait surtout à cœur de s'emparer de Damas et qui espérait que l'alliance avec les Croisés l'aiderait à se débarrasser d'un redoutable compétiteur, ne songeait plus à la parole donnée, maintenant qu'il s'était rapproché de son adversaire, et que comme conséquence de la réconciliation, il avait juré sur le Coran de maintenir l'intégrité du territoire. Aux requêtes de Frédéric, il répondit par des présents. De Jérusalem, il ne fut point question. Ce mutisme habile n'avançait point les affaires des Germains.

Déposant toute morgue, l'empereur se fait humble, petit. Il écrit au sultan des lettres indignes d'un chevalier et dont nous hésiterions à admettre l'authenticité, si les historiens arabes ne nous en avaient point transmis formellement le texte :

« C'est toi, dit-il, qui m'a engagé à venir ici.... Je suis ton ami.... Ma réputation est perdue, si je m'en retourne sans avoir rien obtenu. Rends-moi Jérusalem, de grâce, afin que je puisse, à mon retour, lever la tête parmi les rois (1). »

Les Turcs n'entendaient que fort rarement un pareil langage qui dut faire frémir sous la terre qui les recouvrait les ossements de tant de milliers de héros morts pour la défense de la Croix.

Saladin eût été irrité d'un semblable effacement; simplement le kalife du Caire en sourit.

Cette paix offerte à genoux, il daigna l'accepter. Il aurait pu s'emparer de l'empereur et terminer ainsi la tragédie. Il aima mieux signer. Par là, il constatait l'avilissement de son ami de rencontre. Le traité est conclu le 18 février 1229. Il stipule une trève de plus de dix ans entre les belligérants, la remise de Jérusalem entre les mains des Latins, la liberté du culte mahométan dans la cité sainte, la possession par les Turcs du territoire qui entoure la ville, à l'exception de la route de Ptolémaïs délaissée aux chrétiens. A ceux-ci appartiennent encore les territoires de Nazareth, de Bethléem et de Sidon; mais par contre Frédéric s'engage à respecter les droits du sultan sur toute la région et même à les défendre par les armes si on venait à les violer. Une clause particulière porte que les fortifications de Jérusalem pourront être relevées par les Templiers et les Hospitaliers. Cet article est d'une importance capitale.

De quel avantage, en effet, bénéficient les Chrétiens en entrant à Jérusalem, si rien ne les met à l'abri d'un caprice de l'ennemi. Mais quand on présenta

(1) Débébi.

le traité à l'acceptation du sultan de Damas, ce dernier, qui se croyait des droits sur la ville sainte, refusa nettement d'acquiescer au règlement. Pour adoucir cette opposition inattendue, l'empereur enveloppa dans une formule vague le point précis de la convention.

Fier de son succès, le « conquérant » de la Palestine éprouva le désir de visiter la ville sainte, but de son voyage. Il y fit son entrée dans un appareil imposant. Toutes les prévenances furent réservées aux Musulmans. Sous ces démonstrations d'urbanité, il espérait convaincre l'ennemi de sa droiture et de sa loyauté; il espérait principalement lui en imposer par l'étalage de sa force et de sa puissance.

Il eut en faveur du Coran des paroles malheureuses qui confirmèrent les Chrétiens dans leurs soupçons, et le firent, au premier abord, considérer plutôt comme un sectateur de Mahomet que comme un fidèle du Christ (1).

Après une série de si brillants exploits, il ne restait à Frédéric qu'à se donner une dernière pose : se draper dans le manteau impérial, ceindre la couronne et chanter victoire; il n'y manqua pas. Il expédia des lettres aux princes de l'Europe; nous possédons celles qu'il adressa au roi d'Angleterre et au Pape. La manœuvre était adroite. Il créait ainsi un courant d'opinion et se montrait comme l'arbitre des destinées de la chrétienté.

Il comptait sans le patriarche de Jérusalem. Dans une lettre écrite au Pape et dans une seconde adressée à tous les fidèles, le patriarche dévoile tous les mystères de l'expédition. Il fait l'historique de la prise de Chypre; montre comment Henri de Lusignan et ses oncles, attirés dans un guet-apens, ont été jetés en prison, et expose le fameux traité qui accorde aux fidèles un semblant de profit et qui, en réalité, consacre la domination de l'Islamisme.

Il ajoute :

« Le quatrième dimanche de Carême, il vint à Acre. Le temps du passage était proche, et tous les pèlerins, ayant visité le Saint-Sépulcre, se préparaient

---

(1) Voici la déposition d'un historien arabe : « L'empereur était roux et chauve; il avait la vue basse. Si on l'avait vendu sur un marché d'esclaves, personne n'en aurait donné deux cents drachmes. Quand il parlait de la religion chrétienne, c'était pour l'attaquer.... »

C'est l'émir Scheme-Eddin, cadi de Naplouse, qui l'accompagna à Jérusalem. Il avait ordre de veiller à ce qu'on ne fît rien qui pût lui déplaire, entre autres choses qu'on ne publiât pas la prière du haut des minarets. Le cadi oublia les ordres, et la prière fut proclamée. Le cadi se fâcha, mais l'empereur s'écria :

— Vous avez eu tort ; pourquoi manquer à votre devoir. Si vous veniez avec moi dans mes États !..

Un autre fois, au dire encore d'un historien arabe, l'empereur, défendant toute injure aux Musulmans, ajouta :

— Nous sommes tous serviteurs et esclaves du sultan; c'est par grâce qu'il nous a rendu nos églises; nous ne devons pas en abuser.

à partir. Comme nous n'avions point de trêve avec le sultan de Damas, voyant le pays abandonné, nous avions résolu de retenir des troupes sur les fonds de l'aumône du roi de France Philippe. Ce que l'empereur ayant appris, il nous fit dire qu'il s'étonnait de cette résolution, puisqu'il avait fait la trêve avec le sultan d'Égypte. Nous lui répondîmes que le sultan de Damas, n'y étant point compris, pouvait nous attaquer malgré celui d'Égypte. L'empereur répliqua que puisqu'il était roi de Jérusalem, on ne devait point, sans sa permission, retenir des troupes en armes dans son royaume.

» Puis, ayant fait assembler, hors de la ville, les prélats, les religieux et tous les pèlerins qui étaient à Acre, il leur parla, se plaignant fortement de nous et nous chargeant de calomnie; ensuite, s'adressant au maître du Temple, il s'efforça de noircir sa réputation, voulant s'excuser aux dépens des autres.

» Enfin il défendit à tous les chevaliers étrangers de demeurer dans le pays après ce jour-là, et commanda au comte Thomas, qu'il laissait pour son lieutenant, d'user de punition corporelle contre le premier qu'il y trouverait, pour servir d'exemple.

» Considérant donc sa malice, nous assemblâmes les prélats et les pèlerins, et excommuniâmes tous ceux qui donneraient aide et conseil à l'empereur contre l'Église, contre les Templiers et autres religieux, ou les pèlerins. De quoi l'empereur, plus irrité, fit garder toutes les entrées, défendant de nous porter des vivres, et mettant partout des arbalétriers et des archers pour insulter les Templiers et les pèlerins. Le dimanche des Rameaux, les Frères-Prêcheurs et des Mineurs s'étant rendus aux lieux destinés pour y prêcher la parole de Dieu, il les fit enlever par ses gens, qui, les ayant tirés de leurs chaires et jetés par terre, les fustigèrent par la ville comme des voleurs. Ensuite, voyant que ces violences étaient inutiles, il traita de la paix avec nous; mais comme il n'en exécutait pas les conditions, nous mîmes la ville en interdit. Alors il résolut de ne pas faire un plus long séjour dans le pays; et comme s'il eût voulu tout détruire, il fit charger secrètement sur les vaisseaux les armes que l'on gardait à Acre depuis longtemps pour la défense du pays, et en envoya la plus grande partie au sultan d'Égypte, son bon ami. Enfin il s'embarqua en cachette le jour de saint Jacques et de saint Philippe, c'est-à-dire le premier de mai, et partit sans dire adieu à personne. »

Ces graves accusations, circulant de bouche en bouche, portèrent une atteinte mortelle à la réputation du prince. Il essaya d'une apologie. Ainsi

qu'il arrive dans de telles occurrences, ses partisans renchérirent sur ses affirmations et s'efforcèrent de relever son prestige qui, à leurs yeux, n'avait subi
aucun amoindrissement. On parvint, de cette manière, à obscurcir les faits
historiques. Longtemps on voulut voir dans les récriminations qu'un écho des
ressentiments de la cour romaine. La vérité a dissipé tous les nuages accu-
mulés par l'esprit de parti. Les historiens arabes n'ont rien dissimulé. Leurs
écrits constituent le plus écrasant des réquisitoires.

Nous avons hésité à attribuer la dénomination de Croisade à cette entreprise qui commença sans grandeur et qui finit sans gloire. A notre avis,
Frédéric d'Allemagne fut peut-être moins perfide qu'on ne l'a prétendu. Son
caractère mobile, les embarras de sa couronne, plaident en sa faveur,
certaines circonstances atténuantes. Il voulait faire grand, et il s'imaginait
qu'en agitant l'air il remplissait l'espace. La Croisade ne fut pas pour lui une
expédition sainte ; elle fut un moyen pour atteindre la renommée. Dans les
veines de cet allemand coulait un sang italien et normand. Aux grands gestes
du commandement il tenta donc de joindre la diplomatie. Il s'embarrassa
dans les deux procédés et ne sut être ni un général ni un politique. Revenu
en Europe, il persévéra dans sa méthode et porta le trouble dans ses états.

Les Orientaux se persuadèrent bien vite qu'ils n'avaient plus en face d'eux
un Godefroy de Bouillon et un Richard Cœur de Lion. Dans la chrétienté,
l'idée des Croisades s'affaiblit. Pouvait-il en être autrement avec des chevaliers
qui négociaient avant de partir, et qui, une fois arrivés sur le sol sacré, dépo-
saient leur armure pour pénétrer, la tête basse, dans les mosquées ?

CHAPITRE VI

Septième Croisade : Innocent IV. — Saint Louis.

La « grande pitié » pour la Terre-Sainte se maintenait encore dans le cœur des populations chrétiennes.

L'empereur Frédéric l'avait émoussée; il n'avait pu l'anéantir. Preuve certaine qu'elle était vivace cette passion des grands âges chevaleresques pour l'évangélisation de l'Orient. Il y eut néanmoins un moment d'atonie. Refoulé par les déceptions, les insuccès et les fautes politiques des rois, l'enthousiasme sembla se calmer. Les Papes et saint Louis vont, pour un instant, le retremper à sa source.

La Papauté, en effet, s'éleva à la hauteur des dangers, et son indomptable énergie rendit aux royaumes chrétiens leur vitalité.

Ils étaient nombreux, à cette heure, les dangers; ils se dressaient à tous les points de l'horizon. En Allemagne, Frédéric, tantôt en paix et tantôt en guerre avec le Pape, promenait de la Sicile à la Baltique son humeur brouillonne, et compromettait dans des combinaisons sans consistance l'avenir de sa couronne et la sécurité de ses états (1).

À l'extérieur, un ennemi inattendu avait surgi. Les Tartares de Gengiskan poussaient leurs chevaux jusque sur les bords du Danube. De 1210 à 1214, la Chine avait été visitée et pillée par ces hordes qui évoquaient

(1) C'est sous Frédéric II que furent répandus en Italie les noms de Guelfe et Gibelin. Les Guelfes revendiquèrent la liberté de la Papauté et de l'Italie; les Gibelins voulaient la domination des Césars d'Allemagne sur l'une et sur l'autre.

le souvenir des Huns d'Attila. En 1217, l'empire des Karismiens, qui s'étendait de l'Indus à l'Iaxarte, fut saccagé à son tour. Les régions de la mer Caspienne et les plaines de la Russie reçurent, en 1224, la visite du torrent dévastateur. En 1240, les Tartares pénètrent en Pologne, en Silésie et en Moravie ; franchissant les Carpathes, ils se jettent sur la Hongrie, battent les troupes qui cherchent à protéger le pays, forcent la ville de Strigonie et en massacrent les habitants (1240).

En France, on s'effraye et on s'apprête à la défense, lorsque ces bandes indisciplinées disparaissent tout à coup, rappelées en Chine par un soulèvement de peuples.

L'empire latin de Constantinople sollicitait sans cesse les secours de l'Occident. Jean de Brienne, dépossédé du royaume de Jérusalem par son gendre, l'empereur Frédéric, avait accepté en échange le trône de Constantinople. Son règne fut marqué par une double victoire contre les Grecs de Thessalonique et contre les Bulgares ; mais sa mort, survenue en 1237, avait laissé le pouvoir au jeune Baudouin, qui, se sentant impuissant à faire face aux difficultés de la situation, parcourait l'Europe en quête d'auxiliaires. Le nouvel empereur parvint à recruter en France d'assez forts contingents avec lesquels il retourna à Constantinople, décidé à conserver intacte cette ville qui était en face de l'Asie le poste avancé de la civilisation chrétienne.

En Palestine, le ciel est également sombre. Les rapides progrès de l'invasion tartare jetèrent la terreur au sein des peuplades musulmanes. Les sultans de l'Asie Mineure, celui d'Iconium en particulier, songent à demander du secours à Constantinople ; mais les Grecs redoutent eux-mêmes un siège et n'ont pour se protéger que la situation de leur ville. Le péril est, non dans les Tartares proprement dits, mais dans les peuples que ces barbares poussent devant eux, et qui, ne sachant où trouver une patrie, se font à leur tour envahisseurs. Les invasions qui désolèrent la Gaule romaine ou franque n'eurent

pas d'ordinaire d'autre cause que ce déplacement de populations fuyant devant
des peuples qui les poursuivaient et s'installaient en leurs foyers. Il en est
ainsi pour l'Asie Mineure. Les Tartares refoulent les Karismiens, et ceux-ci,
errant sur les rives de l'Euphrate et pillant les villes qu'ils rencontrent sur
leur passage, se présentent bientôt sur la lisière de la Palestine.

Le premier moment d'épouvante avait déterminé les sultans à s'unir aux chrétiens pour repousser l'ennemi. Ils leur avaient même restitué Jérusalem, enlevée
à ses possesseurs dès l'expiration de la trêve de dix ans. Mais Islam n'avait
pas tardé à s'apercevoir que ces étrangers sauvages qui débordaient par toutes
les frontières de l'ouest pouvaient devenir des alliés. Le sultan d'Égypte leur
envoya des ambassadeurs et, pour prix d'une alliance secrète, leur offrit la
principauté de Jérusalem. Les Karismiens inondent comme un flot le territoire
de la Ville Sainte, entrent dans Jérusalem et en chassent les habitants. En
vain les chevaliers du Temple et de l'Hôpital tendent-ils de reconquérir la
région ; les troupes égyptiennes prêtent main forte aux barbares et la petite
armée chrétienne est écrasée à Gaza.

De quelque côté que le regard se porte, la situation semble désespérée. Il
existe pourtant d'immenses réserves de vigueur morale dans cette génération
du xiiie siècle qui élève, sur tous les points de l'Europe, nos splendides
cathédrales ogivales, œuvre d'une foi ardente et d'un génie sublime. Le mérite
de la Papauté est de n'avoir jamais désespéré de ces légions de preux « droits
et loyaux comme leur épée. »

En mourant (mois d'août 1241) Grégoire IX avait laissé le siège romain à
un Pontife qui ne vécut que trois semaines (1). Sinibald de Fiesque, élu le
24 juin 1243, prenait le nom d'Innocent IV et convoquait à Lyon un Concile
général où devaient être examinées les questions diverses que soulevait la
situation critique des nations chrétiennes. L'assemblée s'ouvrit solennellement
le 28 juin 1245.

Innocent attira spécialement l'attention des Pères sur les divisions intestines de l'Europe ; il fulmina l'anathème contre l'empereur d'Allemagne qui,
au mépris des traités et en dépit des promesses, continuait à violer les droits

---

(1) Peu de jours avant sa mort, Grégoire IX adressait aux fidèles ces paroles qui conviennent à toutes
les époques : « Ne vous laissez point étourdir par les vicissitudes du présent ; ne soyez ni lâches dans
l'adversité, ni orgueilleux dans la prospérité. Mettez votre confiance en Dieu, et supportez ses épreuves
avec patience. La barque de Pierre est souvent entraînée par la tempête et poussée dans les écueils ; mais
bientôt, et d'une manière inattendue, elle se relève au-dessus des flots chargés d'écume, et vogue sur la
plaine liquide, sans avoir éprouvé aucun dommage. » (Savioli.)

de l'Église, et engagea enfin les princes à prendre la croix pour la délivrance de la Terre-Sainte.

Si la parole du Pape trouvait encore un écho dans les couches profondes du peuple, elle était menacée de frapper en vain l'oreille des rois. L'autorité civile n'avait alors pour la représenter, sauf en France et en Allemagne, que des princes faibles ou inexpérimentés. Aucun ne possédait assez de renom pour s'imposer comme chef d'une expédition. Au milieu de cette disette d'hommes éminents, la Providence avait préparé lentement un roi qui allait devenir la personnification même de la sainteté et de l'héroïsme. Chevalier accompli, croisé par excellence, ce roi tendait la main, au-dessus de deux siècles de bravoure, à Godefroy de Bouillon.

L'épée de Godefroy a écrit le premier chant du poème épique, l'épée de Louis IX écrira le dernier. La rude journée des Croisades ne pouvait ni mieux commencer ni mieux finir; radieuse à son matin, elle fut d'une incomparable beauté morale à son déclin.

Saint Louis naquit à Poissy le 25 avril 1214. Il était fils de Louis VIII et de Blanche de Castille, née elle-même en 1187, et fille d'Alfonse IX, roi de Castille, et d'Éléonore d'Angleterre.

Ce que furent l'enfance et la jeunesse de l'héritier du royaume, il est facile de le concevoir. Louis emprunta à son père la droiture, la bonté et l'amour de la justice; il reçut de sa mère la fermeté, l'horreur du mal et la science du gouvernement. Il n'avait que douze ans lorsque son père mourut (1). Blanche de Castille prit en main la tutelle. Mécontents de la présence d'une femme à la tête du pouvoir, les seigneurs protestèrent au nom de la loi salique et quelques-uns prirent les armes; mais la reine parvint à réduire l'opposition et sut se maintenir à une place à laquelle la désignaient et le désir du roi défunt et les remarquables qualités dont elle était douée. Convaincue que la perfection de l'âme d'un prince est le plus beau fleuron de la couronne, Blanche s'appliqua à faire de son fils un chrétien dans toute la forte acception du mot.

(1) Nous avons maintes fois constaté que l'échec final des Croisades doit être attribué, à notre sentiment, aux coutumes et aux mœurs féodales. Le partage d'un pays entre suzerains était funeste, parce qu'il privait ce pays de toute concentration et de toute unité. Nous insistons sur ce point, parce que nous le croyons d'une importance capitale pour l'intelligence adéquate des événements. A sa mort, Louis VIII faillit compromettre l'avenir de la France en obéissant aux usages féodaux. Par testament, il partagea ses états entre ses quatre enfants, créant ainsi quatre tronçons trop faibles pour se conserver séparément. L'habile politique de saint Louis obvia à ce grave péril. Il attacha à sa personne ses frères et maintint ainsi la cohésion.

« Diex, en qui il mist sa fiance, écrit le bon Joinville, le gardait touz jours dès s'enfance jusques à la fin ; et spécialement en s'enfance le garda-il là où il li fu bien mestier. Comme à l'âme de li, le garda Diex par les bons enseignemens de sa mère, qui l'enseigna à Diex croire et à amer, et li atraist entour li toutes gens de religion. Et li faisoit, si enfes comme il estoist, toutes ses heures et les sermons faire et oïr aux festes. Il recordoit que sa mère li avoit fait aucune fois à entendre que elle aimeroit miex que il fust mors, que ce que il feïst un péchié mortel (1). »

Lorsque le roi eut atteint sa majorité, elle continua à l'entourer de ses conseils. Louis franchit ainsi heureusement les années de l'inexpérience et se trouva en mesure de prendre le sceptre sans avoir à acheter par les déceptions la connaissance du commandement. Aussi son règne fut-il l'âge d'or de la justice. Le chêne de Vincennes est légendaire. Le prince qui remplissait avec tant de dévouement le rôle suprême d'intègre magistrat contribua puissamment à entourer la monarchie d'une éclatante auréole. C'est surtout de cette époque que date cette parole de nos pères :

« Si le roi le savait ! »

L'annonce de la Croisade produisait dans les masses son agitation habituelle. Saint Louis, néanmoins, ne manifesta d'abord aucune volonté de prendre la croix. La pacification de l'État absorbait toutes ses pensées. Il encourageait de tout son pouvoir ceux d'entre les siens qui songeaient au voyage d'outre-mer, mais il croyait sa présence utile et même nécessaire en France. Un événement vint modifier ses plans.

« Il advint, ainsi comme Diex vout, raconte Joinville, que une graus maladie prist le roy à Paris, dont il fu tel meschief, se comme on le disoit, que l'une des dames qui le gardoit li vouloit traire le drap sur le visage, et disoit qu'il estoit mors. Et une autre dame, qui étoit a l'autre part dou lit, ne le souffri mie ; ainsçois disoit que il avoit encore l'ame ou cors. Et comme il oyt le descort de ces dous dames, Nostre-Sires ouvra en li et li envoa santée tantost ; car il estoit mueyz et ne pouoit parler. Il resquist que on li donnast la Croiz, et li fest ou. Dors la Royne sa mère oy dire que la

<hr>

(1) « Dieu, en qui il mit sa confiance, le gardait toujours dès son enfance jusques à la fin ; et spécialement dans son enfance il le garda, alors qu'il lui en fut bien besoin. Quant à son âme, Dieu la garda par les bons enseignements de sa mère, qui lui enseigna à croire et à aimer Dieu, et attira autour de lui toutes gens de religion. Et elle lui faisait, si enfant qu'il fût, ouïr toutes ses heures, et faire les sermons aux fêtes. Il rappelait que sa mère lui avait quelquefois donné à entendre qu'elle aimerait mieux qu'il fût mort, plutôt qu'il fît un péché mortel. » (*Traduction littérale de Natalis de Wailly.*)

parole li estoit revenue, et elle eu fist se grant joie comme elle pot plus. Et quand elle sot que il fut Croisiez, ainsi il meismes le contoit, elle mena grant duel comme se elle le vesit mort (1). »

Ces dispositions de l'entourage du prince montrent que les bonnes volontés à l'égard des entreprises d'Orient avaient molli chez les grands. Dans les couches populaires, on découvrait plus de fermeté que parmi les possesseurs de fiefs. Pourtant le feu sacré n'était pas éteint, et nous n'ajoutons aucune importance à l'innocent procédé dont se servit saint Louis pour faire tomber certaines hésitations. On rapporte que le roi, convoquant à une solennité religieuse les membres de sa cour, leur fit don de manteaux sur lesquels était dessinée une croix. Dans la crainte de déplaire au maître, les vassaux endossèrent les vêtements. Étendre ce fait, voir dans cette attention plus amicale que royale un ordre impliquant une obligation, c'est méconnaître les lois des proportions. Les chroniques n'affirment nulle part que personne fut contraint de se croiser.

En Asie, les tribus arabes n'ignoraient pas les préparatifs de guerre. Sultans et émirs comprenaient fort bien que le péril venait de la France et qu'un roi aussi chrétien que Louis IX était naturellement appelé à poursuivre l'œuvre des chevaliers, ses ancêtres. Ils essayèrent de l'assassiner. Le Vieux de la montagne envoya à Paris deux de ses séides avec recommandation de poignarder le roi. Revenant subitement sur sa décision, il dépêcha deux émirs à saint Louis pour le prévenir de l'horrible projet. Les séides furent arrêtés à Marseille. Nous ne savons quel degré de confiance nous devons accorder à cette anecdote. Que le Vieux de la montagne ait eu la pensée d'user dans la circonstance de sa méthode habituelle de gouvernement, nous l'admettons facilement; Islam avait tout intérêt à se débarrasser, à la veille de l'expédition, d'un adversaire redoutable. Mais que le cheik ait formé le complot d'enlever la vie au roi, en France, dans la capitale même, nous voyons, dans cette étrange conception, de telles invraisemblances, que le doute surgit, et

(1) « Il advint, ainsi que Dieu le voulut, qu'une grande maladie prit le roi à Paris, dont il fut à telle extrémité, ainsi qu'on le disait, que l'une des dames qui le gardait lui voulait tirer le drap sur le visage, et disait qu'il était mort, et une autre dame, qui était de l'autre côté du lit, ne le souffrit pas, mais elle disait qu'il avait encore l'âme au corps. Et comme il venait d'ouïr le débat de ces deux dames, Notre-Seigneur opéra en lui et lui envoya tantôt la santé; car avant il était muet et ne pouvait parler. Et sitôt qu'il fut en état de parler, il requit qu'on lui donnât la croix, et ainsi fit-on. Alors la reine sa mère ouï dire que la parole lui était revenue, et elle en montra aussi grande joie qu'elle put. Et quand elle sut qu'il était Croisé, ainsi que lui-même le contait, elle montra aussi grand deuil que si elle l'eût vu mort. » (*Traduction de Wailly.*)

que volontiers nous placerions l'incident dans la collection des légendes.

Quoi qu'il en soit, Louis se hâtait de pourvoir à l'organisation et à l'approvisionnement de son armée. Pour l'embarquement, il fit choix du port d'Aigues-Mortes. Marseille eût été préférable. Mais cette ville relevait du comte d'Anjou, et il n'était pas indifférent que le royaume eût un port en sa libre possession. Des provisions de toutes sortes, en denrées et en armes, furent expédiées dans l'île de Chypre, proposée avec raison comme centre de ravitaillement. Par suite de sa position, Chypre était à l'abri d'un coup de main et son littoral offrait un abri sûr aux vaisseaux.

Désireux de laisser, à son départ, ses états entièrement pacifiés, le roi prescrit de rigoureuses enquêtes dans le but de faire rendre à chacun droit et justice. Des commissaires sont envoyés dans les provinces, provoquant les demandes, écoutant les plaintes et s'appliquant à résoudre toutes difficultés. Enfin, le 12 juin 1248, saint Louis se rend à Saint-Denis, où il reçoit l'oriflamme, l'écharpe et le bâton de pèlerin. De là, il se rend à Notre-Dame, et sort à cheval de Paris au milieu d'un immense concours de peuples.

Il est accompagné de sa femme, Marguerite de Provence, qui n'hésite pas à affronter les dangers de l'expédition pour ne point se séparer de celui à qui elle a donné « son anel et sa foi; » de ses frères, Robert, comte d'Artois, Alfonse, comte de Poitiers, et Charles, comte d'Anjou; de Hugues de Bourgogne, de Guillaume de Flandre, de Hugues de Saint-Paul, de Gaucher et de Jean, sire de Joinville, qui sera l'historien de la Croisade (1).

Des étrangers se joignent aux troupes de France; il en vient d'Écosse, de Norwège, d'Allemagne et d'Italie.

Tandis qu'une partie de l'armée se dirige vers Marseille, le roi fait route

(1) Historien délicat et charmant. Sa naïveté excite parfois les sourires. Sainte-Beuve a décoché un trait mordant contre ceux qui ne savent apprécier l'exquise bonhomie du conteur : « Si, pour Joinville, tout est nouveau, tout est extraordinaire, si les objets sont nés dans le monde le jour où il les a vus, je remarque qu'on a tout le contraire de cette impression quand on lit nos graves professeurs d'histoire d'aujourd'hui, nos auteurs de considérations politiques d'après Montesquieu, mais plus tristes que lui, tous ceux qui cherchent et prétendent donner la raison de tous les faits, l'explication profonde de tout ce qui se passe, qui n'admettent sur cette scène mobile ni l'imprévu ni le jeu des petites causes souvent aussi efficaces que les grandes; esprit de mérite, mais ternes et laborieux, pliant sous le faix de la maturité autant que Joinville errait et voltigeait par trop de candeur et d'enfance. Les écrivains issus de ces écoles ou de ces races compliquées et sombres peuvent s'essayer dès l'âge de vingt ans, ils n'ont pas d'âge ni d'heure; on ne dira jamais, de leur pensée ni de leur style : « Le souffle matinal y a passé. » Ainsi des doctrinaires, ce qu'ils savent de ce matin ils ont l'air de le savoir de toute éternité; on l'a dit de M. Guizot. Ils savent la raison de tout, ils ne sont étonnés de rien. Ils vous expliquent à vous-même ce que vous leur dites à l'instant même et qu'ils classent aussitôt dans les choses connues. Ils n'ont jamais embarras ni surprise, jamais une fatigue, mais aussi ils n'ont jamais une fraîcheur. » (Causeries du Lundi.)

pour Aigues-Mortes. Trente-huit grands vaisseaux, loués dans les ports d'Italie, sont réunis près de la côte. Ils sont abondamment fournis de vivres. Enfin, le 25 août 1248, saint Louis met à la voile (1).

Joinville s'embarque à Marseille :

« Au mois d'aoust, dit-il, entrames en nos neis. A celle journée, fist l'on ouvrir la porte de la nef, et mist l'on tonz nos chevaus ens que nous devions mener outre mer ; et puis reclost l'on la porte et l'enboucha l'on bien, aussi comme l'on naye un tonnel, pour ce que, quant la neis est en la grant mer, toute la partie est en l'yaue.

» Quant li cheval furant ens, nostre maistres escria à ses notonniers :

» — Faites voile, de par Dieu !

» Es il si firent. Et en brieftens li venz se feri ou voile, et nous ot tolu la veue de la terre, que nous veismes que ciel et yaue ; et chascun jour nous eloisgna li venz des païs où nous aviens estei nei. Et ces choses vous moustré-je que cil est bien, fol hardis, qui se ose mettre en tel péril atout autri chatel ou en péchié mortel ; car l'on se dort le soir là ou on ne sait se l'on se trouvera ou font de la mer au matin (2). »

La flotte du roi, assaillie par une tempête, lutte avec peine contre les flots. Les navires sont dispersés ; ils finissent par aborder à Chypre, sans avarie, mais à des intervalles inégaux. Saint Louis met pied à terre dans la nuit du 17 au 18 septembre. Il aurait voulu ne séjourner dans l'île que le temps nécessaire pour rallier ses vaisseaux et permettre aux Croisés, qui avaient

(1) « La géologie, d'accord avec l'histoire, prouve que depuis six siècles, époque de la fondation d'Aigues-Mortes, la configuration de la côte n'a guère changé. La mer ne s'est pas retirée, et, sur ce point, le delta du Rhône n'a pas progressé ; car le bras du fleuve qui l'a formé est éteint depuis le xvie siècle, et les cours d'eau secondaires, le Vistre et la Vidourle, déposent leurs apports dans les étangs qu'ils comblent peu à peu. En partant pour les Croisades, saint Louis n'est pas monté à Aigues-Mortes même sur le vaisseau qui devait le conduire vers les côtes d'Afrique, mais sur une embarcation d'un faible tirant d'eau. Traversant les étangs de la Marette et du Repousset, il a rejoint sa flotte qui l'attendait mouillée dans le golfe d'Aigues-Mortes, en face du Grau, aujourd'hui fermé, qui porte le nom de *Grau-Louis.* » (Ch. Martin : *Comptes rendus de l'Académie des Sciences,* année 1874.)

(2) « Au mois d'août, nous entrâmes dans nos vaisseaux à la Roche de Marseille. Le jour que nous entrâmes dans nos vaisseaux, l'on fit ouvrir la porte du vaisseau, et l'on mit dedans tous nos chevaux que nous devions mener outre-mer ; puis on referma la porte et on la boucha bien, comme quand on noie un tonneau, parce que, quand le vaisseau est en haute mer, toute la porte est dans l'eau.

» Quand les chevaux furent dedans, notre maître cria à ses noutoniers :

» — Faites voile de par Dieu !

» Et ainsi firent-ils. Et en peu de temps le vent frappa sur les voiles, et nous eut enlevé la vue de la terre, tellement que nous ne vîmes que le ciel et l'eau, et chaque jour le vent nous éloigna des pays où nous étions nés. Et par là je vous montre que celui-là est bien follement hardi, qui s'ose mettre en tel péril avec le bien d'autrui ou en péché mortel ; car l'on s'endort le soir là où on ne sait si l'on se trouvera au fond de la mer au matin. »

retardé leur départ dans différents ports de France et d'Italie, de rejoindre le corps expéditionnaire. Les barons insistèrent pour qu'il attendît la formation complète de l'armée. Il céda, et ce fut une faute. On fut ainsi amené à hiverner, et lorsque le printemps parut, les vaisseaux manquèrent. Le roi profita de son séjour forcé à Nicosie pour remplir le rôle de haut justicier qu'il affectionnait par-dessus tout. Il apaisa les contestations que l'ambition des princes soulevait dans les principautés chrétiennes. Il rapprocha les Latins des Grecs, promit des secours à Constantinople et accepta les propositions d'alliance que lui firent offrir les Tartares.

A la fin de l'hiver, il fallait songer à sortir de l'île. Des envoyés vont à Acre et s'abouchent avec des nautoniers génois et pisans. Ceux-ci, ou refusent ou demandent des prix si élevés que l'on se trouve dans la nécessité de traiter avec des marchands de l'archipel. Enfin, le 13 mai, les ancres sont levées, et les voiles, gonflées par le vent, mènent la flotte au large.

Jamais les mers de ces parages n'avaient été témoins d'un tel déploiement guerrier.

Les vaisseaux étaient au nombre de 120, et on ne comprenait dans ce chiffre ni les galères ni les bateaux plats.

L'armée se composait de 2,800 chevaliers et de près de 3 à 4,000 hommes de pied.

Le but du roi est d'opérer sa descente en Égypte. Le sultan du Caire, Saleh-Ayoub, faisait tous ses efforts pour maintenir, soit en sa possession, soit sous son protectorat, toutes les sultanies de l'Orient. En ce moment, il était en guerre avec le sultan de Damas. Les Tartares, assiégeant Bagdad, affaiblissaient ainsi un de ses plus redoutables adversaires. Il dominait donc sans conteste. Sa victoire de Gaza contre les chrétiens et l'habileté perfide avec laquelle il avait usé de l'appui des Karismiens lui assuraient une suprématie d'honneur sur le monde musulman. En dirigeant ses coups contre l'Égypte, saint Louis atteignait l'Islamisme dans son organe vital.

Se sentant menacé, bien que le généralissime eût tenu ses résolutions secrètes, Saleh-Ayoub revint en toute hâte au Caire et s'apprêta à recevoir le choc.

Le sultan souffrait d'un ulcère à la jambe; il sut pourtant déployer une extrême activité et multiplia ses appareils de défense à Alexandrie et à Damiette.

En mer, Louis, dévoilant ses plans, ordonna de se diriger sur Damiette. Mais le vent contraire obligea la flotte à revenir sur les côtes de Chypre. Le

22, on remit à la voile. Une tempête se déchaîna et on dut gagner à nouveau
le mouillage. Durant huit jours on attendit un vent favorable. Enfin le
30 Mai, la flotte reprend sa marche et le 4 Juin les tours de Damiette
s'offrent au regard.

Les Mameluks, massés sur le rivage, se disposent à en disputer l'accès.

Le débarquement fut la phase la plus brillante de la campagne.

Les vaisseaux se rangèrent en face du bras du Nil qui protégeait la ville.
Les galères et les bateaux plats reçoivent les soldats et les chevaux. On
s'avance à toutes rames et déjà on touche
aux bancs de sable.

« Nous trouvâmes là, dit Joinville, tout
le pooir dou soudans sur la rive de la mer,
moult beles gens à regarder, car li soudans
porte les armes d'or, là où li solans
feroit, qui fesoit les armes resplendir. La
noise que il menoient de lour nacaires et
de lour cors sarrazinois, estoit espouen-
table à escouter (1). »

Le roi veut être le premier au danger.
Dès que son bateau s'arrête sur le lit de
sable et de cailloux, « il en ala a grant pas
parmi son vessel, et sailli en mer, dont
il fust en jaue jusques aus esseles. Et ala
l'escu au col, et le heaume en teste, et le
glaive en la main, jusques à sa gent qui
estoient sur la rive de la mer (2). »

BLANCHE DE CASTILLE

Plusieurs chevaliers l'avaient déjà précédé sur le rivage et chargeaient l'ennemi avec impétuosité. En vain les Turcs exécutèrent-ils à leur tour de
vigoureuses charges, les croisés les refoulèrent d'abord sur le pont de Damiette et les rejetèrent ensuite dans la ville.

Le siège allait commencer lorsqu'on vint prévenir le roi que l'ennemi, dé-

(1) « Nous trouvâmes là toutes les forces du soudan, sur le rivage de la mer, fort belles gens à voir; car
le Soudan porte des armoiries d'or, où frappait le soleil, qui les faisait resplendir. Le bruit qu'ils faisaient
avec leurs timbales et leurs cors sarrasinois était épouvantable à écouter. » (*De Wailly*.)

(2) « Il traversa à grand pas son vaisseau et sauta dans la mer, où il fut dans l'eau jusqu'aux aisselles.
Et il alla, l'écu au col, le heaume en tête et la lance en main, jusques à ses gens qui étaient sur la rive
de la mer. »

moralisé par une première défaite et se croyant abandonné par le sultan que la maladie retenait hors de l'Égypte, avait abandonné la place, après avoir incendié les magasins d'approvisionnement.

Les Croisés entrèrent à Damiette le 6 Juin 1249.

L'ère des difficultés s'ouvre maintenant.

Que faire au lendemain du triomphe? Marcher sur le Caire; mais les crues du Nil font obstacle et si l'on n'eut pas perdu à Chypre un temps précieux, on eût pu prévenir, par une marche hardie, les conséquences de l'inondation; assiéger Alexandrie, la seconde porte de l'Égypte; mais les troupes sont loin de disposer de ressources suffisantes pour mener l'œuvre à bien. Le roi attend en outre des secours de l'Europe. On laisse ainsi s'écouler dans l'hésitation les semaines et les mois, et quand on se décidera, encouragé par les renforts venus de France et d'Angleterre, à remonter le Nil et à pousser dans la direction du Caire, le sultan aura relevé le moral de ses troupes.

Bien que brisé par les douleurs qui le rongent, Saleh-Ayoub puise une nouvelle énergie dans l'annonce de la chute de Damiette. Il se venge de la défaite sur les émirs qu'il fait mettre à mort au nombre de cinquante. Si le gouverneur de la cité Fakhr-ed-din trouve grâce à ses yeux, c'est que dans l'état de santé où il se trouve, il a besoin de son lieutenant et qu'il redoute des haines de familles.

Ces sanglantes exécutions produisent sur les mercenaires qui constituent l'armée arabe un effet salutaire; les chefs se ressaisissent.

Après six mois d'une inaction funeste à la discipline, les Croisés sortent de Damiette et s'acheminent à travers le Delta (1). Le Nil s'épanche dans la Méditerranée par une série de branches. C'est par la rive droite de la branche de Damiette que le roi se dirige et atteint Farescour.

Au delà il rencontre un canal d'irrigation qu'il traverse en le mettant à sec, au moyen d'une digue de terre.

Il arrive à Chamasah et se heurte, en face de Mansourah, contre le canal d'Achmoun.

Il essaye, mais en vain, de le dessécher. A l'aide du feu grégeois, les Turcs éloignent les ouvriers. On tente alors le passage à la nage. Impatients de

____

(1) A quel chiffre peut-on fixer l'ensemble des troupes obéissant au roi ? A 20,000 d'après Mathieu Paris; à 30,000 d'après d'autres chroniqueurs.

Au départ de Chypre, le corps d'armée comprenait 7 à 8,000 hommes. L'arrivée des renforts européens porta, à notre avis, ce total à 15 ou 18,000 soldats.

fondre sur l'ennemi, les chevaliers n'écoutent plus les ordres. A mesure qu'ils abordent à la rive opposée, ils se jettent sur les Turcs et les dispersent. Sur toutes les routes, Fakhr-ed-din, lieutenant général du kalife, s'évertue à rallier les fuyards ; il reçoit un coup d'épée ; blessé à mort, il tombe de son cheval.

A certains moments, les ennemis, revenus de leur frayeur, se forment en groupes et reviennent sur le terrain, qu'ils ont abandonné ; mais les Croisés font face de toutes parts ; ils se battent sans ordre mais avec une telle furia que, le soir venu, ils sont maîtres du champ de bataille.

Joinville rapporte qu'au jugement de beaucoup, l'armée eut été réellement en péril si saint Louis n'avait donné de sa personne. A un moment, six Mameluks se précipitent sur le roi et cherchent à le renverser de cheval. A grands coups d'épée le roi se dégagea. Sa superbe attitude enflamma les courages : « Onques si bel armei ne vi, ajoute Joinville, car il paroit desur toute sa gent dès les épaules en amont, un heaume doré en son chief, une espée d'Allemagne en sa main (1). »

Joinville, lui-même, combattit vaillamment. Il fut blessé, précipité de cheval et piétiné : « Je ne fu pas bleciez, écrit-il, de lour pylés que en cinc lieus, et mes roncins en quinze lieus (2). »

Et comme, en compagnie de Français, l'esprit ne perd jamais ses droits, le voisin de Joinville, le comte de Soissons, disait au milieu de la mêlée :

« Seneschaux, lessons huer ceste chiennaille ; encore en parlerons-nous, entre vous et moi, de ceste journée en chambres des dames (3). »

Trois jours après cette victoire (11 Février), l'ennemi revint au combat, décidé à refouler les Croisés en deçà du canal et à dégager Mansourah ; son attaque échoua.

Sur ces entrefaites, le sultan Saleh-Ayoub mourut. Son fils, Tourân-Chah, lui succéda non sans difficulté. On dissimula au peuple ce décès dans la crainte que des troubles n'entravassent la défense de l'Égypte contre les étrangers. Tourân était alors en Arménie. Par l'intermédiaire de pigeons voyageurs on le manda en toute hâte au Caire.

Pendant ce temps, Bibars Boundocdars, favori de la sultane, prit le com-

(1) « Jamais je ne vis si beau chevalier ; il paraissait au-dessus de toutes ses gens, les dépassant des épaules, un heaume doré sur la tête et une épée d'Allemagne à la main. »

(2) « Je ne fus blessé de leurs traits qu'en cinq endroits et mon roussin en quinze endroits. »

(3) « Sénéchal, laissons hurler cette canaille ; nous en parlerons encore, vous et moi, de cette journée. dans les salons des dames. »

mandement des troupes et se mit en devoir de défendre les routes qui conduisaient à la capitale.

Saint Louis ne songeait guère, hélas, à profiter de ses succès.

Une épidémie foudroyante s'était abattue sur l'armée chrétienne. Les uns attribuaient l'origine du mal aux cadavres dont les derniers combats avaient jonché le sol ; d'autres en faisaient remonter la cause à l'alimentation composée presque exclusivement de petits poissons qui vivaient dans le Nil et qui se nourrissaient de chair putréfiée.

« Nos jambes séchaient, dit Joinville, toute la peau devenait tachetée de noir et de couleur de terre ainsi qu'une vieille botte ; et à nous qui avions telle maladie, il venait de la chair pourrie aux gencives, et nul ne réchappait, mais il lui en fallait mourir ; le signe de la mort était tel que quand le nez en saignait, il fallait mourir (1). »

Le fléau s'étendit en de telles proportions, que bientôt l'immense majorité des troupes fut atteinte. Le roi se multipliait pour porter aux siens secours et consolations.

Déposant la lance et le bouclier, il se penchait sur la couche des victimes et se refusait à écouter les remontrances des prudents. On ne tarda pas à remarquer sur lui les premiers symptômes de la maladie. Il y avait donc pressante nécessité d'engager avec le sultan des pourparlers.

Les négociations n'eurent aucun résultat.

La retraite sur Damiette s'imposait. Saint Louis veilla avec un soin auquel tous les chroniqueurs rendent hommage au départ des troupes. Il s'obstina à rester un des derniers, s'assurant jusqu'au bout de l'exécution de ses ordres. Le corps expéditionnaire comptait encore près de 15,000 hommes, au dire du chroniqueur Mathieu Pâris ; plusieurs réduisent ce chiffre à 6,000, sans indiquer, ni les uns ni les autres, sur quelles données ils basent leur affirmation. Sur ce nombre, bien peu étaient en état de porter encore les armes.

Bientôt le roi sentit faiblir ses forces ; la fièvre terrassa ce corps que dominait une volonté de fer. Des syncopes survinrent. Force fut de suspendre la marche et de chercher un abri dans un village.

Les Turcs suivaient l'armée, harcelant sans cesse les convois et massacrant les retardataires. Ils ne tardèrent pas à pénétrer, à la suite d'un émir, dans le village où reposait le roi. Un suprême espoir restait : la trêve.

(1) Traduction Wailly.

Un groupe de chevaliers se rend auprès de l'émir et demandent à entamer des négociations. Celui-ci était sur le point d'écouter favorablement la requête, lorsqu'un soldat croisé s'écria : « Rendez-vous pour sauver la vie du roi ! » Ces paroles venaient-elles d'un traître ou d'un zélé éperdu ? On ne le sait (1). Elles furent considérées comme un ordre.

Le Turc voyant en face de lui des députés qui baissaient la tête, changea d'attitude et rompit l'entrevue. Saint Louis tomba ainsi entre les mains de ses ennemis (6 Avril 1250) (2).

La nouvelle du désastre de la Mansourah eut en Europe un douloureux retentissement. Par contre, le monde musulman exhala bruyamment sa joie. Il y eut cela toutefois de singulier dans l'événement que le sultan sur lequel rejaillissait la gloire d'avoir pris le roi devait rencontrer dans le triomphe une des causes de sa mort et que le roi devait trouver dans la captivité le retour à la santé. Lorsque saint Louis fut emmené à la Mansourah, la fièvre ardente qui le minait augmentait toujours ; c'est à peine si on reconnaissait en lui une apparence de vie, la dyssenterie l'épuisait, ses gencives enflées étaient blanches, ses dents branlaient et sa maigreur était si grande qu'il ne pouvait faire aucun mouvement sans soutien. Craignant de perdre leur proie, les Musulmans firent appel aux connaissances des plus habiles empiriques et le roi recouvrit peu à peu ses forces.

La reine, Marguerite de Provence, gardait Damiette. La force de caractère de cette femme énergique sauva les débris de l'armée d'une seconde catastrophe. Bien que malade de l'enfant qu'elle allait, dans quelques jours, donner au roi et à la France (3), elle fit appeler près de son lit les principaux seigneurs, et les conjura de ne point abandonner la ville d'où les Génois

(1) Joinville opte pour la trahison.

(2) « Le roi de France aurait pu échapper aux mains des Égyptiens, soit à cheval, soit dans un bateau, mais ce prince généreux ne voulut jamais abandonner ses troupes. » (Aboul-Mahassen.)

(3) Saint Louis eut onze enfants :
Blanche, qui mourut âgée de près de trois ans ;
Isabelle, née en 1242, qui fut reine de Navarre ;
Louis, qui mourut en 1260 ;
Philippe, né en 1245 et qui fut son successeur ;
Jean, qui mourut en 1248 ;
Jean Tristan, comte de Nevers, qui naquit à Damiette en 1250 ;
Pierre, comte d'Alençon, qui naquit à Ptolémaïs en 1251 ;
Blanche, née à Jaffa en 1253, qui épousa Ferdinand de Castille ;
Marguerite, née en Palestine en 1254, qui épousa Jean de Brabant ;
Robert, comte de Clermont, né en 1256, qui fut la tige de la maison de Bourbon ;
Agnès, qui épousa Robert de Bourgogne.

et les Pisans complotaient déjà de se retirer. Le sang-froid de la reine en imposa aux plus faibles, et chacun jura de défendre son poste. Le chroniqueur raconte naïvement à ce sujet un trait qui montre que parfois les femmes entendent bien ne point laisser aux hommes seuls le monopole de l'héroïsme. Quand elle sentit le moment de ses couches venir, Marguerite manda près d'elle un certain chevalier, âgé de quatre-vingts ans ; s'agenouillant devant lui, elle lui requit une grâce ; le chevalier lui en fit serment :

— Je vous demande, dit-elle, par la foi que vous m'avez baillée, que si les Sarrasins prennent cette ville, vous me tranchiez la tête avant qu'ils me prennent.

— Madame, dit le preux, soyez tranquille, je le ferai de tout mon cœur, car j'y avais déjà pensé.

Les grands hommes de Plutarque auraient-ils mieux parlé ?

Dans les fers, Louis IX émerveilla ses geôliers ; sa force, son calme, sa sérénité les émurent. Jusque-là, les disciples de Mahomet n'avait connu en lui que le guerrier ; ils virent le saint et ils furent subjugués.

Les négociations pour le rachat et les prisonniers s'ouvrirent assez vite. Une révolution du palais les compromit un instant. Tourân, devenu suspect non seulement à son entourage, mais surtout à Chedjer-ed-Dor, femme de Saleh-Ayoub, fut massacré par ses soldats sous les yeux mêmes des Croisés. Avec lui finit la dynastie des Ayoubites. Plusieurs émirs refusèrent sa couronne. Enfin l'atabek Eizz-ed-Din accepta le commandement des troupes sous l'autorité souveraine de l'ambitieuse sultane, auteur de la conspiration. Le roi courut de réels dangers durant ces sanglants incidents. Sa prison fut plusieurs fois envahie par des forcenés qui levèrent sur lui leur épée. Son calme inaltérable parvint à les maîtriser (1). On prétend même que, frappés de cette remarquable placidité, les Arabes eurent, un jour, la pensée de le revêtir de la fonction de sultan et de le proclamer roi d'Egypte. Nous ne savons si cette idée germa dans les esprits, mais nous croyons, après examen sérieux des sources, qu'une semblable proposition ne fut jamais faite.

Il était à redouter que Eizz-ed-Din, arrivé au pouvoir par une émeute due en grande partie à l'irritation provoquée par les préliminaires des négociations, ne rompît toute relation avec les prisonniers. Il n'en fut rien, on convint que le roi signerait une trêve de dix ans, rendrait Damiette pour sa rançon et

(1) « Vous vous dites notre prisonnier, disaient les gardes musulmans, mais vous nous traitez comme si vous nous teniez en prison. »

verserait au trésor turc 400,000 livres pour la rançon de ses compagnons (1).
De part et d'autre la convention est solennellement jurée. Saint Louis, ne
pouvant disposer de cette somme, s'engage à la payer dès qu'il pourra se
rendre à Ptolémaïs, 200,000 livres pourtant doivent être versés à Damiette
au moment de la livraison de la ville. Le sultan accepte des otages en garantie
et le roi est rendu à la liberté. Les choses se passèrent comme il avait été
réglé, mais à peine le prince se fut-il éloigné du rivage égyptien que les
Sarrasins massacrèrent odieusement les blessés et les malades restés à
Damiette. Le roi se plaignit de cette violation du traité ; mais ne pouvant
dans son dénûment unir à la plainte la force qui la fait écouter, il dut se
contenter de protestations verbales (2).

Les débris de l'armée entrèrent dans la rade de Ptolémaïs le 12 mai
1250.

Saint Louis réunit son conseil. Retournerait-on en France ou séjournerait-
on en Palestine ; telle fut la double question proposée aux délibérations.
La majorité inclina pour le départ. Le roi, convaincu qu'entre les mains de
Blanche de Castille son royaume ne courait aucun danger, considéra que
s'il se retirait de la Terre-Sainte, il laisserait les chrétiens du pays exposés
aux attaques d'un ennemi rendu par les événements de la dernière expédition plus hardi et plus entreprenant que jamais. Il manifesta la volonté de
prolonger sa résidence au sein de populations qui comptaient sur sa présence
et qui le priaient de ne point les abandonner. Il laissa entière liberté à ceux
de ces soldats qui désiraient prendre le chemin de la France. Il retint
expressément auprès de lui Joinville, qui venait, à l'exemple de son maître,
de subir courageusement la captivité en Égypte, et dont l'avis, au sein du
conseil, avait guidé la minorité dans son opposition contre le retour. Les
circonstances justifièrent l'attitude de saint Louis.

En effet, l'assassinat de Tourân, loin de pacifier les tribus arabes, avait
ravivé les haines et les compétitions. Les sultans d'Alep et de Damas prétendirent avoir des droits sur le Caire et prirent les armes pour les soutenir.
Apprenant l'arrivée des Croisés à Ptolémaïs, ils s'ingénièrent à rechercher
leur concours.

(1) La rançon fut vraisemblablement acquittée en livres *tournois* et non en livres *parisis*. La livre
tournois valait approximativement 20 francs; la livre parisis, 25 francs. 400,000 livres équivalaient à
plus de huit millions.

(2) V., outre Joinville, le chroniqueur anonyme de Saint-Denis, le continuateur de Guillaume de
Nangis, la Chronique du chapelain de la reine Marguerite et la Chronique de Geoffroy de Beaulieu.

De son côté, le sultan du Caire, se réclamant de la trève, s'obstinait à exiger de saint Louis une neutralité bienveillante. Ainsi, par une étrange évolution des choses, le roi devenait arbitre entre les belligérants. Il en profita pour imposer une stricte observation du traité. Au mépris de toute promesse, les malades avaient été égorgés; les prisonniers étaient encore maintenus dans les geôles; on pouvait, en conséquence, dénoncer la trève et se refuser à payer les 200,000 livres de rançon. Eizz-ed-Din, pressé par la rébellion, se montra disposé à accepter toutes les remontrances. Les portes des prisons s'ouvrirent. Bien plus, la contribution de guerre fut considérée comme payée.

Pendant que les émirs se livraient entre eux à une lutte acharnée où le sang coulait en abondance, le saint roi relevait les murailles de Ptolémaïs et renforçait les garnisons qui occupaient les places chrétiennes. Il n'hésitait pas à donner lui-même l'exemple du travail et à porter la hotte de sable et de chaux. Entre temps, il écrivait en France et faisait appel à ses sujets.

De cette demande de secours naquit le mouvement populaire connu sous le nom de *Croisade des Pastoureaux*. Excellent au début, ce mouvement dévia et finit d'une façon lamentable. Aux premières bandes qui prirent la croix et les armes, se mêlèrent les oisifs, les coureurs de grandes routes, les mendiants, gens de sac et de corde. Blanche de Castille se vit dans la nécessité de prescrire des mesures sévères pour réprimer les désordres commis par cette cohue indisciplinée; quelques exécutions habiles terrifièrent les principaux meneurs et suffirent pour disperser les coupables (1251). Les historiens modernes, trop confiants dans les évaluations fantaisistes des chroniqueurs du temps, élèvent à cent mille le nombre des Pastoureaux. Nous l'avons maintes fois observé : quand il s'agit d'élans populaires, les calculs n'ont rien de précis ni de satisfaisant; la plume des annalistes opère rapidement des multiplications.

La guerre de succession qui se poursuivait en Égypte faillit avoir un résultat que le succès de la Croisade aurait à peine obtenu. Le sultan du Caire craignait toujours que son compétiteur de Damas n'arrivât à s'assurer l'appui des Croisés. Pour détourner le péril, il offrit aux chrétiens de leur restituer le royaume de Jérusalem. Saint Louis se prêta aux négociations; mais quand il fallut en venir à des clauses fermes, ou les ambassadeurs turcs ne se présentèrent pas, ou, quand ils se présentèrent au rendez-vous, ils

Prise de Damiette par les Croisés.

curent la précaution de se retrancher derrière des exigences inacceptables. La renommée des vertus du roi remplissait la Palestine et en franchissait les frontières.

Le Vieux-de-la-Montagne expédia plusieurs de ces gens à Ptolémaïs avec ordre de faire entendre à saint Louis des menaces au sujet de certaines redevances qui n'étaient pas régulièrement acquittées. Les menaces se changèrent subitement en paroles d'amitié. Touchés de la bonté avec laquelle ils furent reçus, les séides du Vieux revinrent de la part de leur maître et apportèrent des présents. Celui-ci députa au cheik un des familiers, frère Ives, chargé également de présents.

Voici comment Joinville raconte les impressions de frère Ives :

« Le roi renvoya une grande foison de joyaux, draps d'écarlate, coupes d'or et frein d'argent ; et avec les messagers, il y envoya frère Yves le Breton, qui savait le sarrazinois. Et frère Yves trouva que le Vieux-de-la-Montagne ne croyait pas en Mahomet, mais croyait à la loi d'Ali qui fut oncle de Mahomet.

» Cet Ali mit Mahomet au degré d'honneur là où il fut ; et quand Mahomet se fut établi le seigneur du peuple, alors il méprisa son oncle, et s'éloigna de lui. Et Ali, quand il vit cela, attira à lui ce qu'il put avoir du peuple, et leur donna une croyance autre que Mahomet n'avait enseignée ; d'où vient encore à présent, que tous ceux qui croient à la loi d'Ali, disent que ceux qui croient à la loi de Mahomet sont mécréants ; et aussi tous ceux qui croient à la loi de Mahomet, disent que ceux qui croient à la loi d'Ali sont mécréants.

» L'un des points de la loi d'Ali est que, quand un homme se fait tuer pour faire le commandement de son Seigneur, son âme va dans un corps plus heureux qu'elle n'était devant ; et pour cela les assassins ne balancent pas à se faire tuer quand leur Seigneur leur commande, parce qu'ils croient qu'ils seront plus heureux, quand ils seront morts, qu'ils n'étaient devant.

» L'autre point est tel, qu'ils croient que nul ne peut mourir avant le jour qui lui est fixé et cela nul ne le doit croire, car Dieu a pouvoir d'allonger ou de raccourcir nos vies. Et c'est un point auquel croient les Bédoins ; et pour cela ils ne veulent pas mettre d'armure quand ils vont à la bataille, car ils penseraient agir contre le commandement de leur foi. Et quand ils maudissent leurs enfants, ils leur disent :

» — Ainsi sois-tu maudit comme le Franc, qui met une armure par crainte de la mort.

» Frère Yves trouva un livre, au chevet du Vieux, où étaient écrites plusieurs paroles que Notre-Seigneur dit à saint Pierre quand il était sur terre. Et frère Yves lui dit :

» — Ah ! pour Dieu, Sire, lisez souvent ce livre; car se sont de très bonnes paroles.

» Et il dit qu'ainsi faisait-il :

» — Car j'aime beaucoup Mgr saint Pierre; car au commencement du monde l'âme d'Abel, quand il fut tué, vint dans le corps de Noé; et quand Noé fut mort, alors elle revint dans le corps d'Abraham; et du corps d'Abraham, quand il mourut, elle vint dans le corps de saint Pierre quand Dieu vint en terre.

» Quand frère Yves ouït cela, il lui montra que sa croyance n'était pas bonne, et lui enseigna beaucoup de bonnes paroles; mais il ne le voulut pas croire. Et frère Yves expliqua ces choses au roi, quand il fut revenu à nous. Quand le Vieux chevauchait, il avait un crieur devant lui qui portait une hache danoise à long manche tout couvert d'argent, avec tout plein de couteaux fichés dans le manche, et il criait :

» — Détournez-vous de devant celui qui porte la mort des rois entre ses mains (1). »

Loin de persécuter les chrétiens, les Tartares les admettaient volontiers parmi eux. Ayant entendu dire qu'un de leurs chefs avait reçu le baptême, saint Louis, mû par le désir de semer la foi au sein de ces peuplades barbares et par la pensée de s'en faire des auxiliaires contre les mahométans, écrivit des lettres d'amitié à Sartach, petit-fils de Gengiskan. Un cordelier de Terre-Sainte, Ruysbrock, reçut la mission de traverser les pays mongols, du Volga à Caracarrum, et d'y faire connaître les intentions du prince français. C'est ainsi que le nom de la France qui, grâce aux Croisades, avait déjà un écho retentissant sur tout le littoral de la Méditerranée, parvenait, grâce à saint Louis, jusqu'aux intimes profondeurs du monde encore inconnu.

Une épreuve cruelle surprit le roi au milieu de ses préoccupations.

Blanche de Castille mourait vers la fin de novembre 1252. Sa santé fortement ébranlée par le départ de son fils, alla en dépérissant à la nouvelle de la captivité du Caire. Se sentant atteinte mortellement, elle se fit transporter de Melun, où elle se trouvait, à Paris, où elle voulait rendre le dernier soupir, sous le vêtement des religieuses Cisterciennes. Au moment de l'agonie, elle

____

(1) *Traduction Wailly.*

donna elle-même le signal des prières, se coucha sur la paille et rendit l'âme, entourée de l'abbesse et des sœurs dont elle avait voulu être la compagne.

C'est à Jaffa que saint Louis apprit le deuil qui le frappait. Il ne put contenir ses larmes.

— Sire Dieu, s'écria-t-il, je vous rends grâce et merci de ce que par votre bonté m'avez prêté si longuement ma chère mère, et par mort corporelle l'avez prise et reçue par votre bon plaisir à votre part. Il est bien vrai, beau très-doux père Jésus, que j'aimais par-dessus toute créature ma mère, car elle l'avait bien mérité; mais, puisqu'il vous vient à plaisir qu'elle est trépassée, béni soit votre nom.

Il resta deux jours enfermé sans admettre personne en sa présence. Il envoya ensuite chercher Joinville, et en l'apercevant, fondant encore en pleurs, il dit :

— Ah! Sénéchal, j'ai perdu ma mère !

Seule, l'éloquence d'un Bossuet aurait pu s'élever à la hauteur de ce cri du cœur.

La nation entière s'associa à la douleur du roi. Les chroniques contemporaines s'évertuent à chercher les termes les plus doux et les plus forts pour rendre l'intensité du sentiment populaire en présence de cette tombe où semblait s'enfermer l'âme même de la patrie :

— C'était, disent-elles, la gardienne de la France, l'ange du pays, la dame des dames, l'épouse généreuse, la femme énergique portant dans un corps fragile un cœur d'homme, etc.

Caractère dominateur, esprit calme et froid, fin et délicat, Blanche avait remarquablement rempli sa mission de régente. Elle mérite par ses qualités et ses vertus, la place qu'elle occupe dans l'histoire.

Saint Louis songea alors au retour; il visita Arsur, Sour, Sidon, le Carmel et annonça son départ pour le mois d'avril 1254. Il laissa une garnison à Ptolémaïs et s'embarqua le 25 avril. Huit jours après, le vaisseau royal parut en vue de Chypre. Un brouillard s'étant élevé, les matelots n'aperçurent pas la côte et déployèrent toutes les voiles, dans le dessein d'atterrir avant la nuit. Tout à coup un craquement se produisit dans la membrure de la nef; on venait d'échouer sur un banc de sable. Écoutons encore Joinville :

« Le samedi, nous vîmes l'île de Chypre, et une montagne qui est en Chypre, qu'on appelle la montagne de la Croix. Ce samedi, il s'éleva une brume de la terre, et elle descendit de la terre sur la mer ; et pour cela nos mariniers pensèrent que nous étions plus loin de l'île de Chypre que nous n'étions, parce qu'ils croyaient la montagne par-dessus la brume. Et pour cela ils firent avancer hardiment, d'où il advint ainsi, que notre nef heurta contre un banc de sable qui était sous l'eau. Or il advint ainsi, que si nous n'eussions rencontré ce peu de sable là où nous heurtâmes, nous eussions heurté contre tout plein de roches qui étaient couvertes, là où notre nef eût été brisée, et nous naufragés et noyés.

» Aussitôt que notre nef eut heurté, le cri s'éleva sur la nef très grand ; car chacun criait hélas ! et les mariniers et les autres frappaient des mains, parce que chacun avait peur de se noyer..... Les mariniers :

» — Çà la galère ! pour recueillir le roi.

» Mais de quatre galères que le roi avait là, il n'y eut pas de galère qui s'approchât ; en quoi ils firent très sagement, car il y avait bien huit cents personnes sur la nef qui toutes auraient sauté dans les galères pour sauver leur vie, et aussi les eussent coulé à fond.

» Celui qui avait la sonde la jeta une seconde fois ; et vint à frère Rémond et lui dit que la nef n'était plus sur le fond. Et alors frère Rémond l'alla dire au roi, qui était prosterné en croix sur le pont de la nef, sans chausses, en simple cotte et tout échevelé (devant le corps de Notre-Seigneur qui était sur la nef), comme un homme qui s'attendait bien à être noyé. Sitôt qu'il fut jour, nous vîmes la roche devant nous, là où nous eussions heurté si la nef n'eût heurté contre le banc de sable.

» Le matin le roi envoya quérir les maîtres nautoniers des nefs, lesquels envoyèrent quatre plongeurs au fond de la mer. Et ils plongèrent dans la mer ; et quand ils revenaient, le roi et les maîtres nautoniers les entendaient l'un après l'autre, de sorte que l'un des plongeurs ne savait pas ce que l'autre avait dit. Toutefois, on trouva par les quatre plongeurs, que dans le frottement de notre nef sur le sable, le sable en avait bientôt ôté quatre toises de la quille sur quoi la nef était construite.

» Alors le roi appela les maîtres nautoniers devant nous, et leur demanda quel conseil ils donneraient pour le coup que sa nef avait reçu. Ils se consultèrent ensemble et conseillèrent au roi de descendre de la nef là où il était, et d'entrer dans une autre.

» — Et nous vous donnons ce conseil parce que nous croyons certainement que tous les ais de votre nef sont tous disloqués ; par quoi nous craignons que, quand votre nef viendra en haute mer, elle ne puisse soutenir le choc des vagues, sans se mettre en pièces.

» Alors le roi demanda à Mgr Pierre le Chambellan, à Mgr Gilles le Brun, connétable de France, et à Mgr Gervais d'Escraines, qui étaient maîtres queues du roi, et à l'archidiacre de Nicosie, qui portait son sceau, qui depuis fut cardinal, et à moi, ce que nous lui conseillions sur ces choses. Et nous lui répondîmes que sur toutes choses de ce monde on devait croire ceux qui en savaient le plus :

» — Nous vous conseillons donc, quant à nous, de faire ce que les nautoniers nous conseillent.

» Alors le roi dit aux nautoniers :

» — Je vous demande sur votre honneur, au cas que la nef fut vôtre et qu'elle fut chargée de marchandises à vous, si vous en descendriez.

» Et ils répondirent tous ensemble que non, car ils aimeraient mieux mettre leurs personnes en aventure de se noyer, que d'acheter une nef quatre mille et plus.

» — Et pourquoi me conseillez-vous de descendre ?

» — Parce que, firent-ils, le jeu n'est pas égal, car ni or ni argent ne peut valoir le prix de votre personne, de votre femme et de vos enfants, qui sont céans ; et pour cela nous ne vous conseillons pas de vous mettre, ni vous ni eux, en aventure.

» Le roi dit alors :

» — Seigneurs, j'ai ouï votre avis et l'avis de mes gens ; or je vous dirai à mon tour le mien, qui est tel, que si je descends de la nef, il y a céans cinq cents personnes et plus qui demeureront dans l'île de Chypre par peur du péril de leur corps, car il n'y en a pas un qui n'aime autant sa vie que je fais la mienne, et qui jamais, par aventure, ne rentreront dans leur pays. C'est pourquoi j'aime mieux mettre à la main de Dieu ma personne, et ma femme et mes enfants, que causer tel dommage à un aussi grand nombre de gens qu'il y a céans.

» Le grand dommage que le roi eût causé aux gens qui étaient en la nef, on le peut voir par Olivier de Termes, qui était sur la nef du roi ; lequel était un des hommes les plus hardis que j'eusse jamais vus, et qui s'était le mieux montré dans la Terre Sainte : il n'osa demeurer avec nous par peur de se noyer ; mais il demeura en Chypre, et eut tant d'empêchements qu'il fut un an et demi avant qu'il revînt près du roi ; et pourtant c'était un grand et riche homme, et qui pouvait bien payer son passage. Or, regardez ce qu'eussent fait de petites gens qui n'eussent pas eu de quoi payer, quand un tel homme eut si grands empêchements (1). »

Plus tard on essuya une tempête.

— Madame, disait à la reine Joinville effrayé par la violence des vagues, nous sommes en danger de nous noyer; promettez le voyage à **Mgr saint Nicolas de Varangeville** (Saint-Nicolas-du-Port, près Nancy) et je vous suis garant pour lui que Dieu vous ramènera en France, vous, le roi et vos enfants.

Le chroniqueur atteste qu'il porta lui-même au sanctuaire de Saint-Nicolas le vaisseau d'argent de cinq marcs, promis par la reine Marguerite.

Après un arrêt à Lampedouse et un autre vers l'île de Pantalaria, la flotille composée de treize batiments, aborda à deux lieues du château d'Hyères. La navigation avait duré dix semaines. Le roi eût voulu débarquer à Aigues-Mortes, terre française; mais, cédant aux instances des équipages, il mit pied à terre en Provence, le 17 juillet 1254.

D'Hyères saint Louis se rendit à Aix et à Beaucaire; il traversa le Languedoc, puis l'Auvergne dont l'évêque, Hugues de La Tour, avait assisté aux débuts de la Croisade et était mort à Damiette; continuant sa course par le Bourbonnais, il arriva à Vincennes, le 5 septembre. A Paris, « les bourgeois et tous ceux qui étaient dans la ville, vêtus et parés le mieux que chacun pouvait selon sa condition, furent au-devant de lui. Si les autres villes l'avaient reçu avec beaucoup de joie, Paris en témoigna encore plus qu'aucune autre. Durant plusieurs jours, on fit des feux, des danses et d'autres réjouissances publiques qui finirent plutôt que le peuple n'eut voulu, car le roi, voyant avec peine la grande dépense, les danses et les vanités qu'ils faisaient, s'en alla pour les faire cesser, au bois de Vincennes. »

Dès qu'il eut repris le gouvernement de l'État, saint Louis se montra plus soucieux que jamais du bien de ses sujets.

L'épreuve avait agrandi son amour de la justice. « Combien le roi, quand il fut revenu en France, dit le chroniqueur Geoffroy de Beaulieu, se conduisit

(1) Sainte-Beuve se livre ici à une observation qui n'est pas dépourvue d'à-propos. « A considérer la réponse magnanime de saint Louis, la pensée se reporte à d'autres monarques de renom, et l'on se demande ce qu'en pareille circonstance ils auraient répondu, ce qu'ils auraient fait à leur tour. Louis XIV, on peut le croire, ayant pris avis des mariniers et les ayant entendus, aurait adopté la conclusion; il aurait changé de bord. Pour Henri IV, je crois que sinon par charité et humanité chrétienne, du moins par noblesse de cœur et point d'honneur de soldat, par bonne grâce de Béarnais, il aurait fait comme saint Louis. Quant à Napoléon, ceux qui aiment à retourner en idée les caractères par tous les aspects, peuvent s'exercer et faire leur rêverie là-dessus. » (*Causeries du Lundi.*)

pieusement envers Dieu, justement envers ses sujets, miséricordieusement envers les affligés, humblement pour son propre compte, et avec quel zèle il s'appliqua à avancer, selon ses forces, en toutes sortes de vertus, c'est ce que peuvent attester les personnes qui ont observé avec soin sa façon de vivre et qui ont connu la sincérité de sa conscience. C'est le jugement des plus clairvoyants et des plus sages qu'autant l'or est plus précieux que l'argent autant la façon de vivre et d'agir que le roi rapporta de son voyage dans la Terre-Sainte fut sainte et nouvelle, et supérieure à son ancienne conduite, quoique, dans sa jeunesse, il eut toujours été bon et innocent, et digne d'une grande estime. »

« La première Croisade de saint Louis, écrit M. Wallon, fut malheureuse, et ce malheur aurait été prévenu peut-être par un plan mieux conçu et exécuté avec plus de décision. Mais si la conduite de cette campagne peut accuser l'habileté militaire du saint roi, il y montra un si grand caractère, énergie dans les revers et les souffrances, dignité dans la captivité, dévouement à ses compagnons de guerre et d'infortune, qu'il en sortit plus grand et plus glorieux : gloire peu goûtée, encore moins enviée, du jeune et fameux général, qui a fait la critique de cette expédition, dans le *Mémorial de Sainte-Hélène,* avec une autorité pleinement justifiée par l'éclat de ses victoires sur le même théâtre, mais qu'on ne peut louer de la même sorte, quoi qu'il dise, pour la pensée qui le jeta dans cette aventure, et pour la façon dont il en sortit. A ce double point de vue, le vaincu de Mansourah peut soutenir la comparaison avec le vainqueur des Pyramides (1). »

Il est bon de remarquer que saint Louis ne fut pas le vaincu du sultan, mais le vaincu de l'épidémie. Au point de vue de la science militaire, si le roi ne fut pas supérieur aux hommes de son temps, il ne leur fut pas inférieur.

Puisque la valeur guerrière consistait moins dans la stratégie et la tactique que dans la vigueur et le courage individuels, le royal soldat de Mansourah eut les qualités de son époque. Mais ce qui attache autour de son front le nimbe brillant, c'est la grandeur d'âme dont il fit preuve dans les fers.

Du récit de cette Croisade, tel que Joinville l'a transmis à la postérité, il s'exhale nous ne savons quelle suave émanation qui pénètre l'âme.

Des revers de cette nature ne blessent jamais mortellement une nation ; elles l'élèvent au contraire et la réconfortent. Les sultans qui bénéficièrent

(1) Wallon : *Vie de saint Louis.*

des ravages du fléau épidémique seront toujours pour l'histoire d'illustres inconnus. La victime, au contraire, est immortelle.

Sur l'embouchure du Nil, sur Damiette, sur Mansourah, sur le Caire, planera, pour les siècles, la grande ombre de saint Louis. Bonaparte a gravé son nom, de la pointe de son épée, sur les Pyramides; puis, il a disparu, délaissant ses troupes, pour courir à sa destinée. Saint Louis reste au milieu des siens; il veille sur eux, partage leurs maux et donne à son infortune cette forme achevée qui est le fruit de la douleur héroïquement supportée. L'un et l'autre, le grand capitaine et le saint roi, ont élargi, sur les rivages orientaux, le patrimoine moral de la France. A Napoléon, le génie qui fonde les empires; à Louis IX, les vertus qui les conservent et les civilisent.

La marine progresse sensiblement dans le cours du xiiie siècle. Les voiles, mieux dressées et plus nombreuses, permettent d'utiliser un tirant d'eau et un tonnage assez élevés. Les connaissances hydrographiques grandissent et le matériel des ports, par suite des relations commerciales, prend une sérieuse importance.

Le Nil devenant un facteur nouveau dans les expéditions d'outre-mer, détermine la découverte d'un art nouveau, celui des constructions mi-navales et mi-terrestres.

C'est ainsi que, pour vider les canaux qui retardaient le passage de l'armée de Damiette à Mansourah, les chevaliers édifient en hâte des tours qui remplissent une double fonction; elles servent d'écluses et d'appareils de guerre. Joinville donne à ces machines le nom de Chats-Château.

L'armure ne subit que de légères modifications. Le casque enveloppe maintenant la figure. Les genoux sont protégés par une sorte de boîte de métal en relief, cette pièce prélude aux armatures, aux carapaces de fer, dont les guerriers seront entièrement couverts au siècle suivant.

Le soldat revêt d'abord le *gamboison*, sorte de chemise rembourrée et même, sur certains points, matelassée.

Sur cet habit, il jette le *haubert*, tunique de mailles qui descend aux genoux et qu'une courroie serre à la taille. La jupe de la tunique est fendue dans toute sa hauteur pour permettre de monter à cheval. Les manches se terminent en une poche qui enferme les doigts. Un capuchon se relève sur le cou et sur le derrière de la tête.

Des chaussures et des chausses de mailles protègent les pieds et les jambes et se fixent à la tunique, à la hauteur de la ceinture.

La *cotte d'arme* se place par-dessus le haubert. C'est une tunique sans manche, faite d'étoffe et descendant jusqu'aux genoux.

Le casque prend une forme ovoïde ; parfois on lui préfère la calotte de fer, entourée d'un large rebord.

Le bouclier se rétrécit et dessine un triangle.

L'homme à cheval a, pour armes offensives, la *lance* et l'*épée*. La lance est ornée d'une pièce d'étoffe appelé bannière (1) ; l'épée devient plus droite et plus lourde, elle est encore à double tranchant et à pointe arrondie.

PORTRAIT DE SAINT LOUIS (D'après une estampe du temps).

L'habillement du cheval consiste dans la *housse de mailles*, couverte d'une *housse d'étoffe*. Parfois la tête du palefroi est abritée par un cimier pareil à celui du cavalier.

Les simples combattants de pieds portent, suivant leurs ressources, ou le gamboison couvert de petites plaques de fer, ou le haubert de mailles. A leurs mains, ils ont un bouclier appelé *rouelle* et sur la tête la calotte de fer.

Leurs armes offensives sont la hache, la masse d'armes, l'épée, le couteau,

(1) Joinville donne souvent à la lance le nom de glaive.

la hallebarde, le fauchard ou coutelas fixé au bout d'une tige, l'arbalète et l'arc.

L'arbalète que l'on bande à l'aide du pied ou du rouet lance le carreau, flèche terminée par un fer triangulaire ; l'arc décoche la sagette ordinaire.

Les Orientaux possédaient à peu près les mêmes armes offensives ; ils en avaient en outre les *pierrières* à l'aide desquelles ils jetaient le feu grégeois. Il est surprenant que les Croisés, qui n'étaient pas rebelles au perfectionnement des armes, n'aient jamais cherché à surprendre le secret de ce feu grégeois, pour en utiliser la manipulation et l'usage.

Durant la dernière guerre, les Arabes semblent en avoir fait un emploi plus fréquent. Ils avaient trouvé le moyen de le lancer sous forme de pelottes enflammées. L'eau étant insuffisante pour l'éteindre, il fallait recourir à l'encre, au fumier ou au sable. On perdait un temps précieux à opérer.

Montés sur des chevaux légers, les Arabes évitaient avec soin les chocs en masse où ils étaient la plupart du temps écrasés par les lourds escadrons adversaires ; ils aimaient mieux surprendre les convois, l'arrière-garde et les détachements isolés. Le cimeterre entamait difficilement le haubert ; en retour le turban surmonté d'une plaque d'acier poli et la cuirasse n'offraient qu'un faible obstacle à la pesante épée française.

Le Turc comptait principalement sur son climat. Nos chevaliers étouffaient sous leur armure ; souvent, pour combattre, ils étaient dans l'obligation d'enlever leur casque et de se débarrasser d'une portion de leurs vêtements de métal. Toujours altérés, ils buvaient à toutes les sources. La maladie les guettait, plus meurtrière que la tactique des Kalifes.

Ce qui caractérise le règne de saint Louis, au point de vue spécial de l'ornementation du vêtement militaire, c'est l'épanouissement des armoiries. Bannières, housses, cottes d'armes, s'étoilent des plus chatoyantes couleurs.

L'art héraldique est à son apogée ; il a arrêté ses principes et sa terminologie. Le *gueule* flamboie, l'*azur* sourit sous les arabesques les plus gracieuses et les plus variées. Les écussons s'étalent partout, et l'effet qu'ils produisent, dans leur intense scintillement, est saisissant.

Les mains qui dessinaient les cathédrales et qui brodaient les fines moulures des boiseries ogivales, mettaient le même soin, la même patience et le même génie à enluminer les manuscrits et à peindre les émaux du blason.

CHAPITRE VII

Huitième Croisade : Clément IV. — Saint Louis.

Pendant que les Tartares assiégeaient Bagdad, s'emparaient de la ville et supprimaient le Kalifat, la tragédie restait à l'état endémique au Caire.

Le sultan, meurtrier de Tourân, avait péri sous les coups de son complice Actaï. Maître du pouvoir, ce dernier chercha à s'assurer de l'influence de la sultane Chedjer-ed-Dor, en l'épousant. L'impérieuse et cruelle sultane se hâta de faire assassiner son mari (1255), mais elle subit elle-même la peine de son crime. Précipité dans les fossés d'une des tours du Caire, son cadavre demeura la proie des animaux errants. Nour-ed-Din, enfant de quinze ans, fut proclamé sultan. Le chef des Mamelucks, Kotoz, le déposa (1259), et prit sa place sous le nom de d'El-Malec-el-Modaffer.

Peu après, renversé à son tour, Kotoz céda la couronne à l'émir Bibars Bondocdar (1260). Les ombres couronnées ne faisaient que passer sur ce trône ou plutôt sur ce tombeau toujours ouvert.

Dans le but d'éviter la fin sanglante de ses prédécesseurs, Bibars entreprit sans retard la guerre contre les chrétientés de Palestine. En opérant ainsi une diversion et en offrant à titre d'aliment aux esprits surexcités la lutte pour la conquête du territoire, il nourrissait l'espoir de déjouer les entreprises de ses rivaux et de faire oublier les origines de sa royauté. Mal préparés, par leurs incessantes querelles, à recevoir le choc, les princes latins subirent une série d'échecs ; ils escomptaient la présence des Tartares et s'imaginaient qu'après avoir saccagé Bagdad et battu les troupes de l'émir d'Alep, les Barbares se retourneraient contre l'armée égyptienne. Ils se trompèrent dans leurs calculs ; les Tartares, froissés de la neutralité qu'observèrent les chrétiens au siège de Bagdad, se montrèrent hostiles et les abandonnèrent à leur sort.

Assurément il eût mieux valu profiter de la présence de ces auxiliaires inattendus et dénoncer la trêve puisque les ennemis n'hésitaient pas à la violer. Bibars envahit la Palestine (1265), et saccagea la campagne. Deux ans après, il reparut, surprit Césarée (27 février 1265) et en rasa les murailles. Arsur tomba entre ses mains, et Ptolémaïs vit sa garnison acculée dans sa dernière enceinte.

Poursuivant avec vigueur ses avantages, le soudan parvient à enlever Antioche, à la suite d'un assaut meurtrier. Il livre la ville aux flammes et entraîne en esclavage les habitants. Cet exploit coûta la vie, dit-on, à dix sept mille hommes.

Ces douloureux événements ne pouvaient laisser l'Occident insensible. Le pape Alexandre IV écrivit, à cette occasion, des lettres pressantes à saint Louis et, le roi, toujours charitable, envoya des subsides en Palestine. Le pape Urbain IV, qui succéda à Alexandre, convoqua un concile à Paris (25 août 1264) ; le roi laissa bientôt entrevoir le désir qu'il nourrissait d'arborer la croix et de reprendre le chemin de l'Orient. Mais sa santé était altérée et le pape Clément IV, successeur d'Urbain, s'opposa, affirme-t-on, au départ du souverain. Saint Louis, n'écoutant que les inspirations de sa foi, mit un terme aux hésitations du Pontife et annonça sa ferme volonté d'aller au secours de ses frères d'armes en danger.

Mandés à Paris, les barons et les prélats du royaume s'y rendirent le 24 mars 1267. Le lendemain, tous étant réunis, saint Louis apporta la couronne d'épines et devant l'insigne relique jura de se croiser. Les seigneurs jurèrent à leur tour et la croisade fut dès lors ouverte. Dans un parlement, tenu à Paris le 9 février 1268, le départ fut fixé pour le mois de mai de l'année 1270.

De son côté, le Pape s'autorisa de la détermination du souverain français pour décider les princes de l'Europe à participer à l'expédition. Des dîmes furent levées spécialement sur le clergé et saint Louis traita avec Gênes pour la fourniture du matériel de guerre et des vaisseaux.

Pressentant qu'un surcroît de fatigues pourrait entraîner sa mort, le pieux souverain voulut mettre ordre à ses affaires. Comme précédemment, il députa dans chaque province des envoyés extraordinaires chargés de faire rendre prompte justice et de résoudre les cas litigieux ; il fixa l'apanage de ses enfants et rédigea son testament dans lequel les pauvres devinrent généreusement l'objet de clauses spéciales.

Blanche de Castille, cette femme de haute intelligence, qu'un écrivain de nos jours considère comme un des principaux fondateurs de la puissance française, n'était plus là pour prendre en main la régence du royaume. Le choix royal tomba sur Matthieu de Vendôme, abbé de Saint-Denis, et Simon, seigneur de Nesle.

Saint Louis évita de confier cette charge à Marguerite de Provence ; en ces graves circonstances, il craignit de trop écouter son affection ; la reine eut peut-être manqué de fermeté.

Joinville se refusa à accompagner son maître. Ses affaires périclitaient ; son patrimoine, fortement entamé, exigeait une administration attentive ; enfin les années commençaient à peser sur ses épaules. Joinville était un chevalier brave sans doute, mais il était aussi un esprit positif.

Les souvenirs de la Mansourah calmaient singulièrement son ardeur, et, cette fois « son beau château » parla plus haut que sa tendresse pour son ami.

Mécontent toutefois de rester en France tandis que ses pairs guerroyaient au loin, Joinville ne laisse pas que d'épancher son humeur et, pour se couvrir, n'hésite pas à récriminer contre les voisins :

« Je pensais que tous ceux-là firent un péché mortel qui conseillèrent au roi le voyage, parce que au point où il était en France, le royaume était en bonne part au dedans et avec tous ses alentours ; et depuis qu'il partit, l'état du royaume ne fit jamais qu'empirer.

» Ils firent un grand péché ceux qui lui conseillèrent le voyage dans la grande faiblesse là où son corps était ; car il ne pouvait supporter d'aller en char, ni de chevaucher. Sa faiblesse était si grande, qu'il souffrit que je le portasse dans mes bras depuis l'hôtel du comte d'Auxerre, là où je pris congé de lui, jusques aux Cordeliers. Et pourtant, faible comme il était, s'il fut demeuré en France, il eût pu encore vivre assez et faire beaucoup de bien et bonnes œuvres. »

Saint Louis ne prit conseil que de lui-même ; Joinville dans son empressement à se défendre, a tort d'accuser de prétendues influences auxquelles son prince aurait obéi. Les pressions n'existèrent pas.

Il est avéré que les forces physiques du roi ne secondaient que très faiblement ses forces morales. Vraisemblablement, le bon monarque prévoyait sa fin prochaine. Le bruit courait que bientôt il se dépouillerait de la royauté pour terminer ses jours dans un monastère. Là perspective de mourir les armes à la main pour l'extension de la croix devait sourire à ce chrétien magnanime dont l'âme avait toujours vécu d'aspirations divines.

Si saint Louis avait cédé aux conseils de Joinville, sa mort eût toujours été celle d'un saint; elle n'eût pas été celle d'un soldat et l'auréole du chevalier toujours sans peur et sans reproche lui eût fait défaut. Il aurait également manqué aux Croisades le plus suave rayon de leur lumière, à l'heure du soleil couchant.

Chez tous les historiens modernes, s'inspirant plus ou moins de l'*Histoire des Croisades* de M. Michaud, il est admis comme un axiome que la pensée des expéditions d'Orient s'était dissipée complètement au choc des revers et que sans l'intervention de saint Louis, l'Europe n'aurait assisté désormais à aucun armement dans le but de délivrer les Saints-Lieux. Cette opinion, fixée à l'état de formule, ne nous semble pas répondre aux faits. Distinguons entre les rois et peuples. Les princes et les seigneurs s'étaient détachés peu à peu de l'idée des Croisades. Ils se ruinaient, en Orient, pour subvenir à la solde de leurs vassaux; ils y mouraient parfois, et s'ils en revenaient, leurs droits féodaux subissaient, en leur absence, de terribles bouleversements. Les peuples n'avaient pas les mêmes raisons pour redouter les déplacements. Ils recueillaient les demandes de secours, sinon avec l'enthousiasme de la première heure, du moins avec une complaisance qui n'excluait pas l'entrain et même l'élan. Nous en avons la preuve dans cette Croisade qui se prépare.

A l'appel de Clément IV, des armées se forment en France, en Angleterre, en Espagne et en Portugal. Une flotte sort des ports espagnols; elle est dispersée par la tempête et ses navires, jetés sur les côtes de Sicile, reviennent avec peine au point de départ. Examinés dans leur généralité, ces faits établissent avec évidence qu'auprès des masses la guerre sainte jouit encore d'une incontestable popularité. On nous dit qu'au lendemain de la mort de saint Louis, personne ne songea à reprendre les armes et on cherche à démontrer par là que le roi seul fut l'auteur des suprêmes expéditions. Saint Louis disparu, il y eut arrêt final; la chose est vraie. Si l'on déposa les armes, c'est qu'aucun prince ne se leva pour recueillir la succession; aucune main ne fut assez ferme et assez forte pour commander aux bonnes volontés, pour les grouper et pour les diriger. Il y avait des troupes, il n'y avait plus de chef. Mais de l'absence du capitaine a-t-on le droit de conclure à l'absence du soldat?

Nées au sein du peuple, les Croisades faiblirent dès que les rois s'en emparèrent, et elles cessèrent dès que les rois se reposèrent, parce qu'on s'était habitué à les incarner en leurs personnes. Les moteurs principaux s'arrêtant, l'organisme suspendit son mouvement.

Contrairement donc aux assertions courantes, nous estimons qu'il y avait de par le monde européen des désirs, des volontés qui ne s'étaient pas refroidies. Nous ne saurions prendre pour l'expression d'une lassitude générale les paroles soit de Joinville, soit de certains chroniqueurs, soit de certains princes, qui affectent de se plaindre de départs qu'à les entendre tous désapprouvent. Ils mettent sur le compte de la communauté leur propre découragement. On cite des sermons ou les prédicateurs ont recours à de vaines subtilités pour réchauffer les courages ; on exhume un sonnet auquel on attribue une grande vogue et où l'auteur se ferait l'écho du désenchantement universel. C'est accorder de l'importance à de petits moyens. Le sonnet resta sur les lèvres de quelques troubadours ou trouvères sans autorité et les prédicateurs s'adressaient surtout aux grands, somnolents dans les douceurs de leurs châteaux. (1)

Nous reconnaissons que la belle flamme des débuts, pour revenir à notre comparaison, n'était qu'un feu tranquille ; il ne pouvait en être différemment ; l'âme humaine est incapable d'une tension trop continue. Mais nous ne croyons pas à l'affaissement complet, à la syncope, ou pour nous maintenir dans la figure, à l'extinction totale que nous représentent les écrivains qui nous parlent des Croisades.

« Une foule de seigneurs, écrit Chateaubriand (2), se croisent avec saint Louis. Les rois de l'Europe se préparent à prendre la bannière, Charles de Sicile, Édouard d'Angleterre, Gaston de Béarn, les rois de Navarre et d'Aragon. Les femmes montrèrent le même zèle : la dame de Poitiers, la comtesse de Bretagne, Iolande de Bourgogne, Jeanne de Toulouse, Isabelle de France, Amicie de Courtenay, quittèrent la quenouille que filaient alors les reines, et suivirent leurs maris outre mer.

(1) Avec son habituelle franchise, l'aimable Joinville nous est un exemple de ce dépérissement de vigueur dans la « haute classe. » Racontant son départ pour la septième Croisade, il écrit : « Je ne voulus pas retourner une fois mes yeux vers Joinville, de peur que le cœur ne m'attendrît du beau château que je laissais et de mes deux enfants. » Un des premiers Croisés se montra plus énergique. Il convoqua autour de lui sa famille : « J'ai voulu les avoir devant moi, disait-il, afin que la douleur de les quitter fût plus grande et mon sacrifice plus méritoire aux yeux de Dieu. » Il est vrai qu'alors la chevalerie était en pleine poussée ; à la fin du xiiiᵉ siècle, elle descendait pour devenir la fade et sentimentale chevalerie des romans.

(2) *Itinéraire de Paris à Jérusalem.*

» Saint Louis alla prendre l'oriflamme à Saint-Denis.

» Cette bannière, que l'on commence à voir paraître dans nos armées sous le règne de Louis le Gros, était un étendard de soie attaché au bout d'une lance, il était *d'un vermeil samit à guise de gonfanon à trois queues, et avait autour des houpes de soie verte.* On le déposait en temps de paix sur l'autel de l'Abbaye de Saint-Denis, parmi les tombeaux des rois, comme pour avertir que de race en race les Français étaient fidèles à Dieu, au prince et à l'honneur. Saint Louis prit cette bannière des mains de l'abbé, selon l'usage. Il reçut en même temps l'escarcelle et le bourdon du pèlerin, que l'on appelait alors *la consolation et la marque du voyage;* coutume si ancienne dans la monarchie, que Charlemagne fut enterré avec l'escarcelle d'or qu'il avait l'habitude de porter lorsqu'il allait en Italie.

» Louis pria au tombeau des martyrs et mit son royaume sous la protection du patron de la France. Le lendemain de cette cérémonie, il se rendit pieds nus, avec ses fils, du Palais de Justice à l'église Notre-Dame. Le soir du même jour il partit pour Vincennes où il fit ses adieux à la reine Marguerite, *gentille bonne reine, pleine de grand simplece,* dit Robert de Saincériaux, ensuite il quitta pour jamais ces vieux chênes, vénérables témoins de sa justice et de sa vertu. »

Le roi partit de Vincennes le 17 mars 1270.

Nous suivons les étapes de son itinéraire à Villeneuve-Saint-Georges, Melun, Sens, Auxerre, Vézelay, Cluny, Macon, Lyon, Vienne et Beaucaire. De cette ville, il se rendit à Aigues-Mortes.

Les vaisseaux n'étant pas encore en nombre suffisant, le prince se retira à Saint-Gilles pour y célébrer la fête de la Pentecôte. Durant son absence une querelle s'était élevée entre les soldats de Provence et les soldats de la Catalogne. Au nom de la discipline, le roi fit un exemple : le sang ayant coulé, il requit de punir rigoureusement les auteurs du désordre. Enfin, le 1er juillet 1270, la flotte prit le large.

De quel côté se dirigeait-elle ?

L'armée avait à choisir entre trois buts : Saint-Jean-d'Acre ou Ptolémaïs, Damiette et Tunis.

On ne pouvait songer à Ptolémaïs, où l'on risquait de s'épuiser en une simple promenade militaire; l'ennemi n'était plus en Palestine. Damiette évoquait de lamentables souvenirs ; pour maintenir le moral des troupes, il était nécessaire de ne point prononcer ce nom. Restait Tunis. On a disserté

SAINT LOUIS REÇOIT LES ENVOYÉS DU VIEUX-DE-LA-MONTAGNE

longuement et l'on dissertera encore sur les motifs qui poussèrent le roi à
aborder aux rivages africains. Le blâme est la note dominante. A notre sens,
le plan, pour audacieux qu'il fût, ne manquait pas d'intelligence. Par la prise
de Tunis, on atteignait au flanc l'armée du Soudan d'Égypte, on détruisait le
plus redoutable repaire des forbans et des corsaires qui terrorisaient la Méditerranée et qui fermaient l'accès des ports de la Palestine ; on affaiblissait les
Maures d'Espagne en les privant d'une région où ils puisaient leurs recrues ;
enfin, on fondait, en face de la Sicile, un établissement chrétien. Quelques
courtes journées de navigation permettraient aux navires de protéger la colonie.
De plus, le sultan de Tunis manifestait, disait-on, le projet hautement avoué
de renoncer au Coran. On pouvait trouver en lui un allié qui n'attendait
qu'un prétexte pour avouer sa sympathie. Dans le cas d'une déception, les
trésors amassés par les Arabes de Tunis, grâce à une prospérité constante,
viendraient à point grossir les ressources matérielles de l'armée. Les soldats
tunisiens ignoraient la manière de combattre des chevaliers croisés ; une
expérience funeste avait appris aux Mameluks l'art de la guerre européenne.
Ici, on n'avait rien à redouter de semblable. La victoire viendrait à souhait
servir le début de campagne. De Tunis, l'armée se rabattrait sur le Caire et
imposerait aux oppresseurs de la Palestine, au centre même de la puissance
turque, un traité décisif (1).

Les historiens avancent que le duc d'Anjou, maître de la Sicile enlevée
récemment aux héritiers de Frédéric, empereur d'Allemagne, fut l'âme de
cette combinaison à laquelle l'ampleur ne fait pas défaut.

L'espoir d'ajouter à ses possessions les côtes de l'Afrique l'aurait décidé à
insister auprès de saint Louis en faveur d'une démonstration contre Tunis. Il
n'aurait vu, dans la Croisade, qu'un moyen de s'agrandir. L'ambition seule
l'aurait guidé. Sur ce terrain, il est loisible d'émettre force affirmations,
suivant les goûts et les tendances. Nous ne nions pas les visées peu désinté-
ressées du duc d'Anjou, mais ce que l'on doit affirmer c'est que saint Louis
apporta dans la conception du projet des intentions plus droites et plus élevées.
Le duc d'Anjou conservait de légitimes griefs contre le Soudan qui avait fourni
des subsides à Conradin, son compétiteur au royaume de Sicile ; pourtant nul
ne pouvait trouver mauvais qu'il cherchât à affaiblir un voisin dangereux.

(1) Les sultans de Syrie et d'Égypte, effrayés, firent d'immenses préparatifs de guerre pour courir,
disaient-ils, au secours du roi de Tunis ; mais, en réalité, étant donné la haine que chaque kalife nourrissait à l'égard de son voisin, pour se défendre et protéger leurs États. Cette frayeur et ces préparatifs
sont une preuve que l'expédition contre Tunis constituait une excellente manœuvre.

D'ailleurs il importe peu que le plan ait été l'œuvre du duc ou du roi; il était habile ; on ne peut lui reprocher que la trop grande étendue de sa base stratégique. Plus tard Bonaparte adoptera ce plan dans ses données essentielles; l'heureux général envahira l'Égypte pour y asseoir son centre d'opération, et de là rayonner vers l'Asie Mineure (1). Il sera réservé à la France du xixe siècle de donner au vœu du roi très chrétien sa consécration suprême : les états barbaresques seront provinces françaises et la Tunisie verra à nouveau sur ses sables, mais conquérants cette fois, les petits-fils des Croisés.

A la sortie de la baie d'Aigues-Mortes, les navires furent assaillis par une violente tempête, la classique tempête qui constitue l'ornement ordinaire des grandes expéditions. La mer demeura plusieurs jours, non seulement houleuse, mais très agitée. La flotte se dirigea vers l'île de Sardaigne, pour se ravitailler, et aborda à Cagliari le 8 juillet. A la vue des marins génois, les habitants de l'île, vassaux des Pisans, avec lesquels Gênes était en hostilité ouverte, se refusèrent d'abord à fournir des vivres ; à force de bons procédés, on parvint à les fléchir; ils s'engagèrent à recevoir les soldats malades et même à les soigner. Enfin, le 15 juillet, les vaisseaux, partis tardivement de Marseille et d'Aigues-Mortes ayant rejoint le gros de la flotte, saint Louis quitta les eaux italiennes, et, le 17, il jeta l'ancre en vue de Tunis.

Il était à présumer que les Sarrazins s'opposeraient au débarquement. On ne vit que la rive nue et désolée sous l'ardente réverbération du sable. L'amiral pénétra dans le port et en sonda les recoins; aucun ennemi ne parut. On pressentit un piège et le roi défendit d'atterrir ce jour là. En effet, le lendemain, les Sarrazins se montrèrent en foule agitant leur cimeterre et poussant des cris. Les Croisés descendirent dans les galères et s'approchèrent de la côte, prêts à repousser toute attaque. A cette vue les Sarrazins se dissipèrent sans livrer bataille. L'armée s'installa sur une langue de terre qui formait une presqu'île. En cas de surprise, elle avait l'appui de la flotte. L'eau potable vint à manquer. On se décida à délaisser ce premier emplacement et à fixer les tentes dans une vallée sous Carthage.

(1) Le général de Ségur raconte que la veille de la bataille d'Austerlitz, Napoléon tenait le langage suivant à son état-major : « Si je m'étais emparé d'Acre, je gagnais une bataille d'Issus, je me faisais empereur d'Orient et je revenais à Paris par Constantinople. — Constantinople, dit Junot, nous sommes sur le chemin. — Non, répond l'empereur, avec les Français, les longues expéditions ne sont pas faciles; leur pays est trop beau, les retient ou les rappelle. » (Philippe de Ségur : *Mémoires d'un aide de camp de Napoléon Ier.*)

Ces dernières paroles, qui reviennent à dire que « le Français sait conquérir, mais ne sait pas coloniser, » pourraient bien expliquer en partie l'insuccès final des Croisades.

Les éclaireurs, chargés de reconnaître le terrain, s'aperçurent que la forteresse dominant la ville pouvait être enlevée par un coup de main rapide. Ils
s'ouvrirent de leur projet au roi. Un corps d'arbalétriers et de cavaliers monta
à l'assaut, tandis que l'armée, rangée en ordre de combat, maintenait l'ennemi
à distance. Lorsque l'étendard royal flotta sur la poterne, la cavalerie française fondit sur les Sarrazins et les mit en déroute. De nombreux approvisionnements de blé, dissimulés sous des amas de sable et dans des grottes,
furent le gain de la journée.

Peu après, l'ennemi tenta de reprendre l'avantage. Rompu par le choc de
la cavalerie, il dut se retirer.

Saint Louis eut voulu poursuivre le cours de ses succès ; il en fut arrêté par
la promesse qu'il avait faite de ne point s'engager sous les murs de Tunis sans
le duc, son frère, Charles d'Anjou, dont on attendait chaque jour l'arrivée.
Pour se prémunir contre les surprises, le roi fit creuser au tour du camp de
vastes fossés et édicta des règlements de discipline sévères.

Surpris de cette inaction, le roi de Tunis ordonna une attaque générale. Le
rivage se couvrit subitement de guerriers ; les musulmans allèrent même
jusqu'à s'approcher de la flotte. Une sortie, habilement dirigée et vigoureusement exécutée, jeta le désordre dans leurs rangs. Ils abandonnèrent précipitamment le champ de bataille (1).

Selon toute probabilité, c'était tactique que ces apparitions inattendues et
ces brusques disparitions de troupes arabes. Il s'agissait d'attirer les Croisés
dans l'intérieur des terres et de les écraser sous le poids de forces supérieures,
avant que le roi eût opéré sa jonction avec les renforts siciliens. Il se trouva
que l'hésitation du roi, imprudente en apparence, le servit à souhait.

Mais, au camp chrétien, on comptait sans un autre ennemi, qui pouvait
devenir plus meurtrier que le fer sarrazin : l'épidémie.

A quelles causes doit-on attribuer la maladie qui s'abattit inopinément sur
l'armée. A en croire les écrivains modernes, le fléau provenait du manque
d'eau et de la corruption de l'atmosphère imprégnée de l'odeur des cadavres.
L'eau ne faisait pas défaut ; les puits abondaient sur le sol tunisien. Nous
rejetons, en conséquence, cette prétendue source du mal. Quant aux
cadavres, nous ne croyons pas qu'une armée qui est au repos dans ses canton-

---

(1) V. l'historien arabe Makrizi, les chroniqueurs Geoffroy de Beaulieu, Nangis, Guillaume de Chartres,
Jean Villani et l'épistolier Pierre de Condet.

Une critique éclairée ne permet pas de prendre à la lettre nombre d'affirmations présentées par ces
divers chroniqueurs, trop portés, en général, à donner aux détails une importance disproportionnée.

nements puisse commettre l'imprudence de les abandonner à découvert, exposé au soleil et aux insectes. Les tribus sauvages elles-mêmes ou brûlent les cadavres ou les enterrent. Qu'au soir ou au lendemain d'une chaude bataille on diffère les inhumations de quelques jours, nous le voulons bien, mais qu'en pleine halte, on néglige une mesure aussi élémentaire de salubrité, nous nous refusons à l'admettre et nous avons pour garant de notre opinion les sentiments chrétiens du roi qui n'aurait jamais consenti à délaisser sans sépulture les corps de ses frères d'armes, glorieusement tombés pour la Croix. Si les chroniqueurs avaient été moins sobres de détails, s'ils avaient décrit la maladie, ses symptômes, ses débuts, sa marche, ses effets, on pourrait peut-être lui donner un nom et par là retrouver son origine ; mais simples et naïfs comme ils le sont la plupart du temps, ils se contentent d'écouter le bruit des lamentations et même, en passant, de le grossir. D'après eux, tous les soldats ou à peu près tous auraient succombé. Heureusement il n'en fut pas ainsi ; le tiers à peine fut atteint. Pour beaucoup, la caractéristique du mal résidait dans une fièvre violente se résolvant en dyssenterie. La faiblesse déterminait la mort. Vraisemblablement les violents écarts de la température, chaleur très vive dans le jour et fraîcheur très prononcée durant la nuit, engendrèrent chez des hommes dédaigneux de l'hygiène les premiers accès fébriles.

Nous lisons dans une relation qu'à la dyssenterie s'ajouta la peste. Le mot *peste*, sans signification précise, est d'un emploi fréquent au Moyen-Age ; il avait pour mission de désigner les maladies épidémiques ou contagieuses que la thérapeutique d'alors était impuissante à connaître ou à combattre. Il nous semble que ce que l'histoire a appelé *Peste de Tunis* n'a été, en réalité, que l'éclosion de cet ensemble de maladies qui naissent au sein d'attroupements précipités ou qui sévissent, en général, sur les armées en campagne. Le mal, pour sérieux qu'il ait été, n'a eu ni l'étendue ni l'acuité que les chroniques lui ont prêtées. Ce qui, dans la circonstance, l'a rendu et le rendra tristement célèbre, c'est la qualité royale de sa principale victime.

Le duc de Nevers, fils du roi, le jeune Tristan, né à Damiette, périt un des premiers (3 août). L'Afrique vit son berceau et fut son tombeau. On dissimula sa mort à saint Louis dont le corps débilité luttait difficilement. Quand le prince découvrit la vérité, d'abondantes larmes jaillirent de ses yeux. Cet enfant, il l'aimait avec tendresse parce qu'il lui redisait les heures douloureuses de sa vie de chevalier.

Le légat du Pape ne tarda pas à succomber.

L'armée apprit soudain que son chef, retenu sous la tente depuis plusieurs jours, s'efforçait mais en vain de dissimuler à ses serviteurs la faiblesse qui commençait à le gagner. La pâleur et l'émaciation de la figure indiquaient à tous le combat qui se livrait dans cette grande âme. La volonté ordonnait ; le corps demandait grâce.

Se sentant défaillir, saint Louis voulut laisser aux hommes d'armes qui entouraient sa couche, un témoignage de sa sollicitude. Il leur fit distribuer de fortes sommes d'argent, afin, disait-il, de les dédommager des dépenses qu'ils s'imposaient pour lui.

Il appela son fils, Philippe, malade également, et, d'une voix déjà éteinte, il lui adressa ses suprêmes recommandations.

Nous empruntons à Joinville quelques lignes de ce remarquable testament :

« Beau fils, la première chose que je t'enseigne, c'est que tu mettes ton cœur à aimer Dieu ; car sans cela nul ne peut être sauvé.

» Maintiens les bonnes coutumes de ton royaume, et abats les mauvaises. Ne convoite pas contre ton peuple, et ne le charge pas d'impôts ni de tailles si ce n'est par grande nécessité.

» Veille à avoir en ta compagnie des gens prud'hommes et loyaux, soit religieux soit séculiers, qui ne soient pas pleins de convoitise, et parle souvent avec eux ; et fuis et évite la compagnie des mauvais. Écoute volontiers la parole de Dieu et la retiens en ton cœur ; et recherche volontiers prières et indulgences. Aime ce qui est profitable et bon ; hais tout ce qui est mal où que ce soit.

» Pour rendre la justice et faire droit à tes sujets, sois loyal et raide, sans tourner à droite ni à gauche, mais toujours du côté droit, et soutiens la plainte du pauvre jusqu'à tant que la vérité soit déclarée, et si quelqu'un a une action contre toi, ne crois rien jusqu'à tant que tu en saches la vérité ; car alors tes conseillers jugeront plus hardiment selon la vérité pour toi ou contre toi.

» Si tu tiens rien qui soit à autrui, ou par toi ou par tes devanciers, et que la chose soit certaine rends-le sans tarder ; et si c'est chose douteuse fais en faire une enquête, par gens sages promptement et diligemment.

» Tu dois mettre ton attention à ce que tes gens et tes sujets vivent sous toi en paix et en droiture. Surtout garde les bonnes villes et les communes de ton royaume dans l'état et dans la franchise où tes devanciers les ont gardées; et s'il y a quelque chose à amender, amende-le et redresse-le, tiens-les en faveur et en amour, car, à cause de la force et des richesses des grandes villes, tes sujets et les étrangers redouteront de rien faire contre toi, spécialement tes pairs et tes barons.

» A ton père et à ta mère porte honneur et respect; et garde leurs commandements. Donne les bénéfices de la sainte Église à des personnes de bien et de vie nette; et fais-le par le conseil de prud'hommes et d'honnêtes gens.

» Garde-toi d'entreprendre la guerre, sans grande délibération, contre un prince chrétien; et s'il le faut faire, alors garde la sainte Église et ceux qui ne t'ont fait aucun tort. Si des guerres et des débats s'élèvent entre tes sujets, apaise-les au plus tôt que tu pourras.

» Sois soigneux d'avoir de bons prévôts et de bons baillis, et enquière-toi souvent d'eux et de ceux de ton hôtel, comme ils se maintiennent, et s'il y a en eux aucun vice de trop grande convoitise, ou de fausseté, ou de tromperie. Efforce-toi d'ôter de ton royaume tous vilains péchés; spécialement fais tomber de tout ton pouvoir les vilains serments et l'hérésie. Prends garde que les dépenses de ton hôtel soient raisonnables.

» Et enfin très doux fils, fais chanter des messes pour mon âme et dire des oraisons par tout ton royaume; et octroie moi une part spéciale et entière en tout le bien que tu feras. Beau cher fils, je te donne toutes les bénédictions qu'un bon père peut donner à son fils, et que la bénite Trinité et tous les Saints te gardent et te défendent de tous maux ; et que Dieu te donne la grâce de faire toujours sa volonté, de sorte qu'il soit honoré par toi, et que toi et moi nous puissions, après cette vie mortelle, être ensemble avec lui et le louer sans fin. *Amen* (1). »

Chateaubriand a ici un mot très heureux :

« Tout homme près de mourir, détrompé sur les choses du monde, peut adresser de sages instructions à ses enfants; mais, quand ces instructions sont appuyées de l'exemple de toute une vie d'innocence, quand elles sortent de la bouche d'un grand prince, d'un guerrier intrépide, et du cœur le plus simple qui fut jamais; quand elles sont les dernières expressions d'une âme divine qui rentre aux éternelles demeures, alors heureux le peuple qui peut

(1) Traduction de Wailly.

se glorifier en disant : « L'homme qui a écrit ces instructions était le roi
» de mes pères (1) ! »

La catastrophe devenait imminente. Tout espoir était perdu, saint Louis
conservait néanmoins sa sérénité et son entière lucidité d'esprit. Son âme
semblait s'épanouir sur ses traits déjà raidis.

Avec sa précision un peu froide, M. Wallon a fort bien résumé le récit des
chroniqueurs sur la fin du roi. Nous le citons :

« Dès qu'il se vit frappé, il se donna tout à Dieu. Sa tente était devenue
une maison de prières. On y célébrait la messe et les offices ordinaires de
l'Église. La croix était dressée au pied de son lit, devant ses yeux ; et ce
n'était pas assez pour lui de la voir souvent, il la baisait, et, bénissant Dieu
en toutes choses, il le remerciait de sa maladie. Il avait alors près de lui,
comme confesseur, Geoffroi de Beaulieu, témoin intime de sa vie pieuse et de
ses vertus, et, à ce titre, un de ses principaux historiens. Il usa plusieurs
fois de son ministère dans le cours de cette maladie et reçut la communion.
Un jour qu'on lui apporta la sainte hostie, il se jeta hors de son lit, tout
faible qu'il était, se prosterna, et voulut la recevoir à genoux. On dut le
reporter sur sa couche. Quand il reçut l'Extrême-Onction, il pouvait à peine
se faire entendre ; mais au mouvement de ses lèvres, dit le confesseur de
la reine Marguerite, on voyait qu'il s'unissait aux prières de la cérémonie.
Geoffroi de Beaulieu dit qu'il répondait aux psaumes, et que, dans la litanie,
il prononçait lui-même le nom des Saints, invoquant leurs suffrages. A la
fin, il resta quatre jours sans parler ; mais il avait toujours l'esprit présent.
Son regard se tournait souvent vers le ciel ; il se reportait aussi sur ceux qui
l'entouraient, et semblaient leur sourire. Dans cette faiblesse extrême, la
veille de sa mort, quand Geoffroi de Beaulieu lui apporta le Viatique, il
voulut encore se lever pour le recevoir ; et ce fut au pied de son lit, à genoux
et les mains jointes, qu'il se confessa et communia. La parole ne lui avait
donc pas fait encore défaut. La nuit de sa mort on lui entendit dire :

» — Nous irons en Jérusalem.

» C'est vers la Jérusalem céleste que sa pensée se portait désormais ;
cependant il n'oubliait pas ce pourquoi il était venu en Afrique, et, s'attachant
jusqu'à la fin à ce rêve qui avait séduit son âme pieuse, il disait :

» — Pour Dieu ! tâchons que la foi puisse être prêchée dans Tunis : qui
pourrait bien remplir une telle mission ?

(1) *Itinéraire de Paris à Jérusalem.*

» Et il nommait un Frère prêcheur qui avait déjà été dans cette ville. Quand ses forces achevaient de s'épuiser, et qu'on recueillait à peine un léger murmure sur ses lèvres, il invoquait encore le suffrage des saints. Geoffroi de Beaulieu devinait, à quelques mots, qu'il récitait cette fin de l'oraison de saint Denis :

» — Seigneur, accordez-nous de mépriser pour votre amour les biens de ce monde, et de ne point redouter ses maux.

» Ou le commencement de l'oraison de saint Jacques :

» — Soyez, Seigneur, le sanctificateur et le gardien de votre peuple.

» Entre neuf heures et midi, comme il avait paru dormir environ une demi-heure, il ouvrit les yeux, et, les levant au ciel d'un air serein, il prononça les paroles du psalmiste :

» — J'entrerai dans votre maison, j'adorerai dans votre saint temple, et je confesserai votre nom *Introibo in domum tuam, adorabo ad templum sanctum tuum et confitebor nomini tuo.*

» Au dernier moment il se fit coucher sur la cendre, les bras en croix, et rendit l'âme : c'était l'heure où Notre Seigneur Jésus-Christ était mort sur la croix (25 août 1270). »

A la suite de cette page, donnons une relation du temps. C'est une lettre écrite par un témoin oculaire et reproduite par Dom Martène dans son *Amplissima collectio* (1).

« J'ay receue vostre lettre en laquelle vous priés que je vous face à savoir l'estat de la fin de mon chier seigneur Loys, jadis roy de France. Sire, du commencement et du milieu savés vous plus que nous ne savons ; mais de la fin nous pourrions vous tesmoigner la veue des yeulx que, en toute nostre vie, nous ne veismes ne ne sceusmes si sainte ne si dévote, en homme du siècle ne de religion ; et aussi avons nous oy tesmoigner à tous ceulx qui la virent. Et saichiés, Sire, que, dès le dimanche à l'heure de nonne, jusqu'au lundiz à l'heure de tierce, la bouche ne cessa, de jour ne de nuit, de loer nostre Seigneur et de prier pour le peuple qu'il avait là amené, et là où il avait jà perdu une partie de la parole, si crioit il aucune fois en hault : *Fac nos, Domine, prospera mundi despicere et nullo ejus adversa formidare.* et moult de

<hr>

(1) Cette lettre, attribuée faussement à l'évêque de Tunis, aurait été adressée à Thibauld, roi de Navarre. Il est évident qu'il s'est produit une confusion dans l'esprit des copistes. Thibauld se trouvait auprès du roi mourant ; il n'avait donc pas à apprendre les détails de son agonie et de sa fin. De plus, il est fort douteux qu'il ait existé un évêque de Tunis. Ces erreurs ont induit certains critiques à douter de l'authenticité du document. Le style de la pièce a été en outre rajeuni. Les copistes ont cru agir sagement en *modernisant* un peu les expressions.

fois crioit il en hault : *Esto, Domine, plebi tuæ sanctificator et custos.* Et près
heure de tierce, il perdit aussi comme du tout la parole, mais il regardoit les
gens moult débonnairement et faisoit moult de fois le signe de la croix. Et
entre heure de tierce et de midy, foist aussy comme semblant de dormir ; et
fust bien les yeulx clos l'espace de demi heure et plus. Après il ouvrit les yeulx
et regarda vers le ciel et dist les vers : *Introibo in domum tuam, adorabo ad
templum sanctum tuum,* et oncques puis il ne dit mot et ne parla. Entour heure de
nonne, il trespassa (25 août 1270). Jusques à lendemain que on le fendit il
estoit aussi bel et aussi vermeil, ce que nous sembloit à moult de gens qu'il
voulust se rire. Après Sire, les entrailles furent portées à mont Réal, en une
église près de Palerme, là où nostre Sire, a jà commencé à faire moult de
beaux miracles pour lui, se comme nous avons entendu par l'archidiacre de
Palerme qui le manda par sa lettre au roy de Sicille ; mais le cuer de lui et
le corps demeurèrent en l'ost ; car le peuple ne voult souffrir en nulle manière
que il en feust portés. »

Il avait été arrêté que le corps du roi serait ramené immédiatement en
France pour être déposé à Saint-Denis ; l'armée protesta et ne consentit
jamais à se dessaisir du précieux dépot. On dut procéder à une sorte d'embaumement.

Les entrailles furent placées dans un coffret de plomb et conservées a l'intention du duc d'Anjou qui les fit transporter à Montréal près de Palerme,
où elles sont encore. Quant au corps, il subit les manipulations plus ou moins
raisonnées de la science d'alors.

L'art actuel de l'embaumement est très imparfait ; il l'était encore plus au
xiiie siècle. On plongeait le cadavre dans l'eau que l'on portait ensuite au
degré d'ébullition. De cette façon on parvenait à détacher les os des
chairs et on isolait celles-ci de l'air en les enveloppant de plantes aro-
matiques.

Le camp était encore dans le deuil lorsqu'on apprit que le roi de Sicile
opérait le débarquement de ses troupes sur les côtes de Tunisie. Cette nouvelle
ranima les courages abattus.

Charles d'Anjou se rendit immédiatement à la tente du roi de France.

« Aussitôt, écrit le chroniqueur Primat, il s'étendit à terre auprès du corps,
et fit son oraison avec larmes et sanglots ; et il s'en alla jusques aux pieds du
mort, qui là gisoit, et baisat ses pieds à grands sanglots et à grandes larmes,
et dont il n'en fut levé que par la force de ceux qui là étaient. Et on lui donna

une toile et de l'eau, et il lava ses mains et son visage, et essuya ses yeux, qui étoient amoitis de larmes : si l'on peut croire que tout noble cœur et tout noble et puissant corps, qui avait vertu de géant, prit un peu en pleurant la manière de femme ; mais il est à croire que oui, par mouvement de pitié et nature de sang. Et donc il sortit de la chambre tant qu'il apparut sur son visage nul signe de tristesse, s'il y apparut, ce fut très peu. »

En refoulant ainsi sa douleur, Charles tenait à donner à son entourage l'exemple des viriles résolutions. Il prit avec rapidité le commandement des troupes avec le consentement de Philippe dont les seigneurs et les barons venaient de reconnaître la royauté, et imprima aux hostilités une vigoureuse impulsion.

Les Sarrasins s'imaginaient que la mort de Louis IX entraînerait comme résultat le départ des Croisés. Extrême fut leur étonnement quand ils s'aperçurent que ces soldats qu'on leur représentait comme des spectres décharnés revêtaient sans peur le haubert et maniaient hardiment la lance et l'épée.

Aidé des conseils perfides de chrétiens rénégats qui, par haine du roi de Sicile, n'avaient pas hésité à passer dans les rangs ennemis, le sultan se mit en mesure de défendre sa capitale. Il crut prudent de prendre d'abord l'offensive. Massés près de la Goulette, les Sarrasins se précipitent sur l'armée alliée. Ils sont repoussés avec perte.

« Les Français en tuèrent tant, dit Primat, que la terre en estoit toute couverte jusques à deux lieues tout autour, et estoit toute poudrée de cadavres. »

Quelques jours après, Philippe remis de son indisposition, offrit en personne la bataille. La cavalerie chrétienne pénétra dans le camp arabe, jeta dehors ceux de ses défenseurs qui ne furent point massacrés et poursuivit les fuyards jusque sous les murs de Tunis.

Cette double défaite infligée à ses armes ouvrirent les yeux du Soudan qui, tremblant de peur de tomber soit au pouvoir des Croisés, soit entre les mains de ses rivaux, n'eut plus qu'une pensée, sauver par l'or ses États. Il implora donc la paix et envoya des ambassadeurs au roi de Sicile avec mission de traiter à n'importe quelles conditions.

Le conseil se réunit. Dès l'ouverture, les avis furent partagés. Ceux qui s'inspiraient de sentiments vraiment religieux et chevaleresques opinaient pour la continuation de la lutte. Si l'épidémie a exercé des ravages parmi nous, disaient-ils, les renforts Siciliens ont comblé les vides. L'ennemi souffre du mal qui nous a décimés ; l'épidémie l'a visité et les plus forts faiblissent. Le roi d'Angleterre s'apprête à grossir nos rangs ; il est en route et sa flotte a quitté Aigues-Mortes. Après la prise de Tunis, nous ferons voile vers Damiette. Nous ne pouvons abandonner une entreprise qui a coûté sans doute la vie de notre roi, mais qui, en retour, n'a compté que des victoires.

SAINT LOUIS RENDANT LA JUSTICE (D'après une miniature de l'époque).

Plus calmes, les esprits pratiques répondaient que l'hiver s'approchait, que, peu habitué au changement de climat dans les pays chauds, les troupes étaient menacées d'une nouvelle épidémie, qu'il était prudent de profiter de la victoire, que le but de l'entreprise était en grande partie atteint, puisque le sultan se reconnaissait tributaire de la Sicile, qu'il était préférable, pour ne point compromettre les avantages acquis, de retourner en France, sauf à s'engager par serment à reprendre la Croisade au moment opportun.

De part et d'autre on s'échauffa. La majorité finit par incliner du côté de la trêve.

Sur ces entrefaites, le roi d'Angleterre aborda en Afrique. Apprenant que la paix était conclue, il ordonna à sa flotte de reprendre la mer et blâma hautement la décision des princes. Charles d'Anjou, porte, dans l'histoire, la responsabilité de ce dénoûment hâtif de la Croisade. Les chroniques d'Italie et d'Angleterre se montrent très vives pour sa mémoire; elles incriminent son ambition satisfaite. Les chroniques françaises, occupées uniquement de la mort de saint Louis, restent muettes sur les causes secrètes qui déterminèrent le frère du roi à presser sur le conseil.

Parmi les modernes, M. Michaud et ses disciples ou plus exactement ses plagiaires reprochent au prince d'avoir interrompu si vite ses succès et d'en avoir ainsi compromis les suites ; M. Wallon juge avec plus d'équité et une connaissance plus sûre des mœurs de l'époque. Il trouve, pour la conduite du roi de Sicile, des circonstances largement atténuantes.

Les écrivains arabes nous ont conservé la teneur du traité. Il est entièrement favorable aux Croisés.

Abou-Abdalah-Mohamed, roi de Tunis, s'engage à accorder complète liberté aux Chrétiens dans toute l'étendue de son royaume. Ils pourront construire des monastères et des temples et se livrer aux travaux d'évangélisation. A elle seule, cette clause consacrait le bien poursuivi et obtenu par la Croisade.

Les prisonniers seraient rendus de part et d'autre.

Les transfuges ou renégats devaient être expulsés du territoire arabe.

Par là, le duc d'Anjou obtenait gain de cause contre ses ennemis personnels.

Les vaisseaux tunisiens respecteraient le droit de navigation sur les fleuves et sur la Méditerranée et n'inquiéteraient désormais aucun navire chrétien.

Les Croisés souscriraient à l'engagement d'évacuer le territoire tunisien, mais à la condition que le sultan payerait une contribution de guerre de 210,000 onces d'or (1).

La moitié serait versée comptant; l'autre partie en deux termes égaux. Enfin Tunis promettait d'acquitter à la Sicile, un tribut double de celui qui était payé autrefois à l'empereur d'Allemagne.

____

(1) C'est-à-dire plus de dix millions de francs.

Le traité comportait d'autres clauses plus spéciales.

L'armée quitta Tunis, avec les honneurs de la guerre, dans la seconde moitié d'octobre.

La tempête qui avait poursuivi la flotte à l'aller, la poursuivit encore au retour. Cette fois, ses avaries furent sérieuses et plusieurs bàtiments périrent en vue des côtes de la Sicile.

Frappés de stupeur par la hauteur et par la violence des vagues, les annalistes, témoins des fureurs de la mer, perdirent espoir et leurs récits reflètent leur émotion. Si les nautoniers, accoutumés aux vents et aux flots, avaient tenu la plume, il est présumable que le désastre eût été moins considérable qu'on ne le prétendit; ils auraient remis les choses au point normal.

Philippe séjourna en Sicile jusqu'au mois de janvier 1271. Il revint en France par l'Italie et le mont Cenis, et gagna Paris par la Bourgogne et la Champagne.

La foule afflua sur son passage. Les larmes coulèrent des yeux lorsque les restes de saint Louis, portés à travers les rues de la capitale, furent déposés à Notre-Dame. Le lendemain les funérailles du meilleur des rois de France furent célébrées à Saint-Denis (1). Philippe le Hardi ne voulut laisser à personne l'honneur d'ensevelir son père; il prit le corps dans ses bras et fit ainsi le trajet de la ville à la basilique. Brisé par les fatigues de la campagne et par la douleur, il dut s'arrêter plusieurs fois. Des croix, élevées à chaque station, rappelaient encore, au siècle dernier, ces haltes mémorables.

« Précieuse chose et digne, s'écrie Joinville, est de plorer le trespassement de ce saint prince, qui si saintement et loialement garda son royaume, et qui

---

(1) Saint-Denis devint le tombeau des rois à partir du VIIe siècle. Quelques princes, parmi lesquels Charlemagne, cherchèrent une sépulture dans d'autres églises; mais trente-deux rois capétiens furent inhumés à Saint-Denis.

« On voyait autrefois, près de Paris, a écrit Chateaubriand, des sépultures fameuses entre les sépultures des hommes. Les étrangers venaient en foule visiter les merveilles de Saint-Denis. Ils y puisaient une profonde vénération pour la France, et s'en retournaient en disant en dedans d'eux-mêmes, comme saint Grégoire : « Ce royaume est réellement le plus grand parmi les nations. » Mais il s'est levé un vent de la colère autour de l'édifice de la Mort; les flots des peuples ont été poussés sur lui, et les hommes étonnés se demandent encore *comment le temple d'Ammon a disparu sous les sables des déserts.* » (*Génie du Christianisme.*)

En effet, les tombes royales ont été violées en 93, et les ossements jetés dans une fosse commune creusée dans le cimetière. Quelques ossements ont été retrouvés en 1816 et replacés dans la basilique avec les restes de Louis XVI et de Marie-Antoinette, retrouvés dans le cimetière de la Madeleine. Louis XVIII est le dernier roi qui y repose.

Le peuple de France a semé dans la terre vulgaire les cendres de saint Louis, tandis que le souvenir du héros est toujours vivant en Égypte et à Tunis.

tant de besles aumosnes y fist, et qui tant de biaus establissements y mist. Et ainsi comme li escrivains qui a fait son livre, qui l'enlumine d'or et d'azur, enlumina lidiz roys son royaume de belles abbaïes que il y fist, et de grant quantité de maisons de Dieu. »

Godefroy de Bouillon et saint Louis ; Jérusalem et Saint-Denis seront, dans l'immortalité de l'Histoire, les quatre grands noms des Croisades.

CHAPITRE VIII

L'idée des Croisades depuis la mort de saint Louis jusqu'aux temps modernes.

Les Croisades poursuivirent deux buts : conquérir cette Palestine qui renfermait le tombeau du Sauveur et repousser la puissance mahométane qui menaçait la civilisation européenne. Le premier but ne fut pas atteint ; le second le fut pleinement.

Elle est donc très judicieuse cette observation de M. de Maistre : « On dit que les Croisades n'ont pas réussi, les enfants savent cela, mais elles ont toutes réussi et c'est ce qu'on ne veut pas comprendre. »

Dès que les expéditions d'Orient cessèrent, l'Europe reprit avec une nouvelle vigueur son mouvement naturel vers ses destinées glorieuses ; l'Asie et l'Afrique musulmanes, fatalement stationnaires par le fait même du principe religieux qu'elles acceptaient, s'endormirent dans leur séculaire léthargie.

Vivifié par le christianisme, source de vie et de progrès, l'Europe devait accentuer sa marche en avant ; l'Orient devait s'anémier, se décomposer et périr. Le Coran cherchera de loin en loin à ressaisir son rêve de prépondérance ; à un moment, ses sectateurs parviendront à inquiéter le vieil adversaire d'Occident, mais ce ne sera là qu'un effort convulsif. La blessure des Croisades sera toujours saignante. S'accoutumant à sa faiblesse, Islam finira par retomber dans son immobilité.

Elles n'ont donc pas été vaines, comme l'assurent des écrivains peu soucieux des grandeurs de notre passé, ces admirables chevauchées des héroïques paladins sur les sables de la Syrie, de l'Égypte et de la Tunisie.

Dans la chapelle du Louvre, Maury prononçant le panégyrique de saint Louis en présence de l'Académie française, s'écriait :

— Ah ! Messieurs, sans les Croisades, où seriez-vous ?

Lancée aux tout-puissants encyclopédistes, l'apostrophe ne manquait ni de courage ni de vérité.

Si, par le terme Croisades, on entend des expéditions distinctes des événements qui les ont précédées et qui les ont suivies, il faut reconnaître qu'à partir de la mort de saint Louis, l'Occident se replia sur lui-même et se désintéressa de son ancien champ de bataille d'Orient. En vain les Papes tentèrent-ils fréquemment de secouer l'assoupissement des princes, tout fut inutile ; conciles, lettres, instances, tout fut impuissant à faire revivre la question ; nous l'avons remarqué, les rois avaient accaparé l'idée populaire des Croisades, et les rois se taisant, les Croisades prirent fin ; mais si l'on accorde à ce mot, qui si longtemps eut une intense vibration dans l'âme de nos pères, une signification plus large, celle d'un entraînement vers les régions du soleil, on est amené à constater que l'ère des Croisades ne fut pas fermée au moment ou se terminait l'entreprise contre Tunis. Un écoulement régulier se continua dans la direction de la Palestine. Il ne se ralentit que peu à peu ; et les places latines étaient tombées au pouvoir des Sarrasins que des Croisés quittaient encore leur patrie pour défendre les derniers lambeaux du royaume chrétien.

Le roi d'Angleterre, Édouard, se détournant de la Tunisie, avait mis à la voile sur Ptolémaïs. Avec le concours des Templiers et des Hospitaliers, il avait infligé un sanglant échec aux troupes égyptiennes et avait signé avec Bibars un traité qui n'était pas sans résultats heureux. Mais après lui, aucun secours ne vint d'Europe. Les rivalités féodales prirent un caractère aigu. Le sultan du Caire jugeant l'heure favorable se jeta sur la Palestine et menaça Ptolémaïs. Ses projets survécurent à sa mort ; son fils Kélaoun les recueillit et les transmit à son successeur Chalil. Marga, Laodicée et Tripoli sont enlevés de vive force. Ptolémaïs succombe à son tour après un siège où la valeur chrétienne fait l'admiration de l'ennemi. Écrasés par le nombre, les chevaliers vendent chèrement leur vie. On compte sept cadavres musulmans pour un cadavre chrétien. La ville est saccagée et incendiée (18 mai 1291); sa chute entraîne celles de Sidon, de Tyr et de Beyrouth. La Palestine est perdue sans retour.

Cette cruelle situation eut son inévitable secousse en Europe. Le pape

Nicolas IV adressa aux rois supplications sur supplications ; mais Édouard en Angleterre, Philippe le Bel en France, Rodolphe en Allemagne, Michel Paléologue à Byzance ne firent montre que de velléités sans consistance. Le peuple, plus impressionnable, accepta volontiers la pensée d'une nouvelle prise d'armes, et, si un chef s'était levé, une armée eut marché à sa suite.

L'élan fut tel, qu'à Gênes les femmes se mirent en mesure d'exciter l'ardeur trop attiédie des hommes ; elles firent l'abandon de leurs parures, et, beaucoup, de leur fortune, pour équiper une flotte. Cette intervention de la partie féminine de la population a reçu pompeusement le nom de *Croisade des Dames*, appellation fausse qui tend à faire croire qu'il y eut réellement un soulèvement dans lequel les hommes jouèrent un rôle effacé et assez étrange. Cette prétendue Croisade des Dames doit être rangée dans la catégorie de la Croisade des Enfants dont nous avons parlé plus haut ; comme cette dernière, elle n'a aucun fondement historique (1).

Et pourtant les circonstances semblaient favorables à l'appel de la Papauté.

Une lueur d'espérance venait de l'Orient. Les Tartares opéraient, sans s'en douter peut-être, une diversion heureuse. Les troupes égyptiennes s'étaient heurtées, après la victoire, contre les forces barbares et avaient été écrasées à Émesse par le lieutenant de l'empereur mongol, Cazan. Jérusalem était libre ; les chrétiens, unis aux Tartares, y pénétrèrent en toute sécurité. Si, à cet instant critique, une flotte répondant aux avances de Cazan avait abordé à Ptolémaïs, la Palestine reprenait subitement son rang de colonie latine. Mais les princes restèrent sourds et l'empereur tartare mourut à Damas emportant dans la tombe les dernières chances de salut.

Les Hospitaliers ou chevaliers de Saint-Jean quittèrent l'ancien théâtre de leurs exploits et s'établirent dans l'île de Rhodes dont ils s'emparèrent sur les Turcs et les Grecs. Ils s'annexèrent plusieurs îles et réussirent à s'y maintenir. Les Templiers se rendirent d'abord à Chypre et plus tard en Sicile. Unis aux Catalans et à des milices italiennes ils parvinrent en Grèce, entrèrent dans Athènes et poussèrent leurs conquêtes jusques dans la Thrace. Dédaignant de se fixer dans les dernières villes prises, ils se répandirent dans leurs maisons de France. On sait comment ils terminèrent. Philippe le Bel prit ombrage de leurs richesses. Sous le prétexte que les Templiers avaient renoncé

______

(1) Michaud, avec cette gravité naïve qui lui fait ramasser tout ce qu'il trouve sur son chemin, cite un écrivain qui aurait vu au musée de Gênes, les cuirasses fabriquées pour les femmes croisées.

Les cuirasses n'existaient pas au xiiie siècle ; on était encore au haubert, formé de mailles d'acier.

à leurs statuts les obligeant à secourir les pèlerins et à défendre la foi, il les accusa de crimes monstrueux ; l'Ordre dissous, les chefs livrés aux flammes et les biens réunis à la manse des Hospitaliers, telle fut l'issue du procès.

La critique n'a pu encore porter un jugement équitable sur les fautes reprochées à cet institut dont l'origine et l'existence glorieuses étaient loin de faire pressentir la fin sanglante (1).

Les chevaliers teutoniques, dits chevaliers de Notre-Dame de Jérusalem, se retirèrent d'abord à Venise, puis à Marienbourg, en Prusse (1309).

Leur puissance s'étendit sur presque tout le littoral de la Baltique, et vers 1400, elle était à son apogée.

Le grand maître avait le titre de prince de l'Empire et il était considéré à l'égal d'un roi ; il possédait des armées, des vaisseaux et des états tributaires. Il put même entreprendre des guerres contre les peuples de Pologne et de Russie.

Le pouvoir et les richesses furent un écueil. Au début du xve siècle, les chevaliers déclinent sensiblement. Vaincus par les Polonais en 1400, ils perdent leur capitale Marienbourg et transportent le siège de l'Ordre à Kœnigsberg. En 1466, ils reconnaissent la suzeraineté de la Pologne et ne conservent que la partie occidentale de la Prusse. En 1525, le grand maître, Albert de Brandebourg, se déclara pour Luther ; cette défection déterminera une scission dans l'Ordre qui désormais ne sera plus qu'un simple groupement militaire, ombre ténue d'un corps vaillant.

(1) Le procès des Templiers constituera longtemps, pour ne pas dire toujours, une des énigmes de l'histoire. « On voudrait pouvoir douter de la culpabilité des accusés, a écrit l'historien Jager, le doute est impossible. » L'ordre entier fut-il atteint par la corruption de quelques-uns, ou les taches furent-elles individuelles ? Là est le nœud de l'affaire. En France, les Templiers avouèrent leurs crimes, l'abandon de la foi et le culte de pratiques monstrueuses ; en Allemagne, en Italie, en Espagne, ils nièrent. Le grand maître Jacques Molay avoua, puis se rétracta ; il revint ensuite à ses aveux qu'il rétracta encore sur le bûcher ; ce qui a fait dire à Bossuet cette parole : « Ils ont avoué dans les tortures ; ils ont nié en face de la mort. » Philippe le Bel mit à les poursuivre un acharnement peu compréhensible. Il visait les trésors, a-t-on dit. Le Pape mit, au contraire, une extrême lenteur à instruire le procès. Il se décida à la suppression de l'ordre lorsqu'il vit que les chevaliers, étant donné les accusations portées contre eux et les défiances qu'ils excitaient, ne pouvaient plus remplir leur mission. La plupart des membres du Temple s'incorporèrent à l'ordre des Hospitaliers. Il est à observer que la suppression, ordonnée par le Pape, ne fut pas un jugement proprement dit. Le Souverain Pontife déclara l'Ordre dissous tout en réservant la question de la culpabilité. Dans ces circonstances, Rome agit avec une prudence à laquelle les protestants eux-mêmes ont rendu hommage.

On a répété qu'au milieu des flammes qui le dévorait, à Paris, Jacques-Molay convoqua le roi de France et le Pape au jugement de Dieu. Le roi et le Pape moururent en effet dans l'année. Ce ne fut qu'une coïncidence. La parole prêtée à Molay n'a jamais été prononcée. On doit la placer au nombre des légendes. Les historiens contemporains ne la mentionnent pas. Pour la rencontrer, il faut descendre aux historiens récents ; et encore ne citent-ils souvent que pour protester contre son authenticité. Quant à ceux qui affirment, ils se gardent bien d'indiquer les sources, et pour cause.

Chypre recueillit la plupart des fugitifs de la Palestine. Famagouste, le principal port de l'île, devint rapidement le plus grand entrepôt du Levant.

Les villes maritimes de l'Espagne, de la France et de l'Italie vinrent y chercher les denrées de l'Orient.

Bientôt les seigneurs francs qui y avaient établi leur résidence furent assez puissants pour conquérir Smyrne (1343) et Alexandrie (1365). Famagouste tomba au pouvoir des Génois qui conservèrent leur proie de 1373 à 1464. La veuve du dernier roi, Catherine Cornaro, vénitienne d'origine, laissa par testament le royaume à Venise (1489).

Le royaume d'Arménie se conserva quelques temps grâce à l'appui des Mongols. En 1375, il fit sa soumission aux Mameluks qui l'avaient saccagé et ruiné.

Trop occupé à surveiller les Templiers, Philippe le Bel n'eut ni le loisir, ni la volonté ferme d'exécuter l'engagement qu'il avait contracté relativement à la Croisade. Il eût été plus politique et plus sage, de sa part, d'entraîner à sa suite les chevaliers, ses victimes, et d'examiner par lui-même, au sein des combats, la valeur des accusations relevées contre eux.

Philippe le Long, qui lui succéda, fit plusieurs fois le serment d'aller en Orient. Un moment, de concert avec le roi d'Angleterre, il fut sur le point de réaliser sa promesse. Mais le Souverain Pontife le détourna de son projet ; l'Europe était en guerre.

« Affermissez la paix dans votre conscience et dans votre royaume, écrivait le Pape au monarque anglais, avant de songer au voyage d'outre-mer. »

Le successeur de Philippe, Charles le Bel songea, lui aussi, à passer en Syrie, mais la guerre qui éclata inopinément dans les Pays-Bas le détourna de son projet. Sur son lit de mort, il pensait encore à sa promesse, ainsi qu'en fait foi son testament.

On voit, par ces faits, que cette grande idée des Croisades hantait toujours les esprits. Quand une violente tempête a secoué jusque dans ses profondeurs l'immense Océan, le calme ne se produit que lentement au sein des flots. Il y a encore des houles et des remous.

Les plus belles intelligences de l'époque ne craignaient pas d'envisager la nécessité d'une prise d'armes. Parmi les noms qui, en ces temps, émergent non seulement de la foule, mais encore de l'élite, nous distinguons ceux de Pétrarque et de Raymond de Lulle.

Pétrarque passa sa vie à entretenir deux passions : le retour des Papes à Rome et la délivrance de la Terre-Sainte. On ne connaît guère de lui aujourd'hui que son culte pour sa sentimentale Laure; ce culte ne fut en réalité que matière à amplifications littéraires. Les gémissements de Rome soupirant après ses Pontifes, en résidence à Avignon, l'occupèrent davantage (1). Dans un *canzone* célèbre il déplore également l'abandon de Jérusalem et il trouve pour traduire sa plainte des accents véritablement éloquents.

Lulle est une encyclopédie vivante. Linguiste, alchimiste, géographe, théologien, mathématicien, ethnologue, il n'ignore rien. Il conçoit, parallèlement à la Croisade armée, une croisade intellectuelle. Ses troupes à lui, ce seront des controversistes qui s'attacheront à convertir les musulmans par la raison. Dans ce but, il apprend les langues orientales ; il fonde des collèges pour l'étude des dialectes étrangers. On le trouve à Montpellier en 1276, à Paris en 1281, à Rome en 1291, propageant ses idées.

N'obtenant qu'un résultat médiocre, il se décide à exécuter lui-même son plan.

En 1292, il est à Tunis, et en 1309 à Alger et à Bône, où ses controverses ne restent pas sans effets. Il mourut à Majorque en 1315, âgé de plus de quatre-vingts ans. On le considère comme le plus grand chimiste de son siècle. Il chercha la pierre philosophale. Assurément il ne la découvrit pas, mais, à la place, il attira l'attention sur certains produits volatils de la décomposition des corps.

On doit une mention à Marino Sanuto qui, dans le but de réchauffer le zèle en faveur de la Croisade, entreprit cinq voyages en Orient, étudia les mœurs musulmanes, examina avec soin les forces et les côtés faibles de l'ennemi et écrivit ses impressions dans un livre intitulé : *Liber secretorum Fidelium crucis super Terræ sanctæ recuperatione.* Il dressa en outre la carte de la Méditerranée qu'il présenta, en 1321, au pape Jean XXII.

Vers 1334, Philippe de Valois reprit avec ardeur le projet de la Croisade. Froissart dépeint, dans sa *Chronique,* la *moult plaisance* avec laquelle fut reçue la nouvelle de l'entreprise. La mort de Jean XXII et les commencements de la guerre de Cent Ans jetèrent le désarroi dans la combinaison.

Quelques années plus tard, Venise arme une flottille qui fouille l'archipel et enlève aux Turcs les navires en station dans les eaux grecques; Humbert II, dauphin du Viennois, débarque en Asie et bataille contre les Mameluks.

____

(1) Sous le pontificat de Clément V, en 1309, Avignon devint le siège de la Papauté. En 1377, Grégoire IX reporta le siège à Rome.

Pierre de Lusignan, roi de Chypre, vient en France, recrute des volontaires, passe en Égypte et s'empare d'Alexandrie; il se dirige ensuite sur les villes de Syrie, enlève Tripoli, Laodicée et Beyrouth, et arrache au Soudan du Caire un traité avantageux.

Sous le règne de Charles VI, Gênes équipe une flotte et débarque en Afrique, une petite armée composée spécialement de seigneurs français et anglais. L'expédition échoua par suite de la mésintelligence qui se glissa parmi les troupes. Les Français songeaient à se battre; les Génois, en bons Italiens, songeaient surtout à créer des comptoirs commerciaux. Personne ne voulant jouer le rôle de dupes, on abandonna le sol africain.

A l'avenir, le péril viendra ni de l'Afrique, ni de l'Égypte, mais du nord de l'Asie-Mineure.

Au foyer du monde mahométan, un hôte s'est présenté qui, dès la première heure, n'a dissimulé ni ses appétits, ni son désir de prendre pour lui tout le domaine, comme l'avait fait autrefois son ancêtre à l'égard des Arabes.

Nous voulons parler des Turcs Osmanlis ou Ottomans. Sortis de la Tartarie à la suite des invasions de Gengiskan, les Ottomans, errant de régions en régions, finissent par s'implanter sur les plateaux que surplombe le Taurus. Ils s'accroissent avec une rapidité prodigieuse. Bientôt ils se trouvent à l'étroit dans leurs rochers, franchissent l'Hellespont, et, sous la conduite de leur sultan, Bajazet, tendent la main pour saisir la Grèce (1).

Comme au début de la première Croisade, les Grecs se hâtent d'implorer le secours de l'Occident. Malheureusement, la situation de l'Europe est loin d'être brillante; la France et l'Angleterre sont en guerre; deux Papes se disputent la chaire de Saint-Pierre et aucune voix n'est assez puissante pour dominer le tumulte. Pourtant, aux appels désespérés du Grec Manuel, une ligue se forme. Sur les instances du roi de France, Charles VI, l'élite de notre chevalerie prend les armes.

Parmi les chefs, on distingue Jean sans Peur, l'amiral Jean de Vienne et Le Meingre sire de Boucicaut. Les Croisés se joignent, sur les bords du Danube, à la noblesse de Hongrie et de Bohême. De son côté, une flotte vénitienne s'avance dans l'Hellespont.

(1) C'est de la sorte que le monde musulman fut deux fois arraché à une mort en apparence irrémédiable par l'infusion d'un sang nouveau. Au commencement de l'ère des Croisades, l'Islamisme inclinait vers la dissolution; les Turcs, descendus des bords de la mer Caspienne, lui rendirent la vie. Au XIVᵉ siècle, l'Islamisme se penche de nouveau sur sa tige; les Ottomans lui apportent une nouvelle sève. Les Ottomans tirent l'origine de leur nom d'Othman Iᵉʳ, fondateur de leur puissance.

Le sort des armes sourit aux chevaliers qui s'emparent de plusieurs villes de Bulgarie.

Si cette troupe brillante avait pu se contraindre aux exigences de la discipline, elle eut continué ses succès. Mais ne voulant, dans leur présomption nationale, céder à aucun de leurs alliés l'honneur d'être au danger, les soldats combattirent par groupes isolés et furent vaincus ; ils durent lever le siège de Nicopolis.

Le maréchal de Boucicaut reparut peu après, sous Byzance, et força les Ottomans à abandonner le siège de cette ville (1).

A son départ, les Turcs reprennent le cours de leurs conquêtes. Sans cesse inquiété, l'empereur grec Manuel se rend lui-même en Occident, et sollicite des secours. Le salut s'offre sous une forme inattendue. Le terrible Tamerlan, chef des Mongols, descend comme une trombe dans l'Asie-Mineure, se heurte contre les Ottomans et les met en déroute dans les plaines d'Ancyre (1402) (2). Les Grecs efféminés ne surent point profiter de cette heureuse diversion. Loin de fortifier leurs villes, ils se laissèrent bercer doucement au gré des événements.

Sous Eugène IV, pape de 1443 à 1445, une armée traversa le Danube sous la conduite de Hunniade, prince de Transylvanie, et de Ladislas, roi de

(1) « A une époque de décadence, sous un règne mauvais, aux jours néfastes de Charles VI, un soldat sut donner à la France et à l'Italie l'exemple de toutes les vertus civiles et chrétiennes. Il se nommait Jean le Maingre de Boucicaut. Son père, célèbre par sa valeur et sa probité, était maréchal de France et jouissait de toute la faveur du roi. On lui demanda pourquoi, dans un si beau poste, il n'acquerrait ni terres ni seigneuries, afin d'agrandir encore la situation de ses enfants. Il répondit : « Je n'ai rien vendu ni pensé vendre de l'héritage que mon père m'a laissé ; je n'ai de même rien acquis ni ne veux rien acquérir. Si mes enfants sont prud'hommes et vaillants, ils auront assez ; si rien ne valent, ce sera même dommage de ce qu'il leur en demeurât tant. »

» Boucicaut se montra digne d'un tel père. Dès l'âge de douze ans, il fit plusieurs campagnes. A dix-huit ans, il combattit à Robesque, où les Français eurent la victoire. Il s'attaqua pour son compte à un Flamand d'une taille gigantesque, qui, du premier coup, lui fit sauter la hache des mains, en lui disant : « Va téter, petit. Les Français, sans doute, ont faute de gens, qu'ils mènent des enfants en bataille. » Boucicaut tire sa dague, la lui enfonce dans le bras et le renverse : « Et les enfants de ton pays, s'amusent-ils à tels jeux ? »

» Après cette campagne, sans compter les autres expéditions, Boucicaut alla trois fois en Prusse, au secours des chevaliers teutoniques contre les païens de Lithuanie. A vingt-cinq ans, sa valeur et ses services étaient déjà célèbres, et Charles VI lui donna le bâton de maréchal. » (Louis Veuillot : *La guerre et l'homme de guerre*.)

(2) Tamerlan et Gengiskan sont les deux plus célèbres conquérants de l'Asie au Moyen-Age.

Tamerlan (Timour-Leng) naquit en 1336, près de Samarcand. Par l'intrigue et l'assassinat, il se débarrassa de ses compétiteurs et de ses complices. En 1370, il était seul souverain de l'empire mongol. Dès lors, il se jeta dans tous les hasards de la guerre et fut continuellement victorieux. Il avait voué aux musulmans une haine féroce, qui se traduisit par des tueries effroyables dont le récit, peut-être, tient plus de la légende que de l'histoire. On raconte qu'à Bagdad, il fit dresser un obélisque avec 90,000 têtes coupées. Il mourut en 1405. Il était manchot et boiteux.

Hongrie et de Pologne, pour secourir Constantinople menacé par le sultan Amurath. La campagne, mal combinée, se termine par des revers qui laissent à découvert la capitale grecque.

Avec une persévérance et une ténacité digne d'un grand capitaine, Mahomet II, fils d'Amurath, dirigea tous ses efforts contre cette ville de Byzance qui était, à ses yeux, la clef de l'Europe et la place naturellement désignée pour le siège de son Empire.

Lentement, il envahit les provinces circonvoisines et construisit deux forteresses à quelques lieues seulement de Constantinople.

A la vue de ces préparatifs, qui présageaient une guerre, l'empereur grec Constantin Paléologue, poussa un cri d'alarme et chercha à réveiller l'enthousiasme des nations occidentales. La politique est féconde en surprises : ce n'est pas sans étonnement, en effet, que l'on assiste à ces gestes désespérés d'un vieil empire convoquant, à soutenir sa vieillesse, ou mieux, à protéger son agonie et Rome avec laquelle il a rompu par le schisme, et l'Europe qu'il n'a cessé perfidement de combattre lorsque les Croisés lui demandaient sinon une hospitalité fraternelle du moins une neutralité bienveillante pendant leur passage en Orient.

L'heure du châtiment arrive. L'Église grecque s'est détachée du trône romain et sa sève s'est tarie ; les empereurs de Byzance ont fait inconsciemment le jeu d'Islam, et maintenant Mahomet est aux portes.

Et tel est l'aveuglement du peuple byzantin. qu'incapable de défendre ses foyers, il grince des dents à la nouvelle d'un secours que la Papauté envoie à sa détresse et qu'il proteste qu'il aime mieux voir dans ses rues le turban du Prophète que la tiare du successeur de saint Pierre. Il s'amuse encore dans de vaines et puériles discussions théologiques, dissertant à perte de vue sur la signification, pourtant très précise de certains mots du Symbole.

Tandis que les uns enfouissent leurs trésors, d'autres, les bras fermés, attendent les événements en prétendant que le doigt de Dieu a marqué la cité et que rien ne retardera sa chute. Ainsi raisonnent les derniers Romains, héritiers des Césars.

Montesquieu a comparé l'histoire de l'empire romain au fleuve du Rhin qui après avoir roulé majestueusement ses flots à travers les plaines et les montagnes se termine humblement en une multitude de ruisseaux, se traînant avec peine jusqu'à la mer, sur des lits de sable et de boue. Image très juste. Pourtant, l'imminence du danger galvanise un instant le moribond.

Paléologue fait appel à toutes les ressources de la science militaire. La poudre commençait à être en usage. On vit alors des canons lancer au loin des boulets de pierre et de fonte.

Le siège commença dans les premiers jours de mars 1453. Il dura jusqu'au 29 mai. Afin d'animer ses soldats farouches, le sultan leur promit le pillage de la ville, les femmes grecques et tous les captifs. Pour lui, il ne se réservait que les maisons et les édifices. On se battit de part et d'autre avec acharnement. Constantin Paléologue périt au moment où il chargeait, l'épée à la main, un corps d'Ottomans pénétrant dans les faubourgs à la faveur d'une brèche. Ce fut le signal de la retraite. L'ennemi entra en vainqueur et durant plusieurs jours, la ville, noyée dans le sang, n'offrit plus que l'aspect hideux d'un champ de carnage. Quarante mille personnes périrent et soixante mille se virent réduites en esclavage (1).

Cette date de 1453 marque, pour les classificateurs, la fin du Moyen-Age ; elle marque aussi le suprême et dernier éclat de l'Islamisme.

Mahomet, maître enfin du Bosphore, est loin de se reposer de son succès ; il assiège Belgrade, en Hongrie. Mais le 6 août 1456, les habitants, aidés de Hunyade et d'un moine franciscain, l'intrépide et éloquent Jean de Capistran, mettent en déroute son armée et détruisent sa flotte qui avait remonté le Danube (2).

(1) Remarquons que le fondateur de Rome portait le nom de Romulus et que le fondateur de l'empire s'appelait Auguste. Or le dernier empereur cumula les deux noms : Romulus-Augustule. Le fondateur de Byzance se nommait Constantin et le dernier empereur Constantin.

L'empire de Byzance avait duré onze cent vingt-trois ans.

(2) « Avant de quitter les âges chevaleresques, nommons encore un de ces hommes qui surent allier parfaitement l'esprit chrétien et l'esprit militaire, et qui méritèrent ainsi que Dieu daignât les employer au salut de l'Europe. Après la prise de Constantinople, Mahomet II se regardait comme assuré de la conquête de l'Occident et bientôt maître de toute la chrétienté. Il s'avança dans la Hongrie avec 150,000 combattants, et mit le siège devant Belgrade, le 13 juin 1456, comptant bientôt planter son étendard sur les murs de Vienne, et de là voler à Rome. Mais deux hommes qui se connaissaient et qui s'aimaient, deux vieillards animés du même zèle pour la cause de Dieu, l'arrêtèrent à ce premier pas. L'un était Jean Corvin, communément appelé Hunyade, voïvode de Transylvanie et régent de Hongrie, grand homme de guerre qui avait souvent battu les Turcs sous Amurat. L'autre était un Capucin, Frère Jean de Capistran, fils d'un gentilhomme de l'Anjou, établi en Italie. Le Pape l'avait chargé de prêcher la Croisade en Allemagne, malgré ses soixante et onze ans, il avait accepté ce rude labeur ; et sa voix poussait sur les Turcs des masses déterminées à vaincre ou à mourir.

» Hunyade rassembla en hâte tout ce qu'il avait de forces (c'était bien peu auprès de celles de Mahomet), et il fit dire à Jean de Capistran de presser la marche des Croisés. Jean arriva lui-même. Hunyade attaqua les Turcs, les vainquit et entra dans Belgrade. Jean l'accompagnait, animant les soldats au milieu de la mêlée, et portant partout où le danger paraissait plus grand une croix qu'il avait reçue du Pape. Cependant les Turcs revinrent à la charge et résolurent d'emporter la ville. Quoique taillés en pièces, ils ne reculaient point ; de nouveaux assaillants se présentaient toujours, passant sur les cadavres de leurs compagnons, étendus par terre comme un second rempart. Cette opiniâtreté leur ramenait la victoire, et les chrétiens

Sylvius Ænéas, pape sous le nom de Pie II, tenta de provoquer une Croisade, et se chargea même, malgré sa vieillesse, d'en prendre la direction. La mort du Pontife vint interrompre cet élan.

Pendant ce temps, Mahomet roulait dans sa pensée les plans les plus vastes; ses vaisseaux menaçaient Rhodes et même l'Italie, et ses troupes poussaient d'audacieuses pointes en Hongrie. Lorsque la mort le surprit subitement à Constantinople (1484). Par ses talents et par sa valeur militaire, il se plaça, dans l'histoire, à côté de Saladin.

Bajazet, fils et successeur de Mahomet, préféra à la poussière et au sang des champs de bataille les voluptés du harem. Son fils Sélim forma le projet de réunir à sa couronne toutes les provinces musulmanes. Il s'empare de la Perse, conquiert la Syrie sur le sultan Mameluk-el-Gouri (1517), et revient en Europe pour diriger ses efforts contre les chrétiens.

Léon X occupait alors le siège pontifical. Le nom de ce Pape rappelle toutes les espérances brillantes de la Renaissance.

L'antiquité, dans sa fleur la plus gracieuse et la plus délicate, s'était alors épanouie à Rome. Cicéron, Virgile et Horace revivaient. Les abeilles de l'Hymette, transportées en Italie, bourdonnaient harmonieusement autour de nouvelles ruches dressées sur le bord du Tibre.

On fit trêve à la rhétorique et à l'évocation des grandes ombres littéraires d'autrefois et on proclama la Croisade. Mais, l'apparition du protestantisme d'une part et l'ambition inquiète de Charles-Quint d'autre part, étouffèrent le projet à sa naissance. Les protestants se montrèrent favorables aux Turcs par haine de la Papauté, et Charles-Quint avait trop à cœur de remplir l'Europe de sa remuante personnalité pour laisser une place à la lutte contre les envahisseurs. Ceux-ci, pourtant, poursuivaient la réalisation de leur rêve. Les Hospitaliers, assiégés dans leur île de Rhodes, soutinrent le choc

commençaient à fléchir. Le moine s'élance dans les rangs, sa croix à la main, criant aux Croisés de mourir plutôt que de reculer, et répétant : *Victoire ! Jésus ! Victoire !* Les chrétiens se raniment, fondent sur les infidèles, les précipitent, les enfoncent, les taillent en pièces. Ils fuient, la bataille est gagnée. Mahomet se retire en désordre, laissant ses drapeaux, son artillerie, ses munitions et une partie de ses bagages. On attribua cette victoire autant au zèle du religieux qu'à la science et à la valeur du général.

» Jean Corvin mourut des fatigues de la campagne. Avant d'expirer, il voulut aller recevoir le Saint Viatique à l'église, disant qu'il ne méritait pas que le Roi des rois vînt dans sa maison. Tous les chrétiens le pleurèrent, et Mahomet II lui-même le regretta, disant qu'il n'avait plus désormais sur la terre un adversaire digne de lui. Jean Corvin est encore un de ces soldats à qui l'Europe doit une reconnaissance éternelle. Saint Jean de Capistran ne lui survécut qu'un mois. Déjà malade lui-même, il avait assisté son ami au lit de mort, et il trouva des forces pour prononcer son éloge funèbre. Heureux ceux qui ont pu entendre cet éloge du héros, prononcé par le saint ! Si ce discours avait été recueilli, ce serait sans doute le plus beau traité de la vertu militaire. » (Louis Veuillot : *La guerre et l'homme de guerre*) avec leur vaillance légendaire et n'abandonnèrent leurs forteresses que lorsqu'ils se virent écrasés et sans ressources (1522). La capitale de l'Autriche ne dut son salut qu'à son fleuve dont les eaux débordées obligèrent les Turcs à la retraite.

Cette série d'exploits touchait enfin au terme.

En 1566 montait sur le siége romain un religieux de l'ordre de Saint-Dominique, dont l'activité, la sainteté et le génie allaient rejaillir sur la chrétienté en éclat sans ombre. Pie V fut le sauveur de l'Europe.

Sélim II, fils et successeur de Soliman II, avait levé trois armées à la fois. Le pacha Achmet, avec soixante mille hommes, fut dirigé contre l'Albanie, nation encore toute vibrante des héroïques souvenirs de Scanderbeg (1); Hali Pacha, à la tête de quarante galères, fit voile pour l'île de Chio; enfin Mustapha se jeta sur l'île de Chypre avec plus de trois cents vaisseaux et s'en empara. Vingt mille cadavres jonchèrent les rues de Nicosie; le gouverneur Bragadin eut, dit-on, les membres coupés et fut ensuite écorché vif par ordre du terrible pacha.

A ces effroyables tueries, Pie V répondit par un énergique appel aux princes catholiques. La plupart gardèrent le silence, prétextant une foule de motifs spécieux. Le Pape résolut de tenir seul contre la tempête. La république de Venise et l'Espagne vinrent à son secours. On parvint à armer plus de deux cents galères; Don Juan d'Autriche, âgé de vingt-quatre ans, accepta le commandement des troupes. La flotte chrétienne, animée du plus ardent enthousiasme, s'avança à la recherche de l'ennemi; elle le rencontra dans le golfe de Corinthe, aujourd'hui golfe de Lépante, près d'Actium. Le choc fut terrible. De part et d'autre on lutta avec une opiniâtreté qui tenait de la rage.

« Jamais, a écrit M. de Bonald, on ne vit plus furieux combat de mer. »

Les Turcs, rompus et dispersés, s'avouèrent vaincus. Ils laissèrent dans les flots trente mille cadavres.

Trois mille soldats prisonniers, quinze mille esclaves délivrés, cent quarante galères capturées, tel fut, pour les chrétiens, le brillant résultat de cette mémorable victoire. Les Croisés ne perdirent que huit mille hommes (17 octobre 1571).

« Cette glorieuse bataille, dit M. de Bonald, fut l'époque de la décadence

---

(1) Scanderbeg est un capitaine à stature colossale; en lui revivait l'âme des premiers Croisés. Il gagna sur les Turcs vingt-deux batailles. A sa mort, le Sultan s'écria : « Les chrétiens viennent de perdre leur épée et leur bouclier. »

des Ottomans. Elle leur coûta plus que des hommes et des vaisseaux, dont on répare la perte, car ils y perdirent cette puissance de l'opinion, qui fait la principale force des peuples conquérants, puissance qu'on n'acquiert qu'une fois et qu'on ne recouvre jamais après l'avoir perdue. »

Pie V mourut l'année suivante. A l'annonce de sa mort, le sultan Sélim ordonna trois jours de réjouissances publiques dans la ville de Constantinople.

La Sublime-Porte, privée pour longtemps de son matériel de guerre, perdit le goût des conquêtes. Elle essaya, dans la seconde moitié du xviie siècle, de secouer sa léthargie. L'Autriche fut envahie par une armée nombreuse et plus de deux cent mille hommes vinrent camper devant la ville de Vienne. Sobieski accourut à la tête des Polonais, et, le 16 septembre 1683, il anéantit d'un coup les espérances de Mahomet IV.

En même temps, une flotte chrétienne remontait l'archipel et s'emparait de Navarin, de Corinthe et d'Athènes.

La Turquie signa le traité de Carlowitz qui consacrait sa décadence.

La journée de Lépante dessina la ligne d'arrêt dans l'envahissement sur mer, celle de Vienne, dans l'envahissement sur terre; le prince Eugène se chargea d'accélérer le recul par ses décisives victoires de Péterwaradin en 1716, et de Belgrade en 1717.

Michaud, que nous avons eu souvent à contredire, émet ici une réflexion fort juste (1) :

« Les Turcs n'étaient constitués que pour combattre des peuples barbares comme eux, ou des peuples dégénérés comme les Grecs. Lorsqu'ils rencontrèrent des nations qui n'étaient point corrompues et qui ne manquaient ni de bravoure, ni de patriotisme, ils furent obligés de s'arrêter. Chose digne de remarque, ils ne purent jamais entamer les peuples de l'Église latine; la seule nation qui se trouvât séparée de la chrétienté par les conquêtes des Turcs, ce fut celle qui s'en était séparée elle-même par ses croyances. Lorsque les Ottomans ne purent plus rien envahir, toutes les passions qui les avaient poussés à la conquête ne servirent plus qu'à ébranler leur empire, destinées ordinaires des peuples conquérants. »

On pourrait être enclin à s'imaginer que l'idée des Croisades ne fut qu'une fièvre du Moyen-Age; dans les temps plus rapprochés de nous, les esprits éminents, éloignés par goût ou par vocation de toute préoccupation guer-

(1) IVe vol. de son *Histoire des Croisades.*

royante, n'ont pas laissé, eux aussi, que de souhaiter la disparition du croissant.

Lorsque Christophe Colomb partit des côtes d'Espagne pour découvrir, non l'Amérique, comme on le croit d'ordinaire, mais un chemin plus court pour se rendre en Asie, il avait pour but, ainsi que le démontre son historien, M. Roselly de Lorgues, d'amasser des trésors pour susciter et entretenir une nouvelle expédition en Orient (1).

Bacon n'accordait aux musulmans que le nom de barbares et voulait qu'on les détruisît partout où on les rencontrait.

Les protestants, s'apercevant de l'effet fâcheux pour la secte, qu'avaient produit les premières déclarations de Luther, retournèrent leur enseignement et crièrent sus aux sultans d'Europe et d'Asie.

Erasme, esprit plus ingénieux et plus subtil que profond, se montra favorable à toutes les entreprises contre les Turcs.

Le délicat et suave évêque de Genève, saint François de Sales, avait trop à cœur l'extension de la foi pour ne point désirer les victoires de la Croix, et il s'ouvre de ses aspirations, dans des lettres exquises, à l'ambassadeur de France auprès des nations orientales (2).

Le Père Joseph, le bras droit de Richelieu, a été longtemps méconnu. La critique historique lui a restitué récemment et son rang et son mérite. Or, le célèbre religieux avait conçu le plan d'une Croisade ; l'ambition de la Maison d'Autriche en entrava la réalisation.

Dans la thèse latine que M. l'abbé Dedouvres, professeur à l'Université catholique d'Angers, vient de soutenir, en Sorbonne, pour l'obtention du doctorat, nous lisons que le Père Joseph avait composé un poème épique, la *Turciade*, dans le but d'entraîner les princes chrétiens contre les Turcs. De ce poème, il ne restait qu'un seul exemplaire, perdu dans une bibliothèque de Rome, et c'est là où le professeur l'a retrouvé après de longues recherches.

On connaît le vers où Boileau donnait rendez-vous à Louis XIV, sur les bords de l'Hellespont.

Enfin, Leibnitz envoyait à Louis XIV un mémoire secret ou le philosophe mathématicien et politique engageait le grand roi à tenter une descente en

(1) On sait qu'avant de voler au secours de son roi et de sauver la France, Jeanne d'Arc avait eu la pensée de se *croiser* et de délivrer la Terre-Sainte.

(2) Nous ne devons pas oublier de saluer l'œuvre du Tasse : *La Jérusalem délivrée.*

Égypte, et dressait, pour les armées françaises, un plan de campagne fort habilement combiné, dans le dessein d'anéantir l'Empire musulman.

— Je suis persuadé, disait Leibnitz, qu'il n'est dans le monde connu aucune contrée dont la conquête méritât autant d'être tentée, ni qui fût aussi propre à donner la suprématie, que l'Égypte que j'aime à appeler la Hollande de l'Orient, comme j'appelle la France la Chine de l'Occident.

Le mariage entre le roi de France et l'Égypte me semble intéresser également le genre humain et la religion chrétienne.

Puis, le philosophe allemand pose en thèse les propositions suivantes :

Que la conquête de l'Égypte est l'acheminement vers la suprématie en Europe ;

Que l'entreprise est très aisée ;

Qu'elle n'offre aucun risque ;

Qu'elle ne comporte aucun délai ;

Qu'elle est politique ;

Qu'elle est *belle, juste et pieuse.*

« Je suis convaincu, ajoute-t-il, que le temps approche où le Tout-Puissant veut visiter son peuple, où la fureur des barbares sera à son terme, où une époque plus heureuse commencera pour le monde chrétien. On pourrait dire beaucoup de choses sur l'accord des prophéties, sur les périodes des affaires humaines, sur les inévitables catastrophes des empires, même sur les propres traditions des Turcs que leur font attendre leur destruction d'une contrée à deux mers. Cette prédiction a été communément appliquée à Constantinople, et quelquefois à la Morée ; mais personne ne paraît jusqu'à présent avoir songé à l'Égypte. Cependant sans vouloir pénétrer les secrets du destin, tirons nos conclusions du cours ordinaire des affaires humaines. Il est notoire que le sultan a entièrement perdu dans l'opinion de ses sujets son caractère d'inviolabilité, et cette circonstance doit nécessairement faciliter sa défaite. »

Ce document dénote, chez son auteur, avec de rares connaissances de géographie, une science peu commune de la stratégie militaire et la perspicacité affinée d'un véritable homme d'État.

Impuissantes à conquérir l'Europe de haute lutte, les nations mahométanes se rabattirent sur une méthode de guerre moins dangereuse, mais plus sournoise et tout autant meurtrière, nous voulons parler de la piraterie. Pendant les trois derniers siècles, la Méditerranée et même l'Océan furent sillonnés par les corsaires. Les calamités causées par ces forbans sont inouïes. Partis d'Alger, de Tunis, de Damiette, d'Alexandrie, de Ptolémaïs, d'Antioche et de Constantinople, les corsaires capturaient les vaisseaux marchands, s'emparaient du matériel et des passagers, et transportaient le butin dans leurs villes d'Asie et d'Afrique.

Les travaux les plus pénibles et les plus durs étaient réservés aux prisonniers transformés en esclaves. Une mort, la plupart du temps cruelle, attendait ces malheureux au bout d'une vie passée dans les tourments : écartèlement, strangulation, empalement, telles étaient les formes ordinaires des supplices (1).

Quant aux femmes, elles fournissaient l'aliment habituel des sérails.

Les pirates poussaient l'audace si loin qu'ils venaient jusque dans les ports d'Europe enlever ce qu'ils appelaient le bétail humain. D'autrefois, ils descendaient sur le rivage et razziaient les villages et même les villes dans un rayon étendu. On se vit dans l'obligation de fortifier les bourgs et les cités maritimes et de se défendre jour et nuit contre un ennemi qui survenait sans cesse à l'improviste. Les côtes de Norwège, d'Angleterre et d'Irlande reçurent assez fréquemment la visite de ces pillards, qui aimaient mieux toutefois surveiller le transit d'Alexandrie à Marseille, et accaparer, de la sorte, les richesses que l'Orient échangeait avec l'Occident.

Au début, les pirates montaient des bateaux plats ou des galères; ils réfléchirent qu'il valait mieux se fournir de navires auprès même de leurs victimes; ils firent main basse non seulement sur les passagers, mais encore sur les vaisseaux, et, en peu d'années, ils se virent à la tête d'une flotte nombreuse de toute voile et de tout tonnage, vaisseaux longs ou ronds, tar-

(1) « En 1664, sous le règne de Louis XIV, le duc de Beaufort, ayant échoué dans une expédition contre Gigery, laissa entre les mains des barbaresques un nombre assez considérable de prisonniers français; mais en revanche, il emmenait plusieurs captifs de distinction ; ce qui prouve l'importance de ces derniers, c'est que le Dey d'Alger se résolut, contre son habitude, à négocier un échange. Il fit appeler l'un de ses prisonniers et lui fit jurer d'aller proposer un échange au gouvernement français et de revenir aussitôt, quelle que fût l'issue des négociations. Pour stimuler le zèle de son négociateur, le Dey lui déclara que, s'il ne réussissait pas, il aurait la tête tranchée. Porcon de la Barbinais jura et partit. Il arrive à Paris, communique à qui de droit la proposition du Dey, omettant seulement d'ajouter la clause terrible qui le regardait. On refusa l'échange; dès lors, la Barbinais se rend tout droit à Saint-Malo, sa ville natale, pour revoir une dernière fois ses enfants et mettre ordre à ses affaires. Après avoir signé son testament, craignant de ne pas trouver de prêtre à Alger, il se confesse et communie, puis revient se livrer aux barbares. Le Dey eut la lâcheté de faire décapiter ce héros. On ne s'explique pas que les habitants de Saint-Malo n'aient pas eu encore la pensée de dresser une statue dans leur ville à Porcon de la Barbinais; mais ce qui est plus inexplicable encore, c'est que bien peu de Français connaissent ce trait d'héroïsme de notre Régulus, tandis que tous les livres d'enseignement classique célèbrent à l'envi la vertu du Régulus païen, bien que sa mort, telle que la racontent les historiens de Rome, ne soit nullement authentique. Porcon de la Barbinais, et beaucoup d'autres avec lui, nous montrent quels caractères et quels hommes formait l'ancienne France chrétienne. » (*Semaine religieuse de Sées*, mai 1881.)

tanes, galions, corvettes et frégates. Pour les manœuvres, ils employaient les esclaves chrétiens, attachés à des bancs par des chaînes de fer.

En 1634, les pirates d'Alger possédaient cent vingt vaisseaux. Les captures devenant de plus en plus abondantes, il y eut pléthore d'esclaves. On en fit la matière de foires et de marchés.

Suivant son âge, son sexe et sa condition, un esclave atteignait parfois des prix élevés; kalifes, vizirs, pachas, se réservaient la meilleure part et prélevaient la dîme humaine.

En 1634, il y avait à Alger trente six mille captifs, dont quinze mille français; à Tunis, sept mille dont quinze cents français; à Constantinople, le chiffre était encore plus élevé.

En cette année 1634, les Musulmans comptaient que la valeur matérielle des captures se montait à la somme de vingt millions de livres.

On n'ignore pas que saint Vincent de Paul fut enlevé par des pirates et qu'il subit deux ans de captivité à Tunis.

Michel Cervantes, l'auteur immortel de *Don Quichotte*, le glorieux mutilé de Lépante, fut pris à son tour durant une traversée de Naples en Espagne en 1575, et plongé dans une prison d'Alger.

« Notre courage s'épuisait, dit-il, à la vue des cruautés que Hassan, le dey d'Alger, exerçait dans son bagne. C'était tous les jours un supplice nouveau, tous les jours un captif était suspendu au croc fatal, un autre était empalé ; un troisième avait les yeux crevés, et cela sans motif, uniquement pour satisfaire la soif du sang humain, qui était naturelle à ce monstre et qui inspirait de l'horreur même à ces bourreaux. »

Racheté par les Pères Trinitaires, Cervantes recouvra sa liberté après six années de captivité.

Tous ses corsaires n'appartenaient pas à l'Islamisme. Mendiants, routiers, malandrins, détrousseurs de petits et grands chemins, se donnaient rendez-vous sur les rivages turcs, et arrivaient de tous les coins de l'Europe. Ils préféraient, on le conçoit aisément, cette vie d'aventure, procurant la richesse à la corde haute et courte qui les attendaient aux fourches patibulaires de leurs pays. Parmi les plus fameux pirates on rencontre des noms de chrétiens renégats : les Barberousse, Amurat, Cigale, Pialy, Mamy, Nussuf, etc. Les sultans toujours aux prises avec la peur d'être assassinés finirent par n'admettre au titre de gardiens du palais ou janissaires que des chrétiens apostats, calcul assez étrange qui n'évitait à leur auteur ni le poison ni le poignard.

Quand on rougit de son Dieu, dans quel principe peut-on puiser la fidélité à son maître. Quoiqu'il en soit, la majeure partie des corsaires se réclamaient de Mahomet.

Les Musulmans, dira-t-on, étaient en position de légitime défense.

Les Croisades leur avaient déchaîné contre eux une guerre sans merci; ils prenaient leur revanche. C'est une erreur. La piraterie est consacrée par le Coran. Allah est seul Dieu et Mahomet son prophète. Tout ce ce qui ne s'incline pas sous la loi de Mahomet appartient de droit à ses fidèles. En prenant par la ruse ou la violence biens et personnes, le sectateur du Prophète entre dans l'esprit et le texte de son dogme.

Une parole prononcée par Abd-el-Kader jette une vive lumière sur cette question. On se complaît à représenter le guerrier de nos combats d'Algérie comme le type du mahométan rendu libéral et tolérant au contact des chrétiens. Or, voici la réponse que fit l'émir, après les massacres de Syrie en 1856, à quelqu'un qui lui demandait ce qu'il pensait de ces lugubres boucheries, au point de vue strict de la doctrine mahométane :

« Les coreligionnaires ont eu tort d'agir si cruellement à l'égard des chrétiens, mais après tout, ils en avaient le droit, parce que les chrétiens n'avaient pas acheté le *droit de vivre;* si ceux-ci avaient payé l'impôt qui représente ce droit, impôt spécial appelé *kharatch,* on aurait pu leur accorder la vie : tout chrétien doit acheter la permission d'exister. »

La piraterie, terreur des régions limitrophes de la mer, trouva des adversaires énergiques dans les Chevaliers Hospitaliers. Réfugiés dans l'île de Malte à la suite de leur départ de Rhodes, les chevaliers de Saint-Jean sillonnèrent à leur tour les mers et firent une chasse incessante aux forbans qui les infestaient.

Les rois s'émurent souvent et prirent diverses mesures pour réprimer les brigandages. Ximénès, voulant armer contre Alger le roi d'Espagne, lui montrait les immenses richesses acquises par les barbaresques, grâce à des déprédations séculaires (1).

(1) Ximénès, l'illustre ministre d'Espagne, forma une expédition contre les corsaires d'Oran. On connaît le jugement du protestant Leibnitz sur Ximénès qui, de simple cordelier, devint cardinal, primat d'Espagne et premier ministre d'État : « Si les grands hommes pouvaient s'acheter, l'Espagne n'aurait pas payé trop cher, par le sacrifice d'un de ses royaumes, le bonheur d'avoir un pareil ministre. » Ximénès mourut en 1517.

Dans une histoire des Croisades, on ne peut passer sous silence le courage énergique de la vaillante Espagne. Bien que cette nation ne prît aucune part aux grandes expéditions, sur l'ordre même des Papes, elle n'en fut pas moins un Croisé séculaire. A force d'héroïsme, elle parvint à chasser les Maures de son

Charles-Quint assiégea Alger, mais sa flotte fut dispersée par une tempête. Louis XIV, organisant nos forces navales, se préoccupa des pirates. Malgré la surveillance des amiraux français, les vaisseaux marchands étaient encore réduits à ne tenir la mer qu'armés en guerre ; dans les villes du littoral méditerranéen, un homme faisait le guet la nuit. En moins d'une année, vingt-quatre barques furent enlevées dans la rade de Marseille et cent cinquante mariniers mis à la chaîne.

Sous la révolution et l'Empire, l'écrasement de notre marine par les Anglais et la suppression de l'Ordre de Malte favorisèrent singulièrement les opérations des flottes algériennes.

Les Pères Rédempteurs se montrèrent en toutes circonstances à la hauteur de leur glorieuse tâche. A la fin du xviiie siècle, sept mille Trinitaires avaient donné leur vie dans les fatigues du rachat.

Avec le xixe siècle disparaissaient les Corsaires. Les marines européennes se forment en escadres ; un code international maritime est accepté par tous les peuples ; les pays arabes sont rendus responsables des vols commis par leurs nationaux. La piraterie, néanmoins, eut encore de beaux jours, et sous Napoléon Ier on ne pouvait naviguer en sécurité de Toulon à Marseille.

Il est vrai que Napoléon était en partie responsable de cette situation. Lorsque, jeune général, Bonaparte se transporta en Égypte à la tête de son armée, il fit halte dans l'île de Malte, força à coup de canons la forteresse, annexa l'île à la France et déclara à jamais supprimé le vieil ordre des Hospitaliers.

Ce fut une lourde faute ; non seulement par cette suppression impolitique,

sol. Elle livra pour ce résultat plus de trois mille batailles. Après la France qui, dans le poème chevaleresque des Croisades, a, de droit, tous les honneurs, l'Espagne vient ensuite, toujours au premier rang. D'elle aussi on peut dire qu'elle est le soldat de Dieu.

Nous ne saurions oublier le Portugal. Ici, laissons encore la parole à Louis Veuillot, qu'un critique a appelé « un des six plus grands écrivains de notre siècle » :

« On a dit que les grands hommes de l'âge héroïque du Portugal, ne pouvant accroître le territoire de ce petit royaume, lui donnèrent l'Océan. La pensée à laquelle ils obéirent d'abord fut plus chrétienne encore que politique. Ayant achevé la Croisade chez eux, ils voulaient la continuer dans le monde et porter jusqu'aux confins de la terre le règne de Jésus-Christ. Ce fut là le principal but de tous les grands voyages maritimes des xve et xvie siècles, particulièrement de ceux des Portugais. Il s'agissait avant tout de glorifier le nom de chrétien et d'humilier l'Islamisme, qui avait été et demeurait le grand péril de la patrie chrétienne. Les avantages commerciaux, sans qu'on les dédaignât, ne venaient qu'après la foi et qu'après la gloire. Parce que cette pensée était profondément religieuse, elle se trouva aussi admirablement politique. Le Portugal en fut récompensé avec une largesse toute divine. Dieu fit naître dans cet étroit royaume, enfermé par les montagnes et par la mer, une abondance de grands hommes qui lui donnèrent un monde. »

on laissait la mer libre aux corsaires qui profitèrent largement de cette aubaine, mais encore on invitait les croisières anglaises, qui stationnaient non loin de là, à s'emparer de l'île; ce qu'elles firent. Bonaparte parti, les Anglais s'approchèrent et ajoutèrent Malte à leurs possessions. Si, mieux inspiré, Bonaparte eut respecté un institut qu'un Français, plus que tout autre, avait le devoir de maintenir, l'Angleterre n'eut jamais songé à s'adjuger sa proie. Le premier consul le comprit, et, au traité d'Amiens, il s'ingénia, mais en vain à réparer ses torts (1).

La prise d'Alger par la flotte française, en 1830, fut le coup mortel porté à l'industrie des corsaires.

Les descendants de saint Louis occupent Tunis.

La France et l'Angleterre se disputent l'Égypte sur laquelle le sultan de Constantinople n'a qu'un pouvoir nominal (2).

La Syrie est plus européenne qu'orientale. Arrachée aux visées ambitieuses de Méhémet-Ali par l'effort combiné des grandes nations chrétiennes (1839), elle n'a été maintenue sous le sceptre de l'empereur de Turquie que parce que ses *protecteurs* ne peuvent s'entendre pour s'en partager les lambeaux. Qui sait si dans un avenir plus ou moins lointain, elle ne reviendra pas le théâtre de nouvelles Croisades, entreprises non plus contre les hordes de Mahomet, mais contre un ennemi plus redoutable.

Les éloquents pressentiments du P. Lacordaire pourront se réaliser.

« En Syrie comme à un rendez-vous inévitable indiqué par la nature et par Dieu, tous les conquérants ont paru. Les primitives monarchies d'Assur et de la Chaldée y ont envoyé sans relâche leurs généraux : Alexandre y fut arrêté devant Tyr, et vint lire l'histoire de ses triomphes, écrits d'avance à Jérusalem, comme ceux de Cyrus ; ses successeurs se disputèrent avec acharnement ce débris de sa couronne ; les Romains en prirent possession, le

(1) On accuse parfois les Français d'aimer à renverser en un instant ce qu'ils ont mis des siècles à édifier.

Les grands ordres religieux et militaires ont été détruits par des princes français : les Templiers par Philippe le Bel et les Hospitaliers par Napoléon.

C'est encore Napoléon qui supprima, après Iéna, l'ordre teutonique.

L'ordre de Malte vit encore, mais à l'état de rang et de distinction honorifiques.

(2) Depuis les Croisades, la France, malgré l'Angleterre, a conservé une influence considérable en Égypte. Le 11 juin 1895, en présence de M. Cogordan, ministre de France, et au milieu des élèves réunis à Mansourah dans le magnifique pensionnat construit par les Frères des Écoles chrétiennes, un Égyptien portait un toast à cette Égypte qu'il appelait « la France de l'Orient, » il terminait son discours, salué par les unanimes applaudissements d'une assistance brillante et nombreuse, en répétant le mot célèbre : « Tout homme a deux pays, le sien et puis la France. »

Moyen-Age y poussa toute sa chevalerie durant deux cents ans ; Napoléon y fit luire sur le sable un éclair de son épée ; enfin tout à l'heure, les derniers coups de canon de l'Europe ont réveillé les vieux échos de cette terre fantastique, et le doigt scrutateur de ceux qui observent l'avenir, l'a marquée comme le champ futur des combats réservés à nos neveux (1). »

En 1830, la Grèce s'est séparée définitivement de ses maîtres et a reconquis son autonomie.

A l'heure où nous écrivons, l'Arménie est en feu. Où est la main qui a allumé l'incendie ?

Enfin la Turquie, déjà entamée par le régime des *capitulations*, obtenues d'abord par François Ier en 1535, puis renouvelées et agrandies par Louis XIV, Louis XV et par Napoléon, est le témoin d'une invasion lente mais persévérante de l'élément chrétien sur les vieilles terres musulmanes. On ne laisse à ce qui reste de la puissance de Mahomet qu'une satisfaction, celle d'être un débris, une épave perdue dans un coin de l'Europe ; on ne reconnaît à l'Empire turc qu'une mission, celle d'être un moribond qui n'a plus le droit de vivre mais qui n'a pas encore le droit de mourir. Cinq ou six nations sont penchées sur le lit de ce vieillard et lui pressent le pouls. Si le sang se refroidit, un cordial est prêt (guerre de Crimée) ; s'il se réchauffe, la saignée arrive à point (guerre Russo-Turque). Cette ville de Constantinople au milieu de laquelle il s'est acharné à planter sa tente, est la cause de la lenteur de son agonie.

L'Angleterre et la Russie convoitant l'emplacement du grabat, maintiennent le malade dans sa faiblesse. La Sublime Porte offre ainsi le spectacle du malheureux qui meurt de ce qui le fait vivre et qui vit de ce qui le fait mourir. Quand les ambitions seront d'accord, le cadavre roulera dans le Bosphore.... Et sur l'obélisque de Rome on lit : *Christus vincit, imperat regnat.*

(1) *IVe Conférence de Notre-Dame.*

CHAPITRE IX

Généralités sur les Croisades.

Les contradicteurs de l'œuvre finale des Croisades se divisent en deux camps. Les uns avancent que les Croisades n'ont déterminé aucune conséquence ni heureuse ni néfaste dans la marche des événements sociaux ; les autres se récrient, et, élevant la voix, prétendent qu'elles ont eu une influence désastreuse.

Aux premiers, nous répondons qu'ils nient l'évidence même. Il est impossible, en effet, qu'un si vaste déplacement de population, qu'un va-et-vient si régulier entre l'Europe et l'Asie, qu'un frottement si persévérant entre tant de peuples divers, que de telles explosions bouleversant périodiquement l'atmosphère sociale, n'aient pas modifié profondément les conditions vitales des nations.

Dans une *Histoire universelle,* en cours de publication, nous lisons que les progrès amenés par les Croisades se seraient produits sans elles, par le seul moyen du temps. C'est là un sophisme. Que dirait-on si nous appliquions ce principe à toutes les grandes dates, et, en particulier, à celle de 89, et si nous affirmions que les progrès, dont nous sommes si fiers, auraient vu le jour, à la longue, sans la crise dont la fin du dernier siècle a été témoin. Une commotion, assurément, n'engendre pas à elle seule un ordre de choses nouveau. Toute révolution a des origines secrètes qui la préparent et qui l'annoncent. Il n'en reste pas moins vrai que le choc opère une brusque rupture et rend le milieu propice aux opérations futures.

Des millions d'hommes ne se sont pas battus, durant plusieurs siècles, sur la lisière de deux mondes, le monde occidental et le monde oriental, sans bouleverser *quelque peu* l'air ambiant.

Aux seconds, nous répondons par l'exposé suivant des résultats des Croisades à l'*intérieur* et à l'*extérieur*.

Les Croisades ont été le triomphe de la chevalerie, et celle-ci a été le triomphe de l'âme sur la matière, suivant le mot préféré de Michelet.

Pour la première fois, l'Europe, nous l'avons déjà dit et nous ne saurions assez le répéter, combattait pour une idée, pour une croyance. De la main qui bâtissait les cathédrales, notre ancêtre prenait la lance et partait pour une entreprise qui, dans sa pensée, se liait intimement à celle qu'il délaissait pour un instant. Si la guerre, comme l'ont écrit des esprits éminents, est le creuset mystérieux où s'épurent les nations (1), quels effets ne dussent pas produire sur plusieurs générations ces guerres d'où les ressorts purement humains, l'ambition, l'intérêt, étaient bannis et auxquelles présidait l'inspiration la plus élevée (2).

Il y avait des trésors inépuisables de virilité dans ces populations qui s'enflammaient ainsi pour l'idéal.

L'avenir, qui appartient toujours aux forts de caractère, leur appartenait assurément. Les Croisades furent le stimulant moral des grands siècles chrétiens du Moyen-Age.

Chez les peuples jeunes, la fièvre est ardente ; il y a tension des nerfs et exagération de vie. Les chevauchées lointaines offraient une issue à des bouillonnements que le sol natal ne pouvait contenir. Si l'Asie eût ouvert plus tôt son littoral, les Normands n'eussent point songé à la conquête de la Grande-Bretagne. Quand le signal du départ pour Jérusalem retentit, les Normands de Robert Guiscard se trouvaient en Sicile, à mi-chemin de la Palestine. Les Croisades terminées, c'est-à-dire l'issue fermée, la guerre de Cent Ans éclata ; l'Europe redevint champ de bataille.

Les expéditions en Terre-Sainte modifièrent la féodalité ; elle ne disparut pas, son existence était une nécessité à cette heure de l'histoire, mais elle s'humanisa.

Les classes se connurent et se rapprochèrent ; vivant sous la tente en com-

(1) V. de Maistre : *Soirées de Saint-Pétersbourg* ; Louis Veuillot : *La Guerre et l'Homme de guerre.*
(2) Nous parlons ici des Croisades en général et non de quelques-unes d'entre elles, ou plus exactement de certains Croisés qui ne furent pas toujours guidés par un motif élevé. « Dans le plus pur ruisseau, un limon se dépose, » a dit le poète.

pagnie de tenanciers, souffrant comme eux de la faim et de la maladie, exposé
à des dangers communs, le seigneur se lia d'affection avec ses inférieurs.
Souvent il leur dut la vie, et il fut dans l'obligation de témoigner sa reconnaissance par des procédés qui comblèrent en partie les distances.

Les grands engagèrent leurs terres pour subvenir, soit aux frais de leur
équipement, soit à la charge des hommes d'armes. Ils empruntèrent à leurs
vassaux. De créanciers, ils passèrent ainsi au rang de débiteurs. La propriété
se morcela au profit des déshérités.

Les villes furent gratifiées de franchises nombreuses. A la fin du xiiie siècle,
toutes les villes de France possédaient une organisation communale.

« Le jour où, sans distinction de libres et de serfs, a dit Michelet, les
puissants désignèrent ceux qui les suivaient à la Croisade, *nos pauvres,* fut
l'ère de l'affranchissement.

» Le grand mouvement de la Croisade ayant un instant tiré les hommes
de la servitude locale, les ayant menés au grand air par l'Europe et l'Asie,
ils cherchèrent Jérusalem et rencontrèrent la liberté. Cette trompette libératrice
de l'Archange qu'on avait cru entendre en l'an 1000, elle sonna un siècle
plus tard dans la prédication de la Croisade. »

Plus loin, Michelet ajoute :

« Telle fut, après la première Croisade, la résurrection du roi et du peuple.
Peuple et roi se mettent en marche sous la bannière de saint Denys. *Montjoye
saint Denys* fut le cri de la France. Saint Denys et l'Église, Paris et la royauté,
en face l'un de l'autre. Il y eut un centre, et la vie s'y porta; un cœur de
peuple y battit. »

L'homme de main-morte était attaché à la glèbe. En déclarant que personne
ne pourrait empêcher un chrétien de se croiser, l'Église brisa du coup, sur
ce point spécial, la chaîne qui rivait le tâcheron à la terre du maître; le bris
d'un premier anneau détermina d'autres ruptures.

Dans un ouvrage protestant que nous avons sous les yeux, il est dit que
les initiateurs de la Croisade, ne pouvant prévoir les progrès qui devaient, avec
le temps, surgir de leur entreprise, ne sauraient être déclarés responsables du
bien qui en fut la suite.

L'objection est plaisante. En cinglant vers les rivages inconnus de l'Amérique,
Christophe Colomb put-il prévoir l'illustration future de Washington et les
magnificences récentes de l'Exposition de Chicago? Son mérite, pour cela,
en est-il moindre?

A l'extérieur, les Croisades consacrèrent la suprématie de la France, non seulement en Europe, mais dans le monde entier. Longtemps, les Arabes n'ont désigné les Européens que sous le nom de Français. La réputation universelle de notre beau pays date d'Urbain II et de Godefroy de Bouillon. Sans doute Charlemagne avait porté au loin la renommée du peuple qu'il commandait, mais la splendeur dont le grand empereur avait entouré sa couronne, ne dépassait guère les limites de l'Occident. C'est maintenant l'Orient qui s'incline à son tour, et qui apprend que, là-bas, près de l'Océan, entre les Alpes et les Pyrénées, il est un pays, petit en étendue, fertile en héros, où les preux germent à l'envi.

C'est également des Croisades que date l'universalité de la langue française.

Au xive siècle, un Anglais s'exprimera ainsi dans un traité sur la manière de parler français :

« Du doulz françois, qui est la plus bêle et la plus gracious langage et plus noble parler (après latin d'escole) qui soit au monde, et de tous gens mieulx prisée et amée que nul autre. Quar Dieu le fist si doulce et amiable principalement à l'oneur et loenge de luy mesme. Et pour ce, il peut l'en comparer au parler des angels du ciel pour la grand doulceur et biaultée d'icel. »

Un siècle auparavant, en 1284, le maître du Dante, Brunetto Latini, tenait à ne point se laisser distancer en éloges :

« Et ce aucuns, écrivait-il, demandoit porquoi cist livre est escris en romans, selonc le langage des François, puisque nos somes Italiens, je dirioe que ce est porce que françois est plus delitaubles langages et plus communs que moult d'aultre. »

Guerrier au xive siècle.

Mais, dira-t-on, la langue française, par les qualités de clarté, dé précision et de logique qui la distinguent, est assurée d'une extension inévitable. Le latin aussi brille par les mêmes qualités. Si la légion conquérante ne l'avait pas portée jusqu'aux extrémités de l'univers, alors connu, la langue de Rome, en dépit de ses beautés, se serait étiolée sur place, à l'instar de la langue d'Athènes. Elle aurait fait les délices des lettrés ; elle n'aurait jamais été le parler de la ville et des nations, *urbis et orbis*. Au xie siècle, la langue française n'avait aucun droit à l'empire du monde ; elle sortait des langes ; elle n'avait pas encore dépouillé les bégaiements de son berceau. Il fallut la prodigieuse poussée des Croisades pour la répandre en tous lieux.

Tout prospère en même temps. La navigation se développe ; les marines renouvellent leur matériel, les vaisseaux deviennent plus légers, plus confortables et d'un maniement plus facile et plus prompt. Le commerce se crée de nouveaux débouchés ; les produits exotiques envahissent les marchés ; la canne à sucre croît en Italie et en Espagne ; l'industrie cherche et trouve des ressources pour fournir en toute hâte à l'approvisionnement et à l'armement de nombreuses armées. Pour entrer en pourparlers avec les nations étrangères que les corps expéditionnaires parcourent, des interprètes sont nécessaires ; on étudie les dialectes orientaux, et, à Paris, des professeurs enseignent l'arabe. Il n'est pas jusqu'à l'astronomie, la médecine et l'alchimie, cette mère trop méprisée de la chimie moderne, qui ne gagnent à ces multiples explorations chez les Asiatiques méditerranéens, peuples fins, curieux et observateurs.

Nous ne dirons rien de l'architecture.

Il est difficile de savoir ce que nos architectes ont pris aux constructeurs de minarets et de mosquées. On peut présumer que les problèmes de statique et de perspective, résolus par les hardis ouvriers sortis de Bagdad et du Caire, attirèrent l'attention des maîtres d'œuvres croisés, à une époque où l'art roman s'ingéniait à s'enrichir de formules savantes et l'art ogival brodait dans les airs ses arcs et ses flèches.

Un membre de l'Académie des Inscriptions, M. Alfred Maury, a écrit ces lignes :

« En présence du principe d'imitation qui a présidé, dans la Terre-Sainte, à la construction des églises, il n'est plus possible, comme on l'a fait, comme on a tenté de le faire encore de nos jours, d'attribuer à l'influence orientale l'adoption du genre ogival en Europe. *Les Arabes n'ont pas été plus créateurs en architecture qu'en science*; ils ne furent que des copistes de l'Occident. *L'Islamisme n'a dû l'éclat dont s'est parée un instant sa barbarie origi-nelle qu'à son contact avec les chrétiens* et qu'à ses rapports avec la Grèce et Rome. Il n'a rien découvert d'original, et, de même que le Coran est, à cer-tains égards, une contrefaçon de la Bible, de même les mosquées ne sont bien souvent que des imitations des édifices chrétiens. »

Observations fort judicieuses. Il n'y a plus de doute aujourd'hui sur cette question complètement élucidée par la critique.

Les expéditions d'Orient, durant les deux siècles de leur durée, ont fait périr, dit-on, 2,000,000 d'hommes. Oui, mais elles en ont délivré 30,000,000.

La comparaison classique, empruntée aux inondations du Nil, est ici à sa place.

Périodiquement, le célèbre fleuve égyptien franchit ses rives et envahit la campagne, roulant dans ses flots jaunâtres, arbustes, murailles et habitations.

L'étranger, témoin de ce spectacle, pourrait croire à une irrémédiable catastrophe. Les eaux se retirent; elles déposent sur le sol un limon fertile, richesse merveilleuse de ce pays privilégié!

Ainsi ont fait les Croisades.

Il est permis d'ailleurs d'être sceptique à l'égard de ce chiffre de 2,000,000 d'hommes qui auraient engraissé de leur sang le grand sillon.

La France a participé à toutes les Croisades. Or, après huit expéditions, elle était si peu appauvrie en hommes, qu'à la fin du xiiie siècle, elle possé-dait un total de population supérieur à celui d'aujourd'hui, et pourtant son étendue topographique était moins considérable qu'elle ne l'est de nos jours. « Quand on lit les Censiers du commencement du xive siècle, dit M. Léopold Delisle, on est surpris du nombre prodigieux des familles dans les villes et les villages d'alors. Chaque famille a un nombre très haut d'enfants. »

On s'obstine à répéter que les Croisades n'ont pas réussi. Nous avons répondu suffisamment à cette accusation qui provient d'attaques intéressées.

« Les écrivains du xviiie siècle, a dit Chateaubriand, se sont plu à repré-senter les Croisades sous un jour odieux. J'ai réclamé un des premiers contre cette ignorance ou cette injustice. Les Croisades ne furent des folies, comme on affectait de les appeler, ni dans leur principe, ni dans leur résultat.

» Les chrétiens n'étaient point les agresseurs. Si les sujets d'Omar, partis de Jérusalem, après avoir fait le tour de l'Afrique, fondirent sur la Sicile, sur l'Espagne, sur la France même, où Charles Martel les extermina, pourquoi des sujets de Philippe Ier, sortis de la France, n'auraient-ils pas fait le tour de l'Asie pour se venger des descendants d'Omar jusque dans Jérusalem ? C'est un grand spectacle sans doute que ces deux armées de l'Europe et de l'Asie, marchant en sens contraire autour de la Méditerranée, et venant, chacune sous la bannière de sa religion, attaquer Mahomet et Jésus-Christ au milieu de leurs adorateurs. N'apercevoir dans les Croisades que des pèlerins armés qui courent délivrer un tombeau en Palestine, c'est montrer une vue très bornée en histoire. Il s'agissait non seulement de la délivrance de ce tombeau sacré, mais encore de savoir qui devait l'emporter sur la terre, ou d'un culte ennemi de la civilisation, favorable par système à l'ignorance, au despotisme, à l'esclavage, ou d'un culte qui a fait revivre chez les modernes le génie de la docte antiquité, et aboli la servitude. Il suffit de lire le discours du pape Urbain II au Concile de Clermont, pour se convaincre que les chefs de ces entreprises guerrières n'avaient pas les petites idées qu'on leur suppose, et qu'ils pensaient à sauver le monde d'une inondation de nouveaux barbares. L'esprit du mahométisme est la persécution et la conquête ; l'Évangile, au contraire, ne prêche que la tolérance et la paix. Aussi les chrétiens supportèrent-ils pendant sept cent soixante-quatre ans tous les maux que le fanatisme des Sarrasins leur voulut faire souffrir ; ils tâchèrent seulement d'intéresser en leur faveur : mais ni les Espagnes soumises, ni la France envahie, ni la Grèce et les deux Siciles ravagées, ni l'Afrique entière tombée dans les fers, ne purent déterminer, pendant près de huit siècles, les Chrétiens à prendre les armes. Si enfin les cris de tant de victimes égorgées en Orient, si les progrès des barbares, déjà aux portes de Constantinople, réveillèrent la chrétienté et la firent courir à sa propre défense, qui oserait dire que la cause des guerres sacrées fut injuste ? Où en serions-nous si nos pères n'eussent repoussé la force par la force ? Que l'on contemple la Grèce, et l'on apprendra ce que devient un peuple sous le joug des Musulmans. Ceux qui s'applaudissent tant aujourd'hui du progrès des lumières, auraient-ils donc voulu voir régner parmi nous une religion qui a brûlé la bibliothèque d'Alexandrie, qui se fait un mérite de fouler aux pieds les hommes, et de mépriser souverainement les lettres et les arts.

» Les Croisades, en affaiblissant les hordes mahométanes au centre même de l'Asie, nous ont empêchés de devenir la proie des Turcs et des Arabes. Elles ont fait plus : elles nous ont sauvés de nos propres résolutions ; elles ont suspendu, par la *paix de Dieu,* nos guerres intestines.

» Quant aux autres résultats des Croisades, on commence à convenir que ces entreprises guerrières ont été favorables aux progrès des lettres et de la civilisation. Robertson a parfaitement traité ce sujet dans son *Histoire du commerce des anciens aux Indes orientales.* J'ajouterai qu'il ne faut pas, dans ces calculs, omettre la renommée que les armes européennes ont obtenue dans les expéditions d'outre-mer. Le temps de ces expéditions est le temps héroïque de notre histoire ; c'est celui qui a donné naissance à notre poésie épique. Tout ce qui répand du merveilleux sur une nation ne doit point être méprisé par cette nation même. On voudrait en vain se le dissimuler, il y a quelque chose dans notre cœur qui nous fait aimer la gloire ; l'homme ne se compose pas absolument de calculs positifs pour son bien et pour son mal, ce serait trop le ravaler (1). »

A ces judicieuses réflexions, joignons le jugement de M. Guizot.

« Les Croisades, a-t-il dit, ont été toute autre chose que des guerres et des conquêtes ; leur vrai et propre caractère, c'était d'être la lutte du Christianisme contre l'Islamisme, de la féconde civilisation européenne contre la barbarie et l'immobilité asiatique (2). »

Le célèbre Balmès, appelé à juste titre le Bossuet de l'Espagne, confirme, de son incontestable autorité, cet aveu de l'historien protestant.

« Les Croisades, écrit-il, loin d'être considérées comme un acte d'autorité, sont avec raison regardées comme un chef-d'œuvre de politique, qui, après avoir assuré l'indépendance de l'Europe, conquit aux peuples chrétiens une prépondérance décidée sur les Musulmans. L'esprit militaire grandit et se fortifia par là chez les nations européennes ; ces nations conçurent toutes un sentiment de fraternité qui les transforma en un seul peuple. L'esprit humain se développa sous plusieurs aspects ; la féodalité fut poussée vers sa ruine entière ; la marine fut créée ; le commerce favorisé aussi bien que l'industrie. La société reçut ainsi des Croisades la plus puissante impulsion dans la carrière de la civilisation. En un mot, il n'existe pas, dans les fastes de l'histoire, un événement aussi colossal que celui des Croisades (3). »

« Si l'on veut, dit M. de Falloux, peser exactement l'importance des

(1) *Itinéraire de Paris à Jérusalem.*
(2) *Hist. de France.*
(3) *Le protestantisme comparé au catholicisme dans ses rapports avec la civilisation européenne.*

Croisades, qu'on se demande quel serait aujourd'hui le résultat de ces expéditions si les Papes avaient été plus écoutés, si les peuples avaient été plus fidèles à leurs vrais intérêts? L'Égypte et la Grèce seraient des provinces chrétiennes; Constantinople rivaliserait avec Londres; Jérusalem consolée se réjouirait avec Rome, et la barbarie, reculant de deux milles lieues, aurait cédé la place avec moins d'effusion de sang qu'il n'en coûte à l'Europe, par siècle, en querelles intestines, sur un espace de cent lieues carrées (1). »

Aussi, le grave de Bonald n'avait-il pas raison de s'écrier :

« Malheur au temps et aux peuples chez qui les motifs qui inspirèrent les Croisades ont pu être attaqués impunément par des déclamations de rhéteur, ou défigurés par des subtilités de sophistes. »

« C'est un des beaux spectacles qui aient été donnés au monde, que ces millions d'hommes se levant et courant à la conquête d'un tombeau, dit M. Duruy dans son *Histoire de France.* »

Dans son opuscule sur le devoir présent, M. Paul Desjardin juge ainsi les Croisades :

« On fit des Croisades, qui furent une hautaine victoire de toute une société, non pas tant sur les Sarrasins, sans doute, que sur l'égoïsme naturel, une merveilleuse entrée de la poésie dans la réalité des faits. »

« La grandeur du mouvement des Croisades fut féconde, dit Prévost-Paradol, l'agitation universelle qu'elles produisirent fut un bienfait.

» L'Europe fut sillonnée par les armées, l'Asie abordée, parcourue; les chevaliers français rapportèrent dans leurs petites cités le souvenir de Constantinople, et les impressions de l'Orient; tant de notions acquises par un si grand nombre d'hommes devinrent bientôt générales, et comme si l'Europe entière eût fait ce long voyage, l'intelligence commune en fut agrandie. »

« Par les Croisades, dit Louis Veuillot, l'Europe fut sauvée, non seulement de l'islamisme, mais d'elle-même. Elle était pleine de troubles, de factions, de révoltes : dévorée de sectes antisociales. Il y a des plaies dont on ne guérit les peuples qu'en précipitant leur énergie vers de glorieux périls. Ce torrent de mauvaises passions devint le fleuve des Croisades qui, roulant beaucoup de fange et beaucoup d'or pur, alla se tarir sur la pierre du Saint-Sépulcre, après avoir creusé, entre l'Europe et l'Orient, un abîme que l'islamisme n'a pas franchi. »

Nous empruntons la page suivante à une étude remarquée, parue dans

(1) *Vie de saint Pie V.*

le *Correspondant*, livraison de mai 1895, sous la signature de M. H. de Lacombe :

« Comme toutes les grandes œuvres de ce monde, les Croisades ont fini dans l'abandon et l'épreuve ; nées au pied du rocher Arverne, où Vercingétorix avait vaincu César, elles ont terminé leurs courses agitées à Tunis, dans la patrie d'Annibal, là où Scipion Émilien avait récité sur la ruine de Carthage les vers d'Homère sur la ruine de Troie. Elles sont mortes avec saint Louis. Que la France était belle encore ! fut-elle jamais plus grande dans le monde ? De Londres, des comtés d'Angleterre où les Normands l'avaient apportée, sa langue était la langue usuelle jusqu'à Constantinople, sur toutes les plages de l'Orient latin. »

« Les meilleurs gentilshommes de la terre, écrira bientôt le chroniqueur des rois d'Aragon, y étaient ceux de Morée, et on y parlait aussi bon français qu'à Paris ! »

« Occupée par nos chevaliers, découpée en seigneuries, la Grèce du Moyen-Age était une nouvelle France, comme disait le pape Honorius ; les délices des Latins, comme répétaient tous les contemporains.

» Un de nos gentilshommes de Champagne, Guillaume de Villechardouin, était prince souverain d'Achaïe ; il tenait ses États à Mistra, au-dessus de Sparte, entouré de ses douze pairs, héritiers des rois d'Homère et des républiques de Thucydide parmi lesquels le grand roi d'Athènes et de Thèbes, qui était tout simplement un Bourguignon de la maison de La Roche. Nos donjons, nos abbayes, nos églises s'élevaient fièrement, bravant le voisinage de Praxitèle et de Phidias ; des fontaines et des aqueducs construits par nos moines amenaient les eaux de Pentélique et de l'Hymette. La féerie de cette Grèce ressuscitée était si charmante, que Shakespeare l'a transportée dans son *Songe d'une nuit d'été*, où Thésée n'est plus qu'un de nos ducs.

» Sortie des boues de Lutèce, comme disait Dante courroucé de notre grandeur, la monarchie capétienne s'épanouissait à tous les soleils ; et, comme disait encore dans sa fureur Gibeline, elle couvrait toute la chrétienté de son ombre. De Naples et de Palerme, où elle a relevé le royaume d'avant-garde des Normands, elle poussera ses rejetons sur les trônes de Hongrie et de Pologne ; elle s'étend déjà en Égypte, en Afrique, en Albanie, jusqu'en Servie. La croix aux fleurs de lys, qui n'est plus à Jérusalem, règne encore sur le littoral de la Syrie, dans l'Archipel, dans les gorges de la Cilicie ; à Chypre, *douce terre, douce isle*, chantée par notre vieux trouvère Rutebœuf, et où le génie de Shakhespeare, frappé de son luxe, de l'éclat de ses fêtes, de la renommée de ses écoles, fera visite encore avec sa fantaisie et ses larmes.

» Plus ces derniers restes des Croisades croulent à leur tour. Lorsqu'en 1187, le sultan Saladin avait repris Jérusalem, un jurisconsulte d'outre-mer, Philippe de Novare, avait écrit : « Après la terre perdue, fut tôt perdu. » Était-ce vrai sans réserve ?

» La France des Croisades n'a pas touché en vain la Terre-Sainte ; il lui en est resté un vieux fond de gloire, un patrimoine d'honneur et d'influence, dont nous vivons encore. L'ombre de nos défaites n'a pu atteindre le sommet où nos pères étaient montés ; il brille toujours pour les nations lointaines. Comme ces marbres de Paras qui, à force d'être caressés du soleil, en prenaient les tons d'or et de pourpre, l'imagination d'Orient est tout éclairée de la gloire française.

» La France n'a jamais été absente de ces contrées que son sang avaient presque faites siennes ; l'Église l'y a ramenée, elle a veillé pour elle. Les cornettes blanches de nos Sœurs de Charité ont remplacé les casques de nos hommes d'armes ; les fils de saint Vincent de Paul, de saint Ignace de Loyola, de saint Dominique, de saint François, continuent, la croix à la main, la chevalerie française en Orient.

» Au spectacle des Croisades, dont il reconnut la beauté, quoiqu'il ait méconnu celle de Jeanne d'Arc leur fille, Shakespeare a dit que la France était le soldat de Dieu. Gloire qui, vainement voilée, tient toujours ! La France l'a méritée ; plus encore que Richard d'Angleterre, elle fut, en Terre-Sainte, Cœur de Lion. Les peuples d'Orient qu'elle a protégés, ne l'ont pas oubliée.

» Pendant bien des siècles, au Liban, lorsque le célébrant lisait l'Évangile, le consul de France tirait l'épée nue. Allez plus loin, dans les montagnes d'Arménie, la légende veut que saint Grégoire, l'illuminateur, ait pris une épée miraculeuse et l'ait bénie comme une croix en disant :

» — Il viendra une nation vaillante qui sera celle des Francs ; ce signe paraîtra alors, on le prendra, et tout le monde se réunira avec elle (1).

Souhaitons qu'une légion d'historiens se lèvent pour rendre aux Croisades leur véritable figure, altérée jusqu'ici par la légèreté et souvent par la mauvaise foi. Notre époque, avec cette passion de la critique et cet amour des sources documentaires qui la caractérisent, peut et doit entreprendre cette mission.

(1) *La Croisade prêchée à Clermont.*

C'est à la France surtout qu'incombe ce devoir, parce que les Croisades sont une des plus triomphantes pages de ses annales.

L'école historique anglaise est impuissante à offrir aucun travail d'ensemble ou de détail sur cette phase du Moyen-Age. Les Croisades ont été l'œuvre de la Papauté; à ce titre le schisme anglican leur garde rancune.

D'ailleurs, par goût et par nature, l'Anglais ne comprend rien aux envolées idéales. A la place d'une croix, il aime mieux établir un comptoir, et, une ville, perdue dans les sables, fut-elle le lieu d'un tombeau divin, n'a d'importance que si elle est avant tout une colonie de rapport.

Pourtant, il se produit un mouvement au delà du détroit; les préjugés croulent et une appréciation plus saine du passé catholique de l'île se fait jour sous la plume de ses historiens modernes.

L'Allemagne cherche à se pousser au premier rang. Elle apporte dans l'étude des problèmes historiques une ténacité véritablement germanique. Sa critique affinée, qui n'est pas toujours exempte de préjugés confessionnels ou rationalistes, verse assez volontiers dans l'hypercritique qui est l'abus d'une excellente chose.

Elle oublie, malgré ses protestations d'impartialité, que l'esprit est souvent la dupe du cœur, et que la passion se glisse jusque dans les jugements du magistrat le plus intègre et le plus froid. Il faut reconnaître que jusqu'à nos jours, c'est l'Allemagne qui a le plus fait pour l'exhumation des Croisades.

Elle n'a pas dit le dernier mot, loin de là, mais elle hâte avec fièvre le moment où un historien puissant saura rendre un jugement sûr.

La France reste stationnaire. Elle vit sur les quatre volumes de Michaud. Quelques travaux ont paru, ces dernières années ; ils sont excellents; ils ne constituent, toutefois que des efforts isolés.

L'heure serait venue de réviser les considérants que Michaud a présentés comme un verdict décisif. M. Riant, membre de l'Institut et auteur de bonnes publications sur la première Croisade, n'hésite pas à stigmatiser, par ces mots trop cruels, les volumes majestueusement décorés du titre : d'*Histoire des Croisades* :

« M. Michaud ne manque jamais de recueillir partout les erreurs historiques qu'il rencontre pour se les approprier en les aggravant. »

Ailleurs :

« Il faut citer Michaud pour montrer quel aplomb il apporte dans les bévues historiques. »

Et enfin :

« L'œuvre de Michaud est une œuvre absurde. »

Il est une mine précieuse de renseignements trop négligée par les critiques : les *Annales arabes*. On devra néanmoins se rappeler, en recourant à de tels écrits, qu'aux régions baignées par le soleil ardent les imaginations prêtent aux objets une ampleur hors de proportions. On y cultive facilement l'énorme. Le chiffre qui chez nous désigne mille, là-bas désigne un million.

Pourquoi laisser à d'autres le souci de notre gloire ? Godefroy de Bouillon et saint Louis sont à nous. Est-ce en Allemagne que nous irons demander des historiens pour nos héros ? Marcherons-nous, ressassant toujours les mêmes clichés, et, dans nos éternelles divisions politiques, défigurant sans cesse notre histoire pour y chercher des armes contre nos adversaires ! Quelle folie nous pousse à déchirer de nos mains les vêtements splendides de notre patrie ? Baisons-les avec amour, et, à la trame de soie et d'or sur laquelle nos ancêtres ont brodé le nom de la France, ajoutons de nouvelles franges. Nous sommes riches, ne soyons ni prodigues ni ingrats.

Et maintenant, l'ère des Croisades est-elle fermée ?

Nos ancêtres luttaient *pro aris et focis*. L'avenir ne verra-t-il pas un autre soulèvement de l'Europe ? Ne viendra-t-il pas un jour où un Urbain II convoquera, à nouveau, sous un même étendard, tous les peuples ardents à défendre leurs autels et leurs foyers ?

Récemment, le chancelier allemand a prononcé de graves paroles :

— Au siècle prochain, a-t-il assuré, l'axe des champs de bataille sera déplacé, les nations européennes auront à se garder des attaques d'une autre partie du monde habité.

Ces mots, aux allures prophétiques, ont paru une énigme.

Un publiciste de talent, M. Arthur Loth, a peut-être soulevé le voile qui cache le mystère, lorsqu'il a écrit la page suivante :

« Chaque fois que des événements surgissent en Extrême-Orient, l'attention de l'Europe se trouve éveillée par une sorte de curiosité et d'angoisse mystérieuses. On sent que quelque chose d'extraordinaire est caché dans ces profondeurs de peuples. Il y a là un inconnu, un avenir qui font songer.

» Notre petit monde européen n'est rien comme étendue et comme population auprès de ces immenses contrées de l'Orient. Il les domine par la supériorité de sa civilisation ; mais du jour où nos arts et nos industries auront passé chez elles, du jour où celles-ci seront parvenues au même degré de culture morale et matérielle que nous, elles nous accableront de toute la force du nombre et de l'étendue.

» Tout ce qui se passe dans ces pays lointains intéresse de plus en plus notre Occident. Les mouvements de peuples, les conflits, les progrès de l'art militaire, les rapports plus intimes avec les États européens, tout cela rapproche cet avenir, plus ou moins voisin, qui mettra le vieux monde asiatique en contact direct avec l'Europe moderne.

» A cette époque-là, quand la Chine et le Japon, l'Inde et la Perse auront nos armées, notre outillage de guerre, nos moyens de communication, nos sources de richesses et de crédit, tout ce qui fait aujourd'hui notre supériorité, s'il survient un conflit d'intérêts, un choc de races entre les deux mondes, ce sera la lutte d'un petit continent de dix millions de kilomètres carrés et de trois cent millions d'habitants avec un immense continent d'une superficie quintuple et d'une population triple de la sienne (1). »

A l'appui de ces graves paroles, citons l'opinion de M. John Russel, ancien ministre des États-Unis en Chine :

« Le fait dominant à mon point de vue, c'est que du présent conflit surgira la grande question de ce temps-ci. La Chine se meut à la façon d'un glacier ; masse silencieuse, énorme, écrasante, sûre d'elle-même, la Chine marche impassible à travers les âges, se réclamant d'une civilisation antérieure aux plus vieilles civilisations d'Occident, d'une civilisation déjà vivante au temps qu'Homère chantait. Jusqu'ici le glacier a résisté à l'action des siècles, mais qu'il subisse un choc, que la guerre pendante lui imprime une poussée, et le bloc chinois pourrait s'ébranler : éventualité grave qui mérite d'être étudiée à la lumière de l'histoire de Gengis-Khan et de Timoul. »

Nous pourrions multiplier ces extraits ; terminons par ce fragment d'un article de M. F. Charmes :

« Les Chinois ne sont pas moins intelligents que les Japonais, et ils sont infiniment plus nombreux. La rude leçon qu'ils reçoivent, et qui n'en est probablement qu'à ses débuts, ne sera pas perdue pour eux. Les moyens ne leur manquent pas de réparer les avaries de toute nature qu'ils éprouvent, et qui sont la conséquence inévitable d'une trop longue incurie. Si le Japon a pu, en une vingtaine d'années, devenir une puissance militaire sérieuse, tout convie la Chine à suivre cet exemple et à poursuivre sur une plus grande échelle des résultats analogues. Qu'on ne s'y trompe pas ; c'est la trompette

(1) Journal *la Vérité*, 3 août 1894.

du réveil qui vient de sonner sur l'Extrême-Orient. La fureur guerrière qui s'est emparée des Japonais, l'orgueil national qui les remplit, le patriotisme véritable dont ils sont animés, tous ces sentiments, d'autant plus vifs chez eux qu'ils n'ont pas souffert de leurs excès ou de leurs égarements, modifieront d'ici à peu d'années la manière de voir et de sentir de populations immenses, répandues et pressées sur une des plus vastes parties du monde. C'est là pour nous ce qui fait l'importance du combat de Ya-Lu, quel que soit d'ailleurs, le dénouement du conflit survenu entre le Japon et la Chine. Ce conflit peut, du moins jusqu'ici, laisser l'Europe indifférente, mais il n'en est pas de même de ses conséquences.

» L'échiquier sur lequel se jouent les destinées de l'humanité a pris tout d'un coup des proportions démesurées. Le mot d'équilibre européen, qui paraissait si imposant naguère, semble aujourd'hui étriqué; c'est bientôt de l'équilibre de l'univers qu'il faudra parler. Si Gœthe avait assisté à la bataille de Ya-Lu, il est probable qu'il aurait dit, comme il l'a fait à ses compagnons, le soir de la bataille de Valmy :

» — *Ici et aujourd'hui commence une nouvelle ère historique, et vous pouvez dire que vous en avez été témoins.* »

Lorsque l'heure de ce gigantesque conflit aura sonné, les institutions que l'on croit aujourd'hui assises sur des bases inébranlables, se seront évanouies ; elles seront matière à archivistes ou à paléographes ; et la Papauté sera encore debout !

Dans leur effroi, les peuples tendront alors les bras vers le seul pouvoir que respectent les tempêtes.

Au nom de ces Croisades calomniées, qui les ont déjà sauvées du fanatisme asiatique, les nations européennes demanderont une fois encore le salut au *Vieillard vêtu de blanc*, qui tient entre ses mains la Croix invincible.

Puisse alors la France, qui aujourd'hui émiette sa vitalité en d'interminables querelles intestines, se retrouver *fille aînée de l'Église*, et continuer, avec la même gloire, le chapitre commencé en 1095 et qui a pour titre : *Gesta Dei per Francos, les Actes de Dieu par les Francs !*

APPENDICE

Les fêtes de Clermont-Ferrand, à l'occasion du VIIIe
Centenaire de la première Croisade.

1895

« Lorsque au sortir de nos provinces du centre, on rentre en Auvergne,
le contraste est saisissant et l'effet imposant. Tout à l'heure c'étaient des
pays plats, aux horizons tranquilles, uniformes et doux ; fleuves qui se
traînent lentement ; longues plaines sèches où les moutons broutent immo-
biles ; champs monotones où tantôt le bœuf rumine dans les pâturages et,
tantôt, creuse son sillon à pas égaux et lourds ; bouquets d'arbres au bord
des blés et des avoines qui ondulent à perte de vue dans l'étendue morne.

» En un instant, le décor change. La terre s'enfle comme une mer qui
grossit tumultueuse. Les montagnes se lèvent, se pressent, s'entassent les
unes sur les autres ; leurs cimes s'échelonnent et se poursuivent comme si
elles voulaient se dépasser de la tête. Les grandes masses azurées et sombres
font cercle, semblables à des vagues prodigieuses qui, figées soudain dans
leur écume folle, se tiendraient frémissantes encore et debout sur elles-
mêmes. Leur mirage n'est pas trompeur ; elles furent bien des vagues à la
houle de feu : avant de s'éteindre, avant de mettre le sceau, ou peut-être le
signe sur leurs quatre cents cratères, les quarante volcans ont jeté en l'air,
sur le ciel incendié, leurs flots de lave. A les voir maintenant enveloppées
d'ombres, silencieuses et calmes dans leur force, touchant de leur front

pacifique la voûte bleue dont elles ont la couleur chaude des jours d'orage, on prendrait ces montagnes pour d'immenses nuages accroupis et comme des tonnerres au repos.

» Certes le théâtre est beau : c'est un cirque solennel et superbe, un colisée bâti des mains de Dieu, avec l'aide de ses durs forgerons, la foudre dans la nue et le volcan sous terre. Il appelle des spectables dignes de lui; il veut des combats et des triomphes qui, eux aussi, vraincront les siècles. On le voit nous sommes en Auvergne.

» En l'an 52 avant Jésus-Christ, il y avait un bruit d'armes extraordinaire dans cet enclos de montagnes. Une des parties les plus graves de l'histoire humaine s'y jouait. Rome serait-elle maîtresse de la Gaule? César serait-il maître de Rome, désormais la maîtresse du monde?

» A plus de mille ans de là, en l'année 1095 de Notre-Seigneur Jésus-Christ, il y avait en ces montagnes d'Auvergne une affluence plus considérable encore, un concours de gens venus de toutes les contrées, même des marches de Bohême et de Hongrie. (1). »

En l'année 1895, l'Auvergne se remplit à nouveau de bruit. Après huit siècles, Clermont entend retentir dans ses rues et sur ses places le cri des Croisés : *Dieu le veut.* Aux fenêtres et aux balcons flottent des oriflammes ; une foule immense évolue dans ce paysage où les futurs héros de Godefroy de Bouillon et de Raymond de Saint-Gilles se pressaient en rangs compacts autour de Urbain II. Que se passe-t-il?

Nous avons, à notre époque, le culte des anniversaires et des centenaires. Peut-être, avec notre ardeur française, en abusons-nous un peu. L'existence monotone, uniforme, que nous font et la centralisation administrative et la réglementation bureaucratique, éprouve parfois un intense besoin d'émotion. Elle brise le moule étroit où elle est comprimée. La pensée, dès lors, se reporte vers les jours glorieux et s'y retrempe.

Or, s'il est une date qui méritât de ne point passer inaperçue, c'est assurément celle qui marque la plus belle phase de notre épopée chevaleresque.

L'Auvergne se devait à elle-même de célébrer le jour où les Croisades prirent naissance au sein de ses montagnes.

Mgr Belmont, évêque de Clermont, prit l'initiative. Il s'ouvrit de son projet à Léon XIII.

(1) H. DE LACOMBE : *La première Croisade prêchée à Clermont; Correspondant :* Livraison de Mai 1895.

D'ordinaire, la cour de Rome use, dans ses correspondances, du latin ou de l'italien. Par une délicate attention, le Pape se servit, dans cette circonstance, de la langue française.

Voici un extrait de la lettre pontificale :

« Vous Nous avez fait savoir, Vénérable Frère, tant de vive voix que par vos lettres, qu'il était dans vos intentions de célébrer, avec une particulière solennité, le prochain huitième centenaire du Concile général tenu en 1095 dans votre ville épiscopale, sous la présidence de Notre prédécesseur Urbain II, de sainte mémoire. Nous ne pouvons que louer hautement un semblable dessein. Le Concile de Clermont, en effet, a été un événement d'une importance exceptionnelle dans les fastes de l'histoire, et la capitale de l'Auvergne se glorifie à juste titre d'en avoir été le théâtre. Sans parler des personnages nombreux et distingués qui vinrent y prendre part, ce Concile restera à jamais mémorable entre tous les autres pour avoir suscité la première de ces héroïques expéditions militaires dont le but était d'essuyer les larmes des chrétiens de la Palestine, et de délivrer les lieux sanctifiés par la présence, la passion, la mort et la résurrection du Sauveur des hommes.... »

L'évêque de Clermont s'adressa alors à ses collègues de France et leur fit part de ses intentions. Les adhésions affluèrent nombreuses et empressées. Il en vint même d'Italie et d'Orient.

Une Lettre pastorale porta « la bonne nouvelle » à la connaissance des populations de l'Auvergne. L'accueil sympathique avec lequel fut reçue l'annonce des fêtes se transforma bientôt en élan unanime.

Dans ce mandement, Mgr Belmont fait un rapide récit du Concile de Clermont et de la Croisade, et examine les heureux résultats des expéditions d'Orient. Ce document, écrit avec élévation et gravité, constitue une belle page d'histoire; il a été reproduit par la presse étrangère et spécialement par les journaux d'Italie et d'Allemagne. Nous en donnons ici le début :

« Dieu a plusieurs manières de manifester sa volonté, et toutes nous imposent le devoir de la reconnaître et de nous y conformer.

» Tantôt il règle notre conduite par ses préceptes, et nous leur devons obéissance, ou par ses conseils, et nous leur devons fidélité.

» Tantôt il dispose de notre existence par les événements dont il l'entoure, soit qu'il les ordonne, soit qu'il les permette, et nous devons les accepter, avec reconnaissance s'ils sont favorables, avec résignation s'ils sont douloureux.

» Souvent aussi Dieu se sert de ces mêmes événements comme de leçon pour nous instruire, soit par les causes qui les ont produits, soit par les conséquences qu'ils ont entraînées, et c'est notre devoir encore de porter cette pensée dans l'étude de l'histoire pour l'instruction des peuples comme pour celle des individus.

Parmi les événements dont l'étude est la plus importante à ce point de vue, il faut compter ceux dont l'anniversaire huit fois séculaire, va, pendant cette année, rappeler à notre diocèse ses plus beaux titres de gloire et le désigner à l'attention de la France et de l'Église entière : c'est-à-dire le Concile de Clermont et la première Croisade.

» En 1095, le pape français Urbain II convoqua à Clermont un Concile dans lequel fut résolue une expédition qui avait une double fin : arrêter l'invasion dont les Turcs musulmans menaçaient l'Europe en Orient, et soustraire à leur domination les lieux sanctifiés par la vie, les souffrances et la mort de Jésus-Christ.

» Par légèreté d'esprit ou par suite de préjugés contraires à tout ce qui porte l'empreinte de la foi, un grand nombre d'écrivains ont mal compris ou mal rapporté ces graves événements : de là vient qu'ils sont mal connus et encore plus mal appréciés.

» Aussi, nous pensons qu'il importe de les présenter sous leur véritable jour, en montrant quelles ont été leur nature, leurs causes et leurs conséquences.

» Le Concile et la Croisade sont inséparables dans cette étude ; car, on peut le dire sans méconnaître les autres buts et les autres décisions du Concile, le véritable motif de sa convocation, dans la pensée d'Urbain II, la cause principale de l'empressement des évêques et des seigneurs à s'y rendre, fut la nécessité d'entreprendre la Croisade; ce qui le rend à jamais célèbre, c'est le cri de : *Dieu le veut,* par lequel il se termina. Cette parole inoubliable fut le signal des immortelles expéditions des Croisades, et depuis lors, elle reste si indissolublement unie au nom de Clermont que les habitants de cette ville feront preuve du patriotisme le plus éclairé en donnant à ce cri vainqueur une expression impérissable dans la pierre et le bronze, pour le répéter aux générations futures.... »

Les solennités sont fixées pour les 16, 17, 18 et 19 mai.

Dès le 15, les routes s'animent; piétons et voitures se hâtent; le chemin de fer ne cesse de dégorger dans la grande gare des flots de pèlerins. La vieille ville, construite de lave sombre, prend un aspect joyeux sous son vêtement maussade. Les maisons s'étoilent de bannières et de verdure ; sur les places se dressent des arcs de triomphe, et le long des rues courent des girandoles de fleurs.

Au soir, de tous les clochers non seulement de la ville, mais encore du diocèse entier, s'échappent de gais carillons, évoquant la mémoire des huchées gauloises et des cris poussés par les vigies du haut des fertés. Vallées et montagnes se répondent ainsi par les grandes voix populaires.

Les fêtes de Clermont ont été particulièrement le triomphe de l'éloquence. Les ombres de Sidoine Apollinaire et de Massillon ont dû frémir de satisfaction.

Quarante-deux évêques ou abbés mitrés sont présents à l'appel. Parmi eux, on remarque le cardinal Langénieux, président des fêtes ; Mgr Potron, évêque de Jéricho ; Mgr Scalabrini, évêque de Plaisance, et Mgr Soubries, évêque d'Oran.

C'est à Mgr Rovérié de Cabrières, évêque de Montpellier, qu'est échu l'honneur d'ouvrir la série des orateurs.

Abord avenant, figure fine et pleine de distinction, Mgr de Cabrières est la voix autorisée de toute réunion inspirée par les souvenirs historiques. Il a un doigté merveilleux pour jeter un vêtement tissé d'or sur les faits anciens. Sa parole, un peu frêle, sait provoquer l'attention.

De son discours, nous détachons les fragments suivants :

« ... Qu'importent quelques avantages matériels, l'extension donnée au commerce, les relations nouées avec des peuples étrangers, la découverte des nouvelles industries, l'acclimatation de fruits exotiques et inconnus! Qu'est-ce que tout cela, qu'est-ce même que le mouvement communiqué aux arts, aux lettres, qu'est-ce que l'essor plus libre et plus étendu, ouvert au génie des poètes? N'en diminuons pas la valeur. Rendons hommage à ces grands résultats, l'affermissement de l'autorité royale, les barrières mises au progrès de la féodalité, l'établissement plus aisé des libertés communales, le développement de l'unité nationale, le prestige inouï dont se couvrent en Orient les vaillants soldats qui incarnent en eux les vertus guerrières de la France. Mais, après tout cela, ne craignons pas de proclamer que le succès des Croisades est plus haut, et qu'il faut le juger sur une autre mesure.

» Plus que toutes les autres, la première Croisade fut un acte d'amour et de foi envers Jésus-Christ. « Dieu avait tant aimé le monde, qu'il lui avait donné son fils unique » pour le racheter et le sauver ; et ce fils unique avait assez aimé les hommes pour leur donner son sang et sa vie ! Onze siècles s'étaient écoulés, et cette Europe, cette France, rachetées et sauvées à un si grand prix, n'avaient pas encore témoigné suffisamment de leur reconnaissance pour un tel bienfait !

» A l'appel d'Urbain II, la France s'est ébranlée et levée tout entière ; elle a voulu prouver à Jésus-Christ l'amour qu'elle lui rendait en échange des prodiges du sien !

» Le peuple des Francs, ce peuple aimé et élu de Dieu, à qui le Seigneur a donné au-dessus de tous les autres peuples la bravoure, l'activité, la force ; » — « cette nation de soldats, fière de son nom, ambitieuse d'imiter ces héros; » — « ces guerriers descendants d'aïeux qui n'avaient jamais été vaincus, ils furent poussés à la conquête de Jérusalem, par le sentiment le plus simple et le moins réfléchi, par le sentiment religieux. » Un enthousiasme unanime leur fit prendre l'épée pour défendre la Croix ; et leur piété, si candide sous la rude écorce qui la couvrait, leur fit saisir ce qu'il y avait de généreux et de grandiose à défendre par le glaive, en quelque sorte sanctifié, la terre et la ville où le Christ avait mis l'empreinte de ses pas, avec la trace de ses sueurs, de ses larmes et de son sang !

» Puisque le tombeau sur lequel s'est levé le soleil de la résurrection était souillé par ceux qui doivent servir de paille au feu éternel, » ne fallait-il pas que « la guerre sainte, allumée au feu d'un repentir trop longtemps retardé, » vînt le purifier et le rendre sans tache au respect, à la vénération de l'univers chrétien !

» .... L'esprit des Croisades, né à Clermont, n'a point cessé, depuis huit siècles, d'animer l'Occident chrétien.

» .... Jean Hunyade, Mathias Corvin, saint Pie V, don Juan d'Autriche à Lépante, Sobieski devant Vienne, les gentilshommes français au siège de Candie, nos soldats en Morée ; et, de 1830 à nos jours, les prodigieux efforts de nos armées en Algérie : tout cela, sous des dehors et des noms différents, ce n'est pas autre chose que la lutte du Christianisme contre l'Islam, que l'effort soutenu des guerriers chrétiens pour refouler le Mahométisme dans cette Asie qui l'avait enfanté, pour lui défendre à jamais tout accès et toute influence en Europe.

» Et quand des enfants infidèles, révoltés contre leur mère, ont pris à son égard les sentiments et l'attitude de persécuteurs et de violents ennemis, l'Église a vu renaître, plus ardent, plus audacieux qu'au xie siècle, le courage de ses fils. Montalembert, avant de mourir, avait vu se renouveler en Italie, pour la défense du Saint Siège, des prodiges de vaillance, égaux, si ce n'est supérieurs, à ceux qui ont immortalisé les combattants de Nicée, de Dorylée, d'Antioche, de Jérusalem, d'Ascalon ! et c'est lui, c'est le grand orateur catholique, qui, dans une Chambre française, étonnée de tant d'audace et rendue muette par une si vive apostrophe, avait trouvé le mot d'ordre de toutes nos luttes de ce siècle :

» — Les fils des Croisés ne reculent pas devant les fils de Voltaire ! »

Plaisance avait été la première étape de Urbain II se rendant en France. Il appartenait à l'évêque de Plaisance de se faire entendre à Clermont.

Bien qu'Italien, Mgr Scalabrini parle le français avec une extrême netteté. Il connaît les finesses, les tours spéciaux, les nuances de notre langue. De son pays, il ne conserve, dans le discours, que l'abondance et l'ampleur des gestes. Sa voix, sonore et souple, est fort sympathique.

L'orateur a été très goûté dans les passages suivants :

« .... C'est à Clermont que je me trouve ! à Clermont qu'un lien tout particulier me rattache à ma chère Plaisance ! A cette idée et au souvenir qu'à la suite de votre grand roi saint Louis alla combattre contre les infidèles aussi un de mes aïeux, et que ce fut lui qui escalada le premier les murs de Damiette, je ressens dans mes veines le sang français, le sang des vieux Croisés, et je ne puis m'empêcher de vous adresser quelques paroles.... O citoyens de Clermont, recevez le salut que vous envoie mon peuple de Plaisance.

» Plaisance et Clermont fêtent le souvenir d'un événement qui rend leurs noms à jamais célèbres et les entoure d'une gloire immortelle, qui éveille, si j'ose le dire, l'envie des autres villes. Plaisance et Clermont, par ce fait, se donnent la main et se regardent comme sœurs. C'est là, en effet, que le bienheureux Urbain II commença heureusement l'œuvre qu'il devait encore plus heureusement accomplir ici....

» Honneur donc à vous, ô citoyens de Clermont, qui, en donnant à tous les peuples l'exemple d'un sage patriotisme, fêtez avec des solennités sans égales un si glorieux souvenir! Que serait en effet la France à l'heure présente, si les Turcs l'avaient asservie à leur empire? Qu'un coup d'œil vers ces lieux où leur domination a pu s'affermir vous le dise.

» Quiconque parcourt la Syrie, la Palestine, cette contrée si belle et si fertile, tant exaltée par les prophètes et qui inspira aux enfants d'Israël exilés sur le bord de l'Euphrate un désir si vif et si ardent d'y faire retour; quiconque dirige ses pas vers les plaines de la Mésopotamie et de l'Asie-Mineure, vers le Bosphore, l'Afrique du nord ou les îles de l'Archipel helléniques, où la vie avait brillé dans tout son éclat, ressent aussitôt au cœur une tristesse profonde.... Là, où s'élevaient jadis Ninive, Babylone, Éphèse et la belle Cyrène, et Carthage, la reine des mers, et mille autres cités non moins riches et non moins florissantes; là, dis-je, le berger arabe repaît maintenant son troupeau, et quelques débris seulement échappés à l'esprit de destruction, montrent au savant voyageur l'emplacement qu'occupèrent un jour ces villes fameuses, ces contrées privilégiées auxquelles le Ciel avait réparti ses plus riches dons qui abondent en toutes sortes de beautés naturelles et qui furent longtemps en possession des peuples les plus industrieux de l'univers, se sont maintenant changés en un désert affreux, qui ne donne plus qu'une maigre nourriture à ses rares habitants; l'inépuisable fécondité d'un sol qui fut un temps le grenier du monde, s'est tarie elle-même à l'ombre glacée du Croissant!...

» .... Le même anéantissement s'offre à nos yeux, si de ces faits de l'ordre intellectuel et moral, économique et social, nous nous tournons vers ceux de l'ordre intellectuel et moral. Après avoir abattu les plus beaux monuments de l'architecture du passé, après avoir réduit en monceaux de plâtre les chefs-d'œuvre de Praxitèle et de Phidias, après avoir brûlé ces vastes bibliothèques, où la sagesse des anciens avait amassé pour la postérité la plus reculée des trésors inestimables, les disciples de Mahomet qu'ont-ils produit à leur tour? Rien dans le domaine des sciences, rien dans le champ des arts, pas une seule de ces œuvres qui constituent l'ornement le plus beau et le plus noble de toute société civile et qui, en la distinguant d'un assemblage d'êtres inférieurs, sont comme un rayon de cette lumière intellectuelle pleine d'amour qui réfléchit en nous l'image même du Dieu qui nous a créés.

» Voilà ce que serait devenue aussi cette France si belle et si grande, et l'Italie et l'Europe, sans l'œuvre accomplie par Urbain II, à Clermont. A bien bon droit donc, l'histoire classe les Croisades parmi les événements religieux et civils de première importance. A bien bon droit, elle met leur initiateur au nombre des hommes les plus grands et qui ont le plus mérité de nous. Et c'est à bien bon droit aussi que, au milieu des applaudissements de l'Église et de la patrie, vous lui témoignez dans ces jours solennels toute votre admiration et toute votre reconnaissance. »

M. l'abbé Frémont est loin d'être un inconnu. Paris protesterait si nous osions contester les mérites de l'orateur. Aussi, nous garderons-nous de ce sentiment. A Clermont, il s'est montré à la hauteur de sa réputation. Notons ce beau mouvement :

« Comparez la doctrine et la civilisation musulmanes à la doctrine et à la civilisation chrétiennes. Le *Coran* peut-il soutenir le parallèle avec l'*Évangile?* Mais tout ce qu'il contient de salutaire : l'unité de Dieu, le culte de l'adoration et de la prière, le devoir de l'hospitalité, il l'emprunte à l'Ancien et au Nouveau Testament, de la lecture desquels Mahomet était plein. Les adeptes du pseudo-prophète arabe et leurs œuvres égalent-ils la gloire et les œuvres des disciples du Christ? Considérez plutôt le Mahométisme dans la triple sphère de la science, de la morale et du progrès : quelle pitié! Huit siècles se sont écoulés depuis les *Croisades*, et les deux doctrines alors aux prises, ont donné leurs fruits. Le Mahométisme n'a fait que décroître et s'avilir, tandis que le Christianisme n'a fait que grandir et se purifier. Visitez l'Orient : poussez seulement jusqu'à Constantinople, Jérusalem ou Alexandrie, et vous serez fixé. Non seulement les adeptes de Mahomet ne nous ont doté d'aucune des sublimes découvertes qui ont mis l'homme en possession de quelques-unes des forces les plus étonnantes et les plus utiles de l'univers ; mais encore accroupis, si je l'ose dire, dans la bassesse d'un fanatisme dégradé, ils se montrent réfractaires aux connaissances scientifiques qui, depuis un siècle, ont changé le monde. Le *Coran* n'a été pour eux que comme une tour, par les rares embrasures de laquelle ils n'ont jamais vu que le même horizon. Omar brûle la bibliothèque d'Alexandrie : forfait immense, qui symbolise tragiquement l'esprit du Mahométisme. Les chiffres arabes et les œuvres d'Aristote, dont ils ont apporté la traduction à l'Europe, nous seraient venus sans eux, et ce présent qui, du reste, a sa valeur, est une maigre compensation de l'effroyable barbarie que l'Islamisme a fait régner, pendant des siècles, des bouches du Nil jusqu'au Maroc et de la mer d'Azof jusqu'à Belgrade, ne laissant à la place du Christianisme écrasé que la tyrannie, la stérilité, l'ignorance. Évoquera-t-on les poétiques débris de la mosquée de Cordoue et de l'Alhambra de Grenade? Ce sont là, certes, de beaux vestiges de ce que le Mahométisme a fait de plus grand. Mais cette architecture n'est qu'une copie plus ou moins déformée de Sainte-Sophie de Constantinople, dont le style, depuis Justinien, s'était répandu dans tout l'Orient, et Sainte-Sophie, vous le savez tous, mes Frères, est une des plus radieuses expressions du génie chrétien.

» Si de la science vous passez à la morale, le Mahométisme, avec des vertus qu'il doit à la Bible dont le Coran s'est inspiré, nous l'avons dit, vous offre le repoussant spectacle du harem, de la polygamie, de l'abaissement honteux de la femme et finalement d'un sensualisme odieux. Or, le sensualisme, en s'attaquant aux sources mêmes de la vie qu'il trouble et qu'il épuise, énerve l'homme tout entier ; et Mahomet devait d'autant plus fatalement mener son peuple à la décadence qu'il avait uni, dans son sein, par des liens plus puissants et plus scandaleux, le sensualisme et la religion. Le calcul, du reste, ne manquait pas de profondeur. L'homme a toujours une tendance à diviniser ses passions : le paganisme antique était né de cette cause, mais en mêlant, dans une promiscuité trop impure, la créature et le Créateur. Mahomet fut plus habile. Il fit à Dieu une place si haute et si prépondérante que la plus exigeante piété n'y pouvait qu'applaudir. Mais, en même temps, il fit aux passions humaines et à la plus redoutable de toutes, sous le ciel embrasé de l'Orient, des concessions si vastes et si voluptueuses, que les peuples séduits se ruèrent dans tous les désordres de la polygamie, au nom d'Allah! Quelles misères, quelles dégradations, quelles ignominies en résultèrent : il faut avoir visité l'Asie-Mineure ou l'Afrique, pour s'en former une idée.

» Le Christianisme, au contraire, n'a jamais incliné sa morale jusqu'aux plus légères complaisances pour les passions. Il a proscrit, sans retour, la polygamie et le divorce, et considéré comme un acte coupable le moindre des désirs mauvais. Les chrétiens ont pu fléchir : le Christianisme n'a jamais fléchi. Ceux de ses enfants qui se sont égarés dans le crime n'ont jamais pu invoquer, pour justifier leurs fautes, les principes de l'Évangile ou de l'Église. L'austérité trois fois sainte de la morale chrétienne brille surtout d'un éclat sans égal dans les siècles de ce Moyen-Age où tant d'excès auraient dû, semble-t-il, l'obscurcir. Lisez les enseignements et la vie de Grégoire VII et d'Urbain II, et vous verrez que sa lumière n'a jamais cessé de resplendir aussi pure, aussi virginale, aussi indéfectible qu'aux premiers jours.

» Tournez maintenant vos regards vers la sphère de la civilisation et du progrès : ne sont-ce pas les fils de l'Évangile, les descendants des Croisés qui ont donné à la terre le grand spectacle du xiii° et du xvii° siècle, qui ont bâti les cathédrales gothiques, découvert avec Copernic et Galilée le vrai système solaire, chanté avec Dante, le Tasse, Milton, Racine, les hymnes de la plus sublime poésie, inauguré la liberté civile, aboli l'esclavage et l'inégalité choquante des conditions? Ne sont-ce pas les fils de l'Évangile qui obligent aujourd'hui les fils du Coran à recevoir, malgré eux, les bienfaits d'un état social, supérieur de tout point à celui du Mahométisme? Inutile d'insister. Quiconque a seulement étudié Constantinople et Paris, peut aisément conclure et dire de quel côté se trouve la grandeur, de quel côté la décadence.

» Or, mes Frères, souvenez-vous-en : c'est la supériorité des principes intellectuels, moraux et religieux du Christianisme que représentaient les Croisés, tandis que c'est l'infériorité des principes mahométans que représentaient les oppresseurs de Jérusalem. Tout est là, et c'est de ces hauteurs qu'il faut impartialement considérer les *Croisades,* pour en apprécier l'inspiration sublime, quels qu'aient été d'ailleurs les excès des passions humaines qui ont pu, çà et là, en déshonorer l'exécution. Qui ne s'inclinerait devant l'intrépide foi d'un Pierre l'Ermite, la bravoure d'un Godefroy de Bouillon et l'héroïque piété de cet archevêque d'Adhémar, prêtre et soldat, dont la flamme, je le sais, anime aujourd'hui, comme dans le passé, le noble cœur de ses neveux? Qui ne reconnaîtrait le surnaturel le plus pur, dans les accents vibrants d'un saint Bernard et la vie merveilleuse d'un saint Louis, dont Voltaire a dit lui-même « qu'il était impossible à l'homme de pousser plus loin la vertu? »

» Voilà l'esprit véritable des Croisades; voilà leur âme, si j'ose ainsi parler. Et cette âme n'est enflammée que de l'invincible amour de Dieu, dans le Christ. Nous avions donc raison d'affirmer que le surnaturel explique, seul, le sublime élan des Croisés, depuis l'origine de ces grandes expéditions sur vos montagnes, en 1095, jusqu'à leur fin si touchante et toujours si héroïque, sous les murs de Tunis, dans la personne de saint Louis, en 1270. »

Avec un courage qui ne manque pas de mérite et une *maestria* soutenue, M. l'abbé Condamin, professeur à la Faculté Catholique de Lyon, a dit son fait à la critique allemande et a défendu Pierre l'Ermite contre les attaques d'Outre-Rhin. Dès le début de sa conférence, il a posé ses principes avec une incontestable franchise :

« .... Je suis autant qu'homme du monde appréciateur des textes originaux ; et rien ne m'agrée comme la trouvaille de quelques vieux manuscrits, plus ou moins indéchiffrables. Mais j'ai la faiblesse de croire que, à huit cents ans de distance, quelques textes ont pu facilement s'égarer en route et disparaître ; j'incline aussi à penser, ne fût-ce qu'en tenant compte des heureux avantages que fournissent la perspective et un certain éloignement pour mieux embrasser l'ensemble des faits du passé, j'incline, dis-je, à penser que les écrivains contemporains de la Croisade ne sont, ni ne doivent être, les seuls témoins susceptibles d'être interrogés. Il me semble enfin que, là où les contemporains et les écrivains postérieurs gardent accidentellement le silence, la tradition, si elle intervient heureusement pour combler les lacunes, ne saurait, sous le spécieux prétexte qu'elle n'est que la « tradition, » être considérée, *à priori*, comme une quantité négligeable. On est peut-être trop porté aujourd'hui à ne jurer que par les textes, et à faire litière de toute donnée qui ne s'appuie pas sur quelque parchemin authentique. On oublie que, en histoire, non seulement tout n'a pas été écrit, mais encore que tout ce qui a été écrit n'est pas nécessairement parvenu jusqu'à nous. Deux grandes rivières ont toujours mêlé leurs eaux pour former, si j'ose ainsi dire, le fleuve de l'histoire ; les textes sont l'une de ces rivières ; la seconde, dont le cours est parallèle à celui de la première, c'est la tradition.

» Nous ne séparerons donc pas ce que la nature a uni ; et, prudemment sans doute, mais sans la mépriser ni nous priver de parti-pris de son précieux secours, nous demanderons à la tradition les renseignements qu'elle pourra nous fournir. Nous consulterons les contemporains, Raymond d'Agile, Faucher de Chartres, Robert le Moine, etc., qui ont été les témoins oculaires des événements, mais nous prêterons aussi une oreille attentive aux dépositions d'un Guillaume de Tyr, malgré qu'il n'écrive que dans la seconde moitié du XIIe siècle. Surtout nous nous tiendrons en garde contre les appréciations qui nous arrivent du dehors, d'Angleterre ou d'Allemagne. On a vite fait au delà du Rhin, comme par delà le détroit, de qualifier de

« légendes » ou de « mythes » l'histoire de nos héros, de ceux en particulier qui se sont illustrés par leur dévouement pour l'Église. En Angleterre, Gibbon et son école ne peuvent parler de Pierre l'Ermite sans avoir à la bouche les mots d'illuminisme et de fanatisme. Et en Allemagne, dans une étude qui date seulement de quinze ans, ce qui passe aux yeux de quelques-uns pour le dernier mot de la critique historique sur la question, un certain Henry Hagenmayer, sous couleur de nous faire connaître « le vrai et le faux sur Pierre l'Ermite, » a réduit son rôle à peu près à rien, et renversé le Moine de son piédestal. C'est aller bien vite en besogne et faire, non plus de la critique, mais de l'hypercritique. »

Mais de tous les orateurs qui ont fait résonner les voûtes de la vaste cathédrale d'accents vibrants, la palme revient, sans contredit, au P. Monsabré. L'illustre prédicateur de Notre-Dame a entraîné son auditoire. Profondément secouée, la foule, oubliant la sainteté du lieu, s'est levée comme mue par une secousse électrique, et, par trois fois, a poussé le cri de : *Dieu le veut! Dieu le veut! Dieu le veut!* Ces mots, jetés par plus de trois mille poitrines, se répandaient en sonorités éclatantes sous les gigantesques arceaux de l'édifice. Ça été une minute saisissante.

Le P. Monsabré avait pris pour sujet : *La Croisade au XIXe siècle.* Après un tableau animé des assauts que l'Église a dû subir de la part du mal le long de sa route à travers les siècles, l'orateur, s'arrêtant à notre époque, a dépeint l'universelle conspiration antichrétienne. Déjà, l'assemblée était saisie. La péroraison du discours, toute frissonnante, a été le vin enivrant. La voici :

« Maintenant, chrétiens, que vous savez où sont vos armes, prenez-les et suivez vos chefs. Où sont-ils? — Ils sont ici, tous prêts à vous conduire au combat sous la direction du généralissime qui, de la ville sainte où il réside, envoie ses ordres à toute l'armée du Christ, l'illustre et saint Pontife Léon XIII. Notre siècle l'a entendu proclamer la gloire et les bienfaits de la civilisation chrétienne, convier l'esprit humain au banquet de la science divine, prescrire à la raison ses règles, assigner à la science humaine sa véritable place, rappeler aux puissances de ce monde la grandeur de leur mission et les devoirs de leur gouvernement, inviter les peuples au respect et à la soumission, mais aussi au sacrifice de l'esprit de parti et à l'union dans nne action commune et réparatrice contre les lois attentatoires aux saintes libertés de la conscience et de l'Église, condamner les sectaires impies qui complotent dans l'ombre la déchristianisation du monde et nous faire un devoir de les démasquer, enseigner à la famille chrétienne la sainteté du lien conjugal et la redoutable responsabilité des parents dans l'éducation des jeunes générations, maudire les abus de la richesse, réclamer pour les travailleurs opprimés l'application de la justice sociale, pour tous les malheureux les bienfaits de la charité, encourager les dévouements et les œuvres sociales destinées à réparer les cruautés du sort et les injustices des hommes, solliciter enfin et promouvoir l'abolition de tous les esclavages. Et ce n'est pas seulement à notre noble nation française qu'il a fait entendre sa voix, mais à l'univers entier, à tous les égarés, à toutes les victimes des influences sataniques, aux schismatiques, aux hérétiques, aux infidèles, à tous ceux que le Roi Jésus voudrait voir revenir à lui et tenir sous son joug adoré. Si bien qu'on pourrait donner pour épigraphe et pour conclusion à ses admirables encycliques ce cri de l'Apôtre : *Oportet illum regnare.*

» Messeigneurs, n'est-ce pas que vous êtes prêts à conduire à la guerre sainte les Croisés du XIXᵉ siècle sous les ordres d'un si illustre et si vaillant capitaine ? Nous comptons sur vous, car sans vous nous ne pouvons ni combattre, ni vaincre. Ah ! je vous en supplie comme on doit supplier des pères : *Obsecro vos ut patres :* souvenez-vous que le Seigneur en vous consacrant vous a mis sur la tête un casque de défense et de salut, et qu'ainsi il vous a faits chevaliers et capitaines de la milice chrétienne. Il faut qu'on vous voie les premiers dans la foi, les premiers dans la science, les premiers dans l'amour ; mais aussi les premiers dans l'inébranlable et publique affirmation de la vérité, les premiers dans la résistance et les saintes audaces qui arrêtent ou vouent à la malédiction de Dieu les sacrilèges entreprises des ennemis de son Christ et de son Église, les premiers à commander le dévouement et le don de soi par des exemples héroïques qui enlèvent les hésitants et les timides, les premiers dans l'union et la concorde dont nous avons si grand besoin pour concentrer nos forces, et les faire donner toutes ensemble contre l'ennemi commun. Unis dans un même dessein et un même but, vous aurez bientôt rallié autour de vous, avec un clergé plein d'ardeur, les laïques intelligents, courageux, influents et dévoués qui serviront de cadre à la grande armée des Croisés.

» Et alors, il n'y aura plus qu'à lever l'étendard, *la Croix !* La Croix, sublime résumé des mystères de la foi ; la Croix, arbre de la vraie science, qui montre aux petits comme aux grands le chemin du salut ; la Croix, éloquent symbole de la force et du courage qui ne reculent devant aucun sacrifice ; la Croix, source intarissable des grâces qui fécondent l'amour chrétien et l'épanouissent en mille œuvres de dévouement, de bienfaisance et de régénération.

» Levez-vous, levez-vous, auguste bannière, noble guidon de nos aïeux ! Marchez devant nous, comme vous avez marché devant eux. Nous vous suivrons avec la même ardeur, le même enthousiasme, en poussant notre cri de guerre : *Oportet illum regnare.* Il faut que le Christ règne ! Dieu le veut ! Dieu le veut ! »

On connaît la manière oratoire de Mgr Turinaz, évêque de Nancy. Vigueur dans la voix, vivacité dans le geste, conviction ardente dans l'attitude, tel est l'évêque de la frontière française. Il n'écoule pas ses périodes ; il les pousse ; bien plus, il les précipite par escadrons. C'est la charge des cuirassiers de Reichshoffen :

« La lutte contre l'islamisme a été, depuis Charles-Martel, Rolland et Charlemagne, le rôle réservé à la chevalerie française. La haine de l'infidèle, l'ardeur à le combattre sans merci et sans trêve, est vraiment la passion de nos chevaliers :

» — Si nous étions en paradis, disaient-ils, nous en redescendrions pour combattre le Sarrasin.

» Cette fidélité de notre pays à répondre à l'appel de l'Église et à réaliser sa grande mission a été bénie de Dieu ; elle a servi admirablement à sa grandeur et à son influence.

» Les Croisades ont contribué à rendre la France plus unie, plus prospère et plus forte. Elles mirent un terme aux guerres qui désolaient et dévastaient nos provinces. Elles firent émigrer en Orient une partie des populations trop nombreuses et qui, selon la parole d'Urbain II à Clermont, « étaient à l'étroit sur une terre fermée de tous côtés par les mers et les montagnes. » Les arts et les sciences, je l'ai dit, reçurent une impulsion puissante. L'agriculture se développa par la culture des arbres et des plantes importées de l'Asie. L'affranchissement des serfs, l'organisation des communes ouvrirent dans notre pays une ère de liberté. Le paysan et le bourgeois purent arriver à l'aisance et parfois à la fortune par l'acquisition des terres que vendaient à vil prix les seigneurs partant pour les Croisades et par le progrès du commerce et de l'industrie. La monarchie fit accepter son autorité aux princes et aux barons réunis autour d'elle, elle leva sur tous des impôts, elle organisa et dirigea des armées nombreuses. Plus tard, quand saint Louis partit pour la Croisade, il entraîna à sa suite tous les seigneurs qui s'étaient d'abord déclarés contre lui, et dans sa dernière expédition, il avait à sa solde toute la noblesse de France.

» La première Croisade a laissé un souvenir impérissable de la France parmi tous les peuples de l'Asie. Pour les Musulmans, Franc était synonyme de chrétien et nos chevaliers étaient les types achevés de la valeur guerrière. Les chrétientés établies au delà des mers ne parlaient guère que la langue française; elles étaient appelées la France d'Orient; elles recouraient toujours à l'action tutélaire de notre pays, et quand il ne put les protéger par les armes, il les protégea encore par sa diplomatie et son influence.

» Dans cette mêlée des peuples groupés par les Croisades, la langue française devint la langue universelle. Elle régna dans les cours d'Angleterre, de Portugal, de Sicile, de Constantinople, de Chypre, d'Antioche, de Jérusalem. La littérature du nord de la France devint celle de la chrétienté et nos chansons de gestes furent traduites par les poètes de l'Allemagne, de la Grèce et de l'Italie.

» Grâces en soient rendues à Dieu, la France n'a pas trahi sa mission providentielle consacrée par les Croisades ! Notre siècle a vu le drapeau français planté sur les repaires de la barbarie musulmane de l'Afrique, sur les remparts d'Alger et de Constantine. Il a vu les bataillons français protéger les chrétiens de la Syrie contre la fureur des Turcs, et tous les jours encore, sur tous les points de l'Orient, comme sur tous les rivages du monde, nos écoles, nos institutions de charité, nos vaillants missionnaires et nos héroïques religieuses font rayonner l'ascendant et l'amour de la France.

» Ce qui étonnera ceux qui ne font remonter l'idée de la patrie qu'à des dates très récentes, c'est que, à l'époque de la première Croisade, l'amour de la patrie française animait et enflammait tous les cœurs.

» Malgré des divisions profondes et des luttes incessantes, malgré les limites restreintes du pouvoir royal et des possessions directes de la couronne, la France était constituée. Ce n'est pas seulement une erreur, c'est un crime antifrançais que faire dépendre de la victoire ou de la défaite, de la domination d'un prince, ou de la loi des traités les frontières et l'existence de la patrie. Ce qui fait la patrie, c'est le trésor des traditions vénérables, des intérêts supérieurs, des grands souvenirs, des croyances sacrées et de l'honneur national, c'est l'ensemble des revers et des succès, des mêmes douleurs et des mêmes espérances, ce sont les liens du sang versé pour les mêmes causes, c'est l'âme de la patrie ; ce qui fait la France, c'est l'âme de la France.

» Les Lorrains, séparés des possessions de la couronne par le démembrement de l'empire de Charlemagne, abandonnés par la faiblesse de ses successeurs, s'efforcèrent souvent de se rattacher à la mère-patrie. Au temps de Godefroy de Bouillon et au temps de Jeanne d'Arc, les Lorrains étaient Français comme ils le sont aujourd'hui, même au delà des frontières tracées par l'épée sanglante de nos vainqueurs.

» La grande patrie que les chevaliers doivent aimer, c'est « la vraie France, » celle, disaient les vieux chants de guerre, qui s'étend de « Saint-Michel du Péril ou du mont Saint-Michel jusqu'à Cologne, et de Besançon jusqu'au Pas-de-Calais. » L'Espagne lutte alors contre les ennemis africains de sa foi. L'Italie saigne en tronçons ennemis. L'Angleterre est française par sa cour, ses nobles, ses tribunaux, ses lois. Sous le vain nom de saint Empire, l'Allemagne est « un campement de barbares » ; mais la France du xᵉ et du xiᵉ siècle est vraiment une patrie. Et cette patrie, comme elle est aimée ! Écoutez les chants de guerre : « La plus belle couronne est celle de France. Le roi de France a été couronné par les Anges en chantant, et Dieu lui a dit : Tu seras mon sergent sur la terre et tu y feras triompher la justice et la loi. »

» Au milieu des richesses de Constantinople, malgré les attraits des Lieux Saints, pour des âmes si profondément chrétiennes, dans ces royaumes, que leur épée a créés sous le beau ciel d'Orient, la France reste pour ces guerriers « la grande terre et le doux pays. » Le vent qui vient de l'Occident est pour eux le vent de la France ; ils lui ouvrent leurs lèvres et leur poitrine, et l'un d'eux disait :

» — Quand le doux vent a soufflé du côté de mon pays, m'est avis que je sens une odeur de paradis.

» Si le temps me le permettait, je vous montrerais dans les Croisades l'explosion magnifique des grandes qualités de notre caractère national.

» C'est la générosité qui se dépouille et donne tout pour subvenir aux frais des expéditions lointaines et pour secourir dans la détresse les soldats de la Croix.

» C'est la bravoure brillante, impétueuse, parfois téméraire, mais irrésistible, qui enfonce et qui brise les légions dix fois plus nombreuse de l'Islamisme. Plutôt que de reculer devant le Sarrasin, les chevaliers cherchent la mort dans les rangs ennemis :

» — Voici la mort qui descend sur nous, disent-ils dans un de nos plus vieux poèmes, mais comme il sied à des braves, mourons en combattant.

» Et cette générosité et cette vaillance sont la protection de toutes les faiblesses.

» Dites-moi, ce chevalier « armé de la foi au dedans et du fer au dehors, » debout, l'épée à la main et le pied dans l'étrier, écoutant d'où vient la plainte de la faiblesse opprimée, n'est-ce pas l'idéal de la France chrétienne ?

» La cause première de ces nobles vertus était la force de l'âme et l'énergie des caractères.

» Un éloquent historien a écrit ces paroles :

« La faiblesse et la bassesse, c'est ce qu'il y a de plus inconnu au Moyen» Age. Il a eu ses vices et ses crimes nombreux et parfois atroces, mais la » force et la fierté ne lui firent jamais défaut. »

» Ces rudes chevaliers étaient terribles dans le combat, souvent impitoyables dans la victoire, mais leurs cœurs étaient plus haut que toutes les défaillances, plus forts que toutes les épreuves, et leurs âmes étaient mieux trempées que leurs cuirasses et leurs épées.

» Leurs chefs, en les voyant passer sur leurs chevaux de bataille, disaient :

» — Ce sont là ceux de France qui conquièrent les royaumes.

» Et ils répondaient :

» — Pas un ne vous fera défaut pour mourir.

» Les Croisés, s'élançant vers l'Orient, s'écriaient :

» — Les murs de Jérusalem, fussent-ils d'acier, nous les mordrons.

» La grandeur d'âme de Godefroy de Bouillon impose l'admiration aux infidèles et l'héroïsme de saint Louis dans les fers subjugue ses vainqueurs qui lui demandent d'être leur roi.

» Hélas! ce sont là des vertus qui nous manquent. La France chrétienne est toujours généreuse, elle donne plus que jamais, elle n'a pas perdu la bravoure des champs de bataille, elle frémit encore en présence de la faiblesse opprimée, mais elle n'a plus assez la force de l'âme et la trempe virile des caractères.

» Et pourtant, il faut aujourd'hui qu'elle défende dans une nouvelle Croisade les âmes rachetées par le sang de Jésus-Christ, les droits imprescriptibles des familles, les libertés les plus saintes, les institutions les plus précieuses et les plus vénérables, son honneur et son existence elle-même, que dis-je, elle doit défendre toute société religieuse et toute société humaine contre la barbarie qui s'avance, contre la marée de boue qui monte toujours, contre les revendications insensées et les assauts de l'anarchie.

» Mais ces périls et ces devoirs nous trouvent indifférents, divisés, découragés, vaincus. Nous avons abandonné les unes après les autres des positions d'une importance suprême, les plus favorables à la défense et qu'il fallait conserver à tout prix. Les voix qui rappelaient et accomplissaient le devoir n'ont pas été entendues. Nous ne comptons plus que des défaites; devant chaque nouvelle oppression nous courbons plus bas la tête. Nous subissons toutes les dévastations, nous pleurons sur les ruines que nous avons laissé faire et que nous ne savons même plus défendre.

» Qui réveillera la France chrétienne? Qui prêchera la guerre sainte, non pas la guerre des combats sanglants, mais la défense nécessaire, la défense inflexible de la vérité, de la justice et de la liberté? Certes, ce n'est pas moi, je n'ai ni cette mission, ni cette puissance, et pourtant je ne renfermerai pas dans mon âme les pensées qui la torturent, je ne refoulerai pas les paroles qui jaillissent de mon cœur.

» Descendants des races illustres qui ont mis dans les Croisades, ou qui ont mis dans la création, les progrès, la puissance et la gloire de la patrie leurs travaux, leurs épées et leur sang, où êtes-vous? Suivez ceux d'entre vous (et ils sont très nombreux encore) qui restent les chevaliers vaillants des grandes causes trahies. Le passé vous oblige, la France et l'Église vous réclament. Si vous étiez insensibles ou infidèles, l'avenir se lèverait pour vous accuser et vous maudire. Mettez votre autorité, votre or et vos cœurs dans toutes les grandes œuvres religieuses et sociales. Soyez des chefs par le courage et par le dévouement. Fils des Croisés, ne reculez pas devant les fils de Voltaire. Fils des Croisés, en avant, *Dieu le veut! Dieu le veut!*

» Peuple de France, ouvriers des villes et des campagnes qui conservez encore les traditions chrétiennes, bourgeoisie intelligente et active, mais si souvent indifférente et sceptique, patrons, chefs de l'industrie ou des travaux des champs, vous à qui Dieu a donné la richesse et l'influence, nous ne pouvons rien sans vous, vous ne pouvez rien sans l'Église et sans Jésus-Christ. Unissez-vous donc pour défendre tout ce qui fait la sécurité, la grandeur et la prospérité des peuples, pour sauver la France et la société menacées : *Dieu le veut! Dieu le veut!...* »

Mais nous sommes au 19. Dès les premières heures du jour, la circulation est devenue difficile dans les rues. Sur les routes, on aperçoit d'interminables caravanes. A dix heures, les employés du chemin de fer avouent un dépôt de plus de 80,000 billets, ce qui, avec le contingent fourni à chaque instant par les routes, porte à plus de 100,000 le chiffre des arrivés. La messe est célébrée en plein air, sur la place Delille, autrefois place Champ-Herm, à l'endroit même où Urbain II se fit entendre aux soldats croisés. Aux fenêtres, aux balcons, sur les toits, se pendent des grappes vivantes. Sur la place, c'est une nappe de têtes. Le coup d'œil est féérique. La procession se forme ; ses anneaux se déploient, à travers les rues de la cité, sur un parcours très vaste, au milieu des bannières, des inscriptions, des guirlandes et des amoncellements de fleurs.

Le soir, une cavalcade ressuscite pour un instant la vieille France des champs de bataille d'Orient. Les chevaliers de Godefroy de Bouillon et de saint Louis ont revêtu le haubert de mailles d'acier sur lequel flotte le manteau blanc à croix rouge. Aux reflets du soleil couchant, les lances, les arbalètes et les heaumes des preux brillent des plus chatoyantes couleurs.

Le défilé est ainsi composé :

La Saint-Hubert, société des sonneurs de trompe.

Quatre porte-étendards aux armoiries de Jérusalem, de Godefroy de Bouillon, des comtes d'Auvergne et de Toulouse. Tunique d'écaille ; casque avec cache-nuque, drap d'acier, manteau blanc, croix rouge, ceinturon et croisette.

Quatre hérauts d'armes. Tunique rouge avec bandes noires plaquées acier, jupe drap d'acier, maillot, casque à bombes, ceinturon et croisette.

Quatre trompettes. Tunique mi-partie rouge et grise, rayée verte ; maillot, croisette, ceinturon, toque. Flammes aux trompettes.

Quatre-vingts musiciens du douzième siècle. Longue robe bordée d'une bande rouge, ceinture, croix rouge, pèlerine à capuchon.

Vingt-quatre hommes d'armes. Tunique à jupe noire et rouge ; jupe rayée noire, jaune et rouge ; maillot, toque, croisette, ceinturon.

Trois pages aux armoiries de Godefroy de Bouillon, de Toulouse et des comtes d'Auvergne. L'un des pages habillé en maure : celui de Godefroy de Bouillon.

Godefroy de Bouillon, à cheval. Armure complète avec caparaçon de cheval, en métal. Manteau blanc avec la croix sur l'épaule, croisette, ceinturon, perruque. Caparaçon au cheval, avec armoiries.

Raymond IV, comte de Toulouse, à cheval. Armure complète avec caparaçon de cheval aux armes de Toulouse, manteau blanc avec la croix, ceinturon, croisette, perruque. Plumets au cheval. Caparaçon avec armoiries de Toulouse.

Guillaume VI, comte d'Auvergne, à cheval. Armure complète. Caparaçon au cheval avec armoiries.

Page de Pierre l'Ermite. Tunique rayée, or et rouge, avec armoiries de Pierre l'Ermite ; maillot, toque, perruque.

Pierre l'Ermite, à cheval. Robe blanche avec capuchon, cuirasse, ceinturon, croisette, la croix rouge. Perruque, barbe. Caparaçon au cheval, avec armoiries.

Page du vicomte de Polignac. Semblable au page de Pierre l'Ermite. Rouge or et bleu, et aux armoiries de Polignac. Bannière aux armes de Polignac.

Le vicomte Héracle de Polignac, porte-étendard d'Adhémar de Monteil, évêque du Puy, à cheval. Armure complète, heaume, manteau blanc avec la croix, caparaçon de cheval aux armoiries des de Polignac. Bannière aux armes d'Adhémar de Monteil.

Quatre-vingt-quatre chevaliers croisés. Tunique avec cotte de maille, colletin de mailles, épaulière de mailles ; tunique avec jupe drap d'acier. Colletin drap d'acier, manches drap d'acier, jambes en acier. Casque à visières, dalmatique avec la croix, manteau blanc avec la croix ; caparaçon aux chevaux. Variés de couleurs, par huit. Bannière à chaque chevalier aux armoiries des principales familles ayant figuré aux diverses Croisades des xie, xiie et xiiie siècles.

Vingt-quatre archers. Tunique avec cuirasse de peau. Maillot, ceinture, épée, arc.

Trente musiciens du xii° siècle.

Trente pages avec perruque. Costumes de types variés, de drap d'or, d'argent, brochés ou en velours. Un certain nombre de pages portent les armoiries de grandes familles ayant assisté aux Croisades. Plusieurs ont, comme autrefois, des faucons pour la chasse.

Béraud II, dauphin d'Auvergne, seigneur de Montrognon, comte de Clermont, surnommé Béraud le Grand. Magnifique costume. Tunique peluche violette ornée de pierreries, galonnée richement; pèlerine à capuchon, toque avec flamme, maillot, ceinturon riche, épée. Sur la tunique, le blason des dauphins d'Auvergne. Caparaçon au cheval, aux armes des dauphins d'Auvergne.

Deux pages des grands maîtres de Saint-Jean de Jérusalem. Tunique brochée avec armoiries des Lastic et des Châteauneuf de Rochebonne, maillot, perruque. Portent les armes de Lastic et celles de Châteauneuf de Rochebonne.

Deux grands maîtres de Saint-Jean de Jérusalem : Jean de Lastic et Guillaume de Châteauneuf de Rochebonne, à cheval. Armure de cuivre, manteau, ceinturon, épée. Chevaux richement caparaçonnés et aux armoiries des deux grands maîtres de Saint-Jean de Jérusalem.

Vingt-quatre arbalétriers. Tunique bleue et noire à crevés rouges, maillot, toque, ceinturon, épées.

Char du vaisseau des Croisades, traîné par quatre chevaux caparaçonnés et conduits par un postillon et deux pages : ces deux derniers en maures. Il représente une galère du xiii° siècle portant Alphonse, frère de saint Louis, comte de Toulouse et de Poitiers, seigneur de Riom en Auvergne. Alphonse, sur ce vaisseau, revient de Tunis. Il est vêtu d'une riche tunique, à ses armes et en velours galonné; toque à plumes. Il est accompagné de : Humbert de Beaujeu, connétable de France, baron de Montpensier; Éric de Beaujeu, frère du précédent, maréchal de France, baron d'Herment; Louis I⁰ʳ de Beaujeu, comte de Montferrand; Guy VIII, vicomte de Thiers; Falcon de Montgascon, baron de Montgascon; Béraud VIII, seigneur de Mercœur, maréchal du Bourbonnais; Bernard VII, baron de La Tour d'Auvergne; Étienne, seigneur d'Alaric; Constantin de la Chassaigne, chevalier, notable seigneur d'Auvergne. Dans le char, sur la tourelle, se trouvent aussi : Joinville, historien des Croisades; Pierre d'Auvergne, troubadour, avec sa mandoline; deux petits enfants en pages, deux jeunes fauconniers. Le vaisseau porte une voile qui est tout entière aux armoiries anciennes de la ville de Clermont-Ferrand : fonds d'azur, croix de gueules et quatre fleurs de lis d'or.

La nuit venue, la ville s'embrase. Non seulement les églises, dont les lignes de feux dessinent dans l'ombre les flèches élancées, mais les maisons particulières, les édifices entiers s'illuminent comme par enchantement.

« Mille et mille feux allumés, écrit un témoin, M. François Veuillot, rédacteur à l'*Univers,* jettent leur éclat jusqu'au ciel ; un nuage lumineux s'abat sur les maisons, tandis que les clochers flamboyants de la Cathédrale et du Port semblent deux gigantesques torches, ou plutôt deux cierges prodigieux, brillant en l'honneur de la Vierge Marie, Reine de France, inspiratrice des Croisades. »

La note caractéristique de cette journée est le calme plein de gravité et même de recueillement de la foule. La police, aimable, souriante, ne s'y reconnaît plus ; jamais elle n'avait été témoin d'une semblable tranquillité qui la mettait dans la rare obligation de se croiser les bras.

Et pourtant, depuis la proclamation même de la Croisade, Clermont n'avait plus vu une telle affluence. Dans ces masses à rangs profonds et compacts, ni heurts, ni houles, à peine des remous. Tous se sentaient pénétrés de la grandeur des souvenirs qui planaient dans les airs.

Un monument portant à son sommet la statue de bronze du pape Urbain II et reproduisant en bas-reliefs les traits des principaux chefs croisés, s'élèvera bientôt sur une des places de Clermont et consacrera la mémoire de ces inoubliables solennités.

FIN

TABLE DES MATIÈRES

PREMIÈRE PARTIE

DEUXIÈME PARTIE